Hinter dem Sachregister befindet sich ein ausführliches Verzeichnis der

Guttentagschen Sammlung

Deutscher Reichs- und Preußischer Gesetze

— Textausgaben mit Anmerkungen; Taschenformat —

die alle wichtigeren Gesetze in unbedingt zuverlässigem Abdruck und mit mustergültiger Erläuterung wiedergibt.

Guttentagsche Sammlung
Nr. 2. Deutscher Reichsgesetze. Nr. 2.
Textausgaben mit Anmerkungen.

Strafgesetzbuch
für das Deutsche Reich.

Textausgabe mit Anmerkungen und Sachregister.

Vierundzwanzigste Auflage

bearbeitet von
Dr. Franz v. Liszt und Dr. Ernst Delaquis,
Professoren der Rechte in Berlin.

Berlin 1914.
J. Guttentag, Verlagsbuchhandlung,
G. m. b. H.

Aus dem Vorwort zur 23. Auflage.

Die von den Unterzeichneten bearbeitete Neuausgabe der „Rüdorffschen Textausgabe des Strafgesetzbuches" stellt sich als eine völlige Umarbeitung dar. Es handelte sich in erster Linie darum, die Anmerkungen nach dem Muster anderer Textausgaben übersichtlich zu ordnen und durch besondere Bezeichnungen an die zu erläuternden Worte des Gesetzestextes anzugliedern. Zugleich aber stellten wir uns die Aufgabe, den Inhalt der Anmerkungen dem neuesten Stande der Wissenschaft wie der Rechtsprechung gemäß so zu gestalten, daß sie dem Studierenden zur ersten Einführung in das Gesetz zu dienen und zugleich dem Praktiker eine allgemeine Übersicht zu bieten geeignet wären. Daher mußte auf die gangbarsten Lehr- und Handbücher bei den verschiedenen Abschnitten fortlaufend verwiesen werden. Die wichtigsten Streitfragen zwischen Literatur und Rechtsprechung oder innerhalb der Literatur waren als solche ausdrücklich hervorzuheben. Dabei war uns unter den Kommentaren der von Frank der sicherste und daher am meisten benutzte Führer; das sei an dieser Stelle schon darum ausdrücklich ausgesprochen, weil der regelmäßige Hinweis auf Frank als überflüssig entfallen mußte. Die Entscheidungen des Reichsgerichts sind auf das genaueste nachgeprüft worden. Die den einzelnen Paragraphen vorangestellten kurzen Überschriften dürften die Benutzung des Buches nicht unwesentlich erleichtern.

Berlin, im März 1910.

Franz v. Liszt. Ernst Delaquis.

Vorwort zur 24. Auflage.

Die neue Auflage weicht nicht nur in ihrer äußeren Erscheinung von ihrer Vorgängerin ab. Auch inhaltlich ist vieles geändert. Einem von den verschiedensten Seiten dringend ausgesprochenen Wunsch entsprechend, haben die Herausgeber im Anhang zwanzig der wichtigsten unter den strafrechtlichen „Nebengesetzen" zum Abdruck gebracht. Die Noten zur Textausgabe sind genau durchgesehen und fortlaufend ergänzt und verbessert worden. Es war das Bestreben der Herausgeber, die neue Auflage so zu gestalten, daß sie der akademischen Jugend wie der strafrechtlichen Praxis ein zuverlässiger Führer auf dem Wege zu tieferer wissenschaftlicher Erkenntnis sein möge. Unseren Lesern würden wir für Mitteilung von Wünschen und Ratschlägen besonders dankbar sein.

Berlin, im März 1914.

Franz v. Liszt. Ernst Delaquis.

Inhalt.

Anhang.

Abkürzungen.

A. Quellen und Quellensammlungen. Literatur und Rechtsprechung.

AG. = Ausführungsgesetz.
ALR. = Allg. Landrecht v. 5. Febr. 1794.
v. Bar = v. Bar, Gesetz und Schuld (s. unten S. 25).
Bek. = Bekanntmachung.
BGB. = Bürgerliches Gesetzbuch v. 18. Aug. 1896.
BGBl. = Bundesgesetzblatt.
Binding = Binding, Lehrbuch (s. unten S. 26).
BStGB. = Bundesstrafgesetzbuch.
EG. = Einführungsgesetz zum StGB. v. 31. Mai 1870.
Finger = Finger, Lehrbuch (s. unten S. 26).
Frank = Frank, Kommentar (s. unten S. 25).
GewO. = Gewerbeordnung v. 21. Juni 1869 (26. Juli 1900).
GoltdArch. = Archiv für Strafrecht und Strafprozeß.
GS. = Gerichtssaal.
GVG. = Deutsches Gerichtsverfassungsgesetz v. 27. Jan. 1877 (Neufassung: 17. Mai 1898; zuletzt abgeänd. 22. Mai 1910).
HGB. = Deutsches Handelsgesetzbuch v. 10. Mai 1897.
JMBl. = Preuß. Justizministerialblatt.
JMV. = Justizministerialverfügung.
KO. = Konkursordnung v. 10. Febr. 1877, in der Fassung v. 17. Mai 1898.
v. Liszt = v. Liszt, Lehrbuch (s. unten S. 26).
Löwe = Löwe, Kommentar zur Strafprozeßordnung. 13. Aufl., bearbeitet von LGDir. W. Rosenberg, Berlin 1913.
MBlJV. = Preuß. Ministerialblatt für die Innere Verwaltung.
Meyer = Meyer-Allfeld, Lehrbuch (s. unten S. 26).
MStGB. = Militär-Strafgesetzbuch v. 20. Juni 1872; abgeänd. 6. Febr. 1911, 8. Aug. 1913.

MStGO. = Militär-Strafgerichtsordnung für das Deutsche Reich v. 1. Dez. 1898.

MünzG. = Münzgesetz v. 1. Juni 1909.

Olsh. = Olshausen, Komm. zum Strafgesetzbuch (s. unten S. 25).

Opp. = Oppenhoff, Rechtsprechung des Preuß. Obertribunals (fette Zahlen = Band, gewöhnl. Zahlen = Seite).

PostG. = Gesetz über das Postwesen des Deutschen Reichs v. 28. Okt. 1871.

Pr. AGBGB. = Preuß. Ausführungsgesetz zum Bürgerlichen Gesetzbuch v. 20. Sept. 1899.

PreßG. = Reichspreßgesetz v. 7. Mai 1874.

R. = Rechtsprechung des Reichsgerichts in Strafsachen (fette Zahlen = Band, gewöhnl. Zahlen = Seite).

RAnz. = Reichsanzeiger.

RG. (mit Band- und Seitenzahl) = Entscheidungen des Reichsgerichts in Strafsachen (fette Zahlen = Band, gewöhnl. Zahlen = Seite).

RGBl. = Reichs-Gesetzblatt.

RMilG. oder RMG. = Reichsmilitärgesetz v. 2. Mai 1874.

RMilG. oder RMG. (mit Band- und Seitenzahl) = Entscheidungen des Reichsmilitärgerichts.

RV. = Verfassung des Deutschen Reichs v. 16. April 1871.

RZBl. = Zentralblatt für das Deutsche Reich.

SchutzgebietsG. = Schutzgebietsgesetz v. 17. April 1886, Neufassung 1900.

SeemO. = Deutsche Seemannsordnung v. 2. Juni 1902.

SprengstoffG. = Sprengstoffgesetz v. 9. Juni 1884.

StenB. = Stenographische Berichte des Deutschen Reichstags.

StGB. = Deutsches Strafgesetzbuch v. 15. Mai 1871.

StPO. = Deutsche Strafprozeßordnung v. 1. Februar 1877.

Vf. = Verfügung.

VO. = Verordnung.

VZollG. = Vereinszollgesetz v. 1. Juli 1869.

WehrO. = Deutsche Wehrordnung v. 28. Sept. 1875, 22. Nov. 1888, Neufassung v. 22. Juli 1901; Neudruck mit sämtl. Änderung. 1904.

ZPO. = Deutsche Zivilprozeßordnung v. 30. Jan. 1877; vielfach abgeändert, zuletzt 22. Mai 1910.
ZStW. = Zeitschrift für die gesamte Strafrechtswissenschaft.

B. Weitere gebräuchliche Sigel.

Abs. = Absatz.
Abschn. = Abschnitt.
Bay. = Bayerisch.
bez. = bezüglich.
bzw. = beziehungsweise.
G. = Gesetz.
Pr. = Preußen, preußisch.
RG. = Reichsgericht.
RG. bez. SchwG. = Reichsgericht, wenn sich die Handlung gegen Kaiser und Reich richtet, sonst Schwurgericht.
RK. = Reichskanzler.
SchG. = Schöffengericht.
SchwG. = Schwurgericht.
sog. = sogenannt.
StrK. = Strafkammer des Landgerichts.
StrK. bez. SchG. = Strafkammer mit Möglichkeit der Überweisung an das Schöffengericht (§ 75 GVG.).
Ziff. = Ziffer.

Zu beachten:

Die Zuständigkeit der Gerichte (erster Instanz) nach den Vorschriften des Deutschen Gerichtsverfassungsgesetzes (S. 33ff.) ist bei den einzelnen Paragraphen des Strafgesetzbuchs durch die oben bezeichneten Abkürzungen RG., RG. bzw. SchwG., SchwG., StrK., StrK. bzw. SchG., SchG. angedeutet.

Die Zitate von Paragraphen (Zahlen) ohne Zusatz beziehen sich stets auf das Strafgesetzbuch.

Die innerhalb der einzelnen Abschnitte über den einzelnen Paragraphen befindlichen Überschriften gehören nicht zum Gesetzestext, sondern sind zur leichteren Übersicht von den Herausgebern eingefügt.

Einleitung.

1. Geschichte.

Auf Grund des in die RV. übergegangenen Art. 4 Nr. 13 der Nordd. BV.

> „Der Beaufsichtigung seitens des Bundes und der Gesetzgebung desselben unterliegen die nachstehenden Angelegenheiten:
>
> 13. die gemeinsame Gesetzgebung über das . . . Strafrecht . . . und das gerichtliche Verfahren."

stellten die Abgeordneten Wagner (Altenburg) und Planck in der Sitzung des Reichstags v. 30. März 1868 den Antrag:

> „den Bundeskanzler aufzufordern, Entwürfe eines gemeinsamen Strafrechts und eines gemeinsamen Strafprozesses sowie der dadurch bedingten Vorschriften der Gerichtsorganisation baldtunlichst vorbereiten und dem Reichstage vorlegen zu lassen."
>
> (StenB. S. 27, 28; Drucks. Nr. 24.)

Der Antrag wurde in Schlußberatung — Ref. v. Bernuth, Korref. Becker (Oldenburg) — am 18. April 1868 mit großer Majorität angenommen. (StenB. S. 124—129.)

Der Bundesrat schloß sich am 5. Juni dem Antrage an, und der Bundeskanzler ersuchte durch Schreiben vom 17. Juni den Pr. J.-M. Dr. Leonhardt um Ausarbeitung des Entwurfs eines Strafgesetzbuchs. Der J.-M. beauftragte den Geh. O.-J.-R. (später Justizminister) Dr. Friedberg mit dieser Ausarbeitung.

Mittels Schreibens des J.-M. v. 31. Juli 1869 wurde der „Entwurf eines Strafgesetzbuchs für den Nordd. Bund" (enth. 356 Paragraphen) nebst dem Entwurf eines EG. mit Motiven und 4 Anlagen (Zusammenstellung strafrechtl. Bestimmungen, Todesstrafe, gerichtl.-medizinische Fragen, Zuchthausstrafe) dem Bundeskanzler überreicht und gleichzeitig veröffentlicht. (Berlin bei Decker. 6 Bände in Fol.)

Bereits am 3. Juli 1869 hatte der Bundesrat zur Begutachtung und Vorbereitung des Entwurfs eine aus 7 Mitgliedern bestehende Kommission erwählt. Diese Kommission trat am 1. Okt. 1869 im Bundeskanzleramt zu Berlin zusammen.

Die Beratung erfolgte unter dem ständigen Vorsitze des J.-M. in 3 Lesungen, welche — außer den Redaktionssitzungen — 43 Sitzungen in Anspruch nahmen, und wurde am 31. Dez. 1869 beendet. Am gleichen Tage wurde der gedruckte Entwurf (enthaltend 366 Paragraphen) nebst EG. dem Bundeskanzler überreicht. Der Entwurf ist zwar nicht veröffentlicht, jedoch allen denjenigen, welche ihr Interesse durch Einreichung von Gutachten betätigt hatten, vom Bundeskanzler zugesandt worden.

Der Bundesrat nahm in den Sitzungen v. 4. und 11. Febr. 1870 den Kommissionsentwurf mit wenigen Abänderungen (vgl. §§ 31, 209 jenes Entwurfes und §§ 31, 209 der Vorlage) an. Nur das EG. erlitt insofern eine wesentliche Abänderung, als die ausdrückliche Aufhebung aller Landesstrafgesetzbücher beseitigt und statt dessen der jetzige § 2 des EG. aufgenommen wurde.

Dem Reichstage ging der Entwurf bereits an seinem Eröffnungstag, dem 14. Febr. 1870, zu. Dem Entwurfe waren Motive sowie die 4 Anlagen des Entwurfs v. 31. Juli

1869 beigegeben. (Drucks. Nr. 5 des Reichstags nebst Anlagen.) Die Motive sind im wesentlichen eine Wiederholung der zu dem ersten Entwurfe ausgearbeiteten und enthalten nur insoweit Modifikationen, als die beschlossenen Abänderungen des Entwurfs solche erheischten. Diese Umarbeitung wurde im Januar 1870 durch den Präsidenten Dr. Friedberg und den Generalstaatsanwalt Dr. v. Schwarze vorgenommen.

Bei den Beratungen des Reichstages wurde der Entwurf durch den J.-M. Dr. Leonhardt und den Präsidenten Dr. Friedberg vertreten.

Die erste sog. Lesung fand statt am 22. Febr. Es wurde beschlossen, den ersten Teil und Abschnitt 1—7 des zweiten Teils durch Plenarberatung zu erledigen, die übrigen Abschnitte 8—29 einer Kommission von 21 Mitgliedern zu überweisen (StenB. S. 41—54). Die Kommission hat einen schriftlichen Bericht nicht erstattet; die von derselben beschlossenen Abänderungsvorschläge vgl. in den Drucks. Nr. 85, 92, 105.

Die zweite Lesung fand statt in 20 Sitzungen. Nach erfolgter Zusammenstellung der in der zweiten Lesung gefaßten Beschlüsse (Drucks. Nr. 132) erklärte sich in der Sitzung v. 21. Mai (StenB. S. 1091) der J.-M. Dr. Leonhardt namens des Bundesrats über die Annehmbarkeit derselben, wobei namentlich die Beibehaltung der durch Beschluß v. 1. März mit 118 gegen 81 Stimmen abgeschafften Todesstrafe im Strafensystem als Bedingung der Annahme des Entwurfs aufgestellt wurde.

Die dritte Lesung fand statt in den Sitzungen vom 23. Mai: (Antrag v. Luck, betr. Wiederaufnahme der Todesstrafe mit 127 gegen 119 Stimmen angenommen —

StenB. S. 1140), 24. und 25. Mai, an welchem Tage das Ges. (Drucks. Nr. 212) ohne namentliche Abstimmung mit „sehr großer Majorität" angenommen wurde. (StenB. S. 1187.)

Der aus der dritten Lesung hervorgegangene Entwurf wurde vom Bundesrat in der Sitzung v. 25. Mai 1870 mit Einstimmigkeit genehmigt. Das StGB. und das EG., beide vom 31. Mai 1870 datiert, wurden in der am 8. Juni zu Berlin ausgegebenen Nr. 16 des BGBl. (vgl. S. 195—273) publiziert und der Geltungstermin auf den 1. Januar 1871 bestimmt.

Nach Art. 80 der zunächst mit Baden und Hessen unterm 15. Nov. 1870 vereinbarten Deutschen Bundesverfassung trat das BStGB. nebst EG. mit dem 1. Jan. 1872 in Baden in Geltung. In Hessen südlich des Mains ist es nach demselben Art. bereits am 1. Jan. 1871 in Kraft getreten. (BGBl. 1870 S. 647 ff.)

Für Württemberg gilt nach dem Vertrage v. 25. Nov. 1870 (BGBl. 1870 S. 654 ff.) der Art. 80 betreffs des BStGB. unverändert, und es trat somit nebst dem EG. am 1. Jan. 1872 in Kraft.

Für Bayern wurde zwar durch den zwischen den sämtlichen beteiligten deutschen Staaten geschlossenen Vertrag v. 23. Nov. 1870 III § 8 die Geltung des Art. 80 vorläufig außer Anwendung gesetzt (BGBl. 1871 S. 21), jedoch bereits durch das Ges. v. 22. April 1871 (BGBl. S. 89) die Einführung des StGB. nebst EG. zum 1. Jan. 1872, nur mit einer Modifikation zu § 4 des EG. festgesetzt.

Durch das Ges. betr. die Verfassung des Deutschen Reichs v. 16. April 1871 (RGBl. S. 63) war, außer anderen Gesetzen, das StGB. nebst dem EG. ausdrücklich zum

ReichsGes. erhoben, indem § 2 Abs. 2 dieses am 4. Mai 1871 in Geltung getretenen Gesetzes bestimmt:

„Die bezeichneten Gesetze sind Reichsgesetze. Wo in denselben von dem Norddeutschen Bunde, dessen Verfassung, Gebiet, Mitgliedern oder Staaten, Indigenat, verfassungsmäßigen Organen, Angehörigen, Beamten, Flagge usw. die Rede ist, sind das Deutsche Reich und dessen entsprechende Beziehungen zu verstehen."

Die infolgedessen erforderlichen redaktionellen Änderungen wurden für das StGB. (nicht für das EG.) von der Reichsgesetzgebung bestimmt. Das Reichsges. v. 15. Mai 1871 — betr. die Redaktion des StGB. f. d. Nordd. B. als StGB. für das Deutsche Reich — lautet:

Einziger Paragraph.

„Das Strafgesetzbuch für den Norddeutschen Bund v. 31. Mai 1870 erhält unter der Bezeichnung als „Strafgesetzbuch für das Deutsche Reich" v. 1. Jan. 1872 an die beiliegende Fassung."

Vgl. RGBl. S. 127 ff., Drucksachen des Reichstages Nr. 89 und StenB. S. 556, 571, 599. Außerdem s. Anm. zum EG. § 1.

In Elsaß-Lothringen wurde das StGB. mittels besonderen Ges. v. 30. Aug. 1871, welches jedoch im allgemeinen von denselben Grundsätzen wie das EG. v. 31. Mai 1870 ausgeht, mit dem 1. Okt. 1871 eingeführt. (GBl. für EL. Nr. 14 S. 255.)*)

Einen Zusatz erhielt das StGB. durch das Reichs-Ges. v. 10. Dezember 1871, welches einen neuen § 130a (den sog. Kanzelparagraph) einschaltete.

*) Vgl. Strafgesetzbuch für das Deutsche Reich. Amtliche Ausgabe mit französischer Übersetzung. 2. Aufl. Straßburg 1878.

Eine umfassendere Revision des StGB. bezweckte die dem Reichstage in der Wintersession 1875/76 gemachte Vorlage (Drucks. des Reichstages Nr. 54). Die erste Beratung dieser Vorlage fand statt am 3. Dez. 1875 (StenB. S. 385). Über die Beschlüsse der Kommission vgl. Nr. 145 der Drucks., über die Plenarbeschlüsse Drucks. Nr. 181. Am 9. und 10. Febr. 1876 fand die dritte Lesung (StenB. S. 1301 ff.) statt. Die Reichstagsbeschlüsse (Drucks. Nr. 238) wurden nach erfolgter Genehmigung des Bundesrats unter dem 26. Februar 1876 vom Kaiser vollzogen und in der am 6. März 1876 zu Berlin ausgegebenen Nr. 6 des RGBl. publiziert (RGBl. S. 25). Durch das Gesetz erhielten die §§ 4, 55, 64, 70 Ziff. 2 und 3, §§ 88, 95, 102, 103, 104, 113, 114, 117, 130a, 135, 140, 144, 145, 176, 177, 178, 183, 194, 200, 208, 223, 228, 232, 240, 241, 247, 263, 275 Ziff. 2, §§ 292, 296, 303, 319, 321, 360 Ziff. 3, 4, 7, 12, § 361 Ziff. 6, §§ 363, 366 Ziff. 3, 8, 9, 10, § 367 Ziff. 5, 8, 10, §§ 369 und 370 eine neue Fassung und die §§ 49a (Duchesne), 103a, 223a, 296a, 353a (Arnim), 361 Ziff. 9, sowie § 366a wurden in das Gesetz eingefügt.

Auf Grund der im Art. V des Gesetzes erteilten Ermächtigung ist der neue Text des StGB. mittels Erlasses des Reichskanzlers v. 26. Februar 1876 im Reichs-Gesetzblatt abgedruckt worden (RGBl. S. 39).

Durch die Reichskonkursordnung v. 10. Febr. 1877 (m. Gesetzeskraft v. 1. Okt. 1879) wurden die §§ 281—283 d. StGB. aufgehoben. An ihre Stelle sind die §§ 209 ff. (jetzt §§ 239 ff.) der KO. getreten.

Einen weiteren Zusatz erhielt das StGB. in den §§ 302a—d bzw. § 360 Ziff. 12 durch das Ges. v. 24. Mai 1880, betreffend den Wucher (RGBl. S. 109).

Ferner ist Abs. 2 des § 184 durch Art. IV des Ges. v. 5. April 1888 (RGBl. S. 133), betr. die unter Ausschluß der Öffentlichkeit stattfindenden Gerichtsverhandlungen, aufgenommen.

Durch Kaiserliche Verordnung v. 22. März 1891 (RGBl. S. 21) wurde das StGB. auch auf der neu erworbenen Insel Helgoland eingeführt. (In Kraft getreten am 1. April 1891.)

Durch das Ges. v. 13. Mai 1891, betr. die Abänderung von Bestimmungen des StGB. (RGBl. S. 107; ausgegeben Berlin, den 22. Mai 1891), erhielten die §§ 276 und 364 einen zweiten Absatz, hinter § 318 wurde § 318a, hinter § 367 Ziff. 5 wurde Ziff. 5a eingeschoben. Die §§ 317, 318 und 360 Ziff. 4 erhielten eine veränderte Fassung. (Materialien zur Strafgesetznovelle v. 13. Mai 1891 in Goltd.Arch. 39 S. 29.)

Durch Reichsges. v. 26. März 1893 (ausgeg. Berlin, 29. März 1893) erhielt der § 69 eine abgeänderte Fassung; durch Reichsges. v. 19. Juni 1893 (ausgeg. Berlin, 24. Juni 1893) wurden die §§ 302a und 302d abgeändert, hinter § 302d der § 302e neu eingefügt und in § 367 eine Ziff. 16 eingestellt; durch Reichsges. v. 3. Juli 1893 (ausgeg. Berlin, 14. Juli 1893) gegen den Verrat militärischer Geheimnisse § 11 sind die §§ 89 und 90 des StGB. abgeändert.

Durch das Reichsges. v. 12. März 1894 (RGBl. S. 259ff.; ausgeg. Berlin, 20. März 1894) sind die Ziff. 10 des § 361 und in dem zweiten Abs. des § 361 hinter „9" die Worte „und 10" hinzugefügt.

Das EGBGB. v. 18. Aug. 1896 (Gesetzeskraft v. 1. Jan. 1900) hat durch den Art. 34 verschiedene Änderungen des StGB. gebracht, die unten im Text an den entsprechenden Stellen (§ 34 Ziff. 6; § 55; § 65; § 145a; § 171 Abs. 1 und Abs. 3; § 195; § 235; § 237; § 238) als solche kenntlich gemacht worden sind.

Durch Reichsges. v. 27. Dez. 1899 (RGBl. S. 729; ausgeg. am 30. Dezember 1899) wurde der § 316 geändert.

Durch Reichsges. v. 25. Juni 1900 (RGBl. S. 301; ausgeg. am 30. Juni 1900) erhielten die §§ 180, 181, 184, 362 eine veränderte Fassung, während die §§ 181a, 184a, 184b neu eingeschoben worden sind (sog. lex Heinze).

Endlich sind noch zu erwähnen:

das Ges. v. 12. Mai 1901 über die Privatversicherungsunternehmungen, welches durch § 108 Abs. 3 die Ziff. 9 des § 360 StGB. teilweise aufhebt;

das Ges., betr. die Bestrafung der Majestätsbeleidigung v. 17. Febr. 1908 (RGBl. S. 25);

das Vereinsges. v. 19. April 1908 (RGBl. S. 151), welches im § 23 den § 2 Abs. 2 des EGStGB. aufhebt, soweit er sich auf die besonderen Vorschriften des Landesstrafrechts über Mißbrauch des Vereins- und Versammlungsrechts bezieht;

die Maß- und Gewichtsordnung vom 30. Mai 1908 (Abänderung des § 369 Abs. 1 Ziff. 2 und Abs. 2)

und das Gesetz, betreffend Änderungen des Strafgesetzbuchs vom 19. Juni 1912, welches die §§ 114, 123, 136, 137, 223a, 235, 239, 288, 327, 328, 355, 369 Ziff. 1, 370 Ziff. 5 berührt und die neuen §§ 248a, 264a einfügt.

2. Literatur.

a) Textausgaben und Kommentare.

1. Textausgaben*) des Reichsstrafgesetzbuchs.

Allfeld, Die Strafgesetzgebung des Deutschen Reichs. 2. Aufl. München und Berlin 1913.

Binding-Nagler, Das Strafgesetzbuch für das Deutsche Reich ... Neue Ausgabe. Mit seinen Abänderungen einschließlich des Gesetzes vom 19. Juni 1912. Leipzig 1912.

Coermann, Strafgesetzgebung. Das Strafgesetzbuch für das Deutsche Reich nebst sämtl. Strafbestimmungen der anderen Reichsgesetze. Leipzig 1900.

Dalcke, Strafrecht und Strafprozeß. Eine Sammlung der wichtigsten das Strafrecht und das Strafverfahren betreffenden Reichsgesetze. 13. Aufl. Berlin 1912.

Daude, Das Strafgesetzbuch für das Deutsche Reich. Mit den Entscheidungen des Reichsgerichts. 12. Aufl. Berlin 1913.

Doerr, Das Strafgesetzbuch für das Deutsche Reich in der Fassung der Novelle vom 19. Juni 1912 usw. 2. Aufl. München und Berlin 1912.

Göbel, Das Strafgesetzbuch für das Deutsche Reich nebst dem Einführungsgesetz in kurzen Erläuterungen bearbeitet. Leipzig 1913.

Grosch, Strafgesetzbuch für das Deutsche Reich ... in der Fassung des Reichsgesetzes vom 19. Juni 1912. Mit einem Anhang von wichtigen Bestimmungen des Gerichtsverfassungsgesetzes und der Strafprozeßordnung.

---

*) Vielfach mit Anmerkungen und zum Teil auch unter engerer oder weiterer Berücksichtigung der Nebengesetze.

Zum Gebrauch für Polizei-, Sicherheits- und Kriminalbeamte. 2. Aufl. München und Berlin 1912.

v. Henle-Schierlinger, Das Strafgesetzbuch für das Deutsche Reich in seiner gegenwärtigen Gestalt einschließlich der Novelle vom 19. Juni 1912. Handausgabe mit Erläuterungen aus der Rechtsprechung des Reichsgerichts, sowie aus Gesetzgebung und Rechtspflege der größeren Bundesstaaten. 3. Aufl. München 1912.

Maudisch, Strafgesetzbuch für das Deutsche Reich. 3. Aufl. Leipzig 1912.

Olshausen, Strafgesetzbuch für das Deutsche Reich einschl. der Strafbestimmungen der Konkursordnung. 9. Aufl. Berlin 1912.

Staudinger, Strafgesetzbuch für das Deutsche Reich, neubearbeitet von Schmitt. 10. Aufl. 2. Abdr. unter Berücksichtigung der Novelle vom 19. Juni 1912. München 1912.

Winand, Strafgesetzbuch für das Deutsche Reich. Berlin 1913.

2. Textausgaben*) der Reichsstrafnebengesetze.**)

Kriegsmann, Sammlung kleinerer strafrechtlicher Reichsgesetze. 3. Aufl. Berlin 1910.

Neuberg, Zusammenstellung sämtlicher Reichsgesetze strafrechtlichen Inhalts (mit Ausnahme des Strafgesetzbuchs) nebst Anführung der dazu ergangenen Entscheidungen des Reichsgerichts. Leipzig 1902.

---

*) Sämtlich mit Anmerkungen.

**) Vgl. oben unter 1, besonders die Ausgaben von Allfeld, Coermann u. Dalcke.

Olshausen, Die Reichsstrafnebengesetze mit Ausschluß einzelner Materien. 2. Aufl. Berlin 1902.

Schmitt, Sammlung von Reichsgesetzen strafrechtl. Inhalts. 3. Aufl. München 1912.

3. Kommentare.

Frank, Das Strafgesetzbuch für das Deutsche Reich nebst dem Einführungsgesetz. 8.—10. Aufl. Zweiter Abdruck unter Berücksichtigung des Gesetzes vom 19. Juni 1912. Tübingen 1912.

Olshausen, Kommentar zum Strafgesetzbuch für das Deutsche Reich. 9. Aufl. unter Berücksichtigung des Gesetzes vom 19. Juni 1912. Nebst einem Anhang, enthaltend die Strafbestimmungen der Konkursordnung von Oberreichsanwalt Dr. A. Zweigert. 2 Bde. Berlin 1912.

Oppenhoff, Das Strafgesetzbuch für das Deutsche Reich. 14. Aufl. Herausgegeben von Delius. Berlin 1901.

Stenglein, Kommentar zu den strafrechtlichen Nebengesetzen des Deutschen Reiches. 4. Aufl. von Ebermayer, Galli, Lindenberg und Hoffmann, Trautvetter, Cuno, Kloß. 3 Bde. Berlin 1911—1913.

b) Lehr- und Handbücher.

v. Bar, Handbuch des deutschen Strafrechts. Bd. I. Berlin 1882.

v. Bar, Gesetz und Schuld im Strafrecht. 3 Bände. Berlin 1906, 1907, 1909.

Berner, Lehrbuch des deutschen Strafrechts. 18. Aufl. Leipzig 1898.

Binding, Handbuch des Strafrechts. Bd. I. Leipzig 1885.

Binding, Grundriß des deutschen Strafrechts. Allg. Teil. 7. Aufl. Leipzig 1907.

Binding, Lehrbuch des gemeinen deutschen Strafrechts. Besonderer Teil. I. Bd. 2. Aufl. Leipzig 1902; II. Bd. 1. Abt. 2. Aufl. Leipzig 1904; II. Bd. 2. Abt. Leipzig 1905.

Finger, Lehrbuch des deutschen Strafrechts. Bd. I. Berlin 1904.

Hälschner, Das Preußische Strafrecht. 3 Teile. Bonn 1855—68.

Hälschner, Das gemeine deutsche Strafrecht. Bd. I und II, 1, 2. Bonn 1881—87.

v. Holtzendorff, Handbuch des deutschen Strafrechts in Einzelbeiträgen. Berlin 1871—77.

Liepmann, Die Lehre von Verbrechen und Strafe von Adolf Merkel. Auf der Grundlage des „Lehrbuchs des Strafrechts" in Verbindung mit den übrigen Schriften des Verfassers herausgegeben und mit einer Einleitung versehen. Stuttgart 1912.

v. Liszt, Lehrbuch des deutschen Strafrechts. 20. Aufl. Berlin 1914.

Merkel, Lehrbuch des deutschen Strafrechts. Stuttgart 1889 (s. oben Liepmann).

Meyer, Lehrbuch des deutschen Strafrechts. 7. Aufl. von Allfeld. Leipzig 1912. — Nachtrag 1914.

Schütze, Lehrbuch des deutschen Strafrechts. 2. Aufl. Leipzig 1874.

c) Grundrisse.*)

Beling, Grundzüge des Strafrechts. 4. Aufl. Tübingen 1912.

v. Birkmeyer, Grundriß zur Vorlesung über das deutsche Strafrecht. 7. Aufl. München 1908.

*) Siehe unter b Binding, Grundriß.

Kohler, Leitfaden des deutschen Strafrechts. Leipzig 1912.

v. Lilienthal, Grundriß zur Vorlesung über deutsches Strafrecht. 3. Aufl. Marburg 1908.

d) **Spruchsammlungen.**

Entscheidungen des Reichsgerichts in Strafsachen, herausgegeben von den Mitgliedern des Gerichtshofes und der Reichsanwaltschaft. Leipzig; umfassend die Zeit seit Errichtung des RG. (1. 10. 1879).

Rechtsprechung des deutschen Reichsgerichts in Strafsachen, herausgegeben von den Mitgliedern der Reichsanwaltschaft. München und Leipzig; 10 Bände 1879 bis 1888, beginnend mit den Entscheidungen von Oktober 1879. Die Sammlung wird nicht fortgesetzt.

Entscheidungen des Reichsmilitärgerichts, herausgegeben von den Senatspräsidenten und dem Obermilitäranwalt unter Mitwirkung der juristischen Mitglieder der Senate und der Mitglieder der Militäranwaltschaft. Berlin, seit 1902.

Jahrbuch für Entscheidungen des Kammergerichts von Johow und Ring. Berlin, seit 1881; enthaltend Entscheidungen in Strafsachen seit 1880.

Sammlung von Entscheidungen des obersten Gerichtshofes für Bayern in Gegenständen des Strafrechts und Strafprozesses. 9 Bände, Erlangen 1872—1880; umfassend die Zeit seit 1871.

Sammlung von Entscheidungen des Kgl. Oberlandesgerichts München in Gegenständen des Strafrechts und Strafprozesses. 10 Bände, Erlangen 1882—1901; enthaltend Entscheidungen seit 1880. — Generalregister zu Bd. I—X, 1904.

Sammlung von Entscheidungen des Bayerischen Obersten Landesgerichts in Strafsachen. Erlangen, seit 1902; von Bd. VII ab in München erscheinend. Enthält Entscheidungen seit Januar 1900.

Annalen des Kgl. sächsischen Oberlandesgerichts zu Dresden. Herausgegeben von Klemm und Lamm; später von Loßnitzer und Kurtz; heute von den Mitgliedern des Gerichtshofes. Leipzig, seit 1880.

Entscheidungen des Hanseatischen Oberlandesgerichts in Strafsachen aus den Jahren 1879—1897, herausgegeben von Vogt. Hamburg 1899.

— aus den Jahren 1898—1903, herausgegeben von dem Amtsgericht Hamburg. Hamburg 1905.

Es erschien seit 1905 jährlich 1 Heft als Fortsetzung; die Jahre 1908—1910 sind in einem Hefte vereinigt, Hamburg 1911.

Rechtsprechung des Oberlandesgerichts Colmar i. Els. in Strafsachen. Im Auftrage der Kaiserl. Oberstaatsanwaltschaft herausgegeben; bisher 5 Hefte. Straßburg 1886, 1891, 1897, 1903, 1909. Enthält Entscheidungen seit 1. Okt. 1879.

Die grundlegenden Entscheidungen des Reichsgerichts und des Reichsmilitärgerichts auf dem Gebiete des Strafrechts. 3. Aufl., besorgt von Apt und Beling. Berlin 1903.

Lexikon des deutschen Strafrechts nach den Entscheidungen des Reichsgerichts zum Strafgesetzbuche zusammengestellt und herausgegeben von Stenglein. 2 Bände. Berlin 1900.

— Supplementband von Galli. Berlin 1904.

Warneyers Jahrbuch der Entscheidungen. B. Strafrecht und Strafprozeß, unter Mitwirkung von H. Braun, bearbeitet von Rosenmüller. Leipzig, seit 1907; enthaltend die Rechtsprechung seit 1906.

Jahrbuch des Strafrechts und Strafprozesses. Herausgegeben von Soergel u. Krause. Hannover, seit 1907; enthaltend die Rechtsprechung seit 1906.

e) Strafrechtsfälle.

Frank, Strafrechtliche Fälle für Übungen an Universitäten und bei Justizbehörden. 5. Aufl. Gießen 1912.

Harburger, Strafrechtspraktikum. Strafrechtliche Fälle. Stuttgart 1892.

Kohler, Strafrechtsaufgaben. 1. Abt. Berlin 1889. 2. Abt. Berlin 1899.

v. Liszt, Strafrechtsfälle. 11. Aufl. Jena 1913.

v. Rohland, Strafrechtsfälle. 3. Aufl. Leipzig 1912.

Stelling, Praktische Strafanzeigen (Strafrechtsfälle). Hannover 1902.

Stooß, Strafrechtsfälle. Wien und Leipzig 1907.

f) Zeitschriften.

Der Gerichtssaal. 1849 begründet von v. Jagemann. Heute herausgegeben von Oetker und Finger. Verlagsort Stuttgart.

Archiv für Strafrecht und Strafprozeß. 1853 begründet von Goltdammer als: Archiv für preußisches Strafrecht; von 1871 ab: Archiv für gemeines deutsches und preuß. Strafrecht; von 1880 ab: Archiv für Strafrecht; seit 1900 unter dem Namen Archiv für Strafrecht und Strafprozeß herausgegeben von Kohler. Verlagsort Berlin.

Zeitschrift für die gesamte Strafrechtswissenschaft. 1881 begründet von Dochow und v. Liszt.

Heute herausgegeben von v. Liszt, v. Lilienthal, v. Hippel, Kohlrausch und Delaquis. Verlagsort Berlin.

Schweizerische Zeitschrift für Strafrecht. 1888 begründet von Stooß als: Zeitschrift für Schweizer Strafrecht. Seit 1896 unter dem heutigen Namen. Heute herausgegeben von Stooß, Zürcher, Gautier und Hafter. Verlagsort Bern.

Archiv für Kriminalanthropologie und Kriminalistik. 1899 begründet und herausgegeben von Hans Groß. Verlagsort Leipzig.

Monatsschrift für Kriminalpsychologie und Strafrechtsreform. 1904/1905 begründet und herausgegeben von Aschaffenburg. Verlagsort Heidelberg.

Österreichische Zeitschrift für Strafrecht. 1910 begründet und herausgegeben von Löffler. Verlagsort Wien.

Der Rechtsgang. 1913 begründet und herausgegeben von Nagler, Oetker, Schmidt und Schoetensack. Verlagsort Stuttgart.

Deutsche Strafrechtszeitung. 1914 begründet und herausgegeben von Kahl, Lindenau, v. Liszt, Lucas, Mamroth, K. Meyer, v. Staff, v. Tischendorf und Wach. Verlagsort Berlin.

g) Landesstrafgesetze.

Preußen: Groschuff, Eichhorn, Delius, Die preuß. Strafgesetze (Kommentar). 2. Aufl. Berlin 1904.

Lindemann, Sammlung der wichtigsten preuß. Strafgesetze nebst einem Anhang: Gesetz betr. den Erlaß polizeilicher Strafverfügungen vom 23. April 1883. (Textausgabe mit Anm.) 2. Aufl. Berlin 1912.

Bayern: Allfeld, Sammlung der neben dem Strafgesetzbuche und dem Militärstrafgesetzbuche für das Deutsche Reich in Bayern geltenden Reichs- und Landesgesetze strafrechtlichen Inhalts. Mit Anmerkungen. 2. Aufl. Hildburghausen und München 1887.

v. Riedel, Kommentar zum Polizeistrafgesetzbuch für das Königreich Bayern vom 26. Dez. 1871. 7. Aufl. von v. Sutner. München 1907.

Schiedermair, Die strafrechtlichen Nebengesetze Bayerns. München und Berlin 1912.

Staudinger, Das Polizeistrafgesetzbuch für das Königreich Bayern nach den Landesgesetzen vom 21. Dez. 1871 und 28. Febr. 1880. 5. Aufl. von Herm. Schmitt. München 1904.

Sachsen: v. Feilitzsch, Das Königl. Sächsische Landesstrafrecht. Zusammengestellt und erläutert. 3 Bände. Leipzig 1899—1903.

Württemberg: Beling, Württembergische Strafgesetzgebung. Textausgabe mit Anm. Tübingen und Leipzig 1903.

Fecht, Gesetz betr. Änderung des Landesstrafrechts usw. Stuttgart 1872.

Neue Justizgesetzgebung für Württemberg 1879.

Köhler, Sammlung von Gesetzen, Verordnungen und Verfügungen straf- oder polizeirechtlichen Inhalts usw. Stuttgart 1900.

v. Schicker, Das Polizeistrafrecht und Polizeistrafverfahren im Königreich Württemberg. 4. Aufl. Stuttgart 1907.

Baden: Glock, Das im Großherzogtum Baden geltende Reichs- und Landesrecht. 2. Aufl. bearbeitet von Salzer. 1911.

Schlusser, Das badische Polizeistrafrecht. 3. Aufl. bearbeitet von Müller. Karlsruhe 1908.

Wielandt, Neues badisches Bürgerbuch. Bd. I 9. Aufl. 1911, Bd. II 9. Aufl. 1912.

Hessen: Polizeistrafgesetz für das Großherzogtum Hessen. Amtliche Handausgabe. 2. Aufl. Darmstadt 1857.

Gesetz vom 10. Okt. 1871 betr.: den Übergang zu dem Strafgesetzbuch für das Deutsche Reich, insbesondere bezüglich der Polizeistrafgesetzgebung usw., nebst einem Anhang, enthaltend:

1. Das Polizeistrafgesetz vom 30. Okt. 1855, revidiert nach den Bestimmungen des Gesetzes vom 10. Okt. 1871;

2. Zusammenstellung der ... eingetretenen Veränderungen ... (Separatabdruck aus dem Großh. Regierungsblatt Nr. 35 von 1871.) Darmstadt 1871.

Mecklenburg-Schwerin: Goesch und v. Düring, Mecklenburg-Schwerinsches Landesstrafrecht. Schwerin i. M. 1887.

Mecklenburg-Strelitz: v. Düring und Goesch, Mecklenburg-Strelitzisches Landesstrafrecht. Schwerin i. M. 1887.

Braunschweig: Ude, Die Strafgesetze des Herzogtums Braunschweig. I. Das Polizeistrafgesetzbuch. 2. Aufl. auf Grund des Ges. v. 23. März 1899. Braunschweig 1899. II. Sammlung der kleineren Strafgesetze (mit Ausnahme der Forst-, Jagd- und Fischereigesetze). Braunschweig 1894.

Elsaß-Lothringen: Coermann, Die Strafgesetze Elsaß-Lothringens (Kommentar). Berlin 1897.

Zuständigkeit der Gerichte in Strafsachen nach dem Deutschen Gerichtsverfassungsgesetz vom 27. Januar 1877.

(RGBl. S. 41ff. Fassung vom 17. Mai 1898: RGBl. S. 371ff. abgeändert durch Ges. vom 20. März 1905; 5. Juni 1905; 1. Juni 1909; 22. Mai 1910.)

Vierter Titel.

Schöffengerichte.

25. Für die Verhandlung und Entscheidung von Strafsachen werden bei den Amtsgerichten **Schöffengerichte** gebildet.

27. Die Schöffengerichte sind zuständig:

1. für alle Übertretungen;
2. für diejenigen Vergehen, welche nur mit Gefängnis von höchstens drei Monaten oder Geldstrafe von höchstens sechshundert Mark, allein oder neben Haft oder in Verbindung miteinander oder in Verbindung mit Einziehung bedroht sind, mit Ausnahme der im § 320 des Strafgesetzbuchs und der im § 74 dieses Gesetzes bezeichneten Vergehen;
3. für die nur auf Antrag zu verfolgenden Beleidigungen, wenn die Verfolgung im Wege der Privatklage geschieht;

3a. für die nur auf Antrag zu verfolgenden Körperverletzungen;

3b. für das Vergehen des Hausfriedensbruchs im Falle des § 123 Abs. 3 des Strafgesetzbuchs;

3c. für das Vergehen der Bedrohung mit der Begehung eines Verbrechens im Falle des § 241 des Strafgesetzbuchs;

3d. für das Vergehen des strafbaren Eigennutzes in den Fällen des § 286 Abs. 2, der §§ 290, 291 und 298 des Strafgesetzbuchs sowie des § 93 Abs. 3 der Seemannsordnung vom 2. Juni 1902 (RGBl. S. 175);

4. für das Vergehen des Diebstahls im Falle des § 242 des Strafgesetzbuchs, wenn der Wert des Gestohlenen einhundertundfünfzig Mark nicht übersteigt;

5. für das Vergehen der Unterschlagung im Falle des § 246 des Strafgesetzbuchs, wenn der Wert des Unterschlagenen einhundertundfünfzig Mark nicht übersteigt;

6. für das Vergehen des Betrugs im Falle des § 263 des Strafgesetzbuchs, wenn der Schaden einhundertundfünfzig Mark nicht übersteigt;

7. für das Vergehen der Sachbeschädigung im Falle des § 303 des Strafgesetzbuchs, wenn der Schaden einhundertundfünfzig Mark nicht übersteigt;

8. für das Vergehen der Begünstigung und für das Vergehen der Hehlerei in den Fällen des § 258 Nr. 1 und des § 259 des Strafgesetzbuchs, wenn die Handlung, auf welche sich die Begünstigung oder die Hehlerei bezieht, zur Zuständigkeit der Schöffengerichte gehört.

28. Ist die Zuständigkeit des Schöffengerichts durch den Wert einer Sache oder den Betrag eines Schadens bedingt und stellt sich in der Hauptverhandlung heraus, daß der Wert oder Schaden mehr als einhundertundfünfzig Mark beträgt, so hat das Gericht seine Unzuständigkeit nur dann auszusprechen, wenn aus anderen Gründen die Aussetzung der Verhandlung geboten erscheint.

29. Vor die Schöffengerichte gehören auch diejenigen Strafsachen, deren Verhandlung und Entscheidung ihnen nach den Bestimmungen des fünften Titels von den Strafkammern der Landgerichte überwiesen wird.

Fünfter Titel.
Landgerichte.

59. Bei den Landgerichten werden Zivil- und Strafkammern gebildet.

72. Die Strafkammern sind zuständig für diejenigen die Voruntersuchung und deren Ergebnisse betreffenden Entscheidungen, welche nach den Vorschriften der Strafprozeßordnung von dem Gerichte zu erlassen sind; sie entscheiden über Beschwerden gegen Verfügungen des Untersuchungsrichters und des Amtsrichters, sowie gegen Entscheidungen der Schöffengerichte. Die Bestimmungen über die Zuständigkeit des Reichsgerichts werden hierdurch nicht berührt.

Die Strafkammern erledigen außerdem die in der Strafprozeßordnung den Landgerichten zugewiesenen Geschäfte.

73. Die Strafkammern sind als erkennende Gerichte zuständig:

1. für die Vergehen, welche nicht zur Zuständigkeit der Schöffengerichte gehören;
2. für diejenigen Verbrechen, welche mit Zuchthaus von höchstens fünf Jahren, allein oder in Verbindung mit anderen Strafen bedroht sind. Diese Bestimmung findet nicht Anwendung in den Fällen der §§ 86, 100 und 106 des Strafgesetzbuchs;
3. für die Verbrechen der Personen, welche zur Zeit der Tat das achtzehnte Lebensjahr noch nicht vollendet hatten;

4. für das Verbrechen der Unzucht im Falle des § 176 Nr. 3 des Strafgesetzbuchs;
5. für die Verbrechen des Diebstahls in den Fällen der §§ 243 und 244 des Strafgesetzbuchs;
6. für das Verbrechen der Hehlerei in den Fällen der §§ 260 und 261 des Strafgesetzbuchs;
7. für das Verbrechen des Betruges im Falle des § 264 des Strafgesetzbuchs.

74. Die Strafkammern sind als erkennende Gerichte ausschließlich zuständig:
1. für die nach § 145a des Strafgesetzbuchs strafbaren Handlungen;
2. für Zuwiderhandlungen gegen das Gesetz vom 25. Oktober 1867, betreffend die Nationalität der Kauffahrteischiffe usw.;[1]
3. für Zuwiderhandlungen gegen die Bestimmungen der §§ 1, 2 und 3 des Gesetzes vom 8. Juni 1871, betreffend die Inhaberpapiere mit Prämien;
4. für die nach § 67 und § 69 des Gesetzes vom 6. Februar 1875, betreffend die Beurkundung des Personenstandes usw., strafbaren Handlungen;
5. für die nach § 59 des Bankgesetzes vom 14. März 1875 strafbaren Handlungen.

[1] Aufgehoben durch § 29 des G. v. 22. Juni 1899.

75. Die Strafkammer kann bei Eröffnung des Hauptverfahrens wegen der Vergehen:
1. des Widerstandes gegen die Staatsgewalt in den Fällen der §§ 113, 114, 117 Abs. 1 und des § 120 des Strafgesetzbuchs;
2. wider die öffentliche Ordnung im Falle des § 137 des Strafgesetzbuchs;

3. wider die Sittlichkeit in den Fällen der §§ 180 und 183 des Strafgesetzbuchs;
4. der Beleidigung in den Fällen der nur auf Antrag eintretenden Verfolgung;
5. der Körperverletzung in den Fällen des § 223a und des § 230 Abs. 2 des Strafgesetzbuchs;
5a. der Nötigung im Falle des § 240 des Strafgesetzbuchs;
6. des Diebstahls im Falle des § 242 des Strafgesetzbuchs;
7. der Unterschlagung im Falle des § 246 des Strafgesetzbuchs;
8. der Begünstigung;
9. der Hehlerei in den Fällen des § 258 Nr. 1 und des § 259 des Strafgesetzbuchs;
10. des Betrugs im Falle des § 263 des Strafgesetzbuchs;
11. des strafbaren Eigennutzes in den Fällen des § 286 Abs. 1 und der §§ 288 und 289 des Strafgesetzbuchs;
12. der Sachbeschädigung in den Fällen der §§ 303 und 304 des Strafgesetzbuchs;
12a. der Bestechung im Falle des § 333 des Strafgesetzbuchs

und

13. wegen der gemeingefährlichen Vergehen in den Fällen der §§ 309, 316, 318, 318a, des § 327 Abs. 1 und des § 328 Abs. 1 des Strafgesetzbuchs;

ferner

14. wegen derjenigen Vergehen, welche nur mit Gefängnisstrafe von höchstens sechs Monaten oder Geldstrafe von höchstens eintausendfünfhundert Mark, allein oder neben Haft oder in Verbindung miteinander oder in

Verbindung mit Einziehung bedroht sind, mit Ausnahme der in den §§ 128, 271, 296a, 301, 320, 331 und 347 des Strafgesetzbuchs und der im § 74 dieses Gesetzes bezeichneten Vergehen;

14a. wegen der Vergehen derjenigen Personen, welche zur Zeit der Tat das achtzehnte Lebensjahr noch nicht vollendet hatten;[1]

sowie

15. wegen solcher Zuwiderhandlungen gegen die Vorschriften über die Erhebung öffentlicher Abgaben und Gefälle, deren Strafe in dem mehrfachen Betrag einer hinterzogenen Abgabe oder einer anderen Leistung besteht;

auf Antrag der Staatsanwaltschaft die Verhandlung und Entscheidung dem Schöffengerichte, soweit dieses nicht schon zuständig ist, überweisen, wenn nach den Umständen des Falles anzunehmen ist, daß wegen des Vergehens[2] auf keine andere und höhere Strafe, als auf eine Gefängnisstrafe von höchstens sechs Monaten oder eine Geldstrafe von höchstens eintausendfünfhundert Mark allein oder neben Haft oder in Verbindung miteinander oder in Verbindung mit Einziehung und auf keine höhere Buße als eintausendfünfhundert Mark zu erkennen sein werde.

Beschwerde findet nicht statt.

Hat im Falle der Nr. 15 die Verwaltungsbehörde die öffentliche Klage erhoben, so steht ihr der Antrag auf Überweisung an das Schöffengericht in gleicher Weise wie der Staatsanwaltschaft zu.

[1] Nach § 14 des Entwurfs eines Gesetzes über das Verfahren gegen Jugendliche vom Jahre 1913 (Vorlage und Kommissionsbeschluß 2. Lesung) soll § 75 Abs. 1 Ziff. 14a lauten: „wegen der

Verbrechen und Vergehen von Personen, die zur Zeit der Tat noch nicht 18 Jahre alt waren[a];

[a] Nach § 14 des in Anm. 1 genannten Entwurfes sollen die Worte „des Vergehens" ersetzt werden durch „der strafbaren Handlung".

76. Die Strafkammern sind als erkennende Gerichte ferner zuständig für die Verhandlung und Entscheidung über das Rechtsmittel der Berufung gegen die Urteile der Schöffengerichte.

Sechster Titel.

Schwurgerichte.

79. Für die Verhandlung und Entscheidung von Strafsachen treten bei den Landgerichten periodisch Schwurgerichte zusammen.

80. Die Schwurgerichte sind zuständig für die Verbrechen, welche nicht zur Zuständigkeit der Strafkammern oder des Reichsgerichts gehören.

Achter Titel.

Oberlandesgerichte.

123. Die Oberlandesgerichte sind zuständig für die Verhandlung und Entscheidung über die Rechtsmittel:

1. . . . .
2. der Revision gegen Urteile der Strafkammern in der Berufungsinstanz;
3. der Revision gegen Urteile der Strafkammern in erster Instanz, sofern die Revision ausschließlich auf die Verletzung einer in den Landesgesetzen enthaltenen Rechtsnorm gestützt wird;
4. . . . .

5. der Beschwerde gegen strafrichterliche Entscheidungen erster Instanz, soweit nicht die Zuständigkeit der Strafkammer begründet ist, und gegen Entscheidungen der Strafkammern in der Beschwerdeinstanz und Berufungsinstanz.

Neunter Titel.

Reichsgericht.

136. In Strafsachen ist das **Reichsgericht** zuständig:

1. für die Untersuchung und Entscheidung in erster und letzter Instanz in den Fällen des Hochverrats und des Landesverrats, insofern diese Verbrechen gegen den Kaiser oder das Reich gerichtet sind;
2. für die Verhandlung und Entscheidung über die Rechtsmittel der Revision gegen Urteile der Strafkammern in erster Instanz, insoweit nicht die Zuständigkeit der Oberlandesgerichte begründet ist, und gegen Urteile der Schwurgerichte.

In Strafsachen wegen Zuwiderhandlungen gegen die Vorschriften über die Erhebung öffentlicher in die Reichskasse fließender Abgaben und Gefälle ist das Reichsgericht auch für die Verhandlung und Entscheidung über das Rechtsmittel der Revision gegen Urteile der Strafkammern in der Berufungsinstanz zuständig, sofern die Entscheidung des Reichsgerichts von der Staatsanwaltschaft bei der Einsendung der Akten an das Revisionsgericht beantragt wird.

Einführungsgesetz.

Vom 31. Mai 1870.

Gesetzeskraft im Nordd. Bundesgebiet einschl. Süd-Hessen mit dem 1. Januar 1871, in Els.-Lothr. mit 1. Oktober 1871, — im ganzen Reiche mit dem 1. Januar 1872.

v. Bar I 29; Finger 149, 70, 455, 577; v. Liszt 102, 120, 297; Meyer 75, 307 Anm. 9.

Zeitpunkt des Inkrafttretens des Strafgesetzbuchs.

1. Das Strafgesetzbuch für den Norddeutschen Bund[1] (das Deutsche Reich) tritt im ganzen Umfange des Bundesgebietes mit dem 1. Januar 1871 (1872) in Kraft.

[1] Durch Reichsges. v. 15. Mai 1871 „betr. die Redaktion des StGB. für den Norddeutschen Bund als StGB. für das Deutsche Reich" sind die erforderlichen Fassungsänderungen ausdrücklich festgesetzt. Für das EG. sind sie gemäß § 2 Abs. 2 des Ges. v. 16. April 1871 „betr. die Verfassung des Deutschen Reiches" im Text in Klammern ergänzt.

Sachliches Geltungsgebiet der Strafrechtssätze.

2.[1] Mit diesem Tage tritt das Bundes- (Reichs-) und Landesstrafrecht, insoweit dasselbe Materien[2] betrifft, welche Gegenstand des Strafgesetzbuchs für den Norddeutschen Bund (das Deutsche Reich) sind, außer Kraft.

In Kraft bleiben die besonderen Vorschriften des Bundes- (Reichs-) und Landesstrafrechts, namentlich über[3] strafbare Verletzungen der Preßpolizei-, Post-, Steuer-, Zoll-, Fischerei-, Jagd-, Forst- und Feldpolizeigesetze, (über Mißbrauch des Vereins- und Versammlungsrechts[4]) und über den Holz- (Forst-) Diebstahl.

Bis zum Erlasse eines Bundesgesetzes (Reichsgesetzes) über den Konkurs[5] bleiben ferner diejenigen Strafvorschriften in Kraft, welche rücksichtlich des Konkurses in Landesgesetzen enthalten sind, insoweit dieselben sich auf Handlungen beziehen, über welche das Strafgesetzbuch für den Norddeutschen Bund (das Deutsche Reich) nichts bestimmt.

[1] Grundsätze: „Reichsrecht bricht Landesrecht" und „Lex posterior derogat priori." — Formell ist durch § 2 kein Landesstrafgesetzbuch aufgehoben. Vgl. EG. für Elf.-Lothr. Art. II.

[2] Die einzelnen für strafbar oder für nicht strafbar erklärten Handlungen: RG. 2 33, 30 31; vgl. auch RG. 42 100. Auch die allgem. Bestimmungen? Bestritten: dafür RG. 10 220? — dagegen zuletzt RG. 45 54. — So sind in Kraft geblieben z. B. § 270 Pr. StGB., in Elf-Lothr. Art. 412 Code pénal (beide Normen betreffen das Abhalten vom Bieten bei Versteigerungen): RG. 10 220, 17 203; § 158 VZG. (Strafenhäufung bei Konkurrenz): RG. 38 26. Vgl. weiter RG. 39 148.

[3] Beispiele nicht behandelter Materien. Die Aufzählung ist nicht erschöpfend. Soweit das StGB. abweichende Vorschriften enthält, sind auch die besonderen Gesetze aufgehoben.

[4] Die eingeklammerten Worte sind aufgehoben durch das Vereinsges. v. 19. April 1908 § 23 Abs. 2.

[5] Infolge der Einführung der Reichskonkursordnung v. 10. Febr. 1877 aufgehoben. Vgl. unten zu Abschn. 24 des StGB.

3. Wenn in Landesgesetzen auf strafrechtliche Vorschriften, welche durch das Strafgesetzbuch für den Norddeutschen Bund (das Deutsche Reich) außer Kraft gesetzt sind, verwiesen wird, so treten die entsprechenden Vorschriften des letzteren an die Stelle der ersteren.

Fakultative Strafänderung für Kriegszeiten.

4. Bis zum Erlasse der in den Artikeln 61[1] und 68[2] der Verfassung des Norddeutschen Bundes (Deutschen Reichs) vorbehaltenen Bundes- (Reichs-) gesetze sind die in den §§ 81, 88, 90, 307, 311, 312, 315, 322, 323 und 324 des Strafgesetzbuchs für den Noddeutschen Bund (das Deutsche Reich) mit lebenslänglichem Zuchthaus bedrohten Verbrechen mit dem Tode zu bestrafen, wenn sie in einem Teile des Bundesgebietes, welchen der Bundesfeldherr (Kaiser) in Kriegszustand (Art. 68 der Verfassung) erklärt hat, oder während eines gegen den Norddeutschen Bund (das Deutsche Reich) ausgebrochenen Krieges auf dem Kriegsschauplatze[3] begangen werden.

[1] Das hier vorbehaltene RMG. ist unter dem 2. Mai 1874 erlassen worden. Ergänzend vgl. das MStGB. v. 20. Juni 1872. Dazu Anm. 3 unten.

[2] Art. 68 lautet: „Der Kaiser kann, wenn die öffentliche Sicherheit in dem Bundesgebiete bedroht ist, einen jeden Teil desselben in Kriegszustand erklären. Bis zum Erlaß eines die Voraussetzungen, die Form der Verkündigung und die Wirkungen einer solchen Erklärung regelnden Reichsgesetzes gelten dafür die Vorschriften des Pr. Ges. v. 4. Juni 1851." (Pr. GS. für 1851 S. 451ff.) Für Bayern bestimmt das Reichsges. v. 22. April 1871 § 7 Abs. 2 abweichend: „An Stelle der Vorschriften des § 4 des gedachten EG. hat es für Bayern bis auf weiteres bei den einschlägigen Bestimmungen des Militärstrafrechts, sowie bei den sonstigen gesetzlichen Vorschriften über das Standrecht sein Bewenden." Vgl. Bay. AusfGes. z. RStPO. v. 18. Aug. 1879 Art. 3 Ziff. 12. Jetzt: Bay. Ges. über den Kriegszustand vom 5. Nov. 1912.

Das in Art. 68 der RV. vorbehaltene Gesetz steht noch aus.

[3] Durch das MStGB. §§ 155ff., 160, (57—59, 134) ist der Fall der Begehung von Verbrechen auf dem Kriegsschauplatze

erschöpfend geregelt. Die Todesstrafe findet nach § 58 MStGB. nur noch Anwendung in den Fällen des § 90 RStGB. Bestritten!

Sachliches Geltungsgebiet (Forts.).

5. In landesgesetzlichen Vorschriften über Materien, welche nicht Gegenstand des Strafgesetzbuchs für den Norddeutschen Bund (das Deutsche Reich) sind,[1] darf nur Gefängnis bis zu zwei Jahren, Haft, Geldstrafe, Einziehung einzelner Gegenstände und die Entziehung öffentlicher Ämter angedroht werden.

[1] Nur auf künftige Landesgesetze bezüglich. Die bestehenden bleiben nach Maßgabe des § 6 in Geltung, selbst wenn sie höhere Strafandrohungen enthalten. So blieb § 8 des Pr. Ges. v. 31. März 1841 betr. die Mannszucht auf Seeschiffen in Geltung bis zum Erlaß der SeemO. v. 27. Dez. 1872 (neues Ges. v. 2. Juni 1902).

6. Vom 1. Januar 1871 (1872) ab darf nur auf die im Strafgesetzbuche für den Norddeutschen Bund (das Deutsche Reich) enthaltenen Strafarten[1] erkannt werden.

Wenn in Landesgesetzen[2] anstatt der Gefängnis- oder Geldstrafe Forst- oder Gemeindearbeit angedroht oder nachgelassen ist, so behält es hierbei sein Bewenden.

[1] StGB. §§ 13—42, 57, 362.

[2] Wo in Pr. Gesetzen [„polizeiliche"] Gefängnisstrafe bis zur Dauer von sechs Wochen angedroht ist, ist jetzt auf Haft zu erkennen: RG. **13** 93.

Spezialvorschrift über Verfolgungsverjährung.

7. Vom 1. Januar 1871 (1872) ab verjähren Zuwiderhandlungen gegen die Vorschriften über die Entrichtung der Branntweinsteuer, der Biersteuer und der Postgefälle in drei Jahren.

Übergangsvorschriften.

8. Der Landesgesetzgebung bleibt vorbehalten, Übergangsbestimmungen zu treffen,[1] um die in Kraft bleibenden Landesstrafgesetze mit den Vorschriften des Strafgesetzbuchs für den Norddeutschen Bund (das Deutsche Reich) in Übereinstimmung zu bringen.

[1] In sämtlichen Bundesstaaten — mit Ausnahme von Preußen nebst Lauenburg und Waldeck — erlassen. Eine Übersicht s. in v. Holtzendorff, Handb. 4 5ff.

Strafgesetzbuch für das Deutsche Reich.

Vom 15. Mai 1871.

Einleitende Bestimmungen.

v. Bar I 59, 99, 236; Finger 121, 133, 159, 327, 428; v. Liszt 124, 99, 106, 142, 117, 285, 161; Meyer 116, 86, 91 (173, 233), 363, 101.

Dreiteilung der strafbaren Handlungen.[1]

1. Eine mit dem Tode, mit Zuchthaus, oder mit Festungshaft von mehr als fünf Jahren bedrohte Handlung[2] ist ein Verbrechen.

Eine mit Festungshaft bis zu fünf Jahren, mit Gefängnis oder mit Geldstrafe von mehr als einhundertfünfzig Mark bedrohte Handlung ist ein Vergehen.

Eine mit Haft oder mit Geldstrafe bis zu einhundertfünfzig Mark bedrohte Handlung ist eine Übertretung.[3]

[1] Maßgebend ist die schwerste der angedrohten Strafen. Bei Festungshaft und Geldstrafe entscheiden das Maß. — Durch Zulassung der allgem. mildernden Umstände wird kein neuer Strafrahmen gebildet; dagegen durch die besonderen mildernden oder schärfenden Umstände. — Die Strafrahmen bei Versuch, Beihilfe, Jugend sind nicht als selbständige Strafdrohungen zu betrachten: RG. **3** 52. Bestritten!

[2] Auch rechtswidriges Unterlassen.

[3] Die Dreiteilung ist für die gemäß EG. § 2 Abs. 2 in Kraft gebliebenen landesgesetzlichen Strafbestimmungen nicht bindend: RG. **14** 247.

Zeitliches Geltungsgebiet der Strafrechtssätze.

2. Eine Handlung kann nur dann mit einer Strafe belegt werden, wenn diese Strafe gesetzlich bestimmt war, bevor die Handlung begangen wurde.[1, 2]

Bei Verschiedenheit der Gesetze von der Zeit der begangenen Handlung bis zu deren Aburteilung ist das mildeste Gesetz[3] anzuwenden.[4]

[1] Nullum crimen, nulla poena sine lege; Strafgesetze haben grundsätzlich keine rückwirkende Kraft.

[2] D. h. die deliktische Handlung mit Einschluß des Erfolges vollendet wurde: RG. zuletzt **44** 277.

[3] Auch eine Änderung hinsichtl. des Antragserfordernisses ist zu beachten: RG. **46** 269. Einwirkung außerstrafrechtlicher Normen bestritten.

[4] Rückwirkende Kraft des mildesten (Zwischen-) Gesetzes aus Billigkeitsrücksichten.

Räumliches Geltungsgebiet der Strafrechtssätze.

3. Die Strafgesetze des Deutschen Reichs finden Anwendung auf alle im Gebiete desselben[1] begangenen[2] strafbaren Handlungen, auch wenn der Täter ein Ausländer ist.[3]

[1] Inland. Vgl. RV. v. 16. April 1871 Art. 1; G. v. 9. Juni 1871 (Vereinigung v. Elf.-Lothr. mit dem Reich); G. v. 15. Dez. 1890 (Vereinigung von Helgoland mit dem Reich). Deutsche Konsulargerichtsbezirke und Schutzgebiete gelten als deutsches Gebiet im Sinne des § 3 (bestritten auf Grund von § 8. Dafür: Finger, v. Liszt, Meyer), §§ 19 ff. des G. über die Konsulargerichtsbkt. v. 7. April 1900 und § 3 des SchutzgebietsG.: RG. **44** 407. Staats- und Kriegsschiffe sowie Handelsschiffe auf See gelten hinsichtlich der Jurisdiktion als im Inland befindlich:

RG. **23** 267; anders Handelsschiffe im fremden Hoheitsgebiet. Siehe auch unten § 8 Anm. 1.

[2] **Begehungsort.** Jeder Ort, an welchem der Täter die Willensbetätigung vorgenommen hat oder der Erfolg eingetreten ist. So RG. **23** 155. Vgl. auch RG. **13** 337, **41** 35. Somit sind im Ausland begangene Teilnahmehandlungen zu einer im Inland begangenen Tat ebenso wie im Inlande erfolgte Teilnahmehandlungen zu einer im Auslande begangenen Tat nach inländischem Recht strafbar: RG. **19** 147 und **9** 10. — Gegen die RG.-Theorie: v. Bar, Finger, v. Liszt, Meyer.

[3] Ausnahmen: die Träger der Souveränität des Reichs und der Bundesstaaten (einschl. der Regenten) sind strafrechtl. unverantwortlich; siehe ferner RV. Art. 22 Abs. 2, GVG. §§ 18ff. und StGB. §§ 10, 11, 12.

4. Wegen der im Auslande[1] begangenen Verbrechen und Vergehen findet in der Regel keine Verfolgung statt.[2]

Jedoch kann nach den Strafgesetzen des Deutschen Reichs verfolgt werden:

1. ein Deutscher[3] oder ein Ausländer, welcher im Auslande eine hochverräterische Handlung gegen das Deutsche Reich oder einen Bundesstaat, oder ein Münzverbrechen, oder als Beamter des Deutschen Reichs oder eines Bundesstaats eine Handlung begangen hat, die nach den Gesetzen des Deutschen Reichs als Verbrechen oder Vergehen im Amte anzusehen ist;[4]
2. ein Deutscher, welcher im Auslande eine landesverräterische Handlung gegen das Deutsche Reich oder einen Bundesstaat, oder eine Beleidigung gegen einen Bundesfürsten begangen hat;[5]
3. ein Deutscher, welcher im Auslande eine Handlung begangen hat, die nach den Gesetzen des Deutschen Reichs als Verbrechen oder Vergehen anzusehen und

durch die Gesetze des Orts, an welchem sie begangen wurde, mit Strafe bedroht ist.[6, 7]

Die Verfolgung ist auch zulässig, wenn der Täter bei Begehung der Handlung noch nicht Deutscher war. In diesem Falle bedarf es jedoch eines Antrages[8] der zuständigen Behörde[9] des Landes, in welchem die strafbare Handlung begangen worden, und das ausländische Strafgesetz ist anzuwenden, soweit dieses milder ist.

[1] Siehe § 8 und Anm. 1 ebda.

[2] Ausnahmen u. a. in §§ 102, 298, 140 Ziff. 1 Satz 2; SeemO. § 121 und in MStGB. §§ 7, 161; im Ges. v. 11. Jan. 1876 § 14 (Muster); v. 12. Mai 1894 § 17 (Warenbezeichnungen); im SprengstG. § 12.

[3] Hierzu vgl. Reichs- u. StaatsangehörigkeitsG. v. 22. Juli 1913; SchutzgebietsG. § 9.

[4] Vgl. §§ 80—86, 146, 147, 149, 331 ff.; SprengstoffG. § 12; Sklavenraub G. v. 28. Juli 1895 § 5 u. a. — Daß das Münzverbrechen gegen das Reich oder einen Bundesstaat begangen wird, ist nicht erforderlich.

[5] Vgl. §§ 87—93, 94, 95, 98, 99 u. Ges. betr. die Bestrafung der Majestätsbeleidigung v. 17. Febr. 1908 (abgedr. vor § 94).

[6] Wenn auch unter anderem rechtlichen Gesichtspunkt: RG. **5** 424.

[7] Die Handlung auf staatenlosem oder unzivilisierten Völkern gehörigem Gebiet ist daher nach deutschem Recht zu bestrafen. Bestritten. Dafür: v. Bar, v. Liszt, Meyer; dagegen: Finger.

[8] Der Antrag ist nicht an die Frist des § 61 gebunden: RG. **16** 216.

[9] Die im internationalen Verkehr den Staat vertretende Behörde: RG. **16** 216.

5. Im Falle des § 4 Nr. 3 bleibt die Verfolgung ausgeschlossen,[1] wenn

1. von den Gerichten des Auslandes[2] über die Handlung rechtskräftig erkannt und entweder eine Freisprechung erfolgt oder die ausgesprochene Strafe vollzogen,[3]
2. die Strafverfolgung oder die Strafvollstreckung nach den Gesetzen des Auslandes verjährt[4] oder die Strafe erlassen, oder
3. der nach den Gesetzen des Auslandes zur Verfolgbarkeit der Handlung erforderliche Antrag[5] des Verletzten nicht gestellt worden ist.

[1] Eine Ausnahme bezüglich der Aberkennung der bürgerl. Ehrenrechte siehe in § 37.

[2] D. h. von ausländischen Gerichten, nicht etwa auch von deutschen Gerichten im Ausland.

[3] D. h. ganz zur Vollstreckung gelangt: RG. **16** 319; bei teilweiser Vollstreckung siehe [illegible]

[4] Zur Zeit des Beginnes [illegible] Strafverfolgung (Erhebung der Anklage bei Gericht): RG. 22 341.

[5] Ein bei der Behörde des ausländischen Tatortes gestellter Antrag genügt. Die Fragen: wer Antragsberechtigter sei, welche Antragsfristen u. welche Formvorschriften gälten, sind nach Reichsrecht bzw. nach ausländ. Recht zu entscheiden, je nachdem der Antrag bei einer deutschen od. einer ausländ. Behörde gestellt wurde: RG. **44** 433, in Abweichung von RG. 27 161.

6. Im Auslande begangene Übertretungen sind nur dann zu bestrafen, wenn dies durch besondere Gesetze oder durch Verträge angeordnet ist.[1]

[1] Siehe § 121 der SeemO. v. 2. Juni 1902.

Anrechnung im Auslande vollzogener Strafen.

7.[1] Eine im Auslande vollzogene Strafe ist, wenn wegen derselben Handlung im Gebiete des Deutschen Reichs abermals eine Verurteilung erfolgt,[2] auf die zu erkennende Strafe in Anrechnung[3] zu bringen.

[1] Vgl. § 4 Ziff. 1, 2 und 3; § 5 Ziff. 1.

[2] Die erneute Verfolgung einer im Auslande abgeurteilten Tat ist im Inlande regelmäßig zulässig u. nur in den Fällen des § 5 ausgeschlossen.

[3] Über die Grundsätze der Anrechnung vgl. RG. 35 41.

Ausland.

8. Ausland[1] im Sinne dieses Strafgesetzes[2] ist jedes nicht zum Deutschen Reich gehörige Gebiet.

[1] Siehe oben § 3 Anm. 1. — Ausländische von deutschen Truppen besetzte Gebiete erscheinen rechtlich als Inland. Vgl. §§ 161, 7, 155, 160 MStGB. — Über Neutral-Moresnet vgl. RG. 38 289 u., davon abweichend, RG. 31 259.

[2] D. h. des RStGB.

Auslieferung.

9. Ein Deutscher darf einer ausländischen Regierung zur Verfolgung oder Bestrafung nicht überliefert werden.[1]

[1] Die vom Deutschen Reiche abgeschlossenen Auslieferungsverträge s. in der Guttentagschen Sammlung deutscher Reichsgesetze Nr. 86 u. bei v. Liszt S. 115. — Bez. Ablieferung zwischen Regierungen verschiedener Bundesstaaten s. Tit. 13 GVG.

Persönliches Geltungsgebiet der Strafrechtssätze.

10. Auf deutsche Militärpersonen[1] finden die allgemeinen Strafgesetze des Reichs insoweit Anwendung, als nicht die Militärgesetze ein anderes bestimmen.[2]

[1] Vgl. MStGB. § 4 und das diesem G. beigefügte Verzeichnis der Militärpersonen (RGBl. 1872 S. 204, vgl. auch RGBl. 1880 S. 169ff.); weiter RMG. § 56 und G. betr. Ändg. d. Wehrpflicht v. 11. Febr. 1888 §§ 11 und 20.

[2] Für Militärpersonen gilt jetzt das MStGB. v. 20. Juni 1872 im ganzen Reiche. Einschränkungen z. B. MStGB. §§ 6, 153, 154.

11.[1] Kein Mitglied eines Landtags[2] oder einer Kammer[2] eines zum Reich gehörigen Staats darf außer-

halb der Versammlung,[3] zu welcher das Mitglied gehört, wegen seiner Abstimmung oder wegen der in Ausübung seines Berufes getanen Äußerung[4] zur Verantwortung[5] gezogen werden.[6]

[1] Vgl. RV. Art. 30.

[2] Darunter fällt jede gesetzgebende Versammlung, die als Volksvertretung erscheint.

[3] Wiederholung außerhalb der Versammlung ist strafbar: RG. 2 365.

[4] Nicht nur mündliche Erklärungen, sondern auch konkludente Handlungen. Bestritten. Dafür: v. Bar, Finger, v. Liszt.

[5] Auch nicht disziplinarisch. [6] Vgl. § 199 Anm. 6.

12.[1] **Wahrheitsgetreue[2] Berichte[3] über Verhandlungen[4,5] eines Landtags oder einer Kammer[6] eines zum Reich gehörigen Staats bleiben von jeder Verantwortlichkeit frei.**

[1] RV. Art. 22. [2] Weiter als wortgetreu: RG. **18** 207.

[3] Mündliche oder schriftliche Darstellung des wirklichen Vorganges, nicht dagegen Reflexionen des Berichterstatters: RG. **15** 32; **18** 207.

[4] Ein in sich abgeschlossener Teil der getanen Äußerungen: RG. **18** 207.

[5] Öffentliche und auch nicht öffentliche. Bestritten. Auf beide bezogen von: v. Bar, Meyer; nur auf öffentliche von: Finger, v. Liszt.

[6] Siehe oben § 11 Anm. 2. — Die herrschende Ansicht bezieht § 12 nur auf Berichte über Plenarverhandlungen. Weiter: auch auf Ausschußberichte: Meyer.

Erster Teil.

Von der Bestrafung der Verbrechen, Vergehen und Übertretungen im allgemeinen.

Erster Abschnitt.

Strafen.

Finger 444, 534; v. Liszt 249, 278, 283; Meyer 299, 359.

Nicht alle Strafen des StGB. sind im ersten Abschnitt angeführt, wie anderseits manche darin bestimmte Maßnahme der Strafnatur entbehrt. Weitere Strafarten s. in § 57 Ziff. 4, § 81 letzter Abs. (u. ff.), §§ 161, 319, 335, 362 Abs. 2, 3. Hinsichtlich §§ 161, 319, 362 bestritten. Daß die Buße (§§ 188, 231) und die Publikationsbefugnis der §§ 165, 200 keine Strafnatur besitzen, ist herrschende Ansicht.

Todesstrafe.

13. Die Todesstrafe[1] ist durch Enthauptung[2] zu vollstrecken.[3]

[1] Nur nach §§ 80, 211; SprengstoffG. § 5; SklavenraubG. § 1. Siehe auch EG. § 4. Vgl. bez. Ehrenstrafe §§ 32—34, Versuch § 44 Abs. 2, Beihilfe § 49 Abs. 2, für Jugendliche § 57 Ziff. 1.

[2] Vgl. dagegen SchutzgebietsG. § 6 Ziff. 5 und VO. v. 9. Nov. 1900 § 9 (Enthaupten, Erschießen oder Erhängen); MStGB. § 14.

[3] StPO. §§ 485, 486.

Zuchthausstrafe.

14. Die Zuchthausstrafe[1] ist eine lebenslängliche[2] oder eine zeitige.

Der Höchstbetrag der zeitigen Zuchthausstrafe ist fünfzehn Jahre,[3] ihr Mindestbetrag ein Jahr.

Wo das Gesetz die Zuchthausstrafe nicht ausdrücklich als eine lebenslängliche androht, ist dieselbe eine zeitige.

[1] Vgl. hinsichtlich Ehrenstrafen §§ 31 ff., Versuch § 44 Abs. 2 und 4, Beihilfe § 49 Abs. 2, Jugendliche § 57 Ziff. 1 und 3, Berechnung § 19, Umwandlung § 21.

[2] Ausschließlich Zuchthaus: §§ 87, 90; wahlweise mit lebenslänglicher Festungshaft: §§ 81, 88, 94; wahlweise mit Zuchthaus von 10—15 Jahren: §§ 178, 214, 215, 220, 229, 251, 307, 312, 315, 322—324. Vgl. auch EG. § 4.

[3] Auch bei Realkonkurrenz und Bildung einer Gesamtstrafe (§ 74 Abs. 3, § 79). Zuchthausstrafe von mehr als 15jähriger Dauer möglich bei Bestrafung mehrerer Verbrechen mit Zuchthaus, für welche die Erfordernisse der Gesamtstrafe aus § 79 nicht vorliegen: RG. 4 53. Ebenso wenn Zuchthausstrafe an Stelle von Geldstrafe tritt.

15. Die zur Zuchthausstrafe Verurteilten sind in der Strafanstalt zu den eingeführten Arbeiten anzuhalten.[1]

Sie können auch zu Arbeiten außerhalb der Anstalt, insbesondere zu öffentlichen oder von einer Staatsbehörde beaufsichtigten Arbeiten verwendet werden. Diese Art der Beschäftigung ist nur dann zulässig, wenn die Gefangenen dabei von anderen freien Arbeitern getrennt gehalten werden.

[1] Vgl. § 22.

Gefängnisstrafe.

16. Der Höchstbetrag der Gefängnisstrafe[1] ist fünf Jahre,[2] ihr Mindestbetrag ein Tag.

Die zur Gefängnisstrafe Verurteilten können[3] in einer Gefangenanstalt auf eine ihren Fähigkeiten und Verhältnissen angemessene Weise beschäftigt werden;[4] auf ihr Verlangen sind sie in dieser Weise zu beschäftigen.[5]

Eine Beschäftigung außerhalb der Anstalt (§ 15) ist nur mit ihrer Zustimmung zulässig.[6]

[1] Vgl. hinsichtlich Ehrenstrafen §§ 32 ff., Versuch § 44 Abs. 4, Beihilfe § 49 Abs. 2, Jugendliche § 57 Ziff. 3 und 4, Berechnung § 19, Umwandlung § 21.

[2] Höchstbetrag bei Jugendlichen: 15 Jahre (§ 57 Ziff. 1), bei Realkonkurrenz: 10 Jahre (§ 74 Abs. 3, § 75, § 79). Analog gilt das in § 14 Anm. 3 Satz 2 und 3 für die Zuchthausstrafe Dargelegte.

[3] Fakultativ. [4] Individualisierter Arbeitszwang.

[5] Vgl. für Preußen die Gefängnisordnung für die Justizverwaltung in Preußen v. 21. Dez. 1898 und die abändernden allgemeinen Verfügungen v. 14. März 1900 und 25. Mai 1906.

[6] Wobei Abs. 2 auch für solche Arbeiten gilt.

Festungshaft.

17. Die Festungshaft[1] ist eine lebenslängliche[2] oder eine zeitige.[3]

Der Höchstbetrag der zeitigen Festungshaft ist fünfzehn Jahre,[4] ihr Mindestbetrag ein Tag.

Wo das Gesetz die Festungshaft nicht ausdrücklich als eine lebenslängliche androht, ist dieselbe eine zeitige.

Die Strafe der Festungshaft besteht in Freiheitsentziehung mit Beaufsichtigung der Beschäftigung und Lebensweise der Gefangenen;[5] sie wird in Festungen oder in anderen dazu bestimmten Räumen vollzogen.

[1] Angewendet in Teil 2 Abschn. 1—5 (§§ 81, 83—92, 94—103, 104—107), 7 (§ 130a), 15 (§§ 201 ff.) und 28 (§ 345 Abs. 2). — Vgl. hinsichtlich Versuch § 44 Abs. 3 und 4, Beihilfe § 49 Abs. 2, Jugendliche § 57 Ziff. 2 und 3, Berechnung § 19, Umwandlung § 21.

[2] Lebenslängliche Festungshaft wahlweise mit lebenslänglichem Zuchthaus: §§ 81, 88, 94.

[3] Ausschließlich Festungshaft nur in den §§ 102, 201, 206.

[4] Höchstbetrag bei Realkonkurrenz: 15 Jahre (§ 74 Abs. 3, § 75 und § 79). [5] Arbeitszwang ausgeschlossen.

Haft.

18. Der Höchstbetrag der Haft[1] ist sechs Wochen,[2] ihr Mindestbetrag ein Tag.

Die Strafe der Haft besteht in einfacher Freiheitsentziehung.[3]

[1] Angedroht bei Übertretungen: §§ 360 ff. und einzelnen Vergehen: § 140 Ziff. 2, §§ 185, 186 u. namentlich GewO. § 147; G. betr. nichtöffentl. Gerichtsverh. v. 5. April 1882 Art. II, III. Vgl. auch § 28 Abs. 2. — Vgl. hinsichtlich Nebenstrafe § 362 Abs. 2, Versuch § 44 Abs. 3, Beihilfe § 49 Abs. 2, Jugendliche § 57 Ziff. 3 und 4, Berechnung § 19, Umwandlung von Geldstrafe in Haft § 28 Abs. 2, §§ 29, 78 Abs. 2.

[2] Höchstbetrag bei Realkonkurrenz: 3 Monate. (§ 77 Abs. 2, § 78 Abs. 2, § 79.)

[3] Regelmäßig ohne Arbeitszwang. Ausnahme: fakultativer Arbeitszwang §§ 362, 361 Ziff. 3—8 (geschärfte Haft).

Bemessung der Strafen.[1]

19. Bei Freiheitsstrafen wird der Tag zu vierundzwanzig Stunden, die Woche zu sieben Tagen, der Monat und das Jahr nach der Kalenderzeit gerechnet.

Die Dauer einer Zuchthausstrafe darf nur nach vollen Monaten,[2,3] die Dauer einer anderen Freiheitsstrafe nur nach vollen Tagen[4] bemessen werden.

[1] Hinsichtlich der Dauer des Strafvollzuges vgl. StPO. §§ 482, 493.

[2] Auf Bruchteile eines Monats darf nicht erkannt werden: RG. zuletzt **43** 320.

[3] Diese Bestimmung bleibt außer Anwendung, wo es sich um Umwandlung anderer Strafen in Zuchthaus handelt (§ 28 Abs. 3, §§ 74, 79): RG. **4** 161; nicht im Falle der Bildung einer Gesamtstrafe für mehrere mit Zuchthaus zu bestrafende Verbrechen: RG. **8** 26.

[4] RG. **46** 303. — Gilt nicht für die auf die erkannte Strafe anzurechnende Untersuchungshaft (§ 60): RG. **41** 318.

Wahl zwischen Zuchthaus und Festungshaft.

20. Wo das Gesetz die Wahl zwischen Zuchthaus und Festungshaft gestattet,[1] darf auf Zuchthaus nur dann erkannt werden, wenn festgestellt wird, daß die strafbar befundene Handlung aus einer ehrlosen Gesinnung[2] entsprungen ist.

[1] So §§ 81, 83—86, 88, 89, 94, 96, 98, 100, 105, 106 u. MStGB. §§ 2 und 62.

[2] Die ehrlose Gesinnung ist ein straferhöhender Umstand im Sinne der StPO. §§ 262, 264, 266, 295.

Strafumwandlung.[1]

21. Achtmonatliche Zuchthausstrafe ist einer einjährigen Gefängnisstrafe, achtmonatliche Gefängnisstrafe einer einjährigen Festungshaft gleichzuachten.[2,3]

[1] Vgl. § 28 Abs. 3, § 44 Abs. 4, § 49 Abs. 2, §§ 74, 79, 157 Abs. 2, § 158; StPO. § 492.

[2] Eine Umwandlung von Festung in Gefängnis oder von Haft findet nicht statt.

[3] Ein Umwandlungsmaßstab ist bei Anrechnung von Untersuchungshaft auf eine erkannte Strafe nicht gegeben: RG. **15** 143.

Einzelhaft.

22. Die Zuchthaus- und Gefängnisstrafe können sowohl für die ganze Dauer, wie für einen Teil der erkannten Strafzeit in der Weise in Einzelhaft vollzogen werden, daß der Gefangene unausgesetzt von anderen Gefangenen gesondert gehalten wird.

Die Einzelhaft darf ohne Zustimmung des Gefangenen die Dauer von drei Jahren nicht übersteigen.

Vorläufige Entlassung.

23. Die zu einer längeren Zuchthaus- oder Gefängnisstrafe Verurteilten können, wenn sie drei Vierteile, mindestens aber ein Jahr der ihnen auferlegten[1] Strafe verbüßt, sich auch während dieser Zeit gut geführt haben, mit ihrer Zustimmung vorläufig entlassen werden.[2]

[1] Gleichbedeutend mit erkannter Strafe. Bestritten. Dafür: v. Liszt. Streitfrage von Bedeutung hinsichtlich § 60 StGB.; § 482 StPO.

[2] Vgl. zu §§ 23—26: Pr. JMB. v. 21. Jan. 1871, v. 14. und 25. Aug. 1879; Pr. Vf. MinJnn. v. 11. Mai 1871, 29. Juni 1875.

24. Die vorläufige Entlassung kann bei schlechter Führung des Entlassenen oder, wenn derselbe den ihm bei der Entlassung auferlegten Verpflichtungen zuwiderhandelt, jederzeit widerrufen werden.

Der Widerruf hat die Wirkung, daß die seit der vorläufigen Entlassung bis zur Wiedereinlieferung verflossene Zeit auf die festgesetzte Strafdauer nicht angerechnet wird.

25. Der Beschluß über die vorläufige Entlassung, sowie über einen Widerruf ergeht von der obersten Justiz-Aufsichtsbehörde. Vor dem Beschluß über die Entlassung ist die Gefängnisverwaltung zu hören.

Die einstweilige Festnahme vorläufig Entlassener kann aus dringenden Gründen des öffentlichen Wohls von der Polizeibehörde des Orts, an welchem der Entlassene sich aufhält, verfügt werden. Der Beschluß über den endgültigen Widerruf ist sofort nachzusuchen.

Führt die einstweilige Festnahme zu einem Widerrufe, so gilt dieser als am Tage der Festnahme erfolgt.

26. Ist die festgesetzte Strafzeit abgelaufen, ohne daß ein Widerruf der vorläufigen Entlassung erfolgt ist, so gilt die Freiheitsstrafe als verbüßt.

Geldstrafe.

27. Der Mindestbetrag der Geldstrafe ist bei Verbrechen und Vergehen drei Mark,[1] bei Übertretungen eine Mark.[2]

[1] Auch bei Versuch: RG. 18 125.

[2] Ein Höchstbetrag mit allgemeiner Geltung ist im StGB. nicht normiert. Er beträgt im Einzelfall 15 000 Mk. (§ 302 d). Dagegen geht das SklavenraubG. v. 1895 § 3 bis 100 000 Mk., das Leuchtmittelsteuergeſ. v. 1909 § 20 bis 200 000 Mk., das Kalisalzges. v. 1909 bis 500 000 Mk. — Bei Realkonkurrenz erfolgt Addition der mehreren Geldstrafen (§ 78). Keine Gesamtstrafe.

Umwandlung der Geldstrafe in Freiheitsstrafe.

28. Eine nicht beizutreibende[1] Geldstrafe ist in Gefängnis und, wenn sie wegen einer Übertretung erkannt worden ist, in Haft umzuwandeln.[2,3]

Ist bei einem Vergehen Geldstrafe allein[4] oder an erster Stelle,[5] oder wahlweise neben Haft[6] angedroht, so kann[7] die Geldstrafe in Haft umgewandelt werden, wenn die erkannte Strafe nicht den Betrag von sechshundert Mark und die an ihre Stelle tretende Freiheitsstrafe nicht die Dauer von sechs Wochen übersteigt.[8]

War neben der Geldstrafe auf Zuchthaus erkannt, so ist die an deren Stelle tretende Gefängnisstrafe[9] nach Maßgabe des § 21 in Zuchthausstrafe[10] umzuwandeln.

Der Verurteilte kann sich durch Erlegung des Strafbetrages, soweit dieser durch die erstandene Freiheitsstrafe noch nicht getilgt ist, von der letzteren freimachen.

[1] Über die Vollstreckung vgl. StPO. § 495. Über Vollstreckung in den Nachlaß s. § 30 StGB.

[2] Maßstab s. § 29; Festsetzung: StPO. § 491. Unzulässig ist die Umwandlung nach dem ErbschaftssteuerG. v. 3. Juni 1906 § 52; nach dem WechselstempelG. v. 15. Juli 1909 § 22; dem ReichsstempelG. v. 3. Juli 1913 § 114; ebenso, wenn nach speziellen Reichs- oder Landesstrafgesetzen (vgl. VereinszollG. §§ 135, 162) auf Geldstrafe unter 1 Mk. erkannt wurde: RG. **16** 159. — Abweichungen auch möglich gemäß EG. § 6 Abs. 2.

[3] Bei realer Konkurrenz ist die Geldstrafe für jede Straftat besonders festzustellen und an Stelle jeder einzelnen Geldstrafe gesondert für den Fall der Uneinbringlichkeit eine Freiheitsstrafe zu setzen, damit die Höchstsumme der zu substituierenden (§ 29) und der nach Teilzahlung noch zu erstehenden Freiheitsstrafe (§ 28 letzter Abs.) richtig bemessen werden kann: R. **7** 144; **9** 466; RG. **38** 1.

[4] §§ 145, 145a, 276, 285.

[5] §§ 103a, 110, 111, 123, 130, 131, 134, 135, 140 Ziff. 1, 2, §§ 184b, 185, 186, 230, 248a, 257, 264a, 292, 293, 296, 296a, 297, 299, 300, 303, 320, 330, 331, 352.

[6] § 140 Ziff. 2, §§ 185, 186.

[7] Abweichend: GewO. § 147: Haft obligatorisch.

[8] Gilt nicht für die Landesgesetzgebung: RG. 2 33. Bestritten. — Gilt auch nicht, soweit in besonderen Strafgesetzen etwas anderes bestimmt. Siehe z. B. GewO. § 146: RG. **17** 38.

[9] Vgl. § 78 Abs. 2.

[10] Vgl. § 19. Vgl. auch § 14 Anm. 3.

Maßstab der Umwandlung nach § 28.

29. Bei Umwandlung einer wegen eines Verbrechens oder Vergehens erkannten Geldstrafe ist der Betrag von drei bis zu fünfzehn Mark, bei Umwandlung einer wegen einer Übertretung erkannten Geldstrafe der Betrag von einer bis zu fünfzehn Mark einer eintägigen Freiheitsstrafe gleich zu achten.[1]

Der Mindestbetrag der an Stelle einer Geldstrafe tretenden Freiheitsstrafe ist ein Tag, ihr Höchstbetrag bei

Haft sechs Wochen, bei Gefängnis ein Jahr.[2] Wenn jedoch eine neben der Geldstrafe wahlweise angedrohte Freiheitsstrafe ihrer Dauer nach den vorgedachten Höchstbetrag nicht erreicht, so darf die an Stelle der Geldstrafe tretende Freiheitsstrafe den angedrohten Höchstbetrag jener Freiheitsstrafe nicht übersteigen.

[1] Ob 3 (bzw. 1) oder ein Betrag bis 15 Mk. = 1 Tag zu rechnen, ist Sache richterlichen Ermessens.

[2] Bei Realkonkurrenz: 2 Jahre Gefängnis; 3 Monate Haft (§ 78 Abs. 2). Über deren Berechnung s. RG. 4 367 und oben Anm. 3 zu § 28. Weitere Sondervorschriften z. B. im G. betr. das Urheberrecht an Werken der bildenden Künste und der Photographie v. 9. Jan. 1907 (Fassung v. 22. Mai 1910) §§ 32, 33, 34; vgl. auch § 53 BrausteuerG. v. 15. Juli 1909.

Vollstreckung der Geldstrafe in den Nachlaß.

30. In den Nachlaß kann eine Geldstrafe nur dann vollstreckt werden, wenn das Urteil bei Lebzeiten des Verurteilten rechtskräftig geworden war.[1]

[1] Analog bez. der Kosten StPO. § 497 Abs. 2.

Rechtsverwirkungen bei Zuchthausstrafe.

31. Die Verurteilung[1] zur Zuchthausstrafe hat die dauernde Unfähigkeit zum Dienste in dem Deutschen Heere und der Kaiserlichen Marine, sowie die dauernde Unfähigkeit zur Bekleidung öffentlicher[2] Ämter[3] von Rechts wegen[4] zur Folge.

Unter öffentlichen Ämtern im Sinne dieses Strafgesetzes[5] sind die Advokatur, die Anwaltschaft und das Notariat, sowie der Geschworenen- und Schöffendienst[6] mitbegriffen.

[1] Die rechtskräftige Verurteilung, ohne daß etwa Verbüßung notwendig wäre.

[2] Vom Staate od. unter dessen Autorität verliehen.

[3] Diejenigen Stellungen, vermöge deren jemand als Organ der Staatsgewalt erscheint: RG. **36** 435. Die Verwaltung eines Kreises das öffentliche Interesse angehender Geschäfte als Organ der Autorität des Staates: RG. **39** 204. Nicht: das kirchliche Amt (RG. **10** 199), es sei denn, daß staatliche Funktionen daraus resultieren: R. **5** 56; RG. **47** 49; die Winkeladvokatur an sich: R. **3** 121; Ämter einer gewerblichen Korporation, z. B. Prüfungsausschüsse gemäß GewO. § 131: RG. **36** 434.

[4] Ohne daß darauf besonders zu erkennen wäre. Ausnahme: § 37. — Vgl. auch MStGB. §§ 31 ff., 42.

[5] Vgl. Anm. 2 zu § 8. [6] Vgl. GVG. § 32 Ziff. 1, § 85.

Aberkennung der bürgerl. Ehrenrechte.

32. Neben der Todesstrafe und der Zuchthausstrafe kann[1] auf den Verlust der bürgerlichen Ehrenrechte erkannt werden, neben der Gefängnisstrafe nur, wenn die Dauer der erkannten Strafe drei Monate[2] erreicht und entweder das Gesetz den Verlust der bürgerlichen Ehrenrechte ausdrücklich zuläßt[3] oder die Gefängnisstrafe wegen Annahme mildernder Umstände an Stelle von Zuchthausstrafe ausgesprochen wird.[4,5]

Die Dauer dieses Verlustes beträgt bei zeitiger Zuchthausstrafe[6] mindestens zwei und höchstens zehn Jahre, bei Gefängnisstrafe mindestens ein Jahr und höchstens fünf Jahre.

[1] In den Fällen der §§ 153 – 155 (161), 181, 302 d und e muß auf Verlust erkannt werden. Bei Jugendlichen (§ 57 Ziff. 5) ist nicht auf Verlust zu erkennen. Über die Zulässigkeit bei Versuch, Beihilfe, Zusammentreffen strafbarer Handlungen s. §§ 45, 49, 73, 74, 76.

[2] Ehrenverlust neben einer Gefängnis-Gesamtstrafe ist nur zulässig, wenn darunter eine Gefängnis-Einzelstrafe war, die den Anforderungen des § 32 genügt: R. **1** 321. Vgl. § 76.

[3] So in §§ 49a, 108, 109, 133, 142, 143, 150, 156, 160,

161 Abs. 2, §§ 164, 168, 173, 175, 180, 181a, 183, 184, 242, 246, 248, 253, 256, 258 Ziff. 1, §§ 259, 262, 263, 266, 267, 274, 275, 277—279, 280, 284, 289, 294, 302, 302a, 302b, 302c, 304, 329, 333, 350; KO. § 240 Abs. 1 Ziff. 1 und 2, Abs. 2 und in zahlreichen Nebengesetzen.

[4] So in § 115 Abs. 2, § 116 Abs. 2, §§ 118, 125 Abs. 2, §§ 146, 147, 149, 171, 174, 176, 177, 179, 213, 217, 218, 239 Abs. 2 und 3, §§ 243, 244, 249, 250, 252, 255, 258 Ziff. 2, §§ 261, 264, 265, 268, 269, 270, 272, 273, 308, 311, 332, 334, 340 Abs. 2, §§ 346, 347 Abs. 1, § 351; KO. §§ 239, 242.

[5] Nicht aber, wenn die ordentliche Strafe wahlweise Zuchthaus oder Gefängnis ist: RG. 25 408.

[6] Bei Todesstrafe und lebenslänglichem Zuchthaus dauernder Ehrverlust: R. 9 175.

Dauernde Wirkungen der Aberkennung.

33. Die Aberkennung der bürgerlichen Ehrenrechte bewirkt den dauernden Verlust der aus öffentlichen Wahlen[1] für den Verurteilten hervorgegangenen Rechte, ingleichen den dauernden Verlust der öffentlichen[2] Ämter,[3] Würden,[4] Titel, Orden und Ehrenzeichen.[5]

[1] Wahlen in öffentlichen Angelegenheiten. Vgl. § 108.

[2] Vgl. § 31 Anm. 2.

[3] Vgl. § 31 Abs. 2 und Anm. 3. Aberkennung der aus Wahlen hervorgegangenen Rechte und der öffentlichen Ämter neben Festungshaft in den §§ 81, 83, 84, 87—91, 94; neben Gefängnis in § 95 und im G. v. 3. Juli 1893 § 6 (SpionageG.).

[4] Dazu gehören auch die akademischen Grade, soweit unter staatlicher Anerkennung verliehen.

[5] Wegen Abnahme und Ablieferung der Orden und Ehrenzeichen s. Pr. JMB. v. 25. Aug. 1879 Ziff. 15.

Vorübergehende Wirkungen der Aberkennung.

34. Die Aberkennung der bürgerlichen Ehrenrechte bewirkt ferner die Unfähigkeit, während der im Urteile bestimmten Zeit

1. die Landeskokarde[1] zu tragen;
2. in das Deutsche Heer oder in die Kaiserliche Marine einzutreten;[2]
3. öffentliche Ämter,[3] Würden, Titel, Orden und Ehrenzeichen zu erlangen;[4]
4. in öffentlichen Angelegenheiten zu stimmen, zu wählen oder gewählt zu werden oder andere politische Rechte auszuüben;
5. Zeuge bei Aufnahmen von Urkunden zu sein;[5]
6. Vormund,[6] Gegenvormund, Pfleger, Beistand der Mutter, Mitglied eines Familienrats oder Kurator[7] zu sein, es sei denn, daß es sich um Verwandte absteigender Linie handele und die obervormundschaftliche Behörde oder der Familienrat die Genehmigung erteile.[8,9]

[1] Auch die Reichskokarde, soweit sie neben der Landeskokarde getragen wird.

[2] Vgl. MStGB. §§ 31 u. 42. RMilG. § 18. WO. § 30.

[3] Vgl. § 31 Anm. 3.

[4] Siehe § 33 Anmerkungen.

[5] Sog. Instrumentszeuge. Vgl. § 2237 Ziff. 2 BGB., ReichsG. über die Angelegenheiten der freiwilligen Gerichtsbarkeit v. 17. Mai 1898 § 173 Ziff. 2 und EGBGB. Art. 40 II § 7a Abs. 2. Da dies jedoch „Soll"vorschriften sind, ist die Unfähigkeit beseitigt.

[6] § 1781 Ziff. 4 BGB. (Sollvorschrift s. Anm. 5).

[7] Dem BGB. nicht mehr bekannt. Vorausgesetzt war ein kraft Gesetzes bestehendes Schutzverhältnis. Im Gegensatz zum Vormund war er wesentlich Vertreter spezieller und vorwiegend sachlicher Interessen: RG. 24 109.

[8] Neue Fassung nach EGBGB. Art. 34.

[9] Weitere Folgen des Verlustes der bürgerlichen Ehrenrechte s. in GVG. § 176 Ziff. 1; ZPO. § 1032; PreßG. § 8; BörsenG. § 7 Ziff. 2; GewO. § 53 u. a.; HGB. § 81.

Unfähigkeit zur Bekleidung öffentlicher Ämter.

35. Neben einer Gefängnisstrafe, mit welcher die Aberkennung der bürgerlichen Ehrenrechte überhaupt hätte verbunden werden können,[1,2] kann auf die Unfähigkeit zur Bekleidung öffentlicher Ämter[3] auf die Dauer von einem bis zu fünf Jahren erkannt werden.[4,5]

Die Aberkennung der Fähigkeit zur Bekleidung öffentlicher Ämter hat den dauernden Verlust[6] der bekleideten Ämter von Rechts wegen zur Folge.

[1] Vgl. § 32 Abs. 1.

[2] Die Unfähigkeit des § 35 tritt also statt, nicht neben der Aberkennung der bürgerl. Ehrenrechte ein: RG. 21 264. Sie ist nicht zulässig in den Fällen obligatorischer Aberkennung. Siehe § 32 Anm. 1.

[3] Vgl. § 31 Anm. 3.

[4] Besondere Bestimmung: §§ 95 (Fass. 17. Febr. 1908), 128, 129, 358 (331, 339—341, 352—355, 357). Vgl. auch RG. 30 159.

[5] Über Versuch, Beihilfe, Realkonkurrenz vgl. die §§ 45, 49, 73, 74, 76; hinsichtlich Jugendlicher § 57 Ziff. 5.

[6] Auch gemäß §§ 128, 129, 358.

Berechnung der Frist.

36. Die Wirkung der Aberkennung der bürgerlichen Ehrenrechte überhaupt, sowie der Fähigkeit zur Bekleidung öffentlicher Ämter insbesondere, tritt mit der Rechtskraft des Urteils ein; die Zeitdauer wird von dem Tage berechnet, an dem die Freiheitsstrafe, neben welcher jene Aberkennung ausgesprochen wurde, verbüßt, verjährt oder erlassen ist.[1]

[1] Der erste Tag des Ehrverlustes ist der erste Tag nach der Strafverbüßung.

Aberkennung der Ehrenrechte gegen einen im Auslande bestraften Deutschen.

37. Ist ein Deutscher[1] im Auslande wegen eines Verbrechens oder Vergehens bestraft[2] worden, welches nach den Gesetzen des Deutschen Reichs den Verlust der bürgerlichen Ehrenrechte überhaupt oder einzelner[3] bürgerlichen Ehrenrechte zur Folge hat oder zur Folge haben kann, so ist ein neues Strafverfahren zulässig, um gegen den in diesem Verfahren für schuldig Erklärten auf jene Folge zu erkennen.[4]

[1] Der Täter muß bei Begehung der Tat Deutscher gewesen sein. Vgl. § 4 Ziff. 3; § 5.

[2] § 37 bezieht sich auf die Fälle des § 5. Bei Verjährung der Strafverfolgung (§ 5 Ziff. 2) fehlt jedoch für Anwendung des § 37 die vorausgesetzte Bestrafung. Hingegen gelten Straferlaß und Vollstreckungsverjährung als Bestrafung. So: Finger, v. Liszt. Hinsichtlich der ausländischen Begnadigung von v. Bar bestritten.

[3] Z. B. nach § 35.

[4] Das deutsche Gericht hat dabei unabhängig von dem ausländischen Urteil selbständig über die Schuldfrage zu befinden.

Polizeiaufsicht.

38. Neben einer Freiheitsstrafe[1] kann in den durch das Gesetz vorgesehenen Fällen[2] auf die Zulässigkeit von Polizeiaufsicht erkannt werden.[3]

Die höhere Landespolizeibehörde[4] erhält durch ein solches Erkenntnis die Befugnis, nach Anhörung der Gefängnisverwaltung[5] den Verurteilten auf die Zeit von höchstens fünf Jahren unter Polizeiaufsicht zu stellen.

Diese Zeit wird von dem Tage berechnet, an welchem die Freiheitsstrafe verbüßt, verjährt oder erlassen ist.[6]

[1] Unabhängig von deren Dauer und von der Zulässigkeit der Aberkennung der Ehrenrechte: R. 2 132.

[2] Neben Zuchthaus: § 44 Abs. 2, § 115 Abs. 2, § 116 Abs. 2, § 122 Abs. 3, §§ 125, 146 (nicht neben Gefängnis aus § 146 Abs. 2: RG. 38 215), §§ 147, 181, 248, 256, 325 (nicht bei Umwandlung der Zuchthausstrafe aus §§ 248, 256, 325 in Gefängnis gemäß § 44 Abs. 4: RG. 11 158; auch nicht neben der gemäß §§ 21, 74 in Zuchthaus umgewandelten Gefängnisstrafe des § 242: RG. 38 353); SeemO. § 105 Abs. 2; NahrungsmittelG. v. 14. Mai 1879 § 13 Abs. 2; SprengstG. § 11; SklavenraubG. v. 1895 § 3 (1, 2); AuswanderungsG. v. 9. Juni 1897 § 48 — neben Gefängnis: §§ 49a, 180, 181a, 184, 262, 294; SklavenraubG. § 3 (2) — neben jeder Freiheitsstrafe: SpionageG. v. 3. Juli 1893 § 6.

[3] Siehe hinsichtlich Versuch § 45, Beihilfe § 49, Jugendliche § 57 Ziff. 5, Realkonkurrenz § 76 Abs. 2.

[4] Die Landespolizeibehörde des Bezirks bzw. Bundesstaats, in dem der Verurteilte Wohnsitz oder Aufenthalt hat resp. nach Verbüßung der Strafe nimmt. Vgl. Beschluß des Bundesrats v. 16. Juni 1872. Für Preußen vgl. die Instruktion des Ministers des Innern v. 30. Juni 1900 § 3.

[5] Obligatorisch, außer in den Fällen mangelnder Vollstreckung infolge Verjährung oder Begnadigung.

[6] Vgl. § 36 Anm. 1.

Wirkungen der Polizeiaufsicht.

39. Die Polizeiaufsicht hat folgende Wirkungen:[1]

1. dem Verurteilten kann der Aufenthalt an einzelnen bestimmten Orten[2] von der höheren Landespolizeibehörde untersagt werden;
2. die höhere Landespolizeibehörde ist befugt, den Ausländer[3] aus dem Bundesgebiete zu verweisen;[4]
3. Haussuchungen unterliegen keiner Beschränkung hinsichtlich der Zeit, zu welcher sie stattfinden dürfen.[5]

[1] Vgl. § 361 Ziff. 1. [2] Ortschaften oder Räumlichkeiten.

[3] Vgl. § 8.

[4] Für die Zeit, während welcher er unter Polizeiaufsicht steht.

[5] Wegen Haussuchung und Untersuchungshaft vgl. StPO. §§ 103—106, 113.

Einziehung.

40. Gegenstände, welche durch ein vorsätzliches[1] Verbrechen oder Vergehen[2] hervorgebracht,[3] oder welche zur Begehung eines vorsätzlichen Verbrechens oder Vergehens gebraucht oder bestimmt sind,[4] können,[5] sofern sie dem Täter oder einem Teilnehmer gehören,[6,7] eingezogen werden.[8]

Die Einziehung ist im Urteile auszusprechen.[9]

[1] Auch dolus eventualis.

[2] Einziehung bei Übertretungen nach § 360 Abs. 2, § 367 Abs. 2, § 369 Abs. 2.

[3] Nicht anwendbar, wenn eine strafbare Handlung überhaupt nicht gegeben infolge Vorliegens eines Deliktsausschließungsgrundes (§§ 51 ff.): RG. **29** 130.

[4] Es muß jedoch mindestens der Versuch eines Verbrechens oder Vergehens verübt sein, wobei es genügt, wenn der Gegenstand bei Ausführung der strafbaren Handlung in irgendeiner Weise benutzt worden ist: RG. **44** 141.

[5] Obligatorische Einziehung: §§ 152, 295, 296a, 369 Abs. 2 und in vielen Nebengesetzen.

[6] Zur Zeit des Urteils: RG. **16** 114. Doch geht erst mit der Rechtskraft des Urteils das Eigentum auf den Fiskus über: RG. **15** 164. Hiervon abweichend nimmt das RG. **21** 54 den Eigentumsübergang erst mit Besitzergreifung des Fiskus an. Vgl. weiterhin VZollG. § 156. — Eingehend: Frank zu § 40.

[7] Einziehung ohne Rücksicht auf das Eigentum des Täters oder Teilnehmers: §§ 152, 295, 296a, 360 Abs. 2, § 367 Abs. 2, § 369 Abs. 2; FlaggenG. v. 22. Juni 1899 § 18; NahrungsmittelG. v. 1879 § 15; SprengstG. § 11.

[8] Vgl. die obligatorische Verfallserklärung in § 335.

[9] Die Natur der Einziehung ist bestritten. Vgl. darüber vor allem RG. **46** 131. Aus RG. **14** 161; **16** 268; **22** 351 ergibt sich die Auffassung, daß die Einziehung nach § 40 Nebenstrafe, die Unbrauchbarmachung des § 41 Präventivmaßregel sei. So auch: Finger, Meyer.

Unbrauchbarmachung.

41. Wenn der Inhalt[1] einer Schrift, Abbildung oder Darstellung[2] strafbar[3] ist, so ist im Urteile auszusprechen,[4] daß alle Exemplare, sowie die zu ihrer Herstellung bestimmten Platten und Formen unbrauchbar[5] zu machen sind.

Diese Vorschrift bezieht sich jedoch nur[6] auf die im Besitze[7] des Verfassers, Druckers, Herausgebers,[8] Verlegers oder Buchhändlers befindlichen und auf die öffentlich ausgelegten oder öffentlich angebotenen Exemplare.[9]

Ist nur ein Teil der Schrift, Abbildung oder Darstellung strafbar, so ist, insofern eine Ausscheidung möglich ist, auszusprechen, daß nur die strafbaren Stellen und derjenige Teil der Platten und Formen, auf welchem sich diese Stellen befinden, unbrauchbar zu machen sind.[10]

[1] Die Gedankenäußerung ist demgemäß strafbar. Die Herstellung ist dagegen strafbar und Voraussetzung der Vernichtung in den §§ 42ff. des Gesetzes betr. das Urheberrecht von 1901. (Fassung v. 22. Mai 1910.)

[2] Nicht auf Preßerzeugnisse beschränkt. Die durch den Stift des Phonographen auf den Walzen und Platten hervorgebrachten Einritzungen gehören hierher: RG. **38** 345.

[3] Es genügt und ist notwendig das Vorliegen des objektiven Tatbestandes eines Verbrechens, Vergehens oder auch einer Übertretung. Vgl. RG. **33** 17; **36** 145; **38** 345. Abweichender Ansicht: Finger, Meyer und beiläufig RG. **30** 194.

[4] Auch in den Fällen der §§ 199 und 233.

[5] Über die Natur der Unbrauchbarmachung vgl. § 40 Anm. 9; das RG. ist schwankend. Vgl. neben RG. **14** 161, RG. **11** 119 und **17** 311. [6] Einschränkung zu Abs. 1.

[7] Nach der herrschenden Ansicht auch den mittelbaren Besitz umfassend. [8] Darunter fällt auch der Redakteur.

[9] Die Maßregeln der §§ 40 und 41 können verbunden werden, wenn die Voraussetzungen für beide vorliegen: RG. **17** 311; **36** 145. [10] Vgl. PreßG. § 14.

Objektives Verfahren.[1]

42. Ist in den Fällen der §§ 40 und 41[2] die Verfolgung oder die Verurteilung einer bestimmten Person nicht ausführbar,[3] so können[4] die daselbst vorgeschriebenen Maßnahmen[5] selbständig erkannt werden.[6]

[1] Vgl. § 152; StPO. §§ 477—479; PreßG. § 14.

[2] Die Voraussetzungen der §§ 40 und 41 müssen gegeben sein.

[3] Auf Grund tatsächlicher oder rechtlicher Hindernisse z. B. bei Tod, Abwesenheit, unbekanntem Aufenthalt, Mangel eines im Inland Verfolgbaren, Verjährung, Vorliegen von Strafausschließungsgründen: RG. **11** 119; **14** 382; **38** 100. Die Entscheidung über die Unausführbarkeit der Verfolgung weist RG. **16** 114 der Anklagebehörde, RG. **38** 100 dem Gericht zu.

[4] Verweist die Frage nicht in das freie Ermessen des Gerichts, sondern hebt nur den Spezialfall hervor, für den im übrigen §§ 40, 41 in Betracht kommen: RG. **28** 122.

[5] Auch nebeneinander. Vgl. oben § 41 Anm. 9.

[6] Nicht: im Falle des § 12 und bei Antrags- oder Ermächtigungsdelikten beim Fehlen des Antrages oder der Ermächtigung: RG. **11** 119.

Zweiter Abschnitt.

Versuch.

v. Bar II 487; Finger 294, 519; v. Liszt 204, 281; Meyer 204, 356.

Das strafbare **Unternehmen** s. §§ 81, 82, 102, 105, 114, 122, 159, 357.

Begriff.

43. Wer den Entschluß,[1] ein Verbrechen oder Vergehen zu verüben,[2] durch Handlungen, welche einen Anfang der Ausführung[3] dieses Verbrechens oder Vergehens enthalten, betätigt hat, ist, wenn das beabsichtigte Verbrechen oder Vergehen nicht zur Vollendung gekommen[4] ist, wegen Versuches zu bestrafen.[5]

Der Versuch eines Vergehens wird jedoch nur in den Fällen bestraft, in welchen das Gesetz dies ausdrücklich bestimmt.[6, 7]

[1] Versuch nur möglich bei vorsätzlichen Delikten; ebenso auch nur vorsätzlicher Versuch.

[2] Über Versuch der Teilnahme vgl. § 48 Anm. 2 und § 49 Anm.. 6.

[3] Gibt keine Versuchsdefinition; scheidet lediglich Versuchs- und (straflose) Vorbereitungshandlungen. „Anfang der Ausführung" sind Handlungen, die zum Tatbestand der beabsichtigten Tat gehören; doch ist nicht erforderlich, daß schon die Ausführung eines jeden Bestandteils der vollendeten Straftat begonnen habe: RG. **9** 81; **38** 177.

[4] Zweifelsfreier Nachweis der Nichtvollendung ist zur Annahme des Versuchs nicht nötig: RG. **41** 352.

[5] Auch bei untauglichem Objekt und Mittel: RG. **1** 439; **1** 451; **8** 198; **17** 158; **24** 382; **34** 217, **47** 65 inkonsequent RG. **33** 321 (Sympathiemittel sind in „rechtlicher Beziehung überhaupt nicht als Mittel" . . . anzusehen). Vielerörterte Streitfrage! Gegen das RG.: v. Bar, Finger, v. Liszt, Meyer.

[6] So in §§ 107, 120, 140, 141, 148, 150, 160, 169, 240, 242, 246, 253, 263, 289, 303—305, 339, 350, 352. Der straflose Versuch eines Vergehens kann jedoch eine vollendete Straftat

darstellen und als solche strafbar sein (qualifizierter Versuch); vgl. § 46 Anm. 2.

[7] Versuch einer Übertretung ist straflos.

Strafmaß.

44. Das versuchte Verbrechen oder Vergehen ist milder zu bestrafen, als das vollendete.[1]

Ist das vollendete Verbrechen mit dem Tode oder mit lebenslänglichem Zuchthaus bedroht, so tritt Zuchthausstrafe nicht unter drei Jahren ein, neben welcher auf Zulässigkeit von Polizeiaufsicht[2] erkannt werden kann.[3]

Ist das vollendete Verbrechen mit lebenslänglicher Festungshaft bedroht, so tritt Festungshaft nicht unter drei Jahren ein.

In den übrigen Fällen kann[4] die Strafe bis auf ein Viertel[5] des Mindestbetrages der auf das vollendete Verbrechen oder Vergehen angedrohten Freiheits- und Geldstrafe ermäßigt werden.[6] Ist hiernach Zuchthausstrafe unter einem Jahre verwirkt, so ist dieselbe nach Maßgabe des § 21 in Gefängnis zu verwandeln.

[1] Es ist nicht von der Strafe, die für das vollendete Delikt angemessen erschien, sondern von der Strafandrohung auszugehen: RG. **35** 283. Die Versuchsstrafe darf nicht den Höchstbetrag der auf die vollendete Tat angedrohten Strafe erreichen.

[2] Siehe §§ 38, 39.

[3] Wenn wahlweise lebenslängliches und zeitiges Zuchthaus angedroht ist (§§ 178, 214, 215, 220, 229), steht beim Versuch dem Richter die Wahl zwischen den Strafmaßen der Abs. 2 oder 4 zu, und es kann bei Anwendung des Abs. 2 auf Zulässigkeit von Polizeiaufsicht erkannt werden: RG. **16** 400.

[4] „Kann", aber „muß" nicht! unter diesen Mindestbetrag hinabgehen. Unter den Mindestbetrag der Strafart (s. §§ 16, 17, 18, 27, bezüglich § 14 siehe § 44 Abs. 4) darf sie nicht hinabgehen: RG. **18** 125.

[5] Ein Vierteil eines Monats sind acht Tage (nicht eine Woche): RG. **5** 442. Vgl. auch RG. **43** 320.

[6] Ausnahmen (volle Strafe) vgl. § 80.

Nebenstrafen.

45. Wenn neben der Strafe des vollendeten Verbrechens oder Vergehens die Aberkennung der bürgerlichen Ehrenrechte[1] zulässig oder geboten ist, oder auf Zulässigkeit von Polizeiaufsicht[2] erkannt werden kann,[3] so gilt gleiches bei der Versuchsstrafe.[4,5]

[1] Siehe §§ 32ff. [2] Siehe §§ 38, 39.

[3] Dies ist in §§ 248, 256, 325 nur der Fall, wenn wegen des Deliktes unmittelbar auf Zuchthaus erkannt ist. Vgl. RG. **38** 353.

[4] In den Fällen der §§ 248, 256, 325 ist bei Umwandlung von Zuchthaus in Gefängnis nach § 44 Abs. 4 Polizeiaufsicht nicht zulässig: RG. **11** 158.

[5] § 45 ist auf andere speziell angedrohte Nebenstrafen nicht anwendbar: RG. **13** 76. Die neben der Freiheitsstrafe angedrohte Geldstrafe (z. B. §§ 263, 264 usw.) ist nicht Neben-, sondern Hauptstrafe. Es kann also nach § 44 Abs. 4 darauf erkannt werden: RG. **19** 234.

Rücktritt vom Versuch.

46.[1] Der Versuch als solcher[2] bleibt straflos, wenn der Täter[3]

1. die Ausführung der beabsichtigten Handlung aufgegeben hat,[4] ohne daß er an dieser Ausführung durch Umstände gehindert worden ist, welche von seinem Willen unabhängig[5] waren, oder
2.[6] zu einer Zeit, zu welcher die Handlung noch nicht entdeckt[7] war, den Eintritt des zur Vollendung des Verbrechens oder Vergehens gehörigen Erfolges durch eigene Tätigkeit[8] abgewendet hat.

[1] § 46 enthält einen Strafaufhebungsgrund (§§ 262, 266 Abs. 2, § 295 Abs. 2 StPO.). Vgl. RG. **16** 347.

[2] Die in dem Geschehenen enthaltene ideell konkurrierende, vollendete Tat bleibt strafbar (qualifizierter Versuch): RG. **15** 12; **23** 225. Vgl. § 43 Anm. 6.

[3] Täter: auch jeder Teilnehmer (Gehilfe). Daher tätige Reue des Gehilfen nach § 46 Ziff. 2 möglich: RG. **38** 223. Ebenso RG. **16** 347. Dagegen RG. früher, sowie neuerdings RG. **39** 37, wo auf Grundlage des Wortlauts des StGB. (Täter sei nur der Täter im engeren Sinne) die Möglichkeit des Rücktritts des Gehilfen nach § 46 Ziff. 1 bestritten wird. — Hinsichtlich der Wirkung des „Täter"rücktritts des Gehilfen und Werkzeugs vertritt RG. **39** 37 die Auffassung, daß solcher Rücktritt Straflosigkeit für den mittelbaren Täter begründen könne. — Freiwilliger Rücktritt eines Mittäters nützt nur diesem: RG. **16** 347. — Über Rücktritt des Anstifters vgl. § 48 Anm. 8.

[4] Sog. nicht beendeter Versuch: RG. **38** 402, **45** 183.

[5] Motiv für den Rücktritt gleichgültig: RG. **24** 222; **35** 102; wenn nur freiwillig. Strafbarkeit trotz Rücktritt, wenn äußere Umstände die Ausführung unmöglich machen oder hindern: RG. **37** 402, zuletzt **47** 74.

[6] Sog. beendeter Versuch (Gegensatz zum nicht beendeten Versuch und zum vollendeten Verbrechen): RG. **38** 402, **43** 137, **45** 183.

[7] Nicht schon mit entstandenem Verdacht; aber auch nicht Aufdeckung aller Modalitäten der Verübung erforderlich. R. **4** 37 und RG. **3** 93 scheinen nicht völlig übereinzustimmen. Auf die Freiwilligkeit der Erfolgsabwendung wird nicht gleichmäßig Rücksicht genommen. — Wenn der Täter, um den Erfolg abzuwenden, einem anderen von der Tat Kenntnis gibt, so ist dies kein Entdecktsein, und die Anwendung des § 46 Ziff. 2 ist nicht ausgeschlossen. Vgl. z. B. RG. **1** 375. — Gehört die Kenntnisnahme von der Tat zum Tatbestande selbst (z. B. bei Erpressung), so entfällt die Anwendbarkeit von § 46 Ziff. 2: RG. **26** 77. A. A.: v. Liszt, Meyer.

[8] Vgl. RG. 39 220. — Auch durch die vom Täter veranlaßte Tätigkeit eines Beauftragten: RG. 15 44.

Dritter Abschnitt.
Teilnahme.

v. Bar II 575; Binding II 860; Finger 332, 521; v. Liszt 217, 282, 583; Meyer 224, 356.

Unter Teilnehmer begreift das StGB. den Mittäter, Anstifter und Gehilfen; vgl. §§ 47—49. — Begünstigung s. § 257. — Teilnahme bedeutet im weiteren Sinne aber auch Beteiligung aller, auch des Täters, so §§ 115, 116 Ziff. 2, §§ 124, 125, 128, 129; vgl. § 243 Ziff. 6, § 250 Ziff. 1.

Mittäterschaft.

47. Wenn mehrere eine strafbare Handlung gemeinschaftlich ausführen,[1] so wird jeder als Täter bestraft.[2, 3]

[1] Täter ist derjenige, der den Tatbestand, unmittelbar oder mittelbar, ausführt. — Mittäterschaft ist gemeinschaftliche Ausführung einer strafbaren Handlung. Sie liegt vor bei bewußtem und gewolltem Zusammenwirken (RG. 23 196) (wenn auch sukzessive) bei den zur Erfüllung eines Tatbestandes notwendigen oder auch bloß ihn vorbereitenden Handlungen, soweit Mittätervorsatz gegeben ist: RG. 35 13. Vgl. auch RG. 26 345; 28 304; 37 55. Daher Mittäterschaft nur so weit möglich, als ausdrückliches oder stillschweigendes Einverständnis vorliegt: RG. 21 267. Dadurch zu unterscheiden von der Nebentäterschaft, der Mitwirksamkeit mehrerer an einem Erfolge ohne das Bewußtsein des Zusammenwirkens: RG. 20 54; 38 430. Mittäterschaft und Beihilfe unterscheiden sich nicht durch die äußere Tätigkeit bei Ausführung der Tat, sondern grundsätzlich nach dem Inhalt des Willens, da der Mittäter die Tat als eigene, der Gehilfe die Förderung einer fremden Tat gewollt hat: RG. 3 181; 18 273, speziell 282; 37 92; 39 193; 42 6. Reichsgerichtstheorie sehr bestritten. Da-

gegen: Finger, v. Liszt, Meyer. — Keine Mittäterschaft möglich bei fahrlässigem Handeln. — Die Mittäterschaft konsumiert die Teilnahme. Anstiftung und Beihilfe sind dann nicht selbständig strafbar: RG. 36 25. — Erschwerungsgründe werden nur denjenigen Mittätern zugerechnet, von deren Vorsatz sie umfaßt sind: RG. 42 6. — Mittäterschaft wird durch das Vorhandensein von Schuldausschließungsgründen (z. B. § 51) bei einem Angeklagten (RG. 40 21), nicht aber durch bloße Strafausschließungsgründe ausgeschlossen: RG. 19 192. — Über Mittäterschaft bei Amtsdelikten vgl. z. B. RG. 41 193.

[2] D. h.: als wenn er allein tätig geworden wäre.

[3] In §§ 119, 123 Abs. 3, §§ 223a, 293 ist die gemeinschaftliche Ausführung im Sinne von Mittäterschaft straferhöhender Umstand.

Anstiftung.

48. Als Anstifter[1] wird bestraft, wer einen anderen zu der von demselben begangenen[2] strafbaren Handlung[3] durch Geschenke oder Versprechen, durch Drohung,[4] durch Mißbrauch des Ansehens oder der Gewalt, durch absichtliche Herbeiführung oder Beförderung eines Irrtums oder durch andere Mittel[4a] vorsätzlich[5] bestimmt hat.[6]

Die Strafe des Anstifters ist nach demjenigen Gesetze festzusetzen, welches auf die Handlung Anwendung findet,[7] zu welcher er wissentlich angestiftet hat.[8, 9]

[1] Anstiftung ist vorsätzliche Bestimmung zu vorsätzlichem Tun: RG. 23 175.

[2] Aus der akzessorischen Natur der Anstiftung folgt, daß Versuch der Anstiftung nicht strafbar ist. Mindestens ein strafbarer Versuch der Tat, zu welcher angestiftet ist, muß vorliegen. Daher keine Anstiftung möglich, falls §§ 51 ff. auf den Täter Anwendung finden: RG. 40 202. Abweichend §§ 49a, 85, 110, 111, 112, 141, 159, 160, 357.

[3] Strafbar ist die Anstiftung zu jeder strafbaren Handlung.

[4] Ankündigung eines Übels, welches nach Auffassung des Ankündigenden so beschaffen ist, daß die Furcht vor Erleidung desselben die Freiheit des Willens des Bedrohten beeinträchtigen wird: RG. 34 15; 39 266. — Möglich auch durch konkludente Handlungen: R. 8 362. — Es genügt Drohung mit irgendeinem Übel. Ein Übel von besonderer Schwere ist nicht erforderlich: RG. 34 15. Drohung mit Zufügung eines Übels durch Dritte genügt. Vgl. RG. 32 335.

[4a] Die Anführung der Mittel ist nur exemplifikativ.

[5] Der Vorsatz braucht sich nicht auf die einzelnen Umstände der konkreten Ausführung zu erstrecken. Der Anstifter haftet jedoch soweit die Entwicklung der Handlung eine regelmäßige ist oder sein Wille spezielle Tatumstände mit umfaßt; nicht für Exzeß. So ist Anstiftung zum fortgesetzten Delikt (s. § 73 Anm. 1) möglich, wenn die Einzelakte vom Willen des Anstifters umfaßt werden: RG. 26 361. Verlangt der Tatbestand eines Deliktes ein bestimmtes Motiv des Täters (s. § 180), so ist dessen Kenntnis zum Vorsatz des Anstifters nötig; jedoch braucht der Anstifter nicht von diesem Motiv geleitet zu sein: RG. 29 12. Es ist nicht nötig, daß die Anstiftung sich auf strafbare Handlungen gegen bestimmte Personen richte: RG. 34 327.

[6] Bei dem andern den Entschluß zur Begehung einer konkreten Tat hervorrufen. Eine Anstiftung des Entschlossenen sowie des von seiten eines andern schon Bestimmten ist nicht möglich: RG. 13 121. — An und für sich ist aber gleichzeitige oder sukzessive Anstiftung von seiten mehrerer zu derselben Tat möglich: RG. 14 92. Weiter auch zu einem deliktischen Handeln, welches im Laufe eines schon begonnenen (und als Teil eines) fortgesetzten Deliktes begangen wird: RG. 34 5. — Absichtliche Bestimmung zur Benutzung ungeeigneter Mittel ist keine Anstiftung: RG. 15 315.

[7] Anstiftung zu einer im Versuchsstadium stehengebliebenen Handlung ist als Anstiftung zum Versuch zu bestrafen: RG. 38 248.

[8] Kasuistisches: Die Anstiftung zur Beihilfe von seiten des Täters der Haupthandlung ist nicht selbständig strafbar:

RG. **27** 273, **44** 208. — Über Beihilfe zur Anstiftung s. § 49 Anm. 8. — Widerruf der Anstiftung ist nur möglich als Rücktritt nach § 46 Ziff. 2. Vgl. RG. **20** 259. — Anstiftung strafunmündiger und solcher Kinder, denen die Einsicht nach § 56 fehlt, ist mittelbare Selbsttäterschaft: RG. **25** 399. Abweichende RG.-Entscheidungen s. in § 55 Anm. 5 und § 56 Anm. 3. — Möglich ist Anstiftung (allg.: Teilnahme) zu einem Beamtendelikt von seiten eines Nichtbeamten: RG. **6** 414; zu einem militärischen Delikt von seiten eines Nichtmilitärs: RG. **38** 417. — Die Verjährung beginnt mit Verübung der Tat: RG. **5** 282.

[9] Abweichungen bei den in Anm. 2 zit. Paragraphen. Vgl. auch § 50.

Beihilfe.

49. Als Gehilfe[1] wird bestraft, wer dem Täter zur Begehung[2] des Verbrechens oder Vergehens[3] durch Rat oder Tat[4] wissentlich[5] Hilfe geleistet hat.[6]

Die Strafe des Gehilfen ist nach demjenigen Gesetze festzusetzen, welches auf die Handlung Anwendung findet, zu welcher er wissentlich Hilfe geleistet hat,[7] jedoch nach den über die Bestrafung des Versuches aufgestellten Grundsätzen zu ermäßigen.[8, 9]

[1] Beihilfe ist vorsätzliche Hilfeleistung bei vorsätzlichem Tun. — Eine Ergänzung der Beihilfebestimmungen gibt § 257 Abs. 3. — Über den Unterschied von Beihilfe und Mittäterschaft s. § 47 Anm. 1.

[2] Die Beihilfe ist akzessorischer Natur. Sie setzt Begehung einer bestimmten Straftat, mindestens eines strafbaren Versuchs voraus. (Über Versuch der Beihilfe s. Anm. 6.) Nicht notwendig ist jedoch die Verurteilung des Haupttäters. Dieser kann z. B. aus § 46 StGB. freigesprochen sein: RG. **37** 417. Keine Beihilfe dagegen ist möglich, falls §§ 51, 52 auf den Täter Anwendung finden: RG. **21** 14; **31** 395; **46** 202. Ausnahmsweise ist Beihilfe zu objektiv straflosem Tun strafbar: §§ 120, 121, 285, 347 Abs. 1, § 355.

[3] Nicht einer Übertretung.

[4] Psychische und physische Hilfeleistung.

[5] Zum Vorsatz des Gehilfen gehört das Bewußtsein und der Wille, eine fremde Handlung durch eigene Tätigkeit zu fördern: RG. **16** 25; **37** 321; der Gehilfe haftet so weit, als sein Vorsatz reicht und durch die Tat verwirklicht wird: RG. **21** 93; **44** 409; wobei jedoch Kenntnis des Täters von der Beihilfe nicht nötig ist: R. **2** 243.

[6] Beihilfe durch Rat ist nicht gegeben, falls der Rat nicht befolgt wird: RG. **38** 156. Nicht erforderlich ist, daß die Hilfe tatsächlich den Erfolg herbeiführe; es genügt, daß durch die Tätigkeit die Förderung der Haupttat bezweckt und diese in der gewollten Weise versucht wurde: RG. **6** 169. Bestritten. A. A. Finger, v. Liszt, Meyer. Doch liegt keine Beihilfe vor, wenn absichtlich ungeeignete Hilfsmittel verschafft werden: RG. **15** 315. Auch ist der Versuch der Beihilfe nicht strafbar: RG. **11** 37; **11** 56. — Beihilfe zur Beihilfe ist (mittelbare) Beihilfe zur Haupttat. Soll aber nur dem unmittelbaren Gehilfen bei seiner Tat Hilfe geleistet werden und wird diese Hilfe gegen den Willen des mittelbaren Gehilfen dem Haupttäter zuteil, so entfällt der Gehilfenvorsatz beim mittelbaren Gehilfen: RG. **23** 305.

[7] Ausnahme s. § 50.

[8] Kasuistisches: Über Anstiftung zur Beihilfe s. § 48 Anm. 8. — Über Beihilfe zur Anstiftung vgl. RG. **14** 318. — Über Rücktritt des Gehilfen vom Versuch vgl. § 46 Anm. 3. — Über Teilnahme (Beihilfe) beim fortgesetzten und Dauerdelikt vgl. RG. **23** 292 und § 169 Anm. 4.

[9] Vgl. § 80 Anm. 3. — Ausnahme im StGB. § 143 Abs. 2. Vgl. auch §§ 203, 218 Abs. 3, §§ 219, 363 Abs. 2 Satz 2. — Weiterhin mannigfach nebengesetzliche Ausnahmen.

Duchesne-Paragraph.[1]

49a. (StrR.) Wer einen anderen[1a] zur Begehung eines Verbrechens[2] oder zur Teilnahme an einem Verbrechen auffordert,[3] oder wer eine solche Aufforderung[3] annimmt,[4] wird, soweit nicht das Gesetz eine andere Strafe androht,[3] wenn das Verbrechen mit dem Tode oder mit lebenslänglicher Zuchthausstrafe bedroht ist, mit Gefängnis nicht unter drei Monaten, wenn das Verbrechen mit einer geringeren Strafe bedroht ist, mit Gefängnis bis zu zwei Jahren oder mit Festungshaft von gleicher Dauer bestraft.

Die gleiche Strafe trifft denjenigen, welcher sich zur Begehung eines Verbrechens oder zur Teilnahme an einem Verbrechen erbietet,[4] sowie denjenigen, welcher ein solches Erbieten annimmt.[4]

Es wird jedoch das lediglich mündlich[6] ausgedrückte Auffordern oder Erbieten, sowie die Annahme eines solchen nur dann bestraft, wenn die Aufforderung oder das Erbieten an die Gewährung[7] von Vorteilen[8] irgendwelcher Art geknüpft worden ist.

Neben der Gefängnisstrafe kann auf Verlust der bürgerlichen Ehrenrechte und auf Zulässigkeit von Polizeiaufsicht erkannt werden.

[1] Vgl. das Belgische G. v. 7. Juli 1875, abgedr. in den Motiven zum G. v. 26. Febr. 1876, Drucks. des Reichst. Nr. 54 S. 80. [1a] Auch einen Geisteskranken: RG. **47** 230.

[2] Ausdrückliche Bezeichnung des Verbrechens nicht erforderlich. Es genügt Aufforderung zu einer Tat (s. Anm. 3), welche sich als Verbrechen darstellt: RG. **23** 353. — Ob die Tat, die nach Aufforderung im Auslande begangen werden soll, Verbrechen oder Vergehen ist, bestimmt sich nach deutschem Recht: RG. **37** 45.

[3] Zum Vorsatz ist weder das Bewußtsein nötig, daß die Tat, zu der aufgefordert worden, ein Verbrechen, noch daß sie strafbar ist: RG. **20** 198 wohl aber das Bewußtsein, die Einwirkung auf den Aufgeforderten werde geeignet sein, die Begehung der ins Auge gefaßten Tat herbeizuführen: RG. **44** 172. Die Aufforderung muß also ernstlich gemeint und als ernstlich gemeint erkennbar sein. — Sie muß zur Kenntnis des Auf-

geforderten gekommen sein: RG. 26 81. — Der tatsächliche Eindruck (ob als Aufforderung aufgefaßt, ob die Person des Auffordernden erkannt usw.) ist bedeutungslos: RG. 1 338; 30 142; 36 229. Hierzu vgl. Anm. 1a. — Keine Aufforderung zur Begehung eines Verbrechens ist die Aufforderung zur Vornahme von außerhalb der Kausalität stehenden Handlungen (Anwendung sympathetischer Mittel) zwecks Erreichung eines verbrecherischen Erfolges: RG. 33 321.

[4] Anm. 3 a. A. gilt hier analog.

[5] Subsidiärer Charakter des § 49a gegenüber weiteren strafbaren Aufforderungen: RG. 9 261.

[6] D. h. lediglich mündlich. Ergänzen sich mündliche und schriftliche Äußerungen, so liegt schriftliche Aufforderung vor. So bei der Aufforderung durch ein die falsche Unterschrift eines anderen tragendes Schriftstück, auch wenn die Aufforderung nur durch mündliche Mitteilungen inhaltlich völlig klar wird: RG. 36 228.

[7] Der Vorteil braucht nicht realisiert; er braucht auch gar nicht realisierbar zu sein. Es genügt bloßes Versprechen, auch wenn der Aufgeforderte an die Erfüllung gar nicht glaubt: RG. 3 63; 15 359. — Auch ist ausdrückliche Zusicherung nicht nötig. Aus den konkreten Umständen kann das beiderseitige Einverständnis über die Gewährung von Vorteilen erkennbar sein: RG. 46 400.

[8] Ein selbständiger, von der Verbrechensverübung unabhängiger Gewinn, wodurch die Lage des Aufgeforderten besser würde, als sie vor Begehung des Verbrechens war: RG. 10 3; 22 95; 32 268. Also nicht die Zusage der Abwendung schädlicher Folgen der Tat: RG. 22 95. — Nicht notwendig Vermögensvorteil, vielmehr auch Eheversprechen usw.: RG. 3 63. Ein Verhältnis zwischen Schwere des Verbrechens und Größe des Vorteils ist nicht vorgeschrieben: RG. 6 67.

Einfluß persönlicher Verhältnisse.

50. Wenn das Gesetz die Strafbarkeit einer Handlung nach den persönlichen Eigenschaften oder Verhältnissen[1] desjenigen, welcher dieselbe begangen hat, erhöht[2-4] oder vermindert,[2, 3, 4] so sind diese besonderen Tatumstände dem Täter oder demjenigen Teilnehmer[5] (Mittäter, Anstifter, Gehilfe) zuzurechnen, bei welchem sie vorliegen.

[1] Dahin gehören z. B. Gewerbsmäßigkeit, Gewohnheitsmäßigkeit und Rückfall: RG. 25 266. Vgl. auch RG. 4 184; 22 378; 26 3. Sehr streitig hinsichtlich des Merkmals der Überlegung beim Mord. Als persönliche Eigenschaft aufgefaßt von v. Liszt. Dagegen die herrschende Meinung.

[2] Vgl. §§ 80, 94—97, 98—101, 211 (vgl. Anm. 1), 215, 221 Abs. 2, § 223 Abs. 2, § 244 (RG. 2 261), §§ 260, 261, 264, 294, 339 Abs. 3, §§ 340—342, 347, 348 Abs. 2, §§ 349 bis 351, 354, 355 (teilweise), 357, 362.

[3] Vgl. §§ 57, 88 Abs. 3, §§ 157, 158, 213, 217.

[4] Nicht aber „begründet" (Beamteneigenschaft beim reinen Amtsdelikt): RG. 28 100.

[5] § 50 findet also auf den Aufforderer, Erbieter, Annehmer (§ 49a) und den Begünstiger (§ 257) nicht Anwendung.

Vierter Abschnitt.

Gründe, welche die Strafe ausschließen oder mildern.

v. Bar II 1, 273, III 126, 293, 379; Finger 183 (2. Abschn., 1. Abt., 1. und 2. Kap.), 522, 571; v. Liszt 162, 143, 281, 284, 200, 294; Meyer 121, 180, 363, 269, 284.

Mangelnde Zurechnungsfähigkeit.

51. Eine strafbare Handlung ist nicht vorhanden,[1] wenn der Täter zur Zeit der Begehung der Handlung[2] sich in einem Zustande von Bewußtlosigkeit[3] oder krankhafter Störung der Geistestätigkeit[4] befand, durch welchen seine freie Willensbestimmung ausgeschlossen[5] war.

[1] Also auch keine Teilnahme möglich (vgl. oben § 47 Anm. 1 a. E.; § 48 Anm. 2; § 49 Anm. 2); ebensowenig Hehlerei: RG. 35 73. — Vgl. StPO. §§ 262, 266.

[2] Nicht zur Zeit des Erfolgseintritts: RG. 22 413. (Actio libera in causa.)

[3] Umfaßt schon Trübungen des Bewußtseins (Ohnmacht, Schlaf, Schlaftrunkenheit).

[4] Weiter als Geisteskrankheit; auch: vorübergehende pathologische Zustände, z. B. Fieberdelirien; nicht: die mangelnde Fähigkeit zur Bildung ethischer Vorstellungen: RG. 15 97.

[5] Bei zweifelhafter Zurechnungsfähigkeit ist freizusprechen: RG. 21 131.

Nötigung.

52. Eine strafbare Handlung ist nicht vorhanden,[1] wenn der Täter durch unwiderstehliche[2] Gewalt[3] oder durch eine Drohung,[4] welche mit einer gegenwärtigen,[5] auf andere Weise nicht abwendbaren Gefahr für Leib[6] oder Leben seiner selbst oder eines Angehörigen[7] verbunden war, zu der Handlung genötigt worden ist.

Als Angehörige[8] im Sinne dieses Strafgesetzes[9] sind anzusehen Verwandte[10] und Verschwägerte[11] auf- und absteigender Linie, Adoptiv- und Pflegeeltern[12] und -kinder, Ehegatten, Geschwister und deren Ehegatten[13] und Verlobte.[14]

[1] Siehe Anm. 1 zu § 51.

[2] Jeden Widerstand ausschließend (vis absoluta).

[3] Jede unmittelbare oder mittelbare unter Aufwendung von Körperkraft vorgenommene (scheinbar abweichend: RG. 13 49) Einwirkung auf eine Person zwecks Überwindung eines (tatsächlichen: v. Liszt; dagegen: RG. 46 403) Widerstandes: RG. 27 405. Auch mittelbare Einwirkung durch Gewalt gegen Sachen: RG. 17 82; 20 354. Dazu auch § 249 Anm. 1. — Unwiderstehlichkeit nicht Begriffsmerkmal: RG. 13 49. — Abweichender Begriff bei Meyer: Anwendung irgendwelcher er-

heblicher Kraft zur Überwindung eines Widerstandes (auch narkotische Betäubungsmittel).

[4] Vgl. § 48 Anm. 4 a. A., dazu unten Anm. 6.

[5] Unmittelbar bevorstehend.

[6] Nicht jede Androhung einer Tätlichkeit, die sich als körperliche Mißhandlung darstellt, sondern einer solchen, die geeignet erscheint, eine wenn auch nur vorübergehende Beschädigung der leiblichen Unversehrtheit oder Gesundheit zu bewirken: RG. **29** 77. Notwendig also: Drohung mit Gefährdung eines wertvollen Gutes (Frank). [Leibesgefahr = Lebensentwertung (Oetker)].

[7] Es genügt die Drohung eines Angehörigen, sich selbst zu verletzen: RG. **38** 123.

[8] Vgl. §§ 54, 213, 232 Abs. 2, §§ 247, 257 Abs. 2 und 3, § 258 Abs. 3, § 263 Abs. 4, § 292 Abs. 2, § 303 Abs. 4.

[9] Vgl. § 8 Anm. 2.

[10] Nicht im Sinne des BGB. Vgl. RG. **34** 421. Auch uneheliche Verwandtschaft.

[11] Schwieger- und Stiefeltern und -kinder, auch nach Lösung der das Verhältnis begründenden Ehe: RG. **34** 418. — Entscheidend ist jedoch nicht das BGB., mag auch im Einzelfall die strafrechtliche Auffassung mit jenem übereinstimmen.

[12] Nicht nach Landes-Zivilrecht zu entscheiden; die Auffassung des Lebens ist zu beachten: dauerndes sittliches Band: RG. **28** 230; **34** 161. U. U. auch Stiefeltern: **41** 198.

[13] Nicht diese Ehegatten unter sich: RG. **15** 78.

[14] Verlöbnis ist gegeben bei Vorliegen eines beiderseitigen, formlosen, ernstgemeinten Eheversprechens. Doch darf dieses nicht gegen die guten Sitten oder das Gesetz verstoßen: RG. **35** 49. Daher kein Verlöbnis bei anderweit bestehender Ehe: RG. **24** 156. — Die Vorschriften des bürgerlichen Rechts sind nicht entscheidend: daher Verlöbnis zwischen Minderjährigen ohne Einwilligung des gesetzlichen Vertreters; bei Personen im Kindesalter entscheidet das richterliche Ermessen über die Ernstlichkeit des Eheversprechens: RG. **38** 242; Verlöbnis bei Vorliegen des Ehehindernisses des § 1312 BGB.: RG. **40** 420.

Notwehr.

53. Eine strafbare Handlung ist nicht vorhanden,[1] wenn die Handlung durch Notwehr[2] geboten war.

Notwehr ist diejenige Verteidigung,[3] welche erforderlich[4] ist, um einen gegenwärtigen,[5] rechtswidrigen[6] Angriff[7] von sich oder einem anderen[8] abzuwenden.

Die Überschreitung[9] der Notwehr ist nicht strafbar, wenn der Täter in Bestürzung, Furcht oder Schrecken über die Grenzen der Verteidigung hinausgegangen ist.

[1] Vgl. StPO. §§ 262, 266.

[2] Vgl. auch BGB. § 227 (Notwehr); §§ 229 ff. (Selbsthilfe).

[3] Gegenangriff (sowie dessen Androhung. Vgl. RG. **32** 391) und passive Verteidigungshandlungen. — Auch unter Verletzung Dritter? Bestritten. Dafür: RG. **21** 168. Dagegen: v. Bar, Finger, v. Liszt, Meyer.

[4] Nach der objektiven Lage des Falls: R. **1** 23; **9** 471. Die Möglichkeit der Flucht oder der Anrufung der Obrigkeit schließt nicht die aktive Verteidigung aus. Herrschende Ansicht. Einschränkend: RG. **16** 69. Vgl. auch R. **9** 471.

[5] Vgl. § 52 Anm. 5; auch: bereits begonnen.

[6] Daher ist Notwehr gegen Notwehr nicht möglich, wohl aber Notwehr gegen den Notwehrexzeß. Ebenso gegen den Angriff eines Geisteskranken oder eines im Irrtum über die Rechtswidrigkeit Handelnden: RG. **27** 45. — Die Verteidigung gegen den selbständigen Angriff eines Tieres fällt nicht unter den Begriff der Notwehr. Vgl. BGB. § 228 und RG. **34** 295. — Irrige Annahme eines gegenwärtigen rechtswidrigen Angriffs (Putativnotwehr) schließt wegen mangelnden Vorsatzes die Strafbarkeit aus: RG. **21** 189. Vgl. auch unten § 59. Hinsichtlich des Irrtums über den Begriff der Notwehr vgl. RG. **19** 298.

[7] Vorsätzliche Gefährdung eines Rechtsgutes durch positive Tätigkeit.

[8] Sog. Nothilfe.

[9] Exzeß der Notwehr. Vgl. RG. **21** 189.

Notstand.

54. Eine strafbare Handlung ist nicht vorhanden,[1] wenn die Handlung außer dem Falle der Notwehr in einem unverschuldeten,[2] auf andere Weise nicht zu beseitigenden[3] Notstande[4] zur Rettung aus einer gegenwärtigen[5] Gefahr für Leib oder Leben[6] des Täters oder eines Angehörigen[7] begangen worden ist.[8]

[1] Vgl. StPO. §§ 262, 266.

[2] Weder vorausgesehen noch voraussehbar. Mangel des Verschuldens liegt auch bei Voraussehbarkeit vor, falls das kausale Verhalten nicht pflichtwidrig gewesen: RG. 36 334.

[3] Prinzip der Subsidiarität.

[4] Vgl. §§ 228, 904 BGB. [5] Vgl. § 52 Anm. 5.

[6] Erweiterung vgl. §§ 193, 313 Abs. 2.

[7] Nothilfe. — Vgl. auch § 52 Abs. 2 und Anm. daselbst.

[8] Einschränkung des Notstandsrechtes in MilStGB. § 49 Abs. 1 und §§ 84—88; in SeemO. § 41 und analogen Fällen.

Strafunmündigkeit.

55.[1] Wer bei Begehung der Handlung das zwölfte Lebensjahr nicht vollendet hat,[2] kann wegen derselben nicht strafrechtlich[3] verfolgt werden.[4,5] Gegen denselben können jedoch nach Maßgabe der landesgesetzlichen Vorschriften[6] die zur Besserung und Beaufsichtigung geeigneten Maßregeln getroffen werden.[7] Die Unterbringung in eine Familie, Erziehungsanstalt oder Besserungsanstalt kann nur erfolgen, nachdem durch Beschluß des Vormundschaftsgerichtes die Begehung der Handlung festgestellt und die Unterbringung für zulässig erklärt ist.

[1] Neue Fassung nach EGBGB. Art. 34.

[2] Vgl. § 187 Abs. 2 BGB. und RG. 35 37.

[3] Zivilrechtliche Haftung nach § 828 BGB.

[4] Vgl. §§ 262, 266 StPO.

[5] Das RG. sieht in § 55 nur einen persönlichen Strafausschließungsgrund. Folglich ist strafbare Teilnahme eines Erwachsenen an einer nach § 55 straflosen Handlung möglich: RG. 6 186; 6 336; 19 192; dagegen: Finger, v. Liszt, Meyer, RG. 25 399 (s. § 48 Anm. 8) und die gemeine Meinung, nach der in den Fällen des § 55 ein Verbrechen nicht vorliegt. Etwas abweichend: v. Bar. Vgl. aber die spez. Vorschriften § 361 Ziff. 4 und 9 und VogelschutzG. v. 30. Mai 1908 § 6. — Siehe auch unten § 56 Anm. 3.

[6] Vgl. die Gesetze zur Regelung der Fürsorge-Erziehung: z. B. für Preußen v. 2. Juli 1900, für Bayern v. 10. Mai 1902, für Württemberg v. 29. Dez. 1899, für Sachsen v. 1. Febr. 1909.

[7] Vgl. auch EGBGB. Art. 135.

Relative Strafmündigkeit.

56.[1] Ein Angeschuldigter, welcher zu einer Zeit, als er das zwölfte, aber nicht das achtzehnte Lebensjahr vollendet[2] hatte, eine strafbare Handlung begangen hat, ist freizusprechen,[3] wenn er bei Begehung derselben die zur Erkenntnis ihrer Strafbarkeit erforderliche Einsicht[4] nicht besaß.[5]

In dem Urteile ist zu bestimmen,[6] ob der Angeschuldigte seiner Familie überwiesen oder in eine Erziehungs- oder Besserungsanstalt gebracht werden soll. In der Anstalt ist er so lange zu behalten, als die der Anstalt vorgesetzte Verwaltungsbehörde solches für erforderlich erachtet, jedoch nicht über das vollendete zwanzigste Lebensjahr.

[1] Vgl. GVG. § 73 Ziff. 3 und § 75 Ziff. 14a; weiterhin StPO. §§ 262, 266, 298. [2] Vgl. § 55 Anm. 2. — MilStGB. § 50.

[3] Wegen mangelnder Schuld: RG. 33 298, ebenso Finger, v. Liszt. Abweichend RG. 31 161, wonach ein persönl. Strafausschließungsgrund vorliegt. Hinsichtlich der Teilnahme gilt somit das in § 55 Anm. 5 Gesagte.

[4] Nicht die Erkenntnis der Strafbarkeit, sondern die nötige Einsicht (geistige Reife) für die Erkenntnis der Strafbarkeit der konkreten Tat (RG. **5** 394) ist mit Rücksicht auf den Zeitpunkt der Handlung festzustellen (RG. **33** 108) und zu begründen: RG. **29** 98. Gegen die Notwendigkeit einer solchen Begründung: RG. **31** 161; **36** 112. Bei Idealkonkurrenz kann die Einsicht für die eine Tat gegeben sein, für die andere fehlen: RG. **11** 387.

[5] Vgl. § 173 Abs. 4. [6] Obligatorisch: RG. **33** 298.

Strafmilderung für Jugendliche.[1]

57. Wenn ein Angeschuldigter, welcher zu einer Zeit, als er das zwölfte, aber nicht das achtzehnte Lebensjahr vollendet hatte,[2] eine strafbare Handlung begangen hat, bei Begehung derselben die zur Erkenntnis ihrer Strafbarkeit erforderliche Einsicht besaß, so kommen gegen ihn folgende Bestimmungen zur Anwendung:

1. ist die Handlung mit dem Tode oder mit lebenslänglichem Zuchthaus bedroht, so ist auf Gefängnis von drei bis zu fünfzehn Jahren[3] zu erkennen;
2. ist die Handlung mit lebenslänglicher Festungshaft bedroht, so ist auf Festungshaft von drei bis zu fünfzehn Jahren zu erkennen;
3. ist die Handlung mit Zuchthaus oder mit einer anderen Strafart bedroht, so ist die Strafe zwischen dem gesetzlichen Mindestbetrage der angedrohten Strafart und der Hälfte des Höchstbetrages der angedrohten Strafe zu bestimmen.[4]

   Ist die so bestimmte Strafe Zuchthaus, so tritt Gefängnisstrafe von gleicher Dauer an ihre Stelle;
4. ist die Handlung ein Vergehen oder eine Übertretung, so kann in besonders leichten Fällen auf Verweis[5] erkannt werden;[6]

5. auf Verlust der bürgerlichen Ehrenrechte überhaupt oder einzelner bürgerlichen Ehrenrechte,[7] sowie auf Zulässigkeit von Polizeiaufsicht ist nicht zu erkennen.[8]

Die Freiheitsstrafe[9] ist in besonderen, zur Verbüßung von Strafen jugendlicher Personen bestimmten Anstalten oder Räumen zu vollziehen.

[1] Die Jugend ist allgemeiner Strafmilderungsgrund. Sind daneben noch mildernde Umstände im Einzelfall gegeben, so ist die angedrohte außerordentliche Strafe nach § 57 zu ermäßigen: RG. **6** 98. Bei Versuch (§ 43) und Beihilfe (§ 49) ist doppelte Reduktion, einmal gemäß § 44, dann gemäß § 57 vorzunehmen.

[2] Vgl. § 55 Anm. 2. — MStGB. § 50.

[3] Dieses Höchstmaß darf auch bei Realkonkurrenz nicht überschritten werden: RG. **16** 282.

[4] Gilt auch für die Geldstrafe, gleichgültig, ob diese als Vielfaches eines bestimmten Betrages zu bestimmen ist (RG. **1** 334) oder nicht (RG. **16** 417).

[5] Vollstreckung ist erst nach Rechtskraft des Urteils zulässig und nach § 483 StPO. Sache der Vollstreckungsbehörde: RG. **23** 403. Über die Art der Vollstreckung selbst fehlen Bestimmungen. Über Mündlichkeit oder Schriftlichkeit der Form entscheidet das Ermessen des Vollstreckungsbeamten. Abweichend Elsaß-Lothringen EG. Art. XII Abs. 3.

[6] Landesrechtlich zum Teil ausgeschlossen.

[7] Hingegen ist bei Meineid auf die Unfähigkeit zu erkennen, als Zeuge oder Sachverständiger eidlich vernommen zu werden (§ 161) (RG. **6** 416), da diese Nebenstrafe keine bürgerlichen Ehrenrechte berührt.

[8] Vgl. § 362.

[9] § 57 hat keinen Einfluß auf die Verjährung der Strafverfolgung: RG. **3** 52.

Taubstummheit.[1]

58.[2] Ein Taubstummer,[3] welcher die zur Erkenntnis der Strafbarkeit einer von ihm begangenen Handlung erforderliche Einsicht[4] nicht besaß, ist freizusprechen.

[1] Zivilrechtliche Haftung s. § 828 Abs. 2 BGB.

[2] Vgl. StPO. §§ 262, 266, 298.

[3] Jemand, der die Fähigkeiten zu hören und zu sprechen niemals besessen oder in frühestem Kindesalter verloren (Frank). — Analoge Ausdehnung auf andere Fälle von Entwicklungshemmung ist nach v. Bar und v. Liszt unzulässig, während Finger, Meyer dafür eintreten.

[4] Vgl. oben § 56 Anm. 4. Auch hier ist ausdrücklich das Vorhandensein der erforderlichen Einsicht festzustellen: RG. **23** 351.

Irrtum (Vorsatz, Fahrlässigkeit).

59.[1] Wenn jemand bei Begehung einer strafbaren Handlung das Vorhandensein von Tatumständen[2] nicht kannte, welche zum gesetzlichen Tatbestande gehören oder die Strafbarkeit erhöhen,[3] so sind ihm diese Umstände nicht zuzurechnen.[4, 5]

Bei der Bestrafung fahrlässig begangener Handlungen[6] gilt diese Bestimmung nur insoweit, als die Unkenntnis selbst nicht durch Fahrlässigkeit[7] verschuldet ist.

[1] Vgl. StPO. §§ 262, 266.

[2] Die dem gesetzlichen Tatbestande zu subsumierenden Tatsachen; d. h.: die tatsächlichen Verhältnisse (die einzelnen Merkmale des gesetzlichen Tatbestandes) und ihnen gleichgestellt: dem Strafrecht nicht angehörige Rechtssätze (Begriffe). Nicht jedoch: dem Strafrecht angehörige Rechtssätze. Diese Scheidung macht das RG., verwickelt sich jedoch in die schwersten Widersprüche. Vgl. RG. **19** 253; **20** 198; **22** 141 (147); **22** 300; **23** 374; **31** 344; **33** 241; **34** 419; **34** 445; **37** 389; **39** 342; **41** 98; **42** 26; **42** 142, zuletzt z. B. **43** 23; **45** 370. Gegen diese An-

sicht und für Gleichstellung obiger Momente Finger, v. Liszt. Vgl. unten Anm. 5.

[3] Ausnahme: bei den durch den Erfolg qualifizierten Delikten.

[4] Hieraus ergibt sich die Fixierung des Vorsatzes als: „Die die Willensbetätigung begleitende Kenntnis der zum gesetzlichen Tatbestande gehörenden Tatumstände." Ist diese Kenntnis Beweggrund des Handelns, so spricht man von Absicht. So im allgemeinen das RG. Abweichend: RG. **24** 255; **27** 241. — Das StGB. verwendet zur Charakterisierung der Absicht verschiedene Wendungen, bald „wer in der Absicht" oder „wer absichtlich" (§§ 124, 143, 146, 235, 242, 249, 263, 265, 266, 267, 268, 272, 274, 307, 346, 349); bald: „wer zu dem Zwecke" (§§ 129, 147, 151, 177, 191, 235, 267, 270, 273); dann: „wer um zu" (§§ 87, 146, 229, 234, 236, 237, 252, 253, 257, 298, 307, 333, 334, 343). Vgl. auch StGB. §§ 81, 105, 114, 122, 159. — Hält der Täter den Eintritt des Erfolges für sicher, so liegt direkter Vorsatz vor; hält er ihn für möglich und billigt er ihn: eventueller Dolus: RG. **21** 420; **33** 4.

[5] Folglich ist Vorsatz ausgeschlossen. Allgemein: Finger, v. Liszt. Nach RG. nicht bei einem Irrtum über Strafrechtssätze. Vgl. oben Anm. 2 u. z. B. RG. **22** 300; **34** 419; **37** 389. — Irrtümliche Annahme eines nicht vorhandenen Tatbestandsmerkmals begründet untauglichen Versuch: RG. **42** 92, zuletzt **47** 189 und v. Liszt; dagegen nach Frank, Finger, Meyer straflosen Mangel am Tatbestand. — Bei Irrtum über den tatsächlichen Kausalverlauf ist zu unterscheiden: a) Irrtum in der Identität des Objekts (error in persona sive objecto). Er ist nicht zu beachten nach RG. **18** 337; **19** 179. Ebenso: v. Bar, Finger und Meyer. b) Irrtum im Kausalverlauf in engerem Sinne (aberratio). Er ist zu beachten. Der Tatbestand ergibt den Versuch eines Deliktes neben fahrlässiger Vollendung eines weiteren. So RG. **2** 335; **3** 384; **19** 179 und v. Bar, Meyer. Gegen die Scheidung des RG. bei b) Finger, bei a) und b) v. Liszt, der in beiden Fällen nur die Wesentlichkeit des Irrtums entscheiden läßt.

[6] Diese sind nur dann strafbar, wenn dies ausdrücklich im Gesetz bestimmt oder aus dem Zusammenhange der Normen zu entnehmen ist: RG. **22** 43. Ausdrücklich bedroht ist die Fahrlässigkeit in den §§ 121, 153, 154, 155, 163, 222, 230, 259, 306, 308, 309, 311, 314, 316, 318, 321, 322, 323, 324, 326, 329, 345.

[7] Die vermeidbare, durch Mangel an Vorsicht und Mangel an Voraussicht [RG. **12** 317; **30** 25; **36** 334 (342)] bedingte Unkenntnis von Tatbestandsmerkmalen. Vgl. R. **9** 686; RG. **21** 189. Vielfach auch definiert als: Nichtvoraussicht des Erfolges bei dessen Voraussehbarkeit. Dabei ist nicht erforderlich, daß dem Täter alle Einzelheiten des Kausalverlaufs oder der konkreten Erfolgsgestaltung erkennbar waren. Vgl. RG. **34** 91 und **19** 51. — Auch ist nur jener Grad der Vorsicht usw. zu verlangen, der dem Täter billigerweise zugemutet werden kann. Nicht fahrlässig handelt also der Vater, der in der Absicht, für das Wohl des Kindes zu sorgen, aus zu billigenden Gründen von einem Zwange bei der Anwendung des richtigen Mittels (zur Gesundung des kranken Kindes) absieht: RG. **36** 78. Vgl. auch § 54 Anm. 2 a. E.

Anrechnung der Untersuchungshaft.

60. Eine erlittene[1] Untersuchungshaft[2] kann bei Fällung[1] des Urteils auf die erkannte Strafe[3] ganz oder teilweise angerechnet[4] werden.

[1] Vor Fällung des Urteils erlitten. Anrechnung nach Fällung des Urteils ist nicht zulässig: RG. **5** 173. Über die Untersuchungshaft nach Fällung des Urteils vgl. StPO. § 482.

[2] Nicht technisch; umfaßt jede — auch die im Auslande — im Interesse der Strafverfolgung erlittene (Sicherungs)haft: RG. **38** 182.

[3] D. h. zeitige Freiheitsstrafe und Geldstrafe; nicht Verweis, Todesstrafe, lebenslängliche Freiheitsstrafe, Nebenstrafen.

[4] Wenn Untersuchungshaft und Urteil auf dieselbe Tat sich beziehen (a. A.: in ein und demselben Verfahren ergehen: RG.

31 244; **41** 318). — Bei Verfahren wegen mehrerer Straftaten ist Anrechnung möglich, auch wenn Untersuchungshaft wegen eines Deliktes verhängt war, wegen dessen Freisprechung oder Einstellung des Verfahrens erfolgte: RG. **3** 264. Einschränkungen s. in RG. **30** 182; vgl. auch RG. **31** 244; **41** 318. — Sinkt durch solche Anrechnung der Rest der verwirkten Strafe unter das Mindestmaß der Strafart, so findet eine Umwandlung nicht statt. — Die angerechnete Untersuchungshaft ist vom Ende der Strafzeit zu kürzen: RG. **29** 75. — Vgl. § 19 Anm. 4; § 21 Anm. 3.

Antragsfrist.

61.[1] **Eine Handlung, deren Verfolgung nur auf Antrag[2] eintritt,[3] ist nicht zu verfolgen,[4] wenn der zum Antrage Berechtigte[5] es unterläßt,[6] den Antrag binnen drei Monaten[7] zu stellen.[8] Diese Frist beginnt mit dem Tage, seit welchem der zum Antrage Berechtigte von der Handlung[9] und von der Person des Täters[10] Kenntnis[11] gehabt hat.[12]**

[1] Vgl. §§ 43, 127 Abs. 3; §§ 130, 156 Abs. 2; § 259 Abs. 2; §§ 414, 415, 435, 502 StPO.

[2] Der Antrag erscheint im StGB. als Prozeßvoraussetzung. So: Herrschende Ansicht.

[3] Der Strafantrag ist erforderlich bei den Verbrechen der §§ 102, 179, 236, 243, 244, 247; bei den Vergehen der §§ 102, 103, 104, 123 Abs. 1, §§ 170, 172, 182, 185, 186, 187, 189, 194, 195, 196, 223, 230 Abs. 1, §§ 232, 236, 237, 242, 246, 247, 248a, 257 Abs. 3, §§ 263, 264a, 288, 289, 292, 299, 300, 301, 302, 303; bei den Übertretungen des § 370 Ziff. 5 und 6 und in vielen Nebengesetzen. Das Antragserfordernis gilt natürlich für alle Erscheinungsformen des Verbrechens: Versuch usw.

[4] Wohl aber das damit in Idealkonkurrenz stehende Offizialdelikt: RG. **33** 339.

[5] D. i. der Verletzte (s. § 65), m. a. W.: Der unmittelbare Träger des verletzten Rechtsgutes: RG. **19** 250; vgl. auch

RG. **40** 184; **41** 103; in einzelnen Fällen auch der mittelbar Verletzte (§§ 195, 196, 232). Der Antragsberechtigte ist weiterhin ausdrücklich genannt in den §§ 102, 103 und 182. — Eine Vertretung des Berechtigten in der Erklärung ist stets zulässig; eine Vertretung im Willen unabhängig vom Verletzten in den gesetzlich fixierten Fällen (§§ 65, 195, 196, 232); dagegen als Ausfluß einer vom Verletzten eingeräumten Vertretungsmacht zur Wahrnehmung des verletzten Rechtsgutes: allgemein: RG. **19** 7; **35** 267. Vgl. auch RG. **41** 416; **42** 216; **43** 44. Bei immateriellen Rechtsgütern wird allerdings eine Stellvertretung im Zweifel als unzulässig erscheinen: RG. **21** 231. — Das Antragsrecht ist nicht vererblich. So: RG. **11** 53; **43** 335 und herrschende Meinung. Vererblichkeit bei Verletzung materieller Rechtsgüter nimmt an: v. Liszt.

[6] Der ausdrückliche Verzicht auf den Strafantrag innerhalb der Antragsfrist ist wirkungslos: RG. **3** 221; **14** 202.

[7] Abweichende Fristen in §§ 198, 232; SeemO. § 96. Vgl. StPO. § 428. Die Beweislast hinsichtlich Einhaltung der Frist liegt der Staatsanwaltschaft ob: RG. **11** 397. Vgl. weiterhin RG. **47** 238.

[8] Antragstellung unter Suspensivbedingung ist nicht gültig; Resolutivbedingungen sind nicht zu beachten. Es ist festzustellen, ob der Antrag ernstlich gewollt ist: RG. **14** 96.

[9] Inklusive Erfolg. — Beim Kollektivdelikt (s. § 73 Anm. 1): mit Aufhören der verbrecherischen Tätigkeit; beim Dauerdelikt (s. § 73 Anm. 1) mit Endigung des deliktischen Zustandes: RG. **43** 285. Beim fortgesetzten Delikt (s. § 73 Anm. 1) erstreckt sich der Antrag auf die Tätigkeit im ganzen [als Einheit] d. h. auch auf Handlungen, für welche als einzelne die Frist abgelaufen wäre (RG. **20** 226), sowie auf dem Antrag nachfolgende (Teil)-Handlungen: RG. **40** 319; **40** 329; **47** 201. Die Frist beginnt mit der letzten Einzelhandlung: RG. **15** 370. — Vgl. auch Anm. 11.

[10] Im technischen Sinn? oder irgendein Beteiligter? Bestritten. Für letzteres: RG. **9** 390 mit der herrschenden Ansicht. Dagegen z. B.: Meyer. — Angabe des Namens des Täters ist

nicht erforderlich. Die irrige Bezeichnung einer Person als Täter hindert nicht die Verfolgung des wirklichen Täters: RG. 7 35; 20 54. Anders in den Fällen der §§ 247, 263 Abs. 4, §§ 289, 292 (relative Antragsdelikte): RG. 7 35. — Bei mehreren Tätern läuft die Frist von Kenntnis auch nur eines (also: des ersten) Beteiligten ab: RG. 9 390. Abweichend: R. 1 614. — Vgl. auch Anm. 11.

[11] Vermutung und bloßer Verdacht stehen dieser nicht gleich: RG. 45 128. Kenntnis vom Täter ist gegeben, wenn dieser in genügend erkennbarer Weise individuell gekennzeichnet werden kann: RG. 27 34 (vgl. Anm. 10). Eine frühere Stellung des Antrages ist aber im Gesetz nicht ausgeschlossen: RG. 38 434; 45 128. Spezielle Vorschriften s. in § 172. Auch beginnt die Antragsfrist dadurch nicht früher zu laufen, daß der Antragsteller eine frühere Gelegenheit, sich die Kenntnis des Täters zu verschaffen, verpaßt hat: RG. 27 34. — Zur „Kenntnis von der Handlung" genügt es, wenn der Verletzte sich den wirklichen Sachverhalt nur im allgemeinen richtig vorzustellen vermag. Auch ohne genauere Kenntnis der Tatumstände und des Umfangs der Rechtsverletzung ist der Antrag wirksam, wenn er den Sachverhalt in vollem Umfang umfassen soll: RG. 38 434. Vgl. § 65 Anm. 4 a. E.

[12] Mit der Verjährung der Tat ist das Antragsrecht erloschen: RG. 6 37.

62. Wenn von mehreren zum Antrage Berechtigten[1] einer die dreimonatliche Frist versäumt, so wird hierdurch das Recht der übrigen nicht ausgeschlossen.

[1] Gemäß §§ 65, 182, 195, 196, 232 Abs. 3; oder mehrere Verletzte. Vgl. RG. 46 203.

Unteilbarkeit des Strafantrags.

63. Der Antrag kann nicht geteilt werden. Das gerichtliche Verfahren findet gegen sämtliche an der Handlung[1] Beteiligte (Täter und Teilnehmer),[2] sowie gegen den Be-

günstiger[3] statt,[4] auch wenn nur gegen eine dieser Personen auf Bestrafung angetragen worden ist.[5]

[1] Die Tat, deren Verfolgung beantragt ist: RG. 5 269.

[2] Nicht im technischen Sinn. Umfaßt auch die Nebentäterschaft; vgl. darüber § 47 Anm. 1. [3] Vgl. § 257.

[4] Bezüglich des fortgesetzten Delikts s. § 61 Anm. 9. Vgl. auch noch RG. 17 227.

[5] Eine Ausnahme bilden die relativen Antragsdelikte (s. § 61 Anm. 10). Die Stellung des Antrages hat nur gegenüber jenen Bedeutung, denen gegenüber die Handlung zum Antragsvergehen gemacht ist.

Zurücknahme des Antrags.

64.[1] Die Zurücknahme des Antrages[2] ist nur in den gesetzlich besonders vorgesehenen Fällen[3] und nur bis zur Verkündung eines auf Strafe lautenden Urteils zulässig.[4]

Die rechtzeitige Zurücknahme des Antrages gegen eine der vorbezeichneten Personen[5] hat die Einstellung des Verfahrens auch gegen die anderen[6] zur Folge.[7]

[1] Vgl. StPO. § 502.

[2] Form gleichgültig: RG. 8 79. Ort: Bestritten. Die Stelle, an welcher der Antrag eingebracht; nach Eröffnung des Hauptverfahrens nur das Gericht der Hauptsache. Nach RG. 8 79 die Behörde, welche zur Zeit der Zurücknahme mit der Sache befaßt ist. Berechtigter: Der Antragsteller. Hinsichtlich der Stellvertretung gelten hier analog die oben § 61 Anm. 5 dargelegten Grundsätze. Weiterhin kann der Vertretene den vom Vertreter gestellten Antrag nach Ablauf der Vertretungsbefugnis zurücknehmen, z. B. der volljährig gewordene Mündel den Strafantrag des Vormundes: RG. 22 256. Widerruf der Zurücknahme und Erneuerung des gültig zurückgenommenen Antrages ist unzulässig. Über den Verzicht s. oben § 61 Anm. 6 und RG. 36 64.

[3] Vgl. §§ 102, 103, 104, 194, 232, 247, 248a, 263, 264a, 292, 303, 370 und viele Nebengesetze.

[4] Abweichende Frist in SeemO. § 96. — Die Privatklage kann bis zur Verkündung des Urteils zweiter Instanz zurückgenommen werden (StPO. § 431). Sie ist nicht Zurücknahme des in ihr liegenden Antrages, wo diese unzulässig ist (z. B. § 223) oder als nicht mehr rechtzeitig (s. § 64 Abs. 1) erklärt erscheint. Solchenfalls ist öffentliche Klage nicht ausgeschlossen: RG. **8** 207; **19** 284. [5] Siehe § 63: Täter und Teilnehmer.

[6] Ausnahme bei relativen Antragsdelikten (vgl. auch §§ 232 Abs. 2, 303 Abs. 4), analog zu dem in Anm. 5 zu § 63 Gesagten. Dazu auch § 247 Anm. 9.

[7] Bei Konkurrenz mehrerer Antragsdelikte ist die Zurücknahme des Antrages nur jenen Delikten gegenüber wirksam, bei denen die Zurücknahme zulässig ist. Die anderen Delikte bleiben weiter verfolgbar: RG. **32** 280. — Betreffs Zurücknahme eines nach § 5 Ziff. 3 gestellten Antrages vgl. RG. **44** 433.

Antragsmündigkeit.

65.[1] Der Verletzte, welcher das achtzehnte Lebensjahr vollendet hat,[2] ist selbständig zu dem Antrage auf Bestrafung berechtigt. Solange er minderjährig ist, hat unabhängig von seiner eigenen Befugnis[3] auch sein gesetzlicher Vertreter[4] das Recht, den Antrag zu stellen.[5]

Ist der Verletzte geschäftsunfähig[6] oder hat er das achtzehnte Lebensjahr noch nicht vollendet, so ist sein gesetzlicher Vertreter der zur Stellung des Antrages Berechtigte.

[1] Neufassung auf Grund des EGBGB. Art. 34.

[2] Vgl. § 55 Anm. 2.

[3] Jedoch nicht kraft eigenen Rechtes, sondern aus dem Rechte des Vertretenen abgeleitet: RG. **22** 256. Folglich erlischt durch den Tod des Vertretenen das Antragsrecht des Vertreters: RG. **4** 145. Abweichend RG. **35** 131.

[4] Der Vater: vgl. BGB. §§ 1630, 1634, 1635 Abs. 2, § 1676; die Mutter: vgl. BGB. §§ 1685, 1696; der Vormund: BGB. §§ 1793, 1897; der Pfleger: BGB. § 1915. — Ist der gesetzliche Vertreter selbst an dem Delikte beteiligt, oder unterläßt er pflichtwidrig die Antragstellung, so kann dem Verletzten (gemäß BGB. §§ 1630, 1686, 1796, 1897, 1909) ein Pfleger (zwecks Antragstellung, § 1915 BGB.) bestellt werden: RG. **4** 145; **35** 47. — Die Frist des § 61 läuft dann vom Tage ab, an dem der Pfleger Kenntnis von Tat und Täter hatte; vgl. auch hinsichtlich der Fristberechnung bei Geisteskranken RG. **27** 366; allgemein § 61 Anm. 11.

[5] Vgl. StPO. § 414. — Mit dem Antragsrecht des gesetzlichen Vertreters konkurriert dasjenige aus §§ 195, 196, 232: RG. **12** 415.

[6] Vgl. BGB. § 104. — Nicht bei nur beschränkter Geschäftsfähigkeit, BGB. §§ 6, 114, 1906: RG. **34** 98.

Arten der Verjährung.

66. Durch Verjährung[1] wird die Strafverfolgung[2] und die Strafvollstreckung[3] ausgeschlossen.[4]

[1] Die Verjährung hat materiellrechtlichen und prozessualen Charakter. Sie ist Strafaufhebungsgrund, sie tilgt den Strafanspruch des Staates, schließt aber zugleich die Verfolgung aus. Wird sie nach Eröffnung des Hauptverfahrens festgestellt, so erfolgt Freisprechung. So: Die herrschende Lehre und RG. **12** 434. Abweichend: RG. **41** 168.

[2] Vgl. §§ 67—69. [3] Vgl. §§ 70—72.

[4] Über „Verjährung" des Bußanspruchs vgl. RG. **44** 294. Nach v. Liszt u. Meyer verjährt dieser nach Zivilrecht.

Strafverfolgungsverjährung.

67. Die Strafverfolgung von Verbrechen verjährt,[1]

wenn sie mit dem Tode oder mit lebenslänglichem Zuchthaus bedroht[2] sind, in zwanzig Jahren;

wenn sie im Höchstbetrage mit einer Freiheitsstrafe von einer längeren als zehnjährigen Dauer bedroht sind, in fünfzehn Jahren;

wenn sie mit einer geringeren Freiheitsstrafe bedroht sind, in zehn Jahren.

Die Strafverfolgung von Vergehen, die im Höchstbetrage mit einer längeren als dreimonatlichen Gefängnisstrafe bedroht sind,[3] verjährt in fünf Jahren, von anderen Vergehen in drei Jahren.

Die Strafverfolgung von Übertretungen verjährt in drei Monaten.

Die Verjährung beginnt mit dem Tage,[4] an welchem die Handlung begangen ist,[5] ohne Rücksicht auf den Zeitpunkt des eingetretenen Erfolges.[6, 7]

[1] Über den Bußanspruch vgl. § 66 Anm. 4. Besondere Verjährungsfristen s. in EG. § 7, in StGB. § 171 und in zahlreichen Nebengesetzen, z. B. PreßG. § 22; GewO. § 145; Reichsfinanzgesetze 1909 (z. B. LeuchtmittelsteuerG. § 31; ZündwarensteuerG. § 36; BranntweinsteuerG. § 136 uff.).

[2] Entscheidend ist, wie bei § 1, der Höchstbetrag der angedrohten Strafe; ebenso gelten die in Anm. 1 daselbst dargelegten Folgerungen. Abweichend will hier die herrschende Ansicht bei Versuch und Beihilfe den ermäßigten Strafrahmen (§§ 44, 49 Abs. 2) als selbständige Strafdrohung betrachten. Dagegen konsequent: v. Liszt.

[3] Dieser Fall liegt nicht vor bei Umwandlung von Geldstrafe in Gefängnisstrafe, auch wenn nunmehr die letztere drei Monate übersteigt. Die Geldstrafe verjährt stets in 3 Jahren: RG. 1 167.

[4] D. h. mit Anfang des Tages (um 12 Uhr nachts): R. 8 493. Der Begehungstag ist in die Frist voll einzurechnen. Der Beginn ist in Nebengesetzen vielfach abweichend normiert. So neuerdings: WechselstempelG. Fassung v. 15. Juli 1909 § 23 Abs. 2.

[5] Bei fortgesetzten Verbrechen (s. § 73 Anm. 1) mit der letzten Einzelhandlung: RG. **10** 203; **14** 145; vgl. auch RG. **38** 387; bei Dauerdelikten mit Beseitigung des rechtswidrigen Zustandes: RG. **22** 161; **37** 78 (A. A.: v. Liszt); bei Unterlassungsdelikten mit Wegfall der Verpflichtung zum Handeln: R. **2** 212. — Die Verjährung der Teilnahmehandlung beginnt mit der Verjährung der Tat des Haupttäters. So: die herrschende Meinung und RG. **30** 300 (310); dagegen: v. Liszt, Meyer.

[6] Somit ist maßgebend der Zeitpunkt der Willensbetätigung. (Die Verjährung kann demnach eintreten, bevor die Handlung strafbar geworden.) So die Theorie. Abweichend vom Text verlangt das RG. den Eintritt des nächsten strafrechtlich relevanten Erfolges: RG. **21** 228; **26** 261; **42** 171. Für das gemeingefährliche Verbrechen vgl. auch RG. **14** 214.

[7] Bei Idealkonkurrenz (oder Subsidiarität der in Betracht kommenden Gesetze) schließt die Verjährung des einen Deliktes nicht die Verfolgung wegen des weiteren aus: RG. **26** 261; **39** 353.

Unterbrechung der Verfolgungsverjährung.

68. Jede Handlung des Richters,[1] welche wegen der begangenen Tat[2] gegen den Täter[3] gerichtet ist, unterbricht die Verjährung.

Die Unterbrechung findet nur rücksichtlich desjenigen statt, auf welchen die Handlung sich bezieht.[4]

Nach der Unterbrechung beginnt eine neue Verjährung.[5]

[1] Des Strafrichters. Nicht der Staatsanwaltschaft (RG. **41** 356), oder des Zivilrichters (RG. **29** 234), nicht der Polizei oder von Privatpersonen. Dagegen stellt StPO. § 453 Abs. 4 die polizeilichen Strafverfügungen, StPO. § 459 Abs. 3 den Strafbescheid der Verwaltungsbehörden den richterlichen Handlungen gleich. Vgl. auch EGMilStGO. § 10. — Die Handlung braucht nicht von dem für den Einzelfall zuständigen Richter auszugehen: RG. **6** 37. Sie muß jedoch rechtlich zulässig sein, um die Verjährung zu unterbrechen; vgl. RG. **24** 205; **32** 247; **6** 37.

[2] Einer bestimmten Tat. Umfaßt auch Teilnahmehandlungen: RG. **41** 17. Tat bezeichnet hier ein bestimmtes historisches Vorkommnis, nicht eine bestimmte juristische Qualifikation: RG. **30** 301; **33** 426. Es ist also gleichgültig, wenn bei der Handlung des Richters das Vorkommnis anders qualifiziert wird, als vom erkennenden Richter: RG. **24** 77. Aus gleichem Grunde wirkt die Unterbrechung auch auf ideell konkurrierende Delikte und, falls eines davon Antragsdelikt ist, auch auf dieses, selbst wenn ein Strafantrag noch nicht gestellt war und dieser erst nach Ablauf der für das Antragsdelikt allein berechneten Verjährungsfrist gestellt wird: RG. **33** 426. Anders bei ausschließlichem Antragsdelikt: RG. **6** 37. — Für Beginn und Dauer der Verjährungsfrist (s. § 67) ist jedoch die Tat in jener rechtlichen Qualifikation maßgebend, die nach Ansicht des erkennenden Gerichts vorliegt; nicht die der Handlung des Richters zugrunde liegende Beurteilung ist ausschlaggebend. So kann z. B. die Handlung des Richters auf der Annahme gewerbs- und gewohnheitsmäßiger Begehung (s. § 73 Anm. 1) eines Delikts beruhen und somit alle das Gesamtverbrechen bildenden Handlungen umfassen. Wenn jedoch im Urteil die Gewerbs- und Gewohnheitsmäßigkeit verneint wird, so ist diese Beurteilung der Handlung entscheidend. Bei einer solchen Divergenz der Qualifikationen kann demnach eine Unterbrechung der Verjährung unter dem Gesichtswinkel der Richterhandlung vorliegen, während sie infolge der Urteilsqualifikation hinfällig wird (im obigen Fall z. B. für die weiter zurückliegenden Einzelhandlungen). Vgl. RG. **38** 426.

[3] Nicht im technischen Sinne. Umfaßt auch die Teilnehmer. — Der Name des „Täters" braucht nicht bekannt zu sein. Dagegen muß die richterliche Handlung auf eine bestimmte Person (s. auch Abs. 2), gegen welche sich eben der Verdacht der Tat richtet, hinzielen: RG. **6** 212. So unterbricht der Gerichtsbeschluß vorläufiger Einstellung des Verfahrens wegen Abwesenheit des Angeklagten: RG. **21** 308.

[4] Bei Mittätern rücksichtlich aller, wenn die Handlung primär auch nur einen Mittäter betrifft, nach der Sachlage aber die Ver-

folgung der anderen erkennbar mit bezweckt: RG. 36 350. Vgl. auch RG. 13 57 a. E.

[5] Mit dem Tage der Unterbrechung selbst: RG. 13 57.

Ruhen der Verjährung.

69. Die Verjährung ruht während der Zeit, in welcher auf Grund gesetzlicher Vorschrift die Strafverfolgung[1] nicht begonnen oder nicht fortgesetzt werden kann.[2] Ist der Beginn oder die Fortsetzung eines Strafverfahrens von einer Vorfrage abhängig, deren Entscheidung in einem anderen Verfahren erfolgen muß,[3] so ruht die Verjährung bis zu dessen Beendigung.[4]

Ist zur Strafverfolgung ein Antrag oder eine Ermächtigung nach dem Strafgesetz erforderlich, so wird der Lauf der Verjährung durch den Mangel des Antrages oder der Ermächtigung nicht gehindert.

[1] Nicht nur einzelne Verfolgungshandlungen (Frank).

[2] Vgl. z. B. Art. 31 RV. Auch wenn die Genehmigung zur Strafverfolgung gar nicht nachgesucht worden ist: RG. 33 410. — Ist das Strafverfahren aber vor dieser Zeit begonnen, so kann es fortgesetzt werden, bis der Reichstag Aufhebung verlangt: RG. 27 385. Somit ruht im letzteren Falle die Verjährung nicht.

[3] Obligatorisch. Vgl. § 164 Abs. 2, §§ 170, 171 Abs. 3, §§ 172, 191 (185—187, 189, 190), 238 (236, 237).

[4] Nur für denjenigen, für den ein solcher Hinderungsgrund besteht. — Nur im inländischen Rechte begründete Hindernisse der Strafverfolgung bewirken ein Ruhen der Verjährung: RG. 40 402.

Strafvollstreckungsverjährung.

70. Die Vollstreckung rechtskräftig erkannter Strafen[1] verjährt, wenn

1. auf Tod oder auf lebenslängliches Zuchthaus oder auf lebenslängliche Festungshaft erkannt ist,[2] in dreißig Jahren;

2. auf Zuchthaus oder Festungshaft von mehr als zehn Jahren erkannt ist, in zwanzig Jahren;
3. auf Zuchthaus bis zu zehn Jahren oder auf Festungshaft von fünf bis zu zehn Jahren oder Gefängnis von mehr als fünf Jahren erkannt ist, in fünfzehn Jahren;
4. auf Festungshaft oder Gefängnis von zwei[3] bis zu fünf Jahren oder auf Geldstrafe von mehr als sechstausend Mark erkannt ist, in zehn Jahren;
5. auf Festungshaft oder Gefängnis bis zu zwei Jahren oder auf Geldstrafe von mehr als einhundertfünfzig bis zu sechstausend Mark erkannt ist, in fünf Jahren;
6. auf Haft oder auf Geldstrafe bis zu einhundertfünfzig Mark erkannt ist, in zwei Jahren.[4]

Die Verjährung beginnt mit dem Tage, an welchem das Urteil rechtskräftig geworden ist.[5]

[1] Zugleich mit den Strafen verjähren die Nebenstrafen. Ausnahmen s. in den §§ 36 (Aberkennung der bürgerlichen Ehrenrechte) und 38 (Polizeiaufsicht). — Die Gesamtstrafe verjährt einheitlich. Herrschende Ansicht. — Über die Buße vgl. § 66 Anm. 4.

[2] Die im Einzelfall verwirkte Strafe ist entscheidend.

[3] D. h. von mehr als zwei ... Vgl. Ziff. 5.

[4] Hierher gehört der vom Gesetzgeber vergessene Verweis.

[5] Vgl. hierzu StPO. § 450. Analoges gilt für Strafbescheid und Strafverfügung. Vgl. § 68 Anm. 1.

71. Die Vollstreckung einer wegen derselben Handlung neben einer Freiheitsstrafe erkannten Geldstrafe verjährt nicht früher, als die Vollstreckung der Freiheitsstrafe.

Unterbrechung der Vollstreckungsverjährung.

72. Jede auf Vollstreckung der Strafe gerichtete Handlung derjenigen Behörde, welcher die Vollstreckung

obliegt,[1] sowie die zum Zwecke der Vollstreckung erfolgende Festnahme des Verurteilten unterbricht die Verjährung.

Nach der Unterbrechung der Vollstreckung der Strafe beginnt eine neue Verjährung.[2]

[1] Vgl. StPO. § 483. [2] Vgl. § 68 Anm. 5.

Fünfter Abschnitt.
Zusammentreffen mehrerer strafbarer Handlungen.

v. Bar III 523; Finger 365, 538; v. Liszt 236, 286; Meyer 254, 364.

Idealkonkurrenz.

73. Wenn eine und dieselbe Handlung[1] mehrere[2] Strafgesetze verletzt,[3] so kommt nur[4] dasjenige Gesetz, welches die schwerste Strafe,[5] und bei ungleichen Strafarten dasjenige Gesetz, welches die schwerste Strafart[6] androht, zur Anwendung.[7,8,9]

[1] Im natürlichen Sinn; doch kann eine Mehrheit von Willensbetätigungen als Handlungseinheit im natürlichen Sinn oder eine Mehrheit von Handlungen als Verbrechenseinheit im Rechtssinn erscheinen. — So: 1. Handlungseinheit: wegen Einheit des Erfolges: das Dauerdelikt [ununterbrochene Verwirklichung und Aufrechterhaltung eines verbrecherischen Tatbestandes] und das Zustandsverbrechen [mit der Verwirklichung des verbrecherischen Tatbestandes tritt ein Zustand ein, der selbständig weiterdauert.] 2. Verbrechenseinheit: a) Wegen Einheit des Vorsatzes (nicht des Entschlusses: RG. **45** 71), Gleichartigkeit der Begehungsform und Einheit des angegriffenen Rechtsgutes: das fortgesetzte Verbrechen [unterbrochene, stoßweise fortgesetzte Verwirklichung ein und desselben deliktischen Tatbestandes]. So: RG. **22** 235; **23** 300; zuletzt **41** 98; **43** 134; **44** 223. In der Theorie wird vielfach auch hier Handlungs-

einheit angenommen. — b) Wegen Einheit der Lebensrichtung, aus der die Mehrheit der Handlungen hervorgeht: das Kollektivdelikt. Dazu gehören das gewerbsmäßige (wiederholt als Einnahmequelle beabsichtigte): RG. **12** 388; das geschäftsmäßige (wiederholt unter Aufwendung von geschäftsgemäßer Mühe begangene, nicht als Einnahmequelle beabsichtigte); und das gewohnheitsmäßige (aus einem durch wiederholte Begehung erworbenen, dauernden Hang entsprungene) Verbrechen: RG. **32** 394. Vgl. auch **25** 266. Auch in der Form des fortgesetzten Delikts möglich: RG. **34** 310. — In allen Fällen genügt bei Vorliegen der sonstigen Voraussetzungen eine strafbare Handlung, aus der die obige Absicht oder der Hang ersichtlich ist: RG. **12** 388.

[2] Sog. ungleichartige Idealkonkurrenz. Für die gleichartige Idealkonkurrenz (eine Handlung, mehrere gleichartige Erfolge, ein verletztes Gesetz) fordert die herrschende Lehre analoge Anwendung des § 73: RG. **2** 255. Ausnahmen von dieser Regel s. bei Frank § 73 III 3a, b. A. A.: v. Liszt, Meyer.

[3] In der Theorie treten zwei verschiedene Auffassungen hervor, von denen die eine in der Idealkonkurrenz eine Verbrechenskonkurrenz [Herrschende Ansicht. Einheit der Handlung, Mehrheit der Verbrechen], die andere eine Konkurrenz mehrerer in Betracht kommender Gesetze sieht: Gesetzeskonkurrenz, auch: scheinbare Verbrechenskonkurrenz. (So: besonders v. Liszt.) Der Ausdruck Gesetzeskonkurrenz im Sinne der herrschenden Lehre — v. Liszt braucht hier den Terminus: scheinbare Gesetzeskonkurrenz — wird für die Fälle der unechten Idealkonkurrenz angewendet: Scheinbar sind mehrere Gesetze verletzt, eines umfaßt aber die strafbare Handlung nach allen Richtungen und kommt daher allein zur Anwendung. Solche Fälle liegen vor bei Spezialität (lex specialis derogat legi generali): RG. **12** 223 a. Anf.; bei Subsidiarität (lex primaria derogat legi subsidiariae); bei Konsumtion (das größere Quantum deliktischer Handlung konsumiert das geringere): RG. **33** 401; **44** 208 [vielfach wird auch für diese Fälle z. T. der Ausdruck Subsidiarität gebraucht:

Frank; v. Liszt § 52 IV]. Von Konsumtion spricht man auch in den Fällen, da eine (vorangehende) verbrecherische Handlung begrifflich oder dem gewöhnlichen Hergange nach als das Mittel zur Begehung eines anderen Verbrechens erscheint und in jenen, in denen eine neue deliktische Handlung lediglich als Verwirklichung einer bei dem vorausgegangenen Verbrechen schon gegebenen Absicht erscheint. Im ersteren Falle wird die erste deliktische (Mittels-) Handlung, im zweiten die letztere (Verwirklichungs-) Handlung konsumiert (aufgezehrt). Vgl. einerseits: RG. **40** 430; andererseits: RG. **43** 60 (65) u. § 242 Anm. 8. Alternativität liegt vor, wenn zwei Verbrechenstatbestände sich ihren widerstreitenden Begriffsmerkmalen nach gegenseitig ausschließen.

[4] Exklusivität des strengsten Gesetzes. — Im Urteilstenor sind jedoch die einzelnen Delikte ausdrücklich festzustellen: RG. **27** 86. Wichtig für eventuellen Rückfall infolge Verletzung des [gemäß der Exklusivität nicht angewandten] milderen Gesetzes: RG. **18** 193 und die herrschende Meinung; neuerdings auch v. Liszt. Vgl. Anm. 7 unten.

[5] Das Maß der Strafe entscheidet sich zunächst nach der angedrohten Hauptstrafe. Primär entscheidet das höchste Maximum, ohne Beachtung des Minimums: R. **7** 256; RG. **24** 58. Geht die Strafe des strengeren Gesetzes in ihrem Minimum unter das Minimum des milderen Gesetzes, so ist dieses letztere Minimum nach § 73 in keiner Weise maßgebend: RG. **8** 84; **24** 58; **39** 155. Die Nebenstrafen sind erst dann zu beachten, wenn die Vergleichung der Hauptstrafen zu keinem Ergebnis führt: RG. **46** 268. Bedenklich RG. **13** 399 (bei Vergleichung der Strafen der §§ 223 und 289 erscheint die letztere als die schwerere) und weiterhin RG. **32** 439. Davon abweichend R. **9** 747.

[6] Die Strafarten stufen sich gemäß § 21 ab: Todesstrafe, Zuchthaus, Gefängnis, Festungshaft, Haft, Geldstrafe, Verweis.

[7] Absorptionsprinzip (poena maior absorbet minorem). Nebenstrafen sind folglich nur auszusprechen, wenn sie neben dem strengeren Gesetz zugelassen sind: RG. **10** 206. Nebenfolgen,

die jedoch nicht als Strafen erscheinen, können neben dem strengeren Gesetz erkannt werden, auch wenn sie nur im milderen Gesetz angedroht sind: RG. **12** 223; **46** 132.

[8] In prozessualer Hinsicht ist darauf hinzuweisen, daß die Einheit der Handlung usf. (s. oben Anm. 1) zu einer Konsumtion der Strafklage für alle in dieser Einheit enthaltenen Teilhandlungen führt (non bis in idem). Vgl. über Idealkonkurrenz: RG. **3** 385; **25** 27; über das Kollektivdelikt: RG. **7** 32; **23** 7; **24** 243; **28** 283; **33** 11; über das fortgesetzte Delikt: RG. **26** 162; **28** 97; **35** 1. [9] Über Verjährung vgl. § 67 Anm. 7.

Realkonkurrenz.

74.[1] Gegen denjenigen, welcher durch mehrere selbständige[2] Handlungen[3] mehrere Verbrechen oder Vergehen[4] oder dasselbe Verbrechen oder Vergehen[5] mehrmals[4] begangen und dadurch mehrere zeitige Freiheitsstrafen[6] verwirkt hat,[7] ist auf eine Gesamtstrafe[8] zu erkennen, welche in einer Erhöhung[9] der verwirkten schwersten[10] Strafe[11] besteht.[12]

Bei dem Zusammentreffen ungleichartiger Freiheitsstrafen tritt diese Erhöhung bei der ihrer Art nach schwersten Strafe ein.

Das Maß der Gesamtstrafe darf den Betrag der verwirkten Einzelstrafen nicht erreichen und fünfzehnjähriges Zuchthaus, zehnjähriges Gefängnis oder fünfzehnjährige Festungshaft nicht übersteigen.[13]

[1] Vgl. § 79.

[2] Diese Selbständigkeit fehlt bei dem fortgesetzten Delikt für jene, die darin Handlungseinheit sehen. Siehe § 73 Anm. 1.

[3] Demnach ist erforderlich eine Mehrheit von natürlichen Tätigkeitsakten: RG. **21** 63; **34** 134. Siehe § 73 Anm. 1. — Die Handlungen sind gleichartig (Wiederholung) oder ungleichartig (Häufung).

[4] Diese Mehrheit fehlt beim fortgesetzten Delikt und bei den Kollektivdelikten. Siehe § 73 Anm. 1.

[5] Nicht Übertretungen. [6] Vgl. § 78 Anm. 2.

[7] Nicht Todesstrafe, Geldstrafe (s. § 78) und Verweis, für welche das Kumulationsprinzip gilt. Bezüglich Haft vgl. § 77, wegen der Ehrenstrafe § 76.

[8] Nur aus Einzelstrafen so zu bilden, daß für jede selbständige Handlung die Einzelstrafe ausgeworfen und sodann die schwerste Strafe (Einsatzstrafe) unter Berücksichtigung des Abs. 3 angemessen erhöht wird. Vgl. RG. **4** 53; **44** 302 und unten Anm. 9 — Die Einzelstrafe darf nicht unter ihren gesetzlichen Mindestbetrag hinabgehen (R. **1** 102), jedoch ist bei Umwandlung von Gefängnis in Zuchthaus eine Zuchthausstrafe unter einem Monat zulässig. Vgl. § 19 Anm. 3. — Das Urteil braucht eine ausdrückliche Vornahme der Umwandlung der milderen Einzelstrafen in die schwerere Strafart nicht zu enthalten. Doch muß das Maß der Gesamtstrafe klarstellen, daß der Betrag der Einzelstrafen (die daher in den Urteilsgründen ersichtlich zu machen: RG. **2** 235) nicht erreicht ist (s. Abs. 3): RG. **36** 88.

[9] Zusatzstrafe (Frank). Der Ausdruck wird besonders im Fall des § 79 gebraucht. — Der angedrohte Mindestbetrag der schwersten Strafe muß also immer überschritten werden. Die Erhöhung ist jedoch ausgeschlossen, wenn die geringere Einzelstrafe nur einen Tag Gefängnis beträgt: RG. **30** 141. Vgl. hierzu oben Anm. 8 und Abs. 2

[10] Bei Freiheitsstrafen gleicher Art entscheidet die Dauer. Bezüglich ungleichartiger Strafen vgl. Abs. 2

[11] Einsatzstrafe. [12] Asperationsprinzip.

[13] Vgl. § 79 Anm. 3.

75. Trifft Festungshaft nur mit Gefängnis zusammen, so ist auf jede dieser Strafarten gesondert zu erkennen.

Ist Festungshaft oder Gefängnis mehrfach verwirkt, so ist hinsichtlich der mehreren Strafen gleicher Art so zu verfahren, als wenn dieselben allein verwirkt wären.

Die Gesamtdauer der Strafen darf in diesen Fällen[1] fünfzehn Jahre nicht übersteigen.

[1] Bezieht sich auf Abs. 1 und 2.

76. Die Verurteilung zu einer Gesamtstrafe schließt die Aberkennung der bürgerlichen Ehrenrechte nicht aus, wenn diese auch nur neben einer der verwirkten Einzelstrafen zulässig oder geboten ist.[1]

Ingleichen kann neben der Gesamtstrafe auf Zulässigkeit von Polizeiaufsicht erkannt werden, wenn dieses auch nur wegen einer der mehreren strafbaren Handlungen statthaft ist.[2]

[1] Doch sind diese neben der Gesamtstrafe, nicht neben den Einzelstrafen zu erkennen: RG. **36** 88. Vgl. § 32 Anm. 2.

[2] Maßgebend ist auch hier die Zulässigkeit neben einer der erkannten Einzelstrafen, wie in Abs. 1: RG. **38** 353. Vgl. § 45 Anm. 3.

77. Trifft Haft mit einer anderen Freiheitsstrafe zusammen, so ist auf die erstere gesondert zu erkennen.

Auf eine mehrfach verwirkte Haft ist ihrem Gesamtbetrage nach, jedoch nicht über die Dauer von drei Monaten[1] zu erkennen.

[1] Vgl. § 18. — § 77 gilt auch bei den Vergehen der §§ 140 Ziff. 2, 185, 186.

78. Auf Geldstrafen, welche wegen mehrerer strafbarer Handlungen allein oder neben einer Freiheitsstrafe verwirkt sind, ist ihrem vollen Betrage nach zu erkennen.

Bei Umwandlung mehrerer Geldstrafen[1] ist der Höchstbetrag der an die Stelle derselben tretenden Freiheitsstrafe zwei Jahre Gefängnis und, wenn die mehreren Geldstrafen nur wegen Übertretungen erkannt worden sind, drei Monate Haft.[2]

[1] Nicht die „Gesamt"geldstrafe darf einheitlich in Freiheitsstrafe umgewandelt werden, sondern an Stelle jeder einzelnen Geldstrafe ist gesondert für den Fall ihrer Uneinbringlichkeit eine Freiheitsstrafe zu setzen: RG. **38** 1.

[2] Substituierte Freiheitsstrafen sind nicht in eine Gesamtstrafe umzuwandeln, sondern insgesamt höchstens auf 2 Jahre Gefängnis oder 3 Monate Haft festzusetzen: RG. **4** 367.

79.[1] Die Vorschriften der §§ 74 bis 78 finden auch Anwendung, wenn, bevor eine erkannte Strafe verbüßt,[2] verjährt oder erlassen ist, die Verurteilung wegen einer strafbaren Handlung erfolgt, welche vor[3] der früheren Verurteilung[4] begangen war.[5]

[1] Vgl. StPO. §§ 492, 494 und Beschluß des Bundesrats v. 11. 6. 1885, betr. Grundsätze für die Vollstreckung der auf Grund des § 79 von Gerichten verschiedener Bundesstaaten gebildeten Gesamtstrafe (ZBl. S. 270; JMBl. 1885 S. 309 und 1900 S. 431). — Über die Bildung dieser Gesamtstrafe nach § 79 vgl. allgem. RG. **44** 302; **46** 179.

[2] Sind (früher) erkannte Strafen in Verbüßung begriffen, so kann die frühere Strafe in Wegfall kommen und eine Gesamtstrafe unter Anrechnung des verbüßten Teils der Strafe ausgesprochen werden: R. **8** 3.

[3] Treffen Handlungen, die v o r einer früheren Verurteilung begangen sind, mit mehreren n a c h h e r begangenen zusammen, so sind zwei Gesamtstrafen zu bilden (gemäß §§ 74 und 79), von denen j e d e event. bis zu 15 Jahren Zuchthaus betragen darf (vgl. § 74 Abs. 3): RG. **4** 53.

[4] D. h. vor dem Zeitpunkt der Verkündung, nicht etwa: der Rechtskraft des früheren Urteils: RG. **3** 213. — § 79 findet auch Anwendung, wenn die strafbare Handlung vor

mehreren früheren Einzelverurteilungen begangen war, für welche die gebotene Gesamtstrafe nicht gebildet worden ist. Hier kann das zuletzt erkennende Gericht auf Grund der früheren und der neuen Entscheidungen eine Gesamtstrafe bilden; §§ 492, 494 StPO. stehen dem nicht entgegen: RG. **15** 29.

[5] Der Vorbehalt der Bildung der Gesamtstrafe durch eine nachträgliche Entscheidung gemäß § 492 StPO. ist bei einer späteren Verurteilung zulässig, wenn das frühere Urteil noch nicht rechtskräftig geworden ist: RG. **5** 1. (Vgl. auch RG. **34** 267; **37** 284.) Es kann aber die Strafe auch sofort festgesetzt werden, jedoch sowohl für den Fall, daß das erste Urteil rechtskräftig werden sollte, wie für den Fall seiner Abänderung: R. **4** 102.

Zweiter Teil.

Von den einzelnen Verbrechen, Vergehen und Übertretungen und deren Bestrafung.

Erster Abschnitt.

Hochverrat und Landesverrat.

Binding II 416; v. Liszt 546; Meyer 623.

Hochverrat.

80.[1] (RG. bzw. SchwG.) Der Mord[2] und der Versuch[3] des Mordes, welche an dem Kaiser, an dem eigenen[4] Landesherrn, oder während des Aufenthalts in einem Bundesstaate an dem Landesherrn dieses Staats verübt worden sind, werden als Hochverrat mit dem Tode bestraft.

[1] Vgl. § 4 Ziff. 1 und § 93.

[2] Siehe § 211 und ebenda auch Anm. 3.

[3] Auf die Beihilfe zu diesem als delictum sui generis bestraften „Versuch" findet § 49 Abs. 2 entsprechende Anwendung:

RG. 12 64. Dagegen: v. Liszt. — Rücktritt von diesem Versuche ist möglich. So: z. B. Frank. A. A.: Finger, v. Liszt.

[4] Deutschen. Vgl. § 102. — Der Regent ist nicht geschützt.

Hochverräterisches Unternehmen.

81.[1] (RG. bzw. SchwG.) Wer außer den Fällen des § 80 es unternimmt,[2]

1.[3] einen Bundesfürsten[4] zu töten,[5] gefangen zu nehmen, in Feindes Gewalt zu liefern oder zur Regierung unfähig zu machen,

2. die Verfassung[6] des Deutschen Reichs oder eines Bundesstaats oder die in demselben bestehende Thronfolge gewaltsam[7] zu ändern,

3. das Bundesgebiet ganz oder teilweise einem fremden Staate gewaltsam[8] einzuverleiben oder einen Teil desselben vom Ganzen loszureißen,[9] oder

4. das Gebiet eines Bundesstaats ganz oder teilweise einem anderen Bundesstaate gewaltsam einzuverleiben oder einen Teil desselben vom Ganzen loszureißen,

wird wegen Hochverrats mit lebenslänglichem Zuchthaus oder lebenslänglicher Festungshaft bestraft.[10]

Sind mildernde Umstände vorhanden, so tritt Festungshaft nicht unter fünf Jahren ein.

Neben der Festungshaft kann auf Verlust der bekleideten öffentlichen Ämter, sowie der aus öffentlichen Wahlen hervorgegangenen Rechte erkannt werden.

[1] Vgl. § 4 Ziff. 1 und § 93. [2] Vgl. § 82.

[3] Hierzu enthält § 80 den qualifizierten Fall.

[4] Alle deutschen Landesherren.

[5] Umfaßt jede vorsätzliche Tötung.

[6] Die fundamentalen Staatseinrichtungen im allgemeinen, nicht nur die durch die Verfassungsurkunde garantierten Rechte. (Vgl. Frank.) So RG. **41** 138.

[7] Es genügen Drohungen mit Gewalt. Bestritten. Dafür: Frank, Meyer. Dagegen: v. Liszt.

[8] Etwa durch Krieg: RG. **16** 165. Vgl. oben Anm. 7.

[9] Ziel: Begründung eines selbständigen Staatswesens.

[10] Hierzu vgl. § 20 und EG. § 4 nebst Anm.

Begriff des Unternehmens nach § 81.

82. Als ein Unternehmen,[1] durch welches das Verbrechen des Hochverrats vollendet wird, ist jede Handlung anzusehen, durch welche das Vorhaben unmittelbar zur Ausführung gebracht werden soll.

[1] Weiter als Versuch; umschließt auch die unmittelbar an das Versuchsgebiet angrenzenden Vorbereitungshandlungen. (Vgl. aber § 105 Anm. 1.) So: v. Liszt, Frank. A. A. Binding: Unternehmen = Vollendung und Versuch; Meyer: Unternehmen enger als Versuch.

Hochverräterisches Komplott.

83.[1] (RG. bzw. SchwG.) Haben mehrere[2] die Ausführung eines hochverräterischen Unternehmens verabredet, ohne daß es zum Beginn einer nach § 82 strafbaren Handlung gekommen ist, so werden dieselben mit Zuchthaus nicht unter fünf Jahren oder mit Festungshaft von gleicher Dauer bestraft.[3]

Sind mildernde Umstände vorhanden, so tritt Festungshaft nicht unter zwei Jahren ein.

Neben der Festungshaft kann auf Verlust der bekleideten öffentlichen Ämter, sowie der aus öffentlichen Wahlen hervorgegangenen Rechte erkannt werden.

[1] Vgl. § 4 Ziff. 1 und § 93.

[2] Zahl gleichgültig; mindestens zwei. [3] Vgl. § 20.

Hochverräterische Konspiration.

84.[1] (RG. bzw. SchwG.) Die Strafvorschriften des § 83 finden auch gegen denjenigen Anwendung, welcher zur Vorbereitung eines Hochverrats entweder sich mit einer auswärtigen[2] Regierung einläßt[3] oder die ihm von dem Reich oder einem Bundesstaate anvertraute Macht[4] mißbraucht oder Mannschaften anwirbt oder in den Waffen[5] einübt.

[1] Vgl. § 4 Ziff. 1 und § 93.

[2] Kann auch die Regierung eines Bundesstaates sein. So: die herrschende Meinung.

[3] Einleitung von beiderseitigen Verhandlungen genügt.

[4] Amtliche oder dienstliche Gewalt, nicht notwendig die militärische Macht.

[5] Im techn. Sinn: RG. **18** 367. Alle zum Angriffe und zur Verteidigung dienenden und zur Beibringung von Verletzungen geeigneten Werkzeuge: RG. **1** 443.

Aufforderung zum Hochverrat.

85.[1] (RG. bzw. SchwG.) Wer öffentlich[2] vor[3] einer Menschenmenge[4] oder wer durch Verbreitung[5] oder öffentlichen Anschlag oder öffentliche Ausstellung von Schriften oder anderen Darstellungen zur Ausführung einer nach § 82[6] strafbaren Handlung[7] auffordert,[8] wird mit Zuchthaus bis zu zehn Jahren oder Festungshaft von gleicher Dauer bestraft.[9,10]

Sind mildernde Umstände vorhanden, so tritt Festungshaft von einem bis zu fünf Jahren ein.

[1] Vgl. § 4 Ziff. 1.

[2] Von einem größeren (nach Art und Zahl der Personen nicht bestimmten) Personenkreis wahrnehmbar. Die Öffentlichkeit kann auch vorliegen, wenn der Kreis durch Beruf oder bestimmte Interessen begrenzt ist, soweit er nicht durch persönliche Beziehungen

zusammengehalten wird: RG. **21** 254; **22** 241; vgl. auch RG. **31** 413; **42** 112; **44** 133. Nicht identisch mit: an öffentlichem Ort. Vgl. hierzu RG. **35** 159, weiterhin RG. **38** 207.

[3] Die Aufforderung braucht nicht an die Menge oder an einzelne der Anwesenden gerichtet zu sein: RG. **5** 60.

[4] Eine Mehrheit von Personen. Sicher mehr als zwei. Doch ist dem Begriffe Menschenmenge weder die Eigenschaft des Ungeordneten (dafür v. Liszt), noch eine ungemessene, unbestimmte Vielheit von Individuen, noch der Umstand wesentlich, daß es zur Bestimmung der Personenzahl einer nicht ganz unerheblichen Zeit bedarf (hierfür: Frank.): RG. **9** 143 und bes. **40** 76.

[5] Einem größeren, wenn auch geschlossenen Personenkreis, nicht notwendig jedermann, — oder einem einzelnen, welcher die weitere Zirkulation herbeiführen soll, in Verbreitungsabsicht zugänglich machen: RG. **7** 113. Vgl. auch RG. **36** 330. Daher ist Versendung einer Schrift durch die Post bereits Verbreitung, wenn nicht die Absicht vorliegt, daß nur der Adressat sie lese: RG. **16** 245.

[6] Nicht: nach § 80.

[7] D. h. also: zu einem bestimmten Unternehmen ist aufzufordern. Vgl. RG. **41** 138. — § 85 enthält somit einen qualifizierten Fall des § 111. — Sonst würde § 110 anwendbar sein.

[8] Vgl. § 110 Anm. 10.

[9] Vgl. § 20.

[10] Wegen Beschlagnahme von Drucksachen vgl. § 23 Ziff. 3 PreßG.

Weitere hochverräterische Vorbereitungshandlungen.

86.[1] (RG. bzw. SchwG.) Jede andere, ein hochverräterisches Unternehmen vorbereitende[2] Handlung wird mit Zuchthaus bis zu drei Jahren oder Festungshaft von gleicher Dauer bestraft.[3]

Sind mildernde Umstände vorhanden, so tritt Festungshaft von sechs Monaten bis zu drei Jahren ein.

[1] Vgl. § 4 Ziff. 1.

[2] Umfaßt auch die entfernteste Vorbereitungshandlung, falls sie sich auf ein bestimmtes hochverräterisches Unternehmen bezieht: RG. **5** 60; **16** 165; **41** 138.

[3] Vgl. § 20.

Landesverräterische Konspiration.

87.[1] (RG.) Ein Deutscher, welcher sich mit einer ausländischen[2] Regierung einläßt,[3] um dieselbe zu einem Kriege gegen das Deutsche Reich zu veranlassen, wird wegen Landesverrats mit Zuchthaus nicht unter fünf Jahren und, wenn der Krieg ausgebrochen ist,[4] mit lebenslänglichem Zuchthaus bestraft.

Sind mildernde Umstände vorhanden, so tritt Festungshaft von sechs Monaten bis zu fünf Jahren und, wenn der Krieg ausgebrochen ist, Festungshaft nicht unter fünf Jahren ein.

Neben der Festungshaft kann auf Verlust der bekleideten öffentlichen Ämter, sowie der aus öffentlichen Wahlen hervorgegangenen Rechte erkannt werden.

[1] Vgl. § 4 Ziff. 2, §§ 91, 93. [2] Vgl. § 8.

[3] Vgl. § 84 Anm. 3.

[4] Bestritten ist die Frage, ob zwischen dem Verhalten des Täters und dem Kriegsausbruch Kausalzusammenhang vorliegen muß.

Landesverräterische Waffenhilfe.

88.[1] (RG.) Ein Deutscher, welcher während eines gegen das Deutsche Reich ausgebrochenen Krieges in der feindlichen Kriegsmacht Dienste nimmt oder die Waffen[2] gegen das Deutsche Reich oder dessen Bundesgenossen trägt,[3] wird wegen Landesverrats mit lebenslänglichem Zuchthaus oder lebenslänglicher Festungshaft bestraft.[4]

Sind mildernde Umstände vorhanden, so tritt Festungshaft nicht unter fünf Jahren ein.

Ein Deutscher, welcher schon früher in fremden Kriegsdiensten stand, wird, wenn er nach Ausbruch des Krieges in der feindlichen Kriegsmacht verbleibt oder die Waffen[2] gegen das Deutsche Reich oder dessen Bundesgenossen trägt[3], wegen Landesverrats mit Zuchthaus von zwei bis zu zehn Jahren oder mit Festungshaft von gleicher Dauer bestraft[4]. Sind mildernde Umstände vorhanden, so tritt Festungshaft bis zu zehn Jahren ein.

Neben der Festungshaft kann auf Verlust der bekleideten öffentlichen Ämter, sowie der aus öffentlichen Wahlen hervorgegangenen Rechte erkannt werden.

[1] Vgl. § 4 Ziff. 2 und § 93.

[2] Im techn. Sinn. Vgl. § 84 Anm. 5.

[3] Waffentragen = Mitsichführen der Waffe zu dem Zwecke, dieselbe gegebenenfalls bestimmungsgemäß zu verwenden: RG. 18 367. [4] Vgl. § 20 und zu Abs. 1 auch EG. § 4 nebst Anm.

Landesverräterische Begünstigung.

89.[1] (RG.) Ein Deutscher, welcher vorsätzlich[2] während eines gegen das Deutsche Reich ausgebrochenen Krieges einer feindlichen Macht[3] Vorschub leistet oder der Kriegsmacht des Deutschen Reichs oder der Bundesgenossen desselben Nachteil zufügt, wird wegen Landesverrats mit Zuchthaus bis zu zehn Jahren oder mit Festungshaft von gleicher Dauer bestraft.[4] Sind mildernde Umstände vorhanden, so tritt Festungshaft bis zu zehn Jahren ein.

Neben der Festungshaft kann auf Verlust der bekleideten öffentlichen Ämter, sowie der aus öffentlichen Wahlen hervorgegangenen Rechte erkannt werden.

[1] Vgl. § 4 Ziff. 2, §§ 91 und 93.

[2] Absicht (animus hostilis) nicht erforderlich.

[3] Nicht Kriegsmacht wie in § 88; also gleich „feindlicher Staat". [4] Vgl. § 20.

Qualifizierte landesverräter. Begünstigung.

90.[1] (RG.) Lebenslängliche Zuchthausstrafe tritt im Falle des § 89 ein, wenn der Täter

1. Festungen, Pässe, besetzte Plätze oder andere Verteidigungsposten, imgleichen Teile oder Angehörige der deutschen oder einer verbündeten Kriegsmacht in feindliche Gewalt bringt;
2. Festungswerke, Schiffe oder Fahrzeuge der Kriegsmarine, öffentliche Gelder, Vorräte von Waffen,[2] Schießbedarf oder anderen Kriegsbedürfnissen, sowie Brücken, Eisenbahnen, Telegraphen und Transportmittel in feindliche Gewalt bringt oder zum Vorteile des Feindes zerstört oder unbrauchbar macht;
3. dem Feinde Mannschaften zuführt oder Angehörige der deutschen oder einer verbündeten Kriegsmacht verleitet, zum Feinde überzugehen;
4. Operationspläne oder Pläne von Festungen oder festen Stellungen dem Feinde mitteilt;
5. dem Feinde als Spion[3] dient oder feindliche Spione aufnimmt, verbirgt oder ihnen Beistand leistet, oder
6. einen Aufstand unter Angehörigen der deutschen oder einer verbündeten Kriegsmacht erregt.

In minder schweren Fällen kann auf Zuchthaus nicht unter zehn Jahren erkannt werden.

Sind mildernde Umstände vorhanden, so tritt Festungshaft nicht unter fünf Jahren ein.

Neben der Festungshaft kann auf Verlust der bekleideten öffentlichen Ämter, sowie der aus öffentlichen Wahlen hervorgegangenen Rechte erkannt werden.

[1] Vgl. § 4 Ziff. 2, §§ 91, 93 und EG. § 4 nebst Anm.

[2] Vgl. § 84 Anm. 5.

[3] Jemand, der ohne die Abzeichen des Kombattanten in dem Operationsgebiete des einen Kriegführenden Nachrichten ausspäht, um sie dem anderen mitzuteilen (v. Liszt).

91.[1] Gegen Ausländer[2] ist wegen der in den §§ 87, 89, 90 bezeichneten Handlungen nach dem Kriegsgebrauche zu verfahren.[3]

(RG.) Begehen sie aber solche Handlungen, während sie unter dem Schutze[4] des Deutschen Reichs oder eines Bundesstaats sich innerhalb des Bundesgebietes aufhalten, so kommen die in den §§ 87, 89 und 90 bestimmten Strafen zur Anwendung.

[1] Vgl. § 93. [2] Vgl. § 8.

[3] Hält er sich dabei auf dem Kriegsschauplatze auf, so finden Anwendung die §§ 57, 160 MStGB. Abs. 1 ist daher wohl gegenstandslos.

[4] Bei Aufenthalt oder Wohnsitz im Inland, als Kriegsgefangener oder Parlamentär; nicht: als Angehöriger der fremden Kriegsmacht.

Diplomatischer Landesverrat.

92.[1] (RG. bzw. SchwG.) Wer[2] vorsätzlich

1. Staatsgeheimnisse[3] oder Festungspläne, oder solche Urkunden,[4] Aktenstücke oder Nachrichten, von denen er weiß, daß ihre Geheimhaltung[5] einer anderen Regierung gegenüber für das Wohl des Deutschen Reichs oder eines Bundesstaats erforderlich ist, dieser Regierung mitteilt oder öffentlich bekanntmacht;
2. zur Gefährdung der Rechte des Deutschen Reichs oder eines Bundesstaats im Verhältnis zu einer anderen Regierung die über solche Rechte sprechenden Urkunden[4] oder Beweismittel vernichtet, verfälscht[6] oder unterdrückt,[7] oder
3. ein ihm von seiten des Deutschen Reichs oder von einem Bundesstaate aufgetragenes Staatsgeschäft mit einer andern Regierung zum Nachteil dessen führt, der ihm den Auftrag erteilt hat,

wird mit Zuchthaus nicht unter zwei Jahren bestraft.

Sind mildernde Umstände vorhanden, so tritt Festungshaft nicht unter sechs Monaten ein.

[1] Vgl. § 4 Ziff. 2 und § 93.

[2] Im Inland: der Deutsche oder Ausländer; im Ausland nur der Deutsche, vgl. § 4 Ziff. 2.

[3] Auch militärische. Soweit danach das Gesetz gegen den Verrat militärischer Geheimnisse Anwendung findet, fällt § 92 als lex generalis außer Betracht. [4] Siehe § 267 Anm. 4.

[5] Nur möglich, falls die Nachricht usw. der anderen Regierung nicht bekannt ist. Belanglos ist der Umstand, daß sie im Inland nicht geheim ist: RG. **10** 420.

[6] Siehe § 267 Anm. 7. [7] Siehe § 274 Anm. 8.

Vermögensbeschlagnahme.

93. Wenn in den Fällen der §§ 80, 81, 83, 84, 87 bis 92 die Untersuchung eröffnet wird, so kann bis zu deren rechtskräftigen Beendigung das Vermögen, welches der Angeschuldigte besitzt, oder welches ihm später anfällt, mit Beschlag belegt werden.[1]

[1] Vgl. StPO. §§ 333ff., 480.

Zweiter Abschnitt.

Beleidigung des Landesherrn.

Binding I 166; v. Liszt 561; Meyer 632.

Die Bestimmungen des 2. und 3. Abschnittes sind abgeändert durch das

Gesetz, betreffend die Bestrafung der Majestätsbeleidigung. Vom 17. Februar 1908.

Für die Verfolgung und Bestrafung der in den §§ 95, 97, 99, 101 des Strafgesetzbuchs bezeichneten Vergehen gelten nachstehende Vorschriften:

Die Beleidigung ist nur dann auf Grund der §§ 95, 97, 99, 101 strafbar, wenn sie in der Absicht der Ehrverletzung,[1] böswillig[2] und mit Überlegung[3] begangen wird. Sind in den Fällen der §§ 95, 97, 99 mildernde Umstände vorhanden, so kann die Gefängnisstrafe oder die Festungshaft bis auf eine Woche ermäßigt werden.

Im Falle des § 95 kann neben der Gefängnisstrafe auf Verlust der bekleideten öffentlichen Ämter[4] erkannt werden.

Die Verfolgung verjährt in sechs Monaten.

Ist die Strafbarkeit nach Abs. 2 ausgeschlossen, so finden die Vorschriften des vierzehnten Abschnitts des Strafgesetzbuchs Anwendung.

[1] Vgl. § 59 Anm. 4. Hier: animus injuriandi.

[2] Aus Behagen am Erfolg (v. Liszt, Meyer); aus einer feindseligen Gesinnung heraus (Frank).

[3] Wie zu § 211. Muß bei der Ausführung vorliegen.

[4] Vgl. § 31 Anm. 2 u. 3. — Nicht der aus öffentlichen Wahlen hervorgegangenen Rechte.

Tätlichkeiten gegen Kaiser und Landesherrn.

94.[1] (SchwG.) Wer einer Tätlichkeit[2] gegen den Kaiser, gegen seinen Landesherrn[3] oder während seines Aufenthalts in einem Bundesstaate einer Tätlichkeit[2] gegen den Landesherrn[3] dieses Staats sich schuldig macht, wird mit lebenslänglichem Zuchthaus oder lebenslänglicher Festungshaft, in minder schweren Fällen[4] mit Zuchthaus nicht unter fünf Jahren oder mit Festungshaft von gleicher Dauer bestraft.[5] Neben der Festungshaft kann auf Verlust der bekleideten öffentlichen Ämter, sowie der aus öffentlichen Wahlen hervorgegangenen Rechte erkannt werden.[6]

Sind mildernde Umstände vorhanden, so tritt Festungshaft nicht unter fünf Jahren ein.

[1] Vgl. § 4 Ziff. 2.

[2] Körperlicher Angriff, insbes. Körperverletzung, auch ohne Beleidigungsvorsatz.

[3] In Elsaß-Lothringen ist der Kaiser nicht Landesherr im Sinne des § 94: RG. **10** 312; **17** 334.

[4] Strafzumessungsgrund, daher keine Frage an die Geschworenen.

[5] Vgl. § 20. [6] § 233 hier unanwendbar.

Majestätsbeleidigung.

95.[1] (StrK.) Wer den Kaiser, seinen Landesherrn[2] oder während seines Aufenthalts in einem Bundesstaate dessen Landesherrn[2] beleidigt,[3] wird mit Gefängnis nicht unter zwei Monaten oder mit Festungshaft von zwei Monaten bis zu fünf Jahren bestraft.[4]

Neben der Gefängnisstrafe kann auf Verlust der bekleideten öffentlichen Ämter (sowie der aus öffentlichen Wahlen hervorgegangenen Rechte)[5] erkannt werden.[6]

[1] Vgl. § 4 Ziff. 2 und PreßG. § 23 Ziff. 3.

[2] Vgl. § 94 Anm. 3.

[3] Beleidigung ist zunächst, wie in § 185, Ausdruck der Mißachtung (Kränkung der persönlichen Ehre: RG. **32** 236), doch ist der Maßstab aus der Stellung des Monarchen zu entnehmen: RG. **23** 347. Ehrfurchtsverletzung genügt nicht: RG. **40** 416. — Beleidigung umfaßt die Fälle der §§ 185, 186, 187. Durch das G. v. 17. Febr. 1908 (oben S. 120) ist jedoch der subjektive Tatbestand bei der Majestätsbeleidigung usw. wesentlich eingeengt worden. Hierdurch u. durch die Vorschrift des Abs. 5 des Ges. v. 17. Febr. 1908 wird das Verhältnis der Majestätsbeleidigung u. der gewöhnlichen Beleidigung (Abschn. XIV) geregelt. — Beweis der Wahrheit (§ 192) unzulässig nach RG. 2 213. § 193 findet nicht Anwendung: RG. **5** 46; **18** 382. Abw. RG. **8** 338. Diese Entscheidungen liegen allerdings schon vor dem Ges. von 1908. A. A. in beiden Punkten auch nach dem Ges. v. 1908: Frank, v. Liszt, Meyer, da es sich hierbei um die Anwendung

allgemeiner Strafrechtsprinzipien handele. — Nicht anwendbar sind §§ 188, 194, 199.

[4] Nach dem G. v. 17. Febr. 1908 (oben S. 120) kann bei Vorliegen mildernder Umstände die Gefängnisstrafe oder die Festungshaft bis auf eine Woche ermäßigt werden.

[5] Die eingeklammerten Worte sind gestrichen durch G. v. 17. Febr. 1908.

[6] Verfolgungsverjährung in 6 Monaten nach G. v. 17. Febr. 1908.

Tätlichkeiten gegen Mitglieder landesherrlicher Häuser oder Regenten.

96. (SchwG.) Wer einer Tätlichkeit[1] gegen ein Mitglied des landesherrlichen Hauses[2] seines Staats oder gegen den Regenten seines Staats oder während seines Aufenthalts in einem Bundesstaate einer Tätlichkeit gegen ein Mitglied des landesherrlichen Hauses[2] dieses Staats oder gegen den Regenten dieses Staats sich schuldig macht, wird mit Zuchthaus nicht unter fünf Jahren oder mit Festungshaft von gleicher Dauer,[3] in minder schweren Fällen[4] mit Zuchthaus bis zu fünf Jahren oder mit Festungshaft von gleicher Dauer bestraft.[3]

Sind mildernde Umstände vorhanden, so tritt Festungshaft von einem bis zu fünf Jahren ein.

[1] Vgl. § 94 Anm. 2.

[2] Vgl. § 94 Anm. 3. — „Mitglied" nach den Hausgesetzen zu bestimmen; vgl. RG. **41** 177. Der Landesherr oder Regent eines außerdeutschen Staates gehört nicht mehr zur Familie (RG. 22 141), während die Mitgliedschaft durch Übernahme der Regentschaft in einem deutschen Bundesstaate nicht verloren geht: RG. **23** 239. — Nichtkenntnis der Eigenschaft Tatumstand im Sinne des § 59: RG. **22** 141.

[3] Vgl. § 20. [4] Vgl. § 94 Anm. 4.

Beleidigung von Mitgliedern landesherrlicher Häuser oder Regenten.

97. (StrK.) Wer ein Mitglied des landesherrlichen Hauses[1] seines Staats oder den Regenten seines Staats oder während seines Aufenthalts in einem Bundesstaate ein Mitglied des landesherrlichen Hauses[1] dieses Staats oder den Regenten dieses Staats beleidigt,[2] wird mit Gefängnis von einem Monat bis zu drei Jahren oder mit Festungshaft von gleicher Dauer bestraft.[3,4]

[1] Vgl. § 96 Anm. 2. [2] Vgl. § 95 Anm. 3.

[3] Nach dem G. v. 17. Febr. 1908 (oben S. 120) kann bei Vorliegen mildernder Umstände die Gefängnisstrafe oder die Festungshaft bis auf eine Woche ermäßigt werden.

[4] Verfolgungsverjährung in 6 Monaten nach G. v. 17. Febr. 1908.

Dritter Abschnitt.

Beleidigung von Bundesfürsten.

Binding I 166; v. Liszt 561; Meyer 632.

Tätlichkeiten gegen Bundesfürsten.

98.[1] (SchwG.) Wer außer dem Falle des § 94 sich einer Tätlichkeit[2] gegen einen Bundesfürsten schuldig macht, wird mit Zuchthaus von zwei bis zu zehn Jahren oder mit Festungshaft von gleicher Dauer bestraft.[3]

Sind mildernde Umstände vorhanden, so tritt Festungshaft von sechs Monaten bis zu zehn Jahren ein.

[1] Vgl. § 4 Ziff. 2. [2] Vgl. § 94 Anm. 2.

[3] Vgl. § 20.

Beleidigung von Bundesfürsten.

99.[1] (StrK.) Wer außer dem Falle des § 95 einen Bundesfürsten beleidigt,[2] wird mit Gefängnis von einem

Monat bis zu drei Jahren oder mit Festungshaft von gleicher Dauer bestraft.[3]

Die Verfolgung tritt nur mit Ermächtigung[4] des Beleidigten ein.[5]

[1] Vgl. § 4 Ziff. 2. [2] Vgl. § 95 Anm. 3.

[3] Nach dem G. v. 17. Febr. 1908 (oben S. 120) kann bei Vorliegen mildernder Umstände die Gefängnisstrafe oder die Festungshaft bis auf eine Woche ermäßigt werden.

[4] Die Grundsätze über Strafantrag gelten an sich nicht auch für die Ermächtigung. Ermächtigung an keine Form oder Frist gebunden: RG. **18** 382. Ermächtigung kann nicht zurückgenommen werden: RG. **33** 66.

[5] Verfolgungsverjährung in 6 Monaten nach G. v. 17. Febr. 1908.

Tätlichkeiten gegen Mitglieder bundesfürstlicher Häuser oder Regenten.

100. (SchwG.) Wer außer dem Falle des § 96 sich einer Tätlichkeit[1] gegen ein Mitglied eines bundesfürstlichen Hauses[2] oder den Regenten eines Bundesstaats schuldig macht, wird mit Zuchthaus bis zu fünf Jahren oder mit Festungshaft von gleicher Dauer bestraft.[3]

Sind mildernde Umstände vorhanden, so tritt Festungshaft von einem Monat bis zu drei Jahren ein.

[1] Vgl. § 94 Anm. 2. [2] Vgl. § 96 Anm. 2.

[3] Vgl. § 20.

Beleidigung von Regenten.

101. (StrK.) Wer außer dem Falle des § 97 den Regenten eines Bundesstaats beleidigt,[1] wird mit Gefängnis von einer Woche bis zu zwei Jahren oder mit Festungshaft von gleicher Dauer bestraft.

Die Verfolgung tritt nur mit Ermächtigung[2] des Beleidigten ein.[3]

[1] Vgl. § 95 Anm. 3. [2] Vgl. § 99 Anm. 4.

[3] Verfolgungsverjährung in 6 Monaten nach G. v. 17. Febr. 1908.

Vierter Abschnitt.

Feindliche Handlungen gegen befreundete Staaten.

Binding II 497 und I 169, bes. 174; v. Liszt 566; Meyer 628, 635, 650, 622.

Hochverräterische Handlungen.

102. (SchwG.) Ein Deutscher, welcher im Inlande oder Auslande,[1] oder ein Ausländer, welcher während seines Aufenthalts im Inlande gegen einen nicht zum Deutschen Reich gehörenden Staat oder dessen Landesherrn eine Handlung vornimmt, die, wenn er sie gegen einen Bundesstaat oder einen Bundesfürsten begangen hätte, nach Vorschrift der §§ 81 bis 86 zu bestrafen sein würde, wird in den Fällen der §§ 81 bis 84 mit Festungshaft von einem bis zu zehn Jahren oder, wenn mildernde Umstände vorhanden sind, mit Festungshaft von sechs Monaten bis zu zehn Jahren, in den Fällen der §§ 85 und 86 (StrK.) mit Festungshaft von einem Monat bis zu drei Jahren bestraft, sofern in dem anderen Staate dem Deutschen Reich die Gegenseitigkeit[2] verbürgt ist.

Die Verfolgung tritt nur auf Antrag der auswärtigen[3] Regierung[4] ein. Die Zurücknahme des Antrages ist zulässig.

[1] Ausnahme von § 4.

[2] Diese ist vom Richter festzustellen: R. 3 457.

[3] D. h. ausländischen. Vgl. § 8. [4] Vgl. § 4 Anm. 9.

Beleidigung ausländischer Landesherren oder Regenten.

103. (StrK.) Wer sich gegen den Landesherrn oder den Regenten eines nicht zum Deutschen Reich gehörenden Staats einer Beleidigung[1] schuldig macht, wird mit Gefängnis von einer Woche bis zu zwei Jahren oder mit Festungshaft von gleicher Dauer bestraft, sofern in diesem Staate dem Deutschen Reich die Gegenseitigkeit[2] verbürgt ist.

Die Verfolgung tritt nur auf Antrag der auswärtigen[3] Regierung[4] ein. Die Zurücknahme des Antrages ist zulässig.

[1] Tätliche oder nicht tätliche; nichtbeleidigende Tätlichkeit genügt nicht. — Vgl. auch § 95 Anm. 3 a. A. Das Ges. v. 17. Febr. 1908 findet hier jedoch keine Anwendung.

[2] Vgl. § 102 Anm. 2.

[3] Vgl. § 102 Anm. 3. [4] Vgl. § 4 Anm. 9.

Angriffe auf Hoheitszeichen.

103a. (StrK.) Wer ein öffentliches[1] Zeichen der Autorität eines nicht zum Deutschen Reich gehörenden Staats oder ein Hoheitszeichen eines solchen Staats böswillig[2] wegnimmt,[3] zerstört[4] oder beschädigt[4] oder beschimpfenden Unfug[5] daran verübt, wird mit Geldstrafe bis zu sechshundert Mark oder mit Gefängnis bis zu zwei Jahren bestraft.

[1] Auf obrigkeitliche Anordnung (des ausländischen Staates) angebracht (Frank). Vgl. § 135.

[2] Vgl. oben S. 121 Anm. 2.

[3] Vgl. § 242 Anm. 5. [4] Vgl. § 303 Anm. 5 und 6.

[5] Vgl. § 166 Anm. 13.

Beleidigung von Gesandten und Geschäftsträgern.

104. (StrK.) Wer sich gegen einen bei dem Reich, einem bundesfürstlichen Hofe oder bei dem Senate einer der freien Hansestädte beglaubigten Gesandten oder Geschäftsträger einer Beleidigung[1] schuldig macht, wird mit Gefängnis bis zu einem Jahre oder mit Festungshaft von gleicher Dauer bestraft.

Die Verfolgung tritt nur auf Antrag des Beleidigten[2] ein.[3] Die Zurücknahme des Antrages ist zulässig.

[1] Vgl. § 103 Anm. 1 a. A. [2] Persönlich.

[3] Streitig, ob Privatklage möglich. Vgl. dafür v. Liszt S. 568 Anm. 3.

Fünfter Abschnitt.

Verbrechen und Vergehen in Beziehung auf die Ausübung staatsbürgerlicher Rechte.

Binding II 816; v. Liszt 564; Meyer 635.

Sprengung gesetzgebender Versammlungen.

105. (SchwG.) Wer es unternimmt,[1] den Senat oder die Bürgerschaft einer der freien Hansestädte, eine gesetzgebende Versammlung des Reichs[2] oder eines Bundesstaats[3] auseinanderzusprengen, zur Fassung oder Unterlassung von Beschlüssen zu nötigen oder Mitglieder aus ihnen gewaltsam zu entfernen, wird mit Zuchthaus nicht unter fünf Jahren oder mit Festungshaft von gleicher Dauer bestraft.[4]

Sind mildernde Umstände vorhanden, so tritt Festungshaft nicht unter einem Jahre ein.

[1] Abweichend von § 82 auch die entfernteste Vorbereitungshandlung umfassend: RG. 8 354. So z. B.: v. Liszt. Abweichend z. B. Frank: Unternehmen umfasse nur den planmäßig vorbereiteten und mit Überlegung ausgeführten Versuch, und Binding: Unternehmen mit Versuch übereinstimmend. — Je nach der prinzipiellen Auffassung des Unternehmens wird ein Versuch und

Rücktritt von diesem angenommen werden können oder nicht. — Neuerdings fixiert das RG. seinen Standpunkt dahin, daß das Unternehmen nur Versuchshandlungen und die vollendete Ausführung umfasse, keineswegs aber Vorbereitungshandlungen: RG. 42 266.

[2] Bundesrat (RG. 7 382) oder Reichstag.

[3] Die Kammern der Einzelstaaten und von Elsaß-Lothringen, Senate und Bürgerschaften der freien Hansestädte.

[4] Vgl. § 20.

Hinderung von Parlamentsmitgliedern.

106.[1] (SchwG.) Wer ein Mitglied einer der vorbezeichneten Versammlungen durch Gewalt[2] oder durch Bedrohung[3] mit einer strafbaren Handlung verhindert, sich an den Ort der Versammlung zu begeben oder zu stimmen, wird mit Zuchthaus bis zu fünf Jahren oder mit Festungshaft von gleicher Dauer bestraft.[4]

Sind mildernde Umstände vorhanden, so tritt Festungshaft bis zu zwei Jahren ein.

[1] Vgl. § 339 Abs. 3. [2] Vgl. § 52 Anm. 3.

[3] Vgl. dazu § 48 Anm. 4. [4] Vgl. § 20.

Hinderung Wahlberechtigter.

107.[1] (StrK.) Wer einen Deutschen durch Gewalt[2] oder durch Bedrohung[3] mit einer strafbaren Handlung verhindert,[4] in Ausübung seiner staatsbürgerlichen Rechte[5] zu wählen oder zu stimmen, wird mit Gefängnis nicht unter sechs Monaten oder mit Festungshaft bis zu fünf Jahren bestraft.

Der Versuch ist strafbar.

[1] Vgl. § 339 Abs. 3. [2] Vgl. § 52 Anm. 3.

[3] Vgl. § 48 Anm. 4.

[4] Die Nötigung zur Wahlausübung gehört nicht hierher (So: v. Liszt, Frank. A. A.: Binding), wohl aber die Nötigung

zur Ausübung nach einer anderen als der dem Willen des Genötigten entsprechenden Richtung. So: v. Liszt, Meyer, R. 4 266. A. A.: Frank.

[5] Entsprechend: in öffentlichen Angelegenheiten (vgl. §§ 108, 109), d. h. in Angelegenheiten des Staates, der Provinzen, Kreise und Gemeinden. So: herrschende Meinung, RG. 7 223. A. A.: Frank. — Vgl. § 108 Anm. 1.

Wahlfälschung.

108. (StrK.) Wer in einer öffentlichen Angelegenheit[1] mit der Sammlung von Wahl- oder Stimmzetteln oder -zeichen oder mit der Führung der Beurkundungsverhandlung beauftragt, ein unrichtiges Ergebnis[2] der Wahlhandlung[3] vorsätzlich herbeiführt oder das Ergebnis verfälscht,[4] wird mit Gefängnis von einer Woche bis zu drei Jahren bestraft.

Wird die Handlung von jemand begangen, welcher nicht mit der Sammlung der Zettel oder Zeichen oder einer anderen Verrichtung bei dem Wahlgeschäfte beauftragt ist, so tritt Gefängnisstrafe bis zu zwei Jahren ein.

Auch kann auf Verlust der bürgerlichen Ehrenrechte erkannt werden.

[1] Vgl. § 107 Anm. 5. Neuerdings sieht das RG. hierin einen weiteren Begriff als in § 107. Demnach umfasse der Begriff: Angelegenheiten des Staates, staatlicher Körperschaften und öffentlichrechtlicher Genossenschaften und Verbände, insoweit der öffentliche Zweck in Frage steht: RG. **41** 121, bes. 128 f. (Bestellung der Vertretungsorgane von Ortskrankenkassen.)

[2] (Richtiges) Ergebnis der Wahlhandlung ist der auf gesetzmäßige Weise erklärte und auf ordnungsgemäße Weise ermittelte und festgestellte Wille der Wähler. — Ein unrichtiges (gefälschtes) Ergebnis wird herbeigeführt, wenn unzulässige Wahl-

materialien benutzt werden, die tatsächliche Ausübung der Wahl dem Gesetze nicht entspricht: RG. **37** 233, 297. So bei: Mehrfacher Stimmabgabe derselben Person unter Benutzung eines fremden Namens: R. **7** 168; Stimmabgabe durch einen nicht zur Wahl Berechtigten: RG. **10** 60; Ausübung des Wahlrechtes an mehreren Orten (infolge Aufnahme in mehrere Wählerlisten): RG. **37** 233, 297, 380 gegen RG. **21** 414.

[3] Nicht das Endergebnis der Wahl, etwa in bezug auf die Person des Gewählten, sondern der eigentliche Wahlakt. Das Ergebnis liegt also vor, sobald die Wahlausübung vollendet ist: RG. **20** 420.

[4] Das Ergebnis wird verfälscht, indem der auf gesetzmäßige Weise erklärte Wille nicht ordnungsgemäß ermittelt oder festgestellt wird: RG. **20** 420.

Wahlbestechung (Stimmenkauf).

109. (StrK.) Wer in einer öffentlichen Angelegenheit[1] eine Wahlstimme kauft[2] oder verkauft,[3,4] wird mit Gefängnis von einem Monat bis zu zwei Jahren bestraft; auch kann auf Verlust der bürgerlichen Ehrenrechte erkannt werden.

[1] Vgl. § 107 Anm. 5; § 108 Anm. 1.

[2] Nach dem Sprachgebrauch des Lebens. Danach ist notwendig: Willenseinigung: RG. **17** 296. Mit dieser ist das Delikt vollendet. Dabei ist gleichgültig, ob der Stimmberechtigte auch ohne den „Kauf" so gestimmt hätte: RG. **9** 197. — Käufer kann jeder sein, nicht etwa nur der Wahlkandidat. — Der Kaufpreis kann auch zugunsten eines Dritten, nicht für den Verkäufer, ausbedungen werden: RG. **47** 71.

[3] Vgl. Anm. 2. — Verkäufer kann nur der Stimmberechtigte sein.

[4] Jeder für die Wahlstimme gewährte Vorteil genügt; z. B. Ersatz der Reisekosten: Vgl. RG. **11** 218, **47** 71.

Sechster Abschnitt.

Widerstand gegen die Staatsgewalt.

Binding 838, 749, 583; v. Liszt 580, 569; Meyer 646, 672, 639, Nachtrag 11.

Nach RG. 8 53 erstreckt sich Abschn. VI auch auf Widerstand gegen ausländische Behörden und Beamte im Ausland, falls im Ausland entsprechende Strafvorschriften bestehen (§ 4 Ziff. 3). Dagegen: Binding, Frank, v. Liszt; dafür: Meyer.

Aufforderung zum Ungehorsam gegen Gesetze.

110.[1] (StrK.) Wer öffentlich[2] vor[3] einer Menschenmenge,[4] oder wer durch Verbreitung[5] oder öffentlichen Anschlag oder öffentliche Ausstellung von Schriften oder anderen Darstellungen zum Ungehorsam gegen Gesetze[6] oder rechtsgültige Verordnungen[7] oder gegen die von der Obrigkeit[8] innerhalb ihrer Zuständigkeit getroffenen Anordnungen[9] auffordert,[10] wird mit Geldstrafe bis zu sechshundert Mark oder mit Gefängnis bis zu zwei Jahren bestraft.

[1] Vgl. §§ 85, 111. [2] Vgl. § 85 Anm. 2.
[3] Vgl. § 85 Anm. 3. [4] Vgl. § 85 Anm. 4.
[5] Vgl. § 85 Anm. 5.

[6] Gegen „Gesetze schlechthin und überhaupt, ihre Autorität und bindende Kraft"; die Aufforderung zu einer bestimmten einzelnen strafbaren Handlung reicht nicht aus: RG. 20 63; 20 150; 22 185; **24** 189. — Auch Zivilgesetze fallen hierunter: RG. **21** 299. Dagegen: Frank, v. Liszt, Meyer. Im Ergebnis wie das RG.: Binding. — Die Rechtsgültigkeit gehörig verkündeter preußischer Gesetze haben die Gerichte nicht zu prüfen: RG. **36** 417.

[7] Nach Form und Inhalt rechtsgültig: RG. **34** 121 (126); vgl. Anm. 9.

[8] Zu selbständiger Ausübung der Staatsgewalt] in einem gewissen Umfange befugte Organe (der Staatsgewalt), die

zum Erlasse allgemein verpflichtender Vorschriften berufen sind: R. 6 605.

[9] Für einen einzelnen Fall oder generell getroffene Verfügungen; vgl. RG. 8 321. Dagegen nach Frank begrifflich nur konkreten (so auch im wesentlichen RG. 10 296), nach Olshausen nur generellen Inhalts (so RG. 21 192). Vgl. auch RG. 40 55; 40 251. Daß die Befolgung der Anordnung rechtlich erzwingbar sei, ist ihrem Begriffe nicht wesentlich: RG. 2 281.

[10] Als Aufforderung erscheint die Kundgebung einer Ansicht an andere mit dem Zwecke, deren Willen zu einem Handeln oder Unterlassen hervorzurufen: RG. 9 71. Kenntnisnahme von der Aufforderung nicht erforderlich: RG. 5 60. A. A.: Frank. Vgl. auch § 49a Anm. 3. — Dabei erscheint der Irrtum über die Zuständigkeit als unwesentlich: RG. 12 6. A. A.: Binding, Frank, v. Liszt. Ebenso ist einflußlos ein Irrtum über die anordnende Behörde, die Zeit der Anordnung: RG. 40 55 und (als Irrtum über ein Strafgesetz) der Irrtum, daß Gesetze im Sinne des § 110 nicht bloß gehörig bekanntgemachte und daher verbindliche, sondern auch rechtsgültig zustande gekommene Gesetze seien: RG. 36 417.

Aufforderung zur Begehung strafbarer Handlungen.

111.[1] (SchwG. bzw. StrK. bzw. SchG.) Wer auf die vorbezeichnete Weise zur Begehung einer strafbaren Handlung[2] auffordert,[3] ist gleich dem Anstifter zu bestrafen, wenn die Aufforderung die strafbare Handlung oder einen strafbaren Versuch derselben zur Folge gehabt hat.

(StrK.) Ist die Aufforderung ohne Erfolg geblieben, so tritt Geldstrafe bis zu sechshundert Mark oder Gefängnisstrafe bis zu einem Jahre ein. (StrK. bzw. SchG.) Die Strafe darf jedoch, der Art oder dem Maße nach, keine schwerere sein, als die auf die Handlung[4] selbst angedrohte.

[1] Vgl. §§ 49a, 85, 110 und PreßG. § 23 Ziff. 3.

[2] Und zwar zu einer konkreten strafbaren Handlung: RG. 39 387; — nach inländischen Gesetzen, wenn auch nur nach Landesrecht: RG. 12 161; 23 172.

[3] Vgl. § 110 Anm. 10. [4] Zu der aufgefordert wurde.

Aufreizung von Heeresangehörigen.

112.[1] (StrK.) Wer eine Person des Soldatenstandes,[2] es sei des Deutschen Heeres oder der Kaiserlichen Marine, auffordert[3] oder anreizt,[4] dem Befehle des Oberen nicht Gehorsam zu leisten, wer insbesondere eine Person, welche zum Beurlaubtenstande[5] gehört, auffordert[3] oder anreizt,[4] der Einberufung zum Dienste nicht zu folgen, wird mit Gefängnis bis zu zwei Jahren bestraft.

[1] Vgl. § 99 MStGB. (Gegen Soldaten als Täter.)

[2] Die Personen des aktiven Heeres und der aktiven Marine, wie diejenigen Personen des deutschen Heeres und der Marine, welche dem Beurlaubtenstande angehören: RG. 23 81; 26 314. Der zum Dienst einberufene, wenn auch noch nicht eingestellte Reservist, ist vom Einberufungstage ab Person des Soldatenstandes: RG. 23 82. Vgl. auch RMG. § 38 B Ziff. 1 und die Anlage zum MStGB.: Verzeichnis der zum Deutschen Heer und zur Kaiserlichen Marine gehörenden Militärpersonen. A.

[3] Vgl. § 49a Anm. 3 und § 110 Anm. 10 a. A.

[4] Setzt nicht die Bestimmung des andern voraus. Sie besteht in der Einwirkung auf die Leidenschaften des Angereizten. Anreizung z. B.: die Mitteilung einer beleidigenden Äußerung mit dem Bewußtsein, daß sie zum Delikt führen muß. Vgl. RG. 18 239.

[5] Siehe diesbezüglich auch RMG. § 56; G., betr. Änderung der Wehrpflicht v. 11. Febr. 1888 §§ 11, 20, 26, 33.

Widerstand gegen Vollstreckungsbeamte.

113. (StrK. bzw. SchG.) Wer einem Beamten,[1] welcher zur Vollstreckung[2] von Gesetzen, von Befehlen und Anordnungen der Verwaltungsbehörden oder von Urteilen und Verfügungen der Gerichte berufen ist, in[3] der rechtmäßigen Ausübung[4] seines Amtes durch Gewalt[5] oder durch Bedrohung mit Gewalt Widerstand leistet, oder wer einen solchen Beamten während der rechtmäßigen Ausübung seines Amtes tätlich angreift,[6] wird mit Gefängnis von vierzehn Tagen bis zu zwei Jahren bestraft.

Sind mildernde Umstände vorhanden, so tritt Gefängnisstrafe bis zu einem Jahre oder Geldstrafe bis zu eintausend Mark ein.

Dieselben Strafvorschriften treten ein,[7] wenn die Handlung gegen Personen, welche zur Unterstützung des Beamten zugezogen waren, oder gegen Mannschaften der bewaffneten Macht,[8] oder gegen Mannschaften einer Gemeinde-, Schutz- oder Bürgerwehr in Ausübung des Dienstes begangen wird.[9]

[1] Vgl. § 359. — Als Vollstreckungsbeamter erscheint jeder Beamte, der im konkreten Falle, wo ihm Widerstand geleistet wird, durch sein Amt zur Vollstreckung des Staatswillens berufen ist. So auch z. B. Volksschullehrer: RG. **35** 182; **41** 82 und Amtsdiener (im Bereich der Preuß. Kreisordnung): RG. **35** 210.

[2] Weiter als Zwangsvollstreckung; enger als Vollziehung. Nach RG. **41** 82 (88): Vornahme eines staatshoheitlichen Aktes, und zwar die seitens eines Beamten kraft seines Amtes erfolgende, nötigenfalls mit Zwang durchzusetzende Verwirklichung des nach Umfang und Inhalt durch Gesetz oder in den durch § 113 bezeichneten sonstigen Formen genau bestimmten und begrenzten Staatswillens gegenüber Personen oder Sachen.

[3] Die Amtshandlung muß begonnen sein: RG. **4** 374; **14** 259; **20** 35.

[4] Dabei ist vorausgesetzt: a) Zuständigkeit; b) Beobachtung der wesentlichen Formvorschriften (nicht auch instruktioneller Vor-

schriften): RG. **17** 122; c) daß die Handlung, wenn sie dem Ermessen anheimgestellt ist, bei pflichtgemäßer Berücksichtigung der dem Beamten im Augenblicke vorliegenden Umstände geboten erscheint. Ein tatsächlicher Irrtum in dieser Hinsicht ist unerheblich: Vgl. RG. **24** 219; R. **6** 807; **10** 40. Vgl. auch RG. **35** 210. — Der nur die Befehle seines Vorgesetzten befolgende Vollzugsbeamte ist stets in rechtmäßiger Ausübung: RG. **2** 411. Einschränkend ist nach RG. **29** 200: Rechtmäßigkeit nur dann gegeben, wenn ein von der vorgesetzten Behörde innerhalb ihrer allgemeinen Zuständigkeit erteilter Befehl zur Ausführung gelangt. — Überschreitet der Beamte die Grenzen seiner Amtsfunktion, so ist die Amtsausübung nicht rechtmäßig: RG. **19** 69. Irrige Annahme der Rechtmäßigkeit von seiten des Beamten kann deren Mangel nicht ersetzen, wenn die falsche Annahme auf Rechtsirrtum beruht: So RG. **30** 348, Frank. Abweichend ganz allgemein: v. Liszt. — Hilfsbeamte der Staatsanwaltschaft sind im ganzen Bezirk der ihnen übergeordneten Staatsanwaltschaft (nicht bloß in ihrem speziellen Amtsbezirk) örtlich in rechtmäßiger Amtsausübung: RG. **38** 218. — Irriger Glaube des Täters, daß die Amtsausübung eine unrechtmäßige sei, schließt die Strafbarkeit des Widerstandes nicht aus: RG. **12** 6. A. A.: Binding, Frank, v. Liszt, Meyer. Ebensowenig die irrige Meinung, der Obrigkeit gegenüber zu Selbsthilfe oder Verteidigung berechtigt zu sein: RG. **22** 300. A. A.: herrschende Meinung.

[5] Nicht passiver Widerstand, sondern positive Kraftäußerung gegen den Beamten. Vgl. § 52 Anm. 3.

[6] Ausholen zum Schlag genügt: RG. **7** 301. Vgl. auch RG. **41** 181.

[7] Die Anwendung des § 113 Abs. 3 ist nicht durch die gleichzeitige Anwendung des § 113 Abs. 1 bedingt, sondern sie kann auch zulässig sein, wenn z. B. § 117 Anwendung findet: RG. **29** 310.

[8] Dazu gehören das Reichsheer, die Kaiserliche Marine, der Landsturm und die Kaiserlichen Schutztruppen: RG. **44** 204.

[9] Im Verhältnis zu § 114 ist § 113 das speziellere Gesetz, im Verhältnis von §§ 113, 117 ist § 117 das speziellere Gesetz: RG. **34** 113. Vgl. auch § 114 Anm. 7, § 116 Anm. 10, § 117 Anm. 8.

Beamtennötigung.

114. (StrK. bzw. SchG.) Wer es unternimmt,[1] durch Gewalt[2] oder Drohung[3] eine Behörde[4] oder einen Beamten[5] zur Vornahme oder Unterlassung einer Amtshandlung[6] zu nötigen, wird mit Gefängnis nicht unter drei Monaten bestraft.[7]

Sind mildernde Umstände vorhanden, so tritt Gefängnisstrafe bis zu zwei Jahren oder Geldstrafe bis zu zweitausend Mark[8] ein.

[1] Vgl. § 105 Anm. 1. [2] Vgl. § 52 Anm. 3.

[3] Vgl. § 48 Anm. 4. Subjektiv hier: Absicht der Furchterregung zwecks Nötigung: RG. **34** 206. — Die Drohung muß mit einer konkreten, wenn auch erst für die spätere Zukunft in Aussicht stehenden Amtshandlung in erkennbarem Zusammenhang stehen. Sie ist nicht auf das Inaussichtstellen rein persönlicher Nachteile für den Bedrohten beschränkt; auch Nachteile, welche das Wohl der Allgemeinheit betreffen, kommen in Betracht: RG. **46** 106.

[4] „Jedes auf gesetzlicher Grundlage in dauerndem, bestimmt geregeltem Bestande geschaffene, in das Gefüge der äußeren Verfassung des Staates als Bestandteil eingegliederte (mittelbare oder unmittelbare) Organ der Staatsgewalt, welches dazu berufen ist, unter öffentlicher Autorität nach eigenem Ermessen zur Herbeiführung der Zwecke des Staates tätig zu sein": RG. **40** 161. Der ideelle, dauernde Träger staatlicher Rechte und Pflichten: RG. **18** 246. — Vgl. auch RG. **47** 49, § 164 Anm. 1, § 196 Anm. 2.

[5] Siehe § 359.

[6] Diejenige Handlung eines Beamten, welche innerhalb seiner örtlichen und sachlichen Zuständigkeit gelegen und vermöge der-

selben (nicht auf Grund einer jedem Staatsbürger obliegenden Pflicht) vorzunehmen ist: RG. **18** 350.

[7] § 113 bildet im Verhältnis zu § 114 die lex specialis: RG. **20** 35. Vgl. § 113 Anm. 9. § 114 schließt die Anwendung von § 240 aus: RG. **31** 3; vgl. auch § 116 Anm. 10.

[8] Die gesperrt gedruckten Worte sind eingefügt durch Ges. v. 19. Juni 1912.

Aufruhr.

115. (StrK.) Wer an einer öffentlichen[1] Zusammenrottung,[2] bei welcher[3] eine der in den §§ 113 und 114 bezeichneten Handlungen mit vereinten Kräften[4] begangen wird, teilnimmt,[5] wird wegen Aufruhrs mit Gefängnis nicht unter sechs Monaten bestraft.[6]

(SchwG.) Die Rädelsführer,[7] sowie diejenigen Aufrührer, welche eine der in den §§ 113 und 114 bezeichneten Handlungen begehen, werden mit Zuchthaus bis zu zehn Jahren bestraft; auch kann auf Zulässigkeit von Polizeiaufsicht erkannt werden. Sind mildernde Umstände vorhanden, so tritt Gefängnisstrafe nicht unter sechs Monaten ein.

[1] Nicht schon, weil an einem öffentlichen Orte, sondern erst, wenn die Möglichkeit einer Beteiligung unbestimmt vieler Personen gegeben war: RG. **20** 298; vgl. § 85 Anm. 2.

[2] Räumliches Zusammenkommen und -wirken einer Anzahl (begrifflich schon von zwei: RG. **13** 17) Menschen zum Zwecke eines alsbaldigen, als rechtswidrig erkannten bedrohlichen Handelns: R. **8** 322.

[3] Gelegentlich derselben.

[4] Siehe § 122 Anm. 3.

[5] Vgl. § 125 Anm. 6.

[6] Idealkonkurrenz zwischen §§ 115 und 125 ist möglich: RG. **29** 11.

[7] Die Führer oder Leiter des Aufruhrs.

Auflauf.

116. (StrK. bzw. SchG.) Wird eine auf öffentlichen Wegen, Straßen oder Plätzen[1] versammelte Menschenmenge[2] von dem zuständigen Beamten[3] oder Befehlshaber der bewaffneten Macht[4] aufgefordert,[5] sich zu entfernen, so wird jeder der Versammelten, welcher nach der dritten Aufforderung[6] sich nicht entfernt, wegen Auflaufs mit Gefängnis bis zu drei Monaten oder mit Geldstrafe bis zu eintausendfünfhundert Mark bestraft.[7]

(StrK.; SchwG.) Ist bei einem Auflaufe gegen die Beamten oder die bewaffnete Macht[4] mit vereinten Kräften[8] tätlicher Widerstand geleistet oder Gewalt[9] verübt worden, so treten gegen diejenigen, welche an diesen Handlungen teilgenommen haben, die Strafen des Aufruhrs ein.[10]

[1] Öffentlich: wenn zur fraglichen Zeit tatsächlich allgemein zugänglich. Nicht im gewöhnlichen verwaltungsrechtlichen Sinne: RG. 21 13; 21 370. Also unter Umständen auch ein Privatgarten.

[2] Vgl. § 85 Anm. 4. [3] Siehe § 359.

[4] Vgl. § 113 Anm. 8.

[5] Aufforderung muß an die versammelte Menge gerichtet werden. — Vgl. § 110 Anm. 10 a. Anf.

[6] Zu dieser Zeit braucht eine „Menschenmenge" nicht mehr vorhanden zu sein, um den einzelnen Stehenbleibenden strafbar zu machen: RG. 12 426.

[7] Auch wenn die Kenntnis von der dreimaligen Aufforderung durch andere erlangt ist: RG. 21 154.

[8] Vgl. § 122 Anm. 3. [9] Vgl. § 52 Anm. 3.

[10] Abs. 2 kann mit §§ 113 oder 114 in Idealkonkurrenz stehen.

Forstwiderstand.

117.[1] (StrK. bzw. SchG.) Wer einem Forst- oder Jagdbeamten,[2] einem Waldeigentümer, Forst- oder Jagdberechtigten, oder einem von diesen bestellten Aufseher[3] in der rechtmäßigen Ausübung[4] seines Amtes oder Rechtes durch Gewalt oder durch Bedrohung mit Gewalt Widerstand leistet, oder wer eine dieser Personen während der Ausübung ihres Amtes oder Rechtes[5] tätlich angreift,[6] wird mit Gefängnis von vierzehn Tagen bis zu drei Jahren bestraft.[7, 8, 9]

(StrK.) Ist der Widerstand oder der Angriff unter Drohung mit Schießgewehr,[10] Äxten oder anderen gefährlichen Werkzeugen erfolgt, oder mit Gewalt an der Person[11] begangen worden, so tritt Gefängnisstrafe nicht unter drei Monaten ein.[12]

Sind mildernde Umstände vorhanden, so tritt in den Fällen des Absatz 1 Gefängnisstrafe bis zu einem Jahre, in den Fällen des Absatz 2 Gefängnisstrafe nicht unter einem Monat ein.

[1] Vgl. als Vorbild zu §§ 117—119 das Pr. G. v. 31. März 1837 über die Strafe der Widersetzlichkeiten bei Forst- und Jagdverbrechen. [2] Siehe § 359.

[3] Diese Bestellung setzt weder Beamteneigenschaft voraus, noch schafft sie solche notwendig: RG. **30** 393.

[4] Das ist Voraussetzung der Anwendbarkeit des § 117: RG. **24** 344. Vgl. auch § 113 Anm. 4. Abweichend von der zu § 110 im Hinblick auf Beamte vertretenen Ansicht (analog für § 117: RG. **3** 14) nimmt das RG. an, daß die Bestrafung wegen Widerstandes gegen Privatpersonen (z. B. Waldeigentümer) nur möglich ist bei Bewußtsein von der Rechtmäßigkeit der Amtsausübung: RG. **20** 156; **27** 70. Vgl. auch Anm. 5.

[5] Die Amtshandlung wird nicht nur im Forst oder in unmittelbarer Fortsetzung aus diesem in ein anderes Gebiet, sondern schlechthin geschützt, wenn sie von Forstbeamten in ihrer örtlichen und sachlichen Zuständigkeit geschieht (RG. **23** 357), auch wenn die Handlung kraft des allgemeinen Rechts der Festnahme aus § 127 StPO. und dabei zugleich, wie dem Widerstandleistenden bekannt, als Forstbeamter oder Waldeigentümer erfolgt: RG. **19** 101; **21** 10. [Vgl. hierzu § 114 Anm. 6.] Widerstand

auf dem Transport fällt z. B. unter § 117: R. 8 102; hinsichtlich Widerstand außerhalb des Forstes vgl. auch RG. 38 373. — Vornahme einer Haussuchung gehört zur forstamtlichen Tätigkeit nur bei unmittelbarer oder ununterbrochener Nacheile bis zum Hause oder falls der Forstbeamte Hilfsbeamter der Staatsanwaltschaft ist (vgl. unten Anm. 8). — Amtsausübung liegt nicht vor, wenn der Forstbeamte einem Waldarbeiter lediglich als Arbeitgeber gegenübersteht: RG. 5 413. — Der Privatwaldeigentümer oder dessen Beauftragte, denen keine polizeilichen Funktionen übertragen sind, sind nicht in rechtmäßiger Amtsausübung, wenn sie sich über die Voraussetzungen ihres Einschreitens geirrt haben: R. 5 377. [6] Vgl. § 113 Anm. 6.

[7] Recht zur Privatpfändung zum Schutze des Jagdrechts besteht nicht mehr: RG. 34 154. Für Preußen vgl. §§ 413ff., 417 I. 14 ALR. und Art. 89 PrAGBGB. — Der Jagdberechtigte oder sein Privatförster sind unter Umständen aus § 227 BGB. [nicht aus § 229 BGB.] befugt, dem unberechtigt Jagenden das Gewehr wegzunehmen: RG. 35 403; ebenso Jagdaufseher: RG. 46 348.

[8] Tritt ein Forstbeamter lediglich als Hilfsbeamter der Staatsanwaltschaft in Tätigkeit, so findet nur § 113 Anwendung: RG. 33 357. (Vgl. auch Anm. 5.) — Unter § 113 fällt auch der Widerstand gegen Forstbeamte bei Leitung von Forstkulturarbeiten seitens eines Dritten (nicht Arbeiters): R. 10 590. — § 117 erscheint gegenüber den §§ 113, 114 als lex specialis. (Vgl. § 113 Anm. 9.) — Bei Anwendung des § 113 oder 117 bleibt § 17 des Pr. Feld- und ForstpolizeiG. v. 1. April 1880 außer Betracht: RG. 38 69. [9] Vgl. § 231 Anm. 1.

[10] „Schießgewehr" — auch ungeladen: RG. 9 176 — muß das Bedrohungsmittel sein; lediglich mündliche Drohung ohne Gewehr genügt nicht: RG. 28 314.

[11] „Gewalt an der Person" nicht identisch mit Gewalt gegen die Person: RG. 16 172.

[12] Hinsichtlich der Bestrafung wegen Widerstands oder Angriffs gegen zur Unterstützung der Forstbeamten zugezogene Personen s. § 113 Anm. 7.

118.[1] (SchwG.) Ist durch den Widerstand oder den Angriff eine Körperverletzung[2] dessen, gegen welchen die Handlung begangen ist, verursacht worden, so ist auf Zuchthaus bis zu zehn Jahren zu erkennen.[3]

Sind mildernde Umstände vorhanden, so tritt Gefängnisstrafe nicht unter drei Monaten ein.

[1] § 118 bezieht sich nur auf § 117: RG. **23** 69.

[2] Im Sinne des § 223: RG. **11** 24; — dieselbe braucht jedoch nicht vorsätzlich zu sein, es muß nur ursächlicher Zusammenhang zwischen Widerstand und Körperverletzung bestehen. — Vgl. § 231 Anm. 1. [3] Vgl. § 117 Anm. 1.

119.[1] (StrK.; SchwG.) Wenn eine der in den §§ 117 und 118 bezeichneten Handlungen von Mehreren gemeinschaftlich begangen worden ist, so kann die Strafe bis um die Hälfte des angedrohten Höchstbetrages, die Gefängnisstrafe jedoch nicht über fünf Jahre erhöht werden.

[1] Vgl. § 117 Anm. 1.

Gefangenenbefreiung.

120. (StrK. bzw. SchG.) Wer einen Gefangenen[1] aus der Gefangenanstalt oder aus der Gewalt der bewaffneten Macht,[2] des Beamten[3] oder desjenigen, unter dessen Beaufsichtigung, Begleitung oder Bewachung[4] er sich befindet,[5] vorsätzlich befreit[6] oder ihm zur Selbstbefreiung[7] vorsätzlich behilflich ist[8], wird mit Gefängnis bis zu drei Jahren bestraft.

Der Versuch ist strafbar.

[1] Alle Personen, welchen in gesetzlich gebilligter Form aus Gründen des öffentlichen Interesses (durch ein Organ der Staatsgewalt, kraft obrigkeitlicher Autorität) die persönliche Freiheit entzogen ist und die sich infolgedessen tatsächlich in der Gewalt der zuständigen Behörde (oder Beamten) befinden: RG. **12** 162. Durch Festnahme seitens einer Privatperson wird jemand nicht

Gefangener, sondern erst mit der Übernahme durch den zuständigen Beamten: RG. **13** 254. Als Gefangene erscheinen z. B.: gemeingefährliche Geisteskranke, die von der Polizei in eine Irrenanstalt untergebracht sind: RG. **44** 171. Abweichend: Binding, v. Liszt, Meyer —; u. U. jugendliche Personen in einer Erziehungs- oder Besserungsanstalt, dazu RG. **15** 39. A. A.: Binding, v. Liszt, Meyer. Vgl. auch für Preußen: G. v. 2. Juli 1900 § 21 (Entziehung aus der Fürsorgeerziehung). — Fürsorgezöglinge, die der Anstalt zwangsweise zugeführt werden, sind Gefangene: RG. **37** 366. — Nicht: Schularrestanten: RG. **39** 7.

[2] Vgl. § 113 Anm. 8. [3] Siehe § 359.

[4] Z. B. bei Außenarbeit.

[5] Äußere Rechtmäßigkeit der Gefangennahme ist nicht Voraussetzung der Anwendung des § 120: RG. **39** 189.

[6] Der Gefangene muß der Gewalt des Beamten durch eine unberechtigte Einwirkung — körperlichen Zwang, psychische Einwirkung (Drohung oder Täuschung) — entzogen werden; Bitten genügt nicht: RG. **34** 8.

[7] Selbstbefreiung ist als solche nur gemäß § 122 strafbar.

[8] Anstiftung also straflos. — Beihilfe zur Selbstbefreiung kann auch durch intellektuelle Hilfeleistung geschehen: RG. **25** 65. Der Gefangene selbst kann Anstifter oder Gehilfe bei dem Vergehen gegen § 120 sein: RG. **3** 140. A. A.: Binding, Frank, v. Liszt, Meyer. — Vgl. auch § 257 Anm. 19.

Entweichenlassen von Gefangenen.

121.[1] (StrK.) Wer vorsätzlich einen Gefangenen,[2] mit dessen Beaufsichtigung oder Begleitung er beauftragt[3] ist, entweichen läßt oder dessen Befreiung[4] befördert, wird mit Gefängnis bis zu drei Jahren bestraft.

(SchG.)[5] Ist die Entweichung durch Fahrlässigkeit befördert worden, so tritt Gefängnisstrafe bis zu drei Monaten oder Geldstrafe bis zu dreihundert Mark ein.

[1] Vgl. § 347. [2] Vgl. § 120 Anm. 1.

[3] Kann hier auch eine Privatperson sein: RG. 7 103; übernimmt z. B. der Wärter in einer Krankenanstalt die Beaufsichtigung dahin gebrachter Gefangenen, so haftet er wie ein Gefangenwärter: RG. **19** 330.

[4] Durch einen Dritten oder Selbstbefreiung. — Befreiung liegt noch nicht vor, wenn der mit der Bewachung während der Außenarbeit betraute Aufseher sich für kurze Zeit von der Arbeitsstelle so entfernt, daß er auf die Bewegung der Gefangenen nicht einwirken und sie auch nicht mehr wahrnehmen kann: RG. **36** 402. [5] Vgl. GVG. § 27 Ziff. 2; StPO. § 447.

Gefangenenmeuterei.

122. (StrK.) Gefangene,[1] welche sich zusammenrotten[2] und mit vereinten Kräften[3] die Anstaltsbeamten oder die mit der Beaufsichtigung Beauftragten angreifen, denselben Widerstand leisten oder es unternehmen,[4] sie zu Handlungen oder Unterlassungen zu nötigen, werden wegen Meuterei mit Gefängnis nicht unter sechs Monaten bestraft.

Gleiche Strafe tritt ein, wenn Gefangene sich zusammenrotten[2] und mit vereinten Kräften[3] einen gewaltsamen[5] Ausbruch unternehmen.[4,6]

(SchwG.) Diejenigen Meuterer, welche Gewalttätigkeiten[7] gegen die Anstaltsbeamten oder die mit der Beaufsichtigung Beauftragten verüben, werden mit Zuchthaus bis zu zehn Jahren bestraft; auch kann auf Zulässigkeit von Polizeiaufsicht erkannt werden.

[1] Siehe § 120 Anm. 1.

[2] Siehe § 115 Anm. 2. Vgl. noch RG. **3** 1.

[3] Es ist nicht erforderlich, daß alle Hand anlegen; sie müssen aber als Einheit aufgetreten sein, der Angriff in aller Willen gelegen haben und sie zur Mitwirkung bereit gewesen sein: RG. **15** 217; **17** 47. Die Widersetzlichkeit als solche kann also auch von einer einzelnen Person begangen werden: RG. **20** 303; **30** 391. A. A.: Frank.

[4] Vgl. § 105 Anm. 1.

[5] Benutzung eines falschen Schlüssels an sich keine Gewaltanwendung: RG. 17 47.

[6] Der Wille, sich dauernd der Gefangenschaft zu entziehen, ist nicht vorausgesetzt: RG. 41 357.

[7] Ein Handeln mit ungerechter Anwendung von Gewalt. Hier körperlicher, mechanischer Zwang gegen Personen. Umfaßt sowohl die unmittelbare wie die mittelbare Einwirkung auf den Körper: RG. 45 153.

Siebenter Abschnitt.

Verbrechen und Vergehen wider die öffentliche Ordnung.

Binding I 119, II 882, 871, 297, 599, 739, 503, 606, 549, 670, 909, 58; v. Liszt 407, 576, 631, 579, 585, 621, 623, 627, 663, 657; Meyer 459, 567, 676, 648, 669, 637, 616, 685, Nachtrag 7, 11.

Hausfriedensbruch.

123.[1] (SchG.) Wer in die Wohnung,[2] in die Geschäftsräume[3] oder in das befriedete[4] Besitztum eines anderen oder in abgeschlossene Räume, welche zum öffentlichen Dienste[5] oder Verkehre[6] bestimmt sind, widerrechtlich[7] eindringt,[8] oder wer, wenn er ohne Befugnis darin verweilt, auf die Aufforderung[9] des Berechtigten[10] sich nicht entfernt, wird wegen Hausfriedensbruchs[11] mit Geldstrafe bis zu dreihundert Mark oder mit Gefängnis bis zu drei Monaten bestraft.[12]

Ist die Handlung von einer mit Waffen[13] versehenen[14] Person oder von mehreren gemeinschaftlich[15] begangen worden, so tritt Geldstrafe bis zu eintausend Mark oder Gefängnisstrafe bis zu einem Jahre ein.

Die Verfolgung tritt nur auf Antrag ein. Die Zurücknahme des Antrags ist zulässig.

[1] Fassung des Ges. v. 19. Juni 1912. Die Änderungen sind gesperrt gedruckt. — Vgl. GVG. § 27 Ziff. 2, 3b; StPO. § 447.

[2] Die Räumlichkeiten, welche Personen zu längerem Aufenthalt und vor allem zur ordnungsmäßigen Nachtruhe dienen. Auch Schiffe, Künstlerwagen: RG. **13** 312.

[3] Abgeschlossene Räume, in denen jemand seine regelmäßige Erwerbstätigkeit ausübt. Nicht: Straßenbahnwagen: RG. **32** 371, wohl aber: Schiffsräumlichkeiten: RG. **13** 312.

[4] Eingehegt; liegt erkennbarer Zusammenhang eines Grundstücks mit Wohnungen oder Geschäftsräumen vor, so ist das Grundstück auch ohne besondere Einhegung ein befriedetes: RG. **20** 150; **36** 395; nicht hierher gehören Straßenbahnwagen: RG. **32** 371. Vgl. Anm. 6.

[5] Öffentlicher Dienst: Der auf Vorschriften des öffentlichen Rechts beruhende dienstliche Verkehr mit dem Publikum. Dem öffentlichen Dienst bestimmt ist z. B. der Wahlraum: RG. **46** 406; der Sitzungssaal des Abgeordnetenhauses: RG. **47** 270.

[6] Z. B. Straßenbahnwagen, Eisenbahnabteile.

[7] Unter Verletzung des Hausfriedens und ohne ein stärkeres Recht des Eindringenden: RG. **12** 132.

[8] Bewußtes Eintreten gegen den ausdrücklichen, oder durch Vorrichtungen sich offenbarenden, aber auch schon gegen den vermuteten oder zu vermutenden Willen des Berechtigten: RG. **12** 132. So auch Frank, v. Liszt. Es ist nicht erforderlich, daß der ganze Körper des Täters in die Wohnung usw. eines anderen gelangt: RG. **39** 440. [9] Eine Aufforderung genügt: RG. **5** 109.

[10] Als Berechtigter erscheint auch, wenn ein Lokal zu einer Versammlung überlassen ist: RG. **24** 194; — in den Wartesälen eines Bahnhofs mit Restaurationsbetrieb: der Bahnhofswirt, nur wenn ihm die Aufrechterhaltung der Ordnung in den Warteräumen zur Pflicht gemacht ist, allgemein jedoch die Bahnhofspolizeibeamten: RG. **36** 188.

[11] Über unbefugtes Verweilen in einer öffentlichen Wirtschaft vgl. RG. **4** 322. — Der Ehemann kann sich des Hausfriedensbruchs in Räumen schuldig machen, in denen mit seiner Ge-

nehmigung die Ehefrau selbständig Wirtschaft betreibt und die nicht zu den ehelichen Wohnräumen gehören: RG. 35 395. — Der Vermieter kann bei dem Mieter einen Hausfriedensbruch begehen: RG. 15 391. — Der Mieter, der unter Verletzung seiner zivilrechtlichen Räumungsverbindlichkeit in der Wohnung verbleibt und sie trotz Aufforderung nicht verläßt, ist nach § 123 nicht strafbar: RG. 36 322.

[12] Über das Verhältnis des § 123 zu anderen während des Hausfriedensbruchs begangenen Straftaten vgl. RG. 32 137.

[13] Nicht im technischen Sinn, sondern allgemein gefährliche Werkzeuge umfassend: RG. 8 44, Meyer. A. A.: Binding, v. Liszt. — Vgl. § 243 Ziff. 5, § 250 Ziff. 1.

[14] Es genügt, wenn der Täter die Waffe erst nach dem Eindringen in dem Raume selbst vorfindet und ergreift: RG. 12 183. — Tatsächliches Beisichtragen von Waffen genügt nicht; der Täter muß sich des Umstandes bewußt sein: RG. 8 44. — Nicht erforderlich ist, daß auch der Bedrohte das Bewußtsein von der Bewaffnung des Täters habe: RG. 28 269. — Hausfriedensbruch mit Waffen begeht daher auch derjenige, der sie verborgen mit sich führt: RG. 30 78.

[15] D. h. wenn der Hausfriedensbruch von mehreren Personen als Mittätern begangen worden ist: RG. 3 7.

Schwerer Hausfriedensbruch.

124. (StrR.) Wenn sich eine Menschenmenge[1] öffentlich[2] zusammenrottet[3] und in der Absicht,[4] Gewalttätigkeiten gegen Personen[5] oder Sachen[6] mit vereinten Kräften[7] zu begehen, in die Wohnung,[8] in die Geschäftsräume[9] oder in das befriedete[10] Besitztum eines andern oder in abgeschlossene Räume, welche zum öffentlichen Dienst[11] bestimmt sind, widerrechtlich[12] eindringt,[13] so wird jeder, welcher an diesen Handlungen teilnimmt, mit Gefängnis von einem Monat bis zu zwei Jahren bestraft.[14]

[1] Vgl. § 85 Anm. 4. [2] Vgl. § 115 Anm. 1.

[3] Vgl. § 115 Anm. 2. [4] Siehe § 59 Anm. 4.

[5] Vgl. § 122 Anm. 7.

[6] Bei Gewalttätigkeit gegen Sachen ist deren Beschädigung nicht erforderlich: RG. 5 377; 30 391.

[7] Vgl. § 122 Anm. 3. [8] Vgl. § 123 Anm. 2.

[9] Vgl. § 123 Anm. 3. [10] Vgl. § 123 Anm. 4.

[11] Vgl. § 123 Anm. 5. [12] Vgl. § 123 Anm. 7.

[13] Vgl. § 123 Anm. 8. [14] Vgl. § 125 Anm. 9.

Landfriedensbruch.

125. (StrK.) Wenn sich eine Menschenmenge[1] öffentlich[2] zusammenrottet[3] und mit vereinten Kräften[4] gegen Personen oder Sachen Gewalttätigkeiten[5] begeht, so wird jeder, welcher an dieser Zusammenrottung teilnimmt,[6] wegen Landfriedensbruches mit Gefängnis nicht unter drei Monaten bestraft.

(SchwG.) Die Rädelsführer,[7] sowie diejenigen, welche Gewalttätigkeiten gegen Personen begangen oder Sachen geplündert, vernichtet oder zerstört[8] haben, werden mit Zuchthaus bis zu zehn Jahren bestraft; auch kann auf Zulässigkeit von Polizeiaufsicht erkannt werden. Sind mildernde Umstände vorhanden, so tritt Gefängnisstrafe nicht unter sechs Monaten ein.[9]

[1] Vgl. § 85 Anm. 4. [2] Vgl. § 115 Anm. 1.

[3] Vgl. § 115 Anm. 2. [4] Vgl. § 122 Anm. 3.

[5] Vgl. § 122 Anm. 7 und § 124 Anm. 6.

[6] Nicht im Sinne der §§ 47ff., sondern jeder, der vorsätzlich und mit Kenntnis des strafbaren Zweckes der Zusammenrottung der zusammengerotteten Menschenmenge sich anschließt: RG. 20 403. — Zum Vorsatze genügt das Bewußtsein, sich in einer zusammengerotteten Menge zu befinden, welche gegen Personen oder Sachen Gewalttätigkeiten begeht, verbunden mit dem Willen, in dieser Menge und als ein Teil derselben zu bleiben: RG. 20 403. Die bloße Anwesenheit aus Neugierde genügt daher nicht, wenn

der Anschluß an die Menge geschah, um die Zwecke der Zusammenrottung zu erfahren; dagegen ist sie Teilnahme, wenn zur Zeit des Anschlusses diese Zwecke dem Anschließenden bekannt waren (RG. 20 403; 20 405), oder wenn der Anschluß in dem Bewußtsein erfolgte, daß es zu Gewalttätigkeiten kommen könne: RG. 5 377. Die Absicht der Selbstbegehung von Gewalttätigkeiten ist kein Erfordernis der Teilnahme: RG. 20 403. Der Täter braucht nicht gerade zur Zeit der Begehung von Gewalttätigkeiten an der Zusammenrottung teilgenommen zu haben: RG. 36 174. [7] Siehe § 115 Anm. 7.

[8] Vgl. § 303 Anm. 6. Hier ist völlige Zerstörung (nicht teilweise) notwendig: RG. 39 224.

[9] §§ 124, 125: Idealkonkurrenz möglich: RG. 37 28. — Vgl. § 115 Anm. 6.

Landzwang.

126.[1] (StrK.) Wer durch Androhung eines gemeingefährlichen Verbrechens[2] den öffentlichen Frieden[3] stört,[4] wird mit Gefängnis bis zu einem Jahre bestraft.

[1] Vgl. §§ 241, 254.

[2] Vgl. Abschnitt 27 des StGB. und das SprengstoffG.

[3] Vgl. § 130 Anm. 2.

[4] Erforderlich ist das Bewußtsein, daß die Drohung geeignet ist, den öffentlichen Frieden zu stören: RG. 7 393.

Bildung bewaffneter Haufen.

127.[1] (StrK.) Wer unbefugterweise einen bewaffneten Haufen bildet oder befehligt oder eine Mannschaft,[2] von der er weiß, daß sie ohne gesetzliche Befugnis gesammelt ist, mit Waffen[3] oder Kriegsbedürfnissen versieht, wird mit Gefängnis bis zu zwei Jahren bestraft.

Wer[4] sich einem solchen bewaffneten Haufen anschließt,[5] wird mit Gefängnis bis zu einem Jahre bestraft.

[1] Vgl. § 360 Ziff. 2.

[2] Unterscheidet sich vom Haufen durch die bereits vorhandene Mannszucht.

[3] Im technischen Sinn. Vgl. § 84 Anm. 5.

[4] Bewaffnet oder unbewaffnet: RG. **30** 391.

[5] Nicht etwa: wer sich bewaffnet an einen Haufen anschließt: RG. **30** 391.

Geheimbündelei.

128.[1] (StrK.) Die Teilnahme[2] an einer Verbindung,[3] deren Dasein, Verfassung oder Zweck[4] vor der Staatsregierung geheimgehalten werden soll,[5] oder in welcher gegen unbekannte Obere Gehorsam oder gegen bekannte Obere unbedingter Gehorsam versprochen wird, ist an den Mitgliedern mit Gefängnis bis zu sechs Monaten, an den Stiftern und Vorstehern der Verbindung mit Gefängnis von einem Monat bis zu einem Jahre zu bestrafen.

Gegen Beamte kann auf Verlust der Fähigkeit zur Bekleidung öffentlicher Ämter auf die Dauer von einem bis zu fünf Jahren erkannt werden.[6]

[1] Vgl. GVG. § 75 Ziff. 14.

[2] Mitgliedschaft. Tätigkeit in Angelegenheiten des Verbandes ist nicht erforderlich. — Es genügt jedoch Förderung des Vereinszweckes auch ohne eigentliche Mitgliedschaft; vgl. R. **8** 363; **9** 464. — Der Stifter ist als Teilnehmer im obigen Sinne strafbar, auch ohne Mitglied zu sein: RG. **6** 215.

[3] Jede organisierte Vereinigung von gewisser Dauer (RG. **24** 328), welche Unterordnung der Mitglieder unter den Gesamtwillen voraussetzt. Eine politische Partei kann Verbindung sein: RG. **13** 273.

[4] Der Zweck braucht kein strafbarer zu sein: RG. **35** 177. Ergänzend vgl. RG. **41** 264.

[5] Die Absicht der Geheimhaltung kann sich von selbst und stillschweigend ergeben: RG. **13** 273.

[6] Die Voraussetzungen der §§ 32, 35 gelten hier nicht.

Teilnahme an staatsfeindlichen Verbindungen.

129.[1] (StrK.) Die Teilnahme[2] an einer Verbindung,[3] zu deren Zwecken[4] oder Beschäftigungen gehört, Maßregeln der Verwaltung oder die Vollziehung[5] von Gesetzen[6] durch ungesetzliche Mittel zu verhindern oder zu entkräften, ist an den Mitgliedern mit Gefängnis bis zu einem Jahre, an den Stiftern und Vorstehern der Verbindung mit Gefängnis von drei Monaten bis zu zwei Jahren zu bestrafen.

Gegen Beamte kann auf Verlust der Fähigkeit zur Bekleidung öffentlicher Ämter auf die Dauer von einem bis zu fünf Jahren erkannt werden.[7]

[1] Vgl. § 128. [2] Vgl. § 128 Anm. 2.

[3] Vgl. § 128 Anm. 3. [4] Vgl. § 128 Anm. 4.

[5] Geschieht durch alle Maßregeln, welche das Gesetz zur Erreichung seines Zweckes anordnet. — In der Erhaltung eines durch Gesetz bekräftigten Zustandes kann eine Vollziehung des Gesetzes nicht liegen. Bei einem Anreizen zur Aufhebung des Zustandes kann also auch § 129 nicht Anwendung finden: RG. **40** 383.

[6] In Betracht kommen Gesetze, deren Zweck darin besteht, durch Gebot oder Verbot einen Zustand herbeizuführen und deren Durchführung also vereitelt werden kann: RG. **40** 383.

[7] Vgl. § 128 Anm. 6.

Anreizung zum Klassenkampf.

130.[1] (StrK.) Wer in einer den öffentlichen Frieden[2] gefährdenden[3] Weise verschiedene Klassen der Bevölkerung[4] zu Gewalttätigkeiten gegeneinander öffentlich[5] anreizt,[6] wird mit Geldstrafe bis zu sechshundert Mark oder mit Gefängnis bis zu zwei Jahren bestraft.

[1] Vgl. § 126, PreßG. § 23 Ziff. 3.

[2] Das allgemeine Bewußtsein der Rechtssicherheit: RG. **18** 406; **34** 268. Vgl. Anm. 3.

[3] Friedensstörung nicht erforderlich. Es genügt Anreizung in der Weise, daß Grund zu der Befürchtung gegeben, das Gefühl der öffentlichen Rechtssicherheit werde erschüttert werden: RG. **34** 268. — Es spricht eine praesumtio juris bei jeder ernsthaft gemeinten Anreizung verschiedener Bevölkerungsklassen zu gegenseitiger Vergewaltigung für das Vorliegen einer Friedensgefährdung: RG. **26** 349. — Nicht nur die Stimmung der angereizten Bevölkerungsklasse ist in Betracht zu ziehen, sondern auch die der bedrohten: RG. **34** 268. — Der Eindruck im Augenblick der Anreizung ist allein nicht ausschlaggebend; in der Nachwirkung kann sich die Friedensgefährdung erweisen: RG. **34** 268. — Die objektive Gefahr des Eintritts von Gewalttätigkeiten verlangen dagegen: Frank, v. Liszt, Meyer.

[4] Die z. B. der Tat vorhandenen, regelmäßig auf gesellschaftlichem Boden erwachsenen verschiedenfachen Gliederungen des Volksorganismus; nicht also die Regierung, auch nicht die Regierenden, auch nicht streikende Arbeiter im Verhältnis zu nicht streikenden: RG. **35** 96; **26** 63; **32** 352. — Auch die durch die Verschiedenheit der Religion begründeten Gliederungen sind als Klassen der Bevölkerung anzusehen: RG. **32** 352. — Es genügt also nicht Anreizung einzelner Personen aus den Bevölkerungsklassen. Nötig ist Anreizung der Bevölkerungsklassen selbst: R. **9** 458.

[5] In der Allgemeinheit zugänglicher Weise [z. B. durch Verbreitung von Druckschriften (RG. **30** 87)]: RG. **28** 387. Vgl. § 85 Anm. 2. — Es ist nicht erforderlich, daß gerade die Anzureizenden davon Kenntnis erhalten haben: RG. **8** 109.

[6] Vgl. § 112 Anm. 4. Es ist nicht erforderlich, daß zu bestimmten Gewalttätigkeiten angereizt werde: R. **8**, 109. — Vorsatz genügt. Absicht der Friedensgefährdung ist nicht verlangt: RG. **9** 417.

Kanzelmißbrauch.

130a. (StrR.) Ein Geistlicher[1] oder anderer Religionsdiener,[2] welcher in[3] Ausübung oder in Veranlassung[4] der

Ausübung seines Berufes öffentlich[5] vor einer Menschenmenge,[6] oder welcher in einer Kirche oder an einem anderen zu religiösen Versammlungen[7] bestimmten Orte[8] vor mehreren Angelegenheiten des Staats[9] in einer den öffentlichen Frieden[10] gefährdenden[11] Weise zum Gegenstande einer Verkündigung oder Erörterung macht, wird mit Gefängnis oder Festungshaft bis zu zwei Jahren bestraft.

Gleiche Strafe trifft denjenigen Geistlichen[1] oder anderen Religionsdiener,[2] welcher in[3] Ausübung oder in Veranlassung[4] der Ausübung seines Berufes Schriftstücke ausgibt oder verbreitet,[12] in welchen Angelegenheiten des Staats[9] in einer den öffentlichen Frieden[10] gefährdenden[11] Weise zum Gegenstande einer Verkündigung oder Erörterung gemacht sind.

[1] Religionsdiener der christlichen Bekenntnisse.

[2] Jede zur Vornahme gottesdienstlicher Handlungen berufene Person. [3] Während. [4] Bei Gelegenheit.

[5] Vgl. § 85 Anm. 2. [6] Vgl. § 85 Anm. 4.

[7] Vgl. § 166 Anm. 10. [8] Vgl. § 166 Anm. 11.

[9] Auch Anordnungen von Behörden und Beamten können hierher gehören. — Vgl. § 107 Anm. 5, § 108 Anm. 1.

[10] Vgl. § 130 Anm. 2. [11] Vgl. § 130 Anm. 3.

[12] Vgl. § 85 Anm. 5.

Staatsverleumdung.

131. (StrR.) Wer erdichtete oder entstellte Tatsachen,[1] wissend, daß sie erdichtet oder entstellt sind, öffentlich[2] behauptet oder verbreitet,[3] um dadurch Staatseinrichtungen[4·6] oder Anordnungen[5·6] der Obrigkeit[7] verächtlich zu machen,[8] wird mit Geldstrafe bis zu sechshundert Mark oder mit Gefängnis bis zu zwei Jahren bestraft.

[1] Vgl. § 186 Anm. 2. — Die Tatsachen müssen objektiv geeignet sein, verächtlich zu machen: RG. 1 161.

[2] Vgl. § 85 Anm. 2. [3] Vgl. § 85 Anm. 5.

[4] Die dauernden Bestandteile der Verfassung und Verwaltung; die auf die Erfüllung des Staatszwecks hinzielenden, für die Dauer bestimmten organischen Schöpfungen auf irgendeinem Gebiete der staatlichen Tätigkeit. (Nicht also allgemein menschliche Kultureinrichtungen: Ehe, Eigentum, Familie; aber es können in Beziehung darauf organische Schöpfungen gemacht werden): RG. **22** 253; — Verächtlichmachung des Reichstags (Staatseinrichtung) fällt unter § 131, nicht aber der Angriff gegen die Ehre der Körperschaft: RG. **29** 318.

[5] Diese müssen irgendeinen in das Leben hinausgreifenden autoritativen Charakter, irgendwelche das öffentliche Recht oder die öffentliche Ordnung berührende Seite haben. Anordnungen, die lediglich den inneren Geschäftsverkehr betreffen, gehören nicht hierher: RG. **23** 151. A.A.: Frank, Binding. — Bloße Unterlassungen sind nicht Anordnungen; doch können positive Maßregeln mit Unterlassungen dergestalt im Zusammenhang stehen, daß durch die Kritik über diese jene mitgetroffen werden: RG. **30** 263.

[6] Auch in einem anderen Bundesstaate als demjenigen, in dem die Tat begangen ist: RG. **21** 394.

[7] Vgl. § 110 Anm. 8.

[8] Als aus sittlich verwerflichen Motiven hervorgegangen oder zu sittlich verwerflichen Zwecken geschehen, darstellen: RG. **1** 161.

Amtsanmaßung.

132. (StrK.) Wer unbefugt sich mit Ausübung eines öffentlichen Amtes[1] befaßt[2, 3] oder eine Handlung vornimmt, welche nur kraft eines öffentlichen Amtes[4] vorgenommen werden darf,[3, 5] wird mit Gefängnis bis zu einem Jahre oder mit Geldstrafe bis zu dreihundert Mark bestraft.[6]

[1] Vgl. § 31 Anm. 2, 3.

[2] Der Täter gebärdet sich als Inhaber des Amtes und übt dieses aus, d. h. er nimmt eine Handlung vor, welche nur

durch öffentliche Beamte vorgenommen werden darf oder welche zwar auch, je nach den tatsächlichen Voraussetzungen, von Privatpersonen vorgenommen werden dürfte, im konkreten Falle aber unter solchen äußeren Umständen vorgenommen wird, daß sie sich, sei es auch nur zum Schein, als Amtshandlung charakterisiert, und nach außen als eine unbefugte Einmischung in ein öffentliches Amt darstellt: RG. **34** 288, **46** 183.

[3] Ob die konkreten Umstände die Handlung eines Beamten gerechtfertigt hätten, ist gleichgültig: R. **9** 6.

[4] Als Ausfluß eines öffentlichen Amtes. M. a. W.: Eine Handlung von rechtlicher Bedeutsamkeit, die dem Kreise der dem Amte zugewiesenen Rechte und Pflichten angehört oder doch nach dem Willen des Beamten diesem zu dienen bestimmt und förderlich ist, gleichgültig ob die Vornahme durch Pflicht geboten ist oder nicht: RG. **46** 183.

[5] Der Täter braucht sich nicht als Inhaber eines öffentlichen Amtes zu gerieren: RG. **34** 288.

[6] Ist kein Amtsdelikt, jeder kann Täter und Mittäter sein: RG. **37** 55.

Gewahrsamsbruch.

133. (StrK.) Wer eine Urkunde,[1] ein Register, Akten oder einen sonstigen Gegenstand,[2] welche sich zur amtlichen Aufbewahrung[3] an einem dazu bestimmten Orte befinden,[4] oder welche einem Beamten[5] oder einem Dritten[6] amtlich übergeben[7] worden sind, vorsätzlich vernichtet, beiseite schafft[8] oder beschädigt,[9] wird mit Gefängnis bestraft.[10, 11]

Ist die Handlung in gewinnsüchtiger Absicht[12] begangen, so tritt Gefängnisstrafe nicht unter drei Monaten ein; auch kann auf Verlust der bürgerlichen Ehrenrechte erkannt werden.

[1] Vgl. § 267 Anm. 4.

[2] Alle Gegenstände, deren Aufbewahrung den Zwecken der amtlichen Verfügungsgewalt dienen soll: RG. **33** 413.

[3] Nicht notwendig dauernd: R. **10** 679. — Die amtliche Aufbewahrung hört durch Erlöschen der Amtseigenschaft (z. B. Tod oder Amtsenthebung) des aufbewahrenden Beamten nicht auf, sondern erst durch anderweite amtliche Verfügung oder Erfüllung des Aufbewahrungszweckes: RG. **28** 107.

[4] Auch in privaten Wohnräumen: RG. **28** 107.

[5] Siehe § 359.

[6] Steht hier im Gegensatz zu „Beamten"; ist nicht gegensätzlich zu „Täter" aufzufassen: RG. **12** 247; vgl. den Fall in R. **10** 679.

[7] Infolge amtlicher Anordnung übergeben; aber auch: mit Rücksicht auf das Amt von einem Dritten dem Beamten übergeben: RG. **43** 246. Nicht notwendig zur Aufbewahrung. — Amtlich übergeben ist nicht das im Wege der Ersatzzustellung übergebene Schriftstück: RG. **35** 28. — Anders dagegen die für den Adressaten bestimmte Abschrift einer Zustellungsurkunde, solange sie noch in den Händen des Postboten sich befindet: RG. **33** 413. — Ebenso: Briefe in der Sammeltasche des Postboten: RG. **22** 204.

[8] Jede unberechtigte Handlung, durch welche eine Sache dem Berechtigten unzugänglich gemacht wird: RG. **12** 247. — Verfügung über den Gegenstand in einer Weise, welche gegen die durch die amtliche Verwahrung gewährte Sicherheit gerichtet und die Integrität oder Gebrauchsfähigkeit des Gegenstandes zu beeinträchtigen bestimmt ist: RG. **23** 99. — Unüberwindliches Hindernis der Benutzung oder dauernde Entziehung ist nicht notwendig: RG. **22** 242. — Beiseiteschaffen durch Unterlassung möglich: RG **12** 247.

[9] Vgl. § 274 Anm. 7. Z. B. Durchstreichen von Worten auf einer Urkunde: RG. **19** 319.

[10] Zum Vorsatz ist nötig das Bewußtsein, die amtliche Aufbewahrung (wenn auch nur zeitweise) aufzuheben: RG. **23** 99; **23** 282.

[11] Vgl. § 348 Abs. 2 (Beamtendelikt). Gegenüber § 133: lex specialis: RG. 2 425. — Vgl. auch § 303 Anm. 6 und § 370 Anm. 16.

[12] Ob der Gewinn durch Benutzung oder Veräußerung des beiseite geschafften Gegenstandes erzielt werden soll, ist gleichgültig: RG. 22 331. Beiseiteschaffen zum alsbaldigen Verbrauch gehört nicht hierher: RG. **43** 175.

Beschädigung amtlicher Bekanntmachungen.

134. (StrK. bzw. SchG.) Wer öffentlich angeschlagene[1] Bekanntmachungen, Verordnungen, Befehle oder Anzeigen von Behörden[2] oder Beamten[3] böswillig[4] abreißt,[5] beschädigt[6] oder verunstaltet, wird mit Geldstrafe bis zu dreihundert Mark oder mit Gefängnis bis zu sechs Monaten bestraft.

[1] Es genügt, daß das Schriftstück an einem dem Publikum zugänglichen Ort in einer Weise befestigt ist, daß es nicht ohne eine besondere Tätigkeit beseitigt werden kann: RG. **36** 183.

[2] Vgl. § 114 Anm. 4. [3] Vgl. § 359.

[4] Vgl. oben S. 121 Anm. 2.

[5] Keine Gewaltanwendung erforderlich; jede die Vereitelung des erfolgten Aushangs bezweckende Beseitigung der Befestigung: RG. **36** 183. [6] Vgl. § 303 Anm. 5

Verletzung inländischer Hoheitszeichen.

135. (StrK.) Wer ein öffentliches[1] Zeichen der Autorität des Reichs oder eines Bundesfürsten oder ein Hoheitszeichen eines Bundesstaats böswillig[2] wegnimmt,[3] zerstört[4] oder beschädigt[4] oder beschimpfenden Unfug[5] daran verübt, wird mit Geldstrafe bis zu sechshundert Mark oder mit Gefängnis bis zu zwei Jahren bestraft.

[1] Vgl. § 103a Anm. 1 [2] Vgl. oben S. 121 Anm. 2.

[3] Vgl. § 242 Anm. 5 [4] Vgl. § 303 Anm. 5 und 6.

[5] Vgl. § 166 Anm. 13.

Siegelbruch.

136. (StrK. bzw. SchG.) Wer unbefugt ein amtliches Siegel,[1] welches von einer Behörde[2] oder einem Beamten[3] angelegt ist,[4] um Sachen zu verschließen, zu bezeichnen oder in Beschlag zu nehmen, vorsätzlich erbricht, ablöst oder beschädigt[5] oder den durch ein solches Siegel bewirkten amtlichen Verschluß aufhebt, wird mit Gefängnis bis zu sechs Monaten oder mit Geldstrafe bis zu sechshundert Mark[6] bestraft.

[1] Auch Siegelmarken.: RG. **3** 286. Der Fleischbeschauerstempel: RG. **39** 367.

[2] Vgl. § 114 Anm. 4. [3] Vgl. § 359.

[4] D. h. in Ausübung amtlicher Befugnisse angelegt: RG. **8** 35. — Rechtmäßige Amtsausübung ist im konkreten Falle nicht erforderlich: RG. **36** 155. — Die Beseitigung ist also auch strafbar, wenn der Pfändung wegen Nichtbeachtung einer Vorschrift ein Mangel anhaftet: RG. **34** 398. A. A.: v. Liszt, Meyer. [5] Vgl. § 303 Anm. 5.

[6] Die gesperrt gedruckten Worte sind eingefügt durch Gesetz vom 19. Juni 1912.

Arrestbruch.

137.[1] (StrK. bzw. SchG.) Wer[2] Sachen,[3] welche durch die zuständigen Behörden[4] oder Beamten[5] gepfändet[6] oder in Beschlag genommen[7] worden sind, vorsätzlich beiseite schafft,[8] zerstört[9] oder in anderer Weise der Verstrickung ganz oder teilweise entzieht,[10] wird mit Gefängnis bis zu einem Jahre oder mit Geldstrafe bis zu eintausend Mark[11] bestraft.[12]

[1] Vgl. §§ 288, 289.

[2] Auch der Gläubiger selbst kann Täter sein: RG. **1** 705; sowie der Gerichtsvollzieher bei unbefugter Besitzübertragung an von ihm selbst gepfändeten Sachen: RG. **44** 43.

[3] Nicht Forderungen: RG. **24** 161.

[4] Vgl. § 114 Anm. 4. [5] Siehe § 359.

[6] Zur Pfändung ist erforderlich Vornahme seitens zur Pfändung ermächtigter und örtlich zuständiger Beamten, Be-

obachtung der wesentlichen Förmlichkeiten und der gesetzlich notwendigen Voraussetzungen. Wirksamkeit der Pfändung ist festzustellen: RG. 36 135; 36 165. — Die Rechtmäßigkeit der Pfändung ist in concreto nicht festzustellen: RG. 25 109; 26 287.

[7] Eine Sache der freien Verfügung einer an sich berechtigten Privatperson durch amtlichen Akt entziehen und der behördlichen Verfügungsgewalt unterwerfen. Ob in concreto wirksame Beschlagnahme besteht, ist nach den für dieselbe bestehenden Bestimmungen zu bemessen: RG. 18 71. — Als solche erscheint die Konkurseröffnung hinsichtlich der Konkursmasse: RG. 41 256. — Über die Beschlagnahme im Prozeß vgl. StPO. §§ 98 ff.

[8] Vgl. § 133 Anm. 8. — Die Verfügungsgewalt der Behörde muß mindestens zeitweise aufgehoben sein: RG. 3 255.

[9] Vgl. § 303 Anm. 6. [10] Vgl. oben Anm. 8.

[11] Die gesperrt gedruckten Worte sind eingefügt durch Gesetz vom 19. Juni 1912.

[12] §§ 137, 288 können in Idealkonkurrenz stehen: RG. 17 42; R. 10 19.

Verletzung der Dingpflicht.

138. (SchG.) Wer als Zeuge, Geschworener oder Schöffe berufen, eine unwahre Tatsache als Entschuldigung vorschützt, wird mit Gefängnis bis zu zwei Monaten bestraft.[1]

Dasselbe gilt von einem Sachverständigen, welcher zum Erscheinen gesetzlich verpflichtet ist.

Die auf das Nichterscheinen gesetzten Ordnungsstrafen[2] werden durch vorstehende Strafbestimmung nicht ausgeschlossen.

[1] Auch dann anwendbar, wenn ein Zeuge usw. nach dem Termin, in dem er seiner Pflicht zu genügen gehabt hätte, unwahre Tatsachen als Entschuldigung vorschützt, um die Wiederaufhebung der wegen Versäumung verhängten Ordnungsstrafe zu bewirken: RG. 29 315.

[2] Vgl. StPO. §§ 50, 77; GVG. §§ 56 und 96.

Nichtanzeige drohender Verbrechen.

139.[1] (StrK.) Wer von dem Vorhaben eines Hochverrats,[2] Landesverrats,[3] Münzverbrechens,[4] Mordes,[5] Raubes,[6] Menschenraubes[7] oder eines gemeingefährlichen Verbrechens[8] zu einer Zeit, in welcher die Verhütung des Verbrechens möglich ist, glaubhafte Kenntnis erhält und es unterläßt,[9] hiervon der Behörde oder[10] der durch das Verbrechen bedrohten Person[11] zur rechten Zeit Anzeige zu machen,[12] ist, wenn das Verbrechen oder ein strafbarer Versuch desselben begangen worden ist, mit Gefängnis zu bestrafen.

[1] Vgl. MStGB. §§ 60, 77, 104; SprengstoffG. § 13; G., betr. den Verrat militärischer Geheimnisse v. 3. Juli 1893 § 9.

[2] Vgl. §§ 80—82.

[3] Vgl. §§ 87—92.

[4] Vgl. §§ 146, 147, 149.

[5] Vgl. § 211.

[6] Vgl. §§ 249—251.

[7] Vgl. § 234.

[8] Vgl. besonderen Teil, Abschnitt 27.

[9] Die Pflicht zur Anzeige dauert so lange, als der durch das Vorhaben geschaffene Zustand der Gefahr andauert: RG. **14** 214. — Strafbar ist sowohl vorsätzliche wie fahrlässige Unterlassung: RG. **45** 395.

[10] In den Fällen des Hochverrats, soweit nicht die §§ 80, 81 in Frage stehen, bei Münzverbrechen und gemeingefährlichen Verbrechen entfällt diese Wahlmöglichkeit. (Vgl. Anm. 11.) Es verbleibt solchenfalls nur die Anzeigepflicht an die Behörde: RG. **43** 342.

[11] Das ist stets eine ganz bestimmte, als solche ohne weiteres erkennbare, durch die Ausführung des Verbrechens unmittelbar verletzte oder gefährdete Person. Sie fehlt bei Hochverrat mit Ausnahme der §§ 80, 81 StGB., bei Münzverbrechen und regelmäßig bei den gemeingefährlichen Delikten: RG. **43** 342. Vgl. Anm. 10. — Für die bedrohte Person selbst entfällt somit die Anzeigepflicht. Ebenso bei den an dem Vorhaben Beteiligten (Täter, Anstifter, Gehilfe): RG. **3** 1.

[12] Anzeigepflichtig sind auch die nach § 51 StPO. zur Zeugnisverweigerung berechtigten Personen: RG. 2 57.

Verletzung der Wehrpflicht.

140.[1] (StrK.) Wegen Verletzung der Wehrpflicht[2] wird bestraft:

1. ein Wehrpflichtiger,[3] welcher in der Absicht,[4] sich dem Eintritte in den Dienst des stehenden Heeres oder der Flotte zu entziehen, ohne Erlaubnis entweder das Bundesgebiet verläßt oder nach erreichtem militärpflichtigen Alter[5] sich außerhalb des Bundesgebietes aufhält:[6, 7] mit Geldstrafe von einhundertfünfzig bis zu dreitausend Mark oder mit Gefängnis von einem Monat bis zu einem Jahre;[8]
2.[9] ein Offizier oder im Offizierrange stehender Arzt des Beurlaubtenstandes,[10] welcher ohne Erlaubnis auswandert:[11] mit Geldstrafe bis zu dreitausend Mark oder mit Haft oder mit Gefängnis bis zu sechs Monaten;
3. ein jeder Wehrpflichtige,[3] welcher nach öffentlicher Bekanntmachung einer vom Kaiser für die Zeit eines Krieges oder einer Kriegsgefahr erlassenen besonderen Anordnung in Widerspruch mit derselben auswandert:[11] mit Gefängnis bis zu zwei Jahren, neben welchem auf Geldstrafe bis zu dreitausend Mark erkannt werden kann.

Der Versuch ist strafbar.

Das Vermögen des Angeschuldigten kann, insoweit als es nach dem Ermessen des Richters zur Deckung der den Angeschuldigten möglicherweise treffenden höchsten Geldstrafe und der Kosten des Verfahrens erforderlich ist, mit Beschlag[12] belegt werden.

[1] Ergänzend vgl. § 360 Ziff. 3; MStGB. §§ 64ff.; dazu RMilG. § 60 Ziff. 3.

[2] Die Bestimmungen über Wehrpflicht und Militärpflicht vgl. in: G. über die Verpflichtung zum Kriegsdienst v. 9. Nov. 1867; RV. Art. 57; RMilG.; WehrO.; G. betr. Änderungen der Wehrpflicht v. 11. Febr. 1888 und 15. April 1905; Reichs- und Staatsangehörigkeitsgesetz v. 22. Juli 1913; G. zur Abänderung des RMilG., sowie des G. betr. Änderungen der Wehrpflicht v. 11. Febr. 1888. Vom 22. Juli 1913. Vgl. auch StPO. §§ 470ff., 480.

[3] Die Wehrpflicht beginnt regelmäßig mit dem vollendeten 17. und dauert bis zum vollendeten 45. Lebensjahre (WehrO. § 4 Ziff. 3; G. v. 11. Febr. 1888 Art. II § 24). Wehrpflichtig ist jeder Deutsche: RV. Art. 57 und G. v. 9. Nov. 1867 § 1. Unter Umständen auch Nichtdeutsche: RMilG. § 11, WehrO. § 21 Ziff. 2. Vgl. hierzu RG. **34** 408.

[4] Vgl. § 59 Anm. 4.

[5] Der Aushebung unterworfen (militärpflichtig) ist jeder Wehrpflichtige vom 1. Januar des Kalenderjahres, in welchem er das 20. Lebensjahr vollendet: RMilG. § 10; G. v. 11. Febr. 1888 Art. II § 24 Abs. 5.

[6] § 140 ist Dauerdelikt. Über die Verjährung vgl. § 67 Anm. 5. Hier entscheidet über den Verjährungsbeginn die, wenn auch nur vorübergehende (R. **4** 595) Rückkehr oder das Ende der Militärpflicht. Gleichzustellen ist diesem Moment der Verlust der Staatsangehörigkeit gemäß § 17 Ziff. 2, 3, 4 des G. v. 22. Juli 1913. — Ausgewanderte, in Nordamerika naturalisierte Deutsche, die fünf Jahre ununterbrochen in den Vereinigten Staaten sich aufgehalten haben, unterliegen bei der Rückkehr gemäß dem (Bancroft-) Vertrage zwischen dem Norddeutschen Bund und den Vereinigten Staaten von Amerika v. 22. Febr. 1868 Art. 1 und 2, desgl. zwischen den Vereinigten Staaten und Bayern v. 26. Mai 1868, Baden 19. Juli 1868, Württemberg 27. Juli 1868, Hessen 1. Aug. 1868 der Strafe des § 140 Ziff. 1 nicht. Etwa erkannte Strafen sollen unvollstreckt bleiben.

[7] Ununterbrochener zehnjähriger Aufenthalt im Ausland vor erreichtem militärpflichtigen Alter schloß die Anwendung des Gesetzes wegen Verlust der Staatsangehörigkeit aus: RG. **26** 427 und § 21 Abs. 1 des G. v. 1. Juni 1870; das neue Reichs- und Staatsangehörigkeitsgesetz v. 22. Juli 1913 kennt diesen Grund des Verlustes nicht mehr. Über den Verlust der Staatsangehörigkeit wegen Nichterfüllung der Wehrpflicht (§§ 17, 26, 29, 32 G. v. 22. Juli 1913) und analoge Fälle vgl. oben Anm. 6.

[8] Ausnahme von § 4.

[9] Wiederholt im RMilG. § 60 Ziff. 2.

[10] Hier: Reserve, Land- und Seewehr. (Vgl. RMilG. § 56 Ziff. 1; WehrO. § 109 Ziff. 4a.)

[11] D. h. den Wohnsitz im Inland und die Angehörigkeit zum Heimatland dauernd aufgibt: RG. **36** 242. Das Verziehen in die Schutzgebiete ist daher kein Auswandern: RG. **44** 402.

[12] StPO. § 480 (325, 326).

Werbung zum ausländischen Militärdienst. Verleitung zur Desertion.

141. (StrK.) Wer einen Deutschen zum Militärdienste einer ausländischen Macht anwirbt oder den Werbern der letzteren zuführt, ingleichen wer einen deutschen Soldaten[1] vorsätzlich zum Desertieren[2] verleitet[3] oder die Desertion[2] desselben vorsätzlich befördert,[4] wird mit Gefängnis von drei Monaten bis zu drei Jahren bestraft.

Der Versuch ist strafbar.

[1] Vgl. § 112 Anm. 2.

[2] Im Sinne der §§ 69 ff. MStGB. Der Tatbestand der Desertion muß objektiv und subjektiv gegeben sein; ein Geisteskranker „desertiert" nicht: RG. **46** 200. — [a] Als fortdauerndes Delikt ist die Desertion (trotz der besonderen Verjährungsfrist des § 76 MStGB.) nicht anzusehen: RG. **6** 7.

[3] D. h. anstiftet.

[4] D. h. Beihilfe leistet: RG. **5** 125.

Selbstverstümmelung.

142.[1] (StrK.) Wer sich vorsätzlich durch Selbstverstümmelung oder auf andere Weise[2] zur Erfüllung der Wehrpflicht[3] untauglich macht[4] oder durch einen anderen untauglich machen läßt, wird mit Gefängnis nicht unter einem Jahre bestraft; auch kann auf Verlust der bürgerlichen Ehrenrechte erkannt werden.

Dieselbe Strafe trifft denjenigen, welcher einen anderen auf dessen Verlangen zur Erfüllung der Wehrpflicht untauglich macht.[4]

[1] Vgl. MStGB. § 81, welcher nach RMG. § 60 Ziff. 3 auf die Personen des Beurlaubtenstandes des § 56 Ziff. 2 bis 4 RMG. Anwendung findet. — Vgl. auch WehrO. I § 38 Ziff. 4.

[2] Durch Zufügung eines körperlichen oder geistigen Gebrechens. [3] Vgl. § 140 Anm. 2 und 3.

[4] Herbeiführung absoluter Dienstuntauglichkeit ist nicht erforderlich; es genügt die Herbeiführung eines — nicht nur vorübergehenden — Zustandes, bei dem eine Person nicht mehr in derjenigen Art (z. B. einzelne Waffengattung) oder in demjenigen Umfang zum Dienste tauglich ist, in dem sie es vorher war: RG. **44** 265. — In der Frage der Tauglichkeit ist das Gericht gebunden an die Entscheidung der Ersatzbehörde: RG. ebenda.

Täuschung zwecks Wehrpflichtverletzung.

143.[1] (StrK.) Wer in der Absicht,[2] sich der Erfüllung der Wehrpflicht[3] ganz oder teilweise[4] zu entziehen, auf Täuschung berechnete Mittel[5] anwendet,[6] wird mit Gefängnis bestraft; auch kann auf Verlust der bürgerlichen Ehrenrechte erkannt werden.

Dieselbe Strafvorschrift[7] findet auf den Teilnehmer[8] Anwendung.

[1] Vgl. MStGB. § 83. Auch für diesen gilt das in Anm. 1 zu § 142 betr. MStGB. § 81 Gesagte.

[2] Vgl. § 59 Anm. 4. [3] Vgl. § 140 Anm. 2 und 3.

[4] Nur vorübergehend.

[5] Das Mittel muß geeignet sein, bezüglich der Diensttauglichkeit nach irgendeiner Richtung eine Täuschung herbeizuführen; es braucht nicht geeignet zu sein, genau in der vom Täter beabsichtigten Richtung zu täuschen: R. 6 682. — Bloßes Lügen genügt nicht. Vortäuschung von Krankheitserscheinungen durch Anwendung äußerer oder innerer Mittel ist nicht notwendig; es genügt auch Täuschung über Befreiungsgründe z. B. infolge häuslicher Verhältnisse durch irgendwelche Mittel (z. B. gefälschtes Befreiungsgesuch): RG. 46 90.

[6] Gegenüber einer Behörde, welche in irgendeiner Instanz über die Militärpflicht zu entscheiden hat: RG. 9 88.

[7] Daher Ausnahme von § 49 Abs. 2. [8] §§ 47ff.

Verleitung zur Auswanderung.

144. (StrK.) Wer es sich zum Geschäfte macht,[1] Deutsche unter Vorspiegelung falscher Tatsachen[2] oder wissentlich mit unbegründeten Angaben oder durch andere auf Täuschung berechnete Mittel zur Auswanderung zu verleiten,[3] wird mit Gefängnis von einem Monat bis zu zwei Jahren bestraft.

[1] Vgl. § 73 Anm. 1.

[2] Vgl. § 186 Anm. 2. [3] Vgl. § 141 Anm. 3.

Gefährdung des Schiffsverkehrs.

145. (StrK. bzw. SchG.) Wer die vom Kaiser

zur Verhütung des Zusammenstoßens der Schiffe[1] auf See,

über das Verhalten der Schiffer nach einem Zusammenstoße von Schiffen auf See, oder

in betreff der Not- und Lotsensignale für Schiffe auf See und auf den Küstengewässern

erlassenen Verordnungen[2] übertritt,[3] wird mit Geldstrafe bis zu eintausendfünfhundert Mark bestraft.

[1] Auch offene Fischer- und sonstige Bote, Schleppschiffe, Schleppzüge und geschleppte Schiffe: RG. 20 372, 27 36. Ebenso Spazier-Segelboote: R. 10 505.

[2] Vgl. a) VO. zur Verhütung des Zusammenstoßens der Schiffe auf See vom 7. Jan. 1880; aufgehoben durch VO. zur Verhütung usw. vom 9. Mai 1897. Weiterhin VO., betr. Ergänzung und Abänderung der VO. zur Verhütung usw. vom 9. Mai 1897. Vom 5. Febr. 1906. Dann: Seestraßenordnung vom 5. Febr. 1906; VO., betr. das Ruderkommando vom 18. Okt. 1903.

b) VO. über das Verhalten der Schiffer nach einem Zusammenstoß von Schiffen auf See vom 15. Aug. 1876 nebst der Ergänzungsverordnung vom 29. Juli 1889.

c) Not- und Lotsen-Signalordnung für Schiffe auf See und auf den Küstengewässern vom 14. August 1876; aufgehoben durch VO. vom 9. Mai 1897 (vgl. unter a) und Lotsen-Signalordnung vom 7. Febr. 1907. — VO., betr. die Lichter und Signalführung der Fischerfahrzeuge und der Lotsendampffahrzeuge vom 10. Mai 1897. — VO. über die Abblendung der Seitenlichter und die Einrichtung der Positionslaternen auf Seeschiffen vom 16. Okt. 1900; Bekanntmachung, betr. die Einrichtung der Positionslaternen auf Seeschiffen vom 8. Dez. 1900.

[3] Auch fahrlässig: RG. 45 394.

Unerlaubte Ausgabe von Inhaberpapieren.

145a.[1] (StrK.) Wer im Inlande Schuldverschreibungen auf den Inhaber, in denen die Zahlung einer bestimmten Geldsumme versprochen wird, ohne die erforderliche staatliche Genehmigung ausstellt und in den Verkehr bringt,[2] wird mit einer Geldstrafe bestraft, die dem fünften Teile des Nennwerts der ausgegebenen Schuldverschreibungen gleichkommen kann, mindestens aber dreihundert Mark beträgt.

[1] Eingeschaltet durch EGBGB. Art. 34. Vgl. hierzu BGB. § 795.

[2] Durch Veräußerung in andere Hände bringen: RG. 33 329.

Achter Abschnitt.

Münzverbrechen und Münzvergehen.

Binding II 311, v. Liszt 527, Meyer 602.

Vgl. ergänzend für Münzverbrechen §§ 4 und 139; für Münzverbrechen und Münzvergehen StPO. § 92. — Münzdelikte außerhalb des achten Abschnitts s. in § 360 Ziff. 4—6 und im G. v. 26. Mai 1885, betr. den Schutz des zur Anfertigung von Reichskassenscheinen verwendeten Papiers gegen unbefugte Nachahmung.

Falschmünzerei und Münzverfälschung.

146. (SchwG.) Wer inländisches oder ausländisches Metallgeld oder Papiergeld nachmacht,[1] um das nachgemachte[2] Geld[3] als echtes zu gebrauchen oder sonst in Verkehr zu bringen,[4] oder wer in gleicher Absicht[4] echtem Gelde[3] durch Veränderung an demselben den Schein eines höheren Werts[5] oder verrufenem Gelde durch Veränderung an demselben das Ansehen eines noch geltenden[6] gibt, wird mit Zuchthaus nicht unter zwei Jahren bestraft; auch ist Polizeiaufsicht zulässig.

Sind mildernde Umstände vorhanden, so tritt Gefängnisstrafe ein.[7]

[1] Tatbestand der Falschmünzerei. Der Metallwert der nachgemachten Geldzeichen ist gleichgültig; sie können vollwertig sein. Ebenso belanglos, ob sie ein tatsächlich vorhandenes Gepräge nachmachen oder nicht. Für letzteren Satz: Binding, Frank, v. Liszt. Dagegen: Meyer.

[2] Ein gewisser Grad von Ähnlichkeit ist erforderlich. Die Beschaffenheit des Geldes muß geeignet sein, im gewöhnlichen Verkehr zu täuschen: RG. 6 142.

[3] Das vom Staate anerkannte gesetzliche Zahlungsmittel.

[4] Also Verbreitungsabsicht. Vgl. § 59 Anm. 4. Nach RG. 14 161 genügt jedoch die Absicht, das Geld im Rechtsverkehr

als echtes vorzuzeigen, auch wenn es nicht in Verkehr gebracht werden soll. A. A.: Frank, v. Liszt, Meyer.

[5] Tatbestand der Münzverfälschung.

[6] Tatbestand der Falschmünzerei nach Binding, v. Liszt. A. A.: Frank, Meyer, die hierin Münzverfälschung sehen.

[7] Neben dieser ist Polizeiaufsicht nicht zulässig: RG. **38** 215. Vgl. auch § 38 Anm. 2.

Inverkehrbringen falschen Geldes.

147. (SchwG.) Dieselben Strafbestimmungen finden auf denjenigen Anwendung, welcher das von ihm auch ohne die vorbezeichnete Absicht nachgemachte oder verfälschte Geld als echtes in Verkehr bringt, sowie auf denjenigen, welcher nachgemachtes oder verfälschtes Geld sich verschafft und solches entweder in Verkehr bringt[1] oder zum Zwecke der Verbreitung aus dem Auslande einführt.

[1] Die Verausgabung des auf einmal sich verschafften falschen Geldes in Teilbeträgen bildet nur ein Delikt: RG. **1** 25. Vgl. § 73 Anm. 1.

Abschieben falschen Geldes.

148. (SchG.) Wer nachgemachtes oder verfälschtes Geld als echtes empfängt[1] und nach erkannter Unechtheit als echtes in Verkehr bringt, wird mit Gefängnis bis zu drei Monaten oder mit Geldstrafe bis zu dreihundert Mark bestraft.

Der Versuch ist strafbar.

[1] Vorausgesetzt ist Übertragung von einem andern auf den Täter; nicht einseitiges Ansichnehmen.

Dem Papiergeld gleichgestellte Wertpapiere.

149.[1] Dem Papiergelde werden gleich geachtet die auf den Inhaber lautenden Schuldverschreibungen, Banknoten, Aktien oder deren Stelle vertretende Interimsscheine oder Quittungen, sowie die zu diesen Papieren gehörenden Zins-, Gewinnanteils- oder Erneuerungsscheine, welche von dem Reich, dem Norddeutschen Bunde, einem Bundesstaate oder fremden Staate oder von einer zur Ausgabe solcher Papiere berechtigten Gemeinde, Korporation, Gesellschaft oder Privatperson ausgestellt sind.

[1] Vgl. § 360 Ziff. 4—6.

Münzverringerung.

150. (StrK.) Wer echte, zum Umlauf bestimmte Metallgeldstücke[1] durch Beschneiden, Abfeilen oder auf andere Art verringert[2] und als vollgültig[3] in Verkehr bringt,[4] oder wer solche verringerte Münzen gewohnheitsmäßig oder im Einverständnisse mit dem, welcher sie verringert hat, als vollgültig in Verkehr bringt,[4] wird mit Gefängnis bestraft, neben welchem auf Geldstrafe bis zu dreitausend Mark, sowie auf Verlust der bürgerlichen Ehrenrechte erkannt werden kann.

Der Versuch ist strafbar.

[1] Bezieht sich also nicht auf Papiergeld.

[2] Kippen. — Auf mechanischem oder chemischem Wege.

[3] Über den vollen Gehalt der Geldstücke s. MünzG. v. 1. Juni 1909. [4] Wippen.

Vorbereitungshandlungen.

151.[1] (StrK.) Wer Stempel, Siegel, Stiche, Platten oder andere zur Anfertigung von Metallgeld, Papiergeld oder dem letzteren gleichgeachteten Papieren dienliche Formen zum Zwecke eines Münzverbrechens angeschafft oder angefertigt hat, wird mit Gefängnis bis zu zwei Jahren bestraft.

[1] Vgl. § 360 Ziff. 4—6.

Einziehung.

152.[1] Auf die Einziehung des nachgemachten oder verfälschten Geldes,[2] sowie der im § 151 bezeichneten Gegen-

stände ist zu erkennen,[3] auch wenn die Verfolgung oder Verurteilung einer bestimmten Person nicht stattfindet.

[1] Vgl. §§ 40, 42; StPO. §§ 477—479.

[2] Also nicht des verringerten Geldes (§ 150). Herrschende Ansicht. A. A.: v. Liszt.

[3] Ein nachträgliches Erkenntnis auf Einziehung ist zulässig: RG. **14** 161.

Neunter Abschnitt.

Meineid.

Binding II 132; v. Liszt 606, 620; Meyer 664.

Meineid ist der feste Begriff für die in §§ 153—155 vorgesehene wissentliche Verletzung des Eides: RG. **32** 118. Der Abschn. IX enthält in den §§ 156, 159, 160, 162, 163 auch Vorschriften, welche andere Handlungen als den Meineid betreffen.

Meineid.

153. (SchwG.) **Wer einen ihm zugeschobenen,[1] zurückgeschobenen[1] oder auferlegten[2] Eid wissentlich[3] falsch[4] schwört,[5, 6] wird mit Zuchthaus bis zu zehn Jahren bestraft.[7, 8]**

[1] Regelmäßig von einer Partei an eine Partei in einem geordneten Verfahren (Zivilprozeß) vor einer Behörde. Die Behörde muß zur Eidesabnahme im allgemeinen (abstrakt), nicht notwendig für den konkreten Eid (RG. **29** 337) zuständig sein: R. **7** 696. Diese Zuständigkeit ist bei einem Gericht auch vorhanden, wenn der Gerichtsschreiber bei der Eidesleistung vorschriftswidrig nicht zugezogen ist: RG. **38** 102.

[2] „Jeder Eid, den eine Behörde kraft Gesetzes fordert oder abschwören läßt, sofern er sich nicht als ein zugeschobener oder zurückgeschobener Parteieid, oder als Zeugen- oder Sachverständigeneid darstellt": RG. **19** 218. Vgl. z. B. ZPO. §§ 475 ff., 426, 807, 883; BGB. §§ 259, 261. Über die Zuständigkeit vgl. Anm. 1.

[3] D. h. vorsätzlich, nicht absichtlich. Dagegen genügt nicht Eventualdolus: v. Liszt. A. A.: Frank.

[4] Objektiv falsch. Daß der Umstand, in welchem von der Wahrheit abgewichen wurde, vollkommen bedeutungslos ist, ist gleichgültig: RG. **10** 338.

[5] Die Bestimmung trifft auch solche Personen, deren Beeidigung gesetzlich verboten ist: Zeugnisunfähige: RG. **1** 217. So auch: Frank. A. A.: Binding; Eidesunmündige: RG. **36** 278, sowie Meyer. Dagegen: Binding, Frank, v. Liszt —; solche, denen ein Zeugnisverweigerungsrecht zur Seite steht: R. **4** 95 — und solche, die nach § 56 Ziff. 2, 3 StPO. unbeeidigt zu vernehmen sind: RG. **25** 30.

[6] Mittäterschaft ist ausgeschlossen, da der Schwörende immer nur die ihm selbst obliegende Wahrheitspflicht verletzt: RG. **37** 92.

[7] Vgl. § 161 (Nebenstrafe).

[8] Über Realkonkurrenz zwischen § 153 und § 162 vgl. RG. **4** 76.

Zeugen- und Sachverständigen-Meineid.

154. (SchwG.) Gleiche Strafe[1] trifft denjenigen, welcher vor einer zur Abnahme von Eiden zuständigen Behörde[2] wissentlich[3] ein falsches Zeugnis[4] oder ein falsches Gutachten[4] mit einem Eide[5] bekräftigt oder den vor seiner Vernehmung geleisteten Eid wissentlich durch ein falsches Zeugnis oder ein falsches Gutachten verletzt.[6]

Ist das falsche Zeugnis oder Gutachten in einer Strafsache zum Nachteile eines Angeschuldigten abgegeben und dieser zum Tode, zu Zuchthaus oder zu einer anderen mehr als fünf Jahre betragenden Freiheitsstrafe verurteilt worden,[7] so tritt Zuchthausstrafe nicht unter drei Jahren ein.

[1] Vgl. § 153. [2] Vgl. § 153 Anm. 1. — § 114 Anm. 4.

[3] Vgl. § 153 Anm. 3. Dazu RG. **45** 151.

[4] Als solches erscheint auch ein Zeugnis oder Gutachten, bei welchem Tatsachen absichtlich verschwiegen werden, welche der Vernommene für unerheblich hält, falls er danach befragt wurde oder

sich der Möglichkeit bewußt war, die verschwiegene Tatsache könne für erheblich angesehen werden: R. 8 23. Vgl. auch RG. 42 103.

[5] Vgl. ZPO. §§ 392, 410; StPO. §§ 61, 79. — Der Sachverständigeneid umfaßt nicht auch die richtige Beantwortung der Personalfragen: RG. 20 235, wohl aber der Zeugeneid.

[6] Der Meineid eines vorbeeideten Zeugen ist erst mit dem Abschluß — nicht schon mit Unterbrechung — der Vernehmung vollendet: RG. 14 19. Dieser Abschluß der Vernehmung ist aber nicht mit dem Schluß der Beweisaufnahme zu verwechseln: RG. 23 86. Berichtigung vor Schluß der Vernehmung macht aus § 46 Ziff. 1 straflos. Vgl. RG. 22 363.

[7] Straferhöhender Umstand im Sinne der StPO. §§ 262, 264, 266, 295.

Eidesgleiche Beteuerungen.

155. Der Ableistung eines Eides wird gleich geachtet, wenn

1.[1] ein Mitglied einer Religionsgesellschaft, welcher das Gesetz den Gebrauch gewisser Beteuerungsformeln an Stelle des Eides gestattet, eine Erklärung unter der Beteuerungsformel seiner Religionsgesellschaft abgibt;
2. derjenige, welcher als Partei, Zeuge oder Sachverständiger einen Eid geleistet hat, in gleicher Eigenschaft eine Versicherung unter Berufung auf den bereits früher in derselben Angelegenheit geleisteten Eid abgibt, oder ein Sachverständiger, welcher als solcher ein für allemal vereidet ist, eine Versicherung auf den von ihm geleisteten Eid abgibt;[2]
3. ein Beamter[3] eine amtliche Versicherung unter Berufung auf seinen Diensteid abgibt.[4]

[1] Vgl. hierzu StPO. § 64, ZPO. § 484, MStGO. § 198.

[2] Vgl. StPO. §§ 66, 72, 79, ZPO. §§ 398, 402, 410, MStGO. §§ 201, 208, 215. Diese Versicherung steht dem Eide auch dann gleich, wenn sie nach prozessualer Vorschrift unzulässig

und wiederholte Beeidigung geboten war, wenn nur die Angelegenheit dieselbe ist: RG. 17 409.

[3] Vgl. § 359. [4] ZPO. § 386 Abs. 2.

Falsche Versicherung an Eides Statt.

156. (StrK.) Wer vor einer zur Abnahme einer Versicherung an Eides Statt[1] zuständigen Behörde[2] eine solche Versicherung[3] wissentlich[4] falsch abgibt[5] oder unter Berufung auf eine solche Versicherung wissentlich falsch aussagt, wird mit Gefängnis von einem Monat bis zu drei Jahren bestraft.[6]

[1] Die Worte „an Eides Statt" müssen nicht notwendig verwendet werden. Versicherungen, in denen gleichbedeutende Ausdrücke gebraucht werden, sind auch Versicherungen an Eides Statt: RG. 15 126.

[2] Vgl. § 153 Anm. 1; § 114 Anm. 4. — Auch hier ist nicht Zuständigkeit in concreto verlangt. Allgemeine Zuständigkeit genügt aber nur in dem Sinne, daß die Behörde zuständig sein muß, in einem Verfahren der bestimmten Art eine Versicherung der fraglichen Art entgegenzunehmen. Vgl. RG. 22 267; 29 337. Einer ausdrücklichen Ermächtigung des Gesetzes bedarf es nicht (so auch RG. 22 267); es genügt, daß sich die Zuständigkeit aus den die Behördenorganisation regelnden Normen ergibt: RG. 38 209. — Als zuständig zur Entgegennahme erscheinen die Gerichte bei Glaubhaftmachung im Zivil- und Strafprozeß: RG. 19 414; 20 241; 28 8; 36 212; die Gerichtskassen als Vollstreckungsbehörden in Kostensachen: RG. 24 377; der Notar bei Ausstellung von Erbbescheinigungen gemäß § 3 des Pr. G. v. 12. März 1869: RG. 18 246; die preußischen Universitäten, die Landesuniversität Rostock und die einzelnen Fakultäten dieser Universitäten bei Versicherungen über die Autorschaft von Doktordissertationen: RG. 17 208; das Vormundschaftsgericht nach RG. 36 1. — Die Befugnis zur Abnahme eidesstattlicher Versicherungen kann auch im Verwaltungsweg erteilt werden. So

z. B. in Braunschweig an die Kreisbauinspektionen: RG. 39 9. — Nicht zuständig ist die Staatsanwaltschaft: RG. 37 209.

[3] Schlechthin unstatthafte Versicherungen fallen nach dem in Anm. 2 Gesagten nicht unter § 156. Ebensowenig rechtlich absolut indifferente: RG. 22 267. Dagegen unterliegen ihm eidesstattliche Versicherungen, auch wenn sie zur Glaubhaftmachung von behaupteten Tatsachen eingereicht werden, deren Glaubhaftmachung es nach den gesetzlichen Vorschriften nicht bedarf: RG. 23 170, 47 37.

[4] Vgl. § 153 Anm. 3.

[5] Auch schriftliche Erklärung und Einreichung der schriftlichen Versicherung durch einen Dritten mit Wissen und Willen des Erklärenden genügen: RG. 22 267. Vgl. auch RG. 32 435. — Erst in der Benutzung zum Zwecke einer Beweisführung gegenüber einer Behörde liegt das „Abgeben" der Versicherung: RG. 47 156.

[6] Vgl. § 161 (Nebenstrafe).

Milderungsgründe.

157.[1] Hat ein Zeuge[2] oder Sachverständiger[2] sich eines Meineides (§§ 154, 155) oder einer falschen Versicherung an Eides Statt[3] schuldig gemacht, so ist die an sich verwirkte Strafe auf die Hälfte bis ein Viertel zu ermäßigen,[4,5] wenn

1.[6] die Angabe der Wahrheit gegen ihn selbst[7] eine Verfolgung wegen eines Verbrechens oder Vergehens nach sich ziehen konnte,[8] oder

2. der Aussagende die falsche Aussage zugunsten einer Person,[9] rücksichtlich welcher er die Aussage ablehnen durfte,[10] erstattet hat, ohne über sein Recht, die Aussage ablehnen zu dürfen, belehrt[11] worden zu sein.

Ist hiernach Zuchthausstrafe unter einem Jahre verwirkt, so ist dieselbe nach Maßgabe des § 21 in Gefängnisstrafe zu verwandeln.[12]

[1] Vgl. § 158.

[2] Nicht eine Partei. Aber auch nicht andere, unaufgefordert aussagende Leute: RG. 36 49.

[3] § 156 Anm. 1.

[4] Bei relativer Strafmündigkeit ist zunächst die „an sich verwirkte“ Strafe festzusetzen, diese nach § 157 zu ermäßigen und dann § 57 anzuwenden. So: RG. 9 245, Frank und Meyer. A. A.: Binding und v. Liszt. — Bei Konkurrenz von § 157 und § 158 findet keine doppelte Ermäßigung statt: RG. 9 74. — Bei fortgesetztem Meineid ist die Ermäßigung nicht möglich, falls Ermäßigungsgründe nur bei einer Einzelhandlung vorhanden sind: RG. 43 219.

[5] Strafmindernder Umstand im Sinne der StPO. §§ 262, 266, 295.

[6] StPO. §§ 54, 72; ZPO. § 384 Ziff. 2, § 402; MStGO. §§ 190, 208.

[7] D. h. den Täter; nicht etwa auch den Anstifter: RG. 22 106. A. A.: Frank für den Fall, daß die eigene Verfolgung des Anstifters bzw. des Gehilfen auf dem Spiele stand.

[8] Unerheblich ist, ob der Täter wußte, daß er durch Angabe der Wahrheit sich strafbar mache und ob er über sein Zeugnisverweigerungsrecht belehrt war oder nicht: RG. 23 149.

[9] Diese braucht nicht dem Aussagenden im Prozeß als Partei oder Beschuldigter gegenüberzustehen: RG. 40 46.

[10] Vgl. StPO. §§ 51, 52, 72, 76; ZPO. §§ 383, 384, 408; MStGO. §§ 187, 188, 208, 212. Vgl. auch Anm. 6.

[11] Vgl. StPO. § 51 Abs. 2, §§ 72, 76; ZPO. § 383 Abs. 2, §§ 402, 408; MStGO. § 187 Abs. 2, §§ 208, 212. Vgl. auch Vf. des Pr. JM. v. 14. Okt. 1878. [12] Vgl. § 161 (Nebenstrafe).

158. Gleiche Strafermäßigung[1] tritt ein, wenn derjenige, welcher sich eines Meineides[2] oder einer falschen Versicherung an Eides Statt[3] schuldig gemacht hat, bevor eine Anzeige gegen ihn erfolgt oder eine Untersuchung[4] gegen ihn eingeleitet und bevor ein Rechtsnachteil[5] für einen anderen aus der falschen Aussage[6] entstanden ist,[5] diese bei derjenigen Behörde,[7] bei welcher er sie abgegeben hat, widerruft.[8]

[1] Vgl. § 157, insbesondere Anm. 4 das. und § 161 (Nebenstrafe).

[2] Vgl. §§ 153—155. [3] Vgl. § 156.

[4] Auch staatsanwaltschaftliches Ermittlungsverfahren: RG. **21** 8.

[5] Erst mit Entstehung — nicht schon mit der Gefahr, vgl. RG. **16** 29 — eines Schadens gegeben: RG. **36** 240. Nicht notwendig Vermögensschaden; es genügt jede äußerlich erkennbare Beeinträchtigung eines andern in einem ihm zustehenden Rechte oder Rechtsverhältnisse: RG. **39** 225; **45** 301. So: Einstellung einer Zwangsvollstreckung: R. **9** 697; Anklageerhebung und Eröffnung des Hauptverfahrens wegen einer schwereren [als der wirklich begangenen] Straftat: RG. **17** 307; Verurteilung in erster Instanz: RG. **29** 303; Erteilung eines Erbscheines: RG. **39** 225; Einleitung eines Aufgebotsverfahrens: RG. **45** 301.

[6] Kausalzusammenhang zwischen falscher Aussage und Rechtsnachteil notwendig: RG. **45** 301.

[7] Vgl. § 114 Anm. 4. Es genügt, wenn der Widerruf nur mittelbar an die mit Entgegennahme der falschen Aussage befaßt gewesene Behörde gelangt oder vor einem anderen Organ der in ihrer Gesamtheit einheitlich gegliederten Behörde erfolgt: RG. **9** 333. So kann die vor einem Amtsgericht innerhalb des Ermittlungsverfahrens abgegebene falsche eidliche Aussage gegenüber dem vom Staatsanwalt mit den weiteren Ermittlungen beauftragten Gendarmen oder Bürgermeister widerrufen werden: RG. **34** 422. Es entscheidet nicht lediglich die organisatorische Einheit der Behörde. Die ersuchte und die ersuchende Behörde, mehrere in der gleichen Sache auf Ersuchen einer dritten Behörde tätig werdende Behörden erscheinen als eine Einheit: RG. **27** 148. Wenn zwei verschiedene Behörden in demselben Verfahren gesetzlich zusammenwirken, so kann der Widerruf bei jeder dieser Behörden geschehen: RG. **17** 341. — Nicht als Einheit sind dagegen aufzufassen: Staatsanwaltschaft und Schöffengericht (RG. **21** 8), sowie Schöffengericht und Berufungsstrafkammer (RG. **29** 303).

[8] Jede Erklärung, durch welche der Inhalt einer früheren eigenen Erklärung (wenn auch nur indirekt: RG. **24** 259) als unrichtig anerkannt wird: R. **10** 192. — Der Widerruf kann auch durch Vermittlung eines Dritten erfolgen: RG. **28** 162.

Aufforderung zum Meineid.

159. (StrK.) Wer es unternimmt,[1] einen anderen[2] zur Begehung eines Meineides[3] zu verleiten,[4] wird mit Zuchthaus bis zu fünf Jahren, und wer es unternimmt,[1] einen anderen zur wissentlichen Abgabe einer falschen Versicherung an Eides Statt[5] zu verleiten,[6] mit Gefängnis bis zu einem Jahre bestraft.[7]

[1] Vgl. § 105 Anm. 1.

[2] Auch die in § 153 Anm. 5 genannten Personen.

[3] Vgl. §§ 153—155.

[4] Hier wird bestraft die erfolglose („versuchte") Anstiftung. Der erforderliche Vorsatz ist demgemäß derjenige des Anstifters. Vgl. § 48 Anm. 5 und RG. **8** 354. — § 159 liegt demnach vor, auch wenn die Aussage vom Verleiter irrtümlich für falsch gehalten wurde: R. **10** 569. Ebenso, wenn der andere gutgläubig den falschen Eid geleistet (R. 8 302), mag ihm auch Fahrlässigkeit zur Last fallen (RG. **34** 431). A. A.: v. Liszt. Weiterhin dann, wenn der andere von vornherein zum Meineid entschlossen war: RG. **23** 223. (Vgl. § 48 Anm. 6.) — Mittelbare Verleitung des andern durch Aufforderung an einen Dritten, jenen zu verleiten, fällt auch unter § 159: RG. **15** 259; RMilG. **4** 28. So auch: v. Liszt, Meyer. Dagegen: Binding, Frank. Schwankend: RG. **45** 282 (286). Über den Versuch, einen Zeugen zum Verschweigen einer Tatsache zu bestimmen im Verhältnis zu § 159 vgl. RG. **42** 103. [5] Vgl. § 156.

[6] Vgl. teilweise Anm. 4. [7] Vgl. § 161 (Nebenstrafe).

Verleitung zur falschen Aussage.

160. (StrK.) Wer einen anderen zur Ableistung eines falschen Eides[1] verleitet,[2] wird mit Gefängnis bis zu zwei Jahren bestraft, neben welchem auf Verlust der bürgerlichen Ehrenrechte erkannt werden kann, und (StrK. bzw. SchG.) wer einen anderen zur Ableistung einer falschen Versicherung an Eides Statt verleitet,[3] wird mit Gefängnis bis zu sechs Monaten bestraft.

Der Versuch ist strafbar.

[1] Ein tatsächlich unrichtiger Eid, dessen inhaltliche Unrichtigkeit dem Schwörenden unbekannt ist. Während aber RG. **15** 148 verlangt, daß der Verleitete davon weiß, daß es sich um einen Eid (oder eine Versicherung an Eides Statt) handelt, braucht er nach RG. **34** 298 nur dazu bestimmt zu werden, eine Handlung vorzunehmen, welche sich objektiv als Eidesleistung (oder Versicherung an Eides Statt) darstellt.

[2] Vgl. § 141 Anm. 3. — Das vollendete Vergehen hat die Ableistung des Eides zur Voraussetzung: RG. **12** 254. — Auch die Verleitung zu einem fahrlässigen falschen Eid gehört hierher: RG. **25** 213. Vgl. Anm. 1.

[3] Z. B. Verleitung zu einer falschen Versicherung an Eides Statt (§ 156) durch Unterschieben des zu unterzeichnenden Schriftstücks. Vgl. RG. **34** 298 und Anm. 1.

Nebenstrafen.

161. Bei jeder Verurteilung wegen Meineides,[1] mit Ausnahme der Fälle in den §§ 157 und 158, ist[2] auf Verlust der bürgerlichen Ehrenrechte und außerdem auf die dauernde Unfähigkeit des Verurteilten, als Zeuge oder Sachverständiger eidlich vernommen zu werden, zu erkennen.[3]

In den Fällen der §§ 156 bis 159 kann neben der Gefängnisstrafe[4] auf Verlust der bürgerlichen Ehrenrechte erkannt werden.

[1] Nur auf die §§ 153—155, nicht etwa auf § 159 zu beziehen: RG. **2** 93.

[2] Obligatorisch. (Abweichung von § 32.) Wird dies übersehen, so bleiben Ehrenrechte und Zeugnisfähigkeit bestehen: R. **1** 269.

[3] Die Bestimmung gilt für den Anstifter, auch wenn der Täter von dieser Nebenstrafe gesetzlich frei war (§§ 48, 50): RG. 4 377. Bei Versuch und Beihilfe müssen die Ehrenrechte ebenfalls aberkannt werden (§§ 45, 49); jedoch ist Aberkennung der Zeugnisfähigkeit usw. unzulässig: RG. 13 76. [4] Gemäß § 32.

Eidesbruch.

162. (StrK.) Wer vorsätzlich einer durch eidliches Angelöbnis vor Gericht bestellten Sicherheit oder dem in einem Offenbarungseide[1] gegebenen Versprechen zuwiderhandelt, wird mit Gefängnis bis zu zwei Jahren bestraft.[2]

[1] Soweit sein Inhalt dem Wesen des Offenbarungsverfahrens entspricht: R. 4 503; vgl. BGB. §§ 259ff.

[2] Vgl. § 153 Anm. 8.

Fahrlässiger Falscheid.

163. (StrK.) Wenn eine der in den §§ 153 bis 156 bezeichneten Handlungen aus Fahrlässigkeit[1] begangen worden[2] ist, so tritt Gefängnisstrafe bis zu einem Jahre ein.

Straflosigkeit tritt ein, wenn der Täter, bevor eine Anzeige gegen ihn erfolgt oder eine Untersuchung gegen ihn eingeleitet und bevor ein Rechtsnachteil[3] für einen anderen aus der falschen Aussage[4] entstanden ist, diese bei derjenigen Behörde,[5] bei welcher er sie abgegeben hat, widerruft.[6]

[1] Vgl. § 59 Anm. 7. — Hier: mit Außerachtlassen von Hilfsmitteln, die bei richtiger Benutzung das Gedächtnis aufzufrischen geeignet waren (RG. 22 297), so daß die Unrichtigkeit der Angaben hätte ersehen werden können, sowie, wenn der Schwörende Hilfsmittel, die ein gewissenhafter Mann benutzt hätte, zu benutzen unterließ und infolgedessen die Unwahrheit eidlich erhärtete: RG. 8 108. In der unterlassenen Klarstellung einer nicht erschöpfenden und daher tatsächlich falschen Zeugenaussage kann ein fahrlässiger Falscheid liegen: RG. 45 151.

Die zeugeneidliche Aussage, man wisse etwas nicht, kann aber keine fahrlässig falsche sein, wenn die Tatsache des Nichtwissens in dem Augenblick der Aussage der Wahrheit entsprach. (Anders, wenn der Eid lautet, daß er nach sorgfältiger Prüfung und Erkundigung die Überzeugung gewonnen oder nicht gewonnen habe, daß usw.): RG. **37** 395; vgl. etwas weiter RG. **39** 42. Die Pflicht der Auffrischung des Gedächtnisses und die in der Unterlassung solcher Pflicht liegende Fahrlässigkeit betont ganz scharf: RG. **42** 236.

[2] Z. B. fahrlässige falsche Versicherung an Eides Statt durch Unterzeichnung eines Schriftstücks, dessen Inhalt der Unterzeichner nicht kennt: RG. **34** 298.

[3] Vgl. § 158 Anm. 5.
[4] Vgl. § 158 Anm. 6.
[5] Vgl. § 158 Anm. 7.
[6] Vgl. § 158 Anm. 8.

Zehnter Abschnitt.

Falsche Anschuldigung.

Binding II 521, v. Liszt 613, Meyer 660.

alsche Anschuldigung.

164. (StrK.) Wer bei einer Behörde[1] eine Anzeige[2] macht, durch welche er jemand[3] wider besseres Wissen[4,5] der Begehung einer strafbaren Handlung[6] oder der Verletzung einer Amtspflicht[7] beschuldigt,[8] wird mit Gefängnis nicht unter einem Monat bestraft; auch kann gegen denselben auf Verlust der bürgerlichen Ehrenrechte erkannt werden.[9]

Solange ein infolge der gemachten Anzeige eingeleitetes Verfahren[10] anhängig ist,[11] soll mit dem Verfahren und mit der Entscheidung über die falsche Anschuldigung innegehalten werden.

[1] Vgl. § 114 Anm. 4. — Die Anzeige an einen Kriminalwachtmeister auf einem Berliner Polizeirevier (als selbständige

Unterabteilung des Polizeipräsidiums) erscheint als Anzeige bei der (Polizei-) Behörde: RG. 38 20; 39 358. Vgl. auch RG. 32 95. Als Behörde im Sinne des § 164 erscheint in Preußen auch eine Königliche Oberförsterei: RG. 41 442. Nicht dagegen der Schutzmann, sei er auf der Straße, sei er (in Berlin) allein auf dem Polizeirevier; ebensowenig der Gendarm. Vgl. RG. 27 51; 39 358; 34 203. „Wird bei dem untergeordneten Organ einer Behörde eine Anzeige gemacht, so wird dadurch, selbst wenn es die Absicht des Anzeigenden ist, daß der betreffende Beamte in Erfüllung einer Dienstpflicht die Anzeige der ihm vorgesetzten Behörde mitteilen soll, das Tatbestandserfordernis der Anzeigeerstattung an eine Behörde nur dann erfüllt, wenn der untergeordnete Beamte die Anzeige der Behörde selbst mitgeteilt hat": RG. 27 51; 39 358; 34 203. Die falsche Anschuldigung ist also erst vollendet, wenn die Anzeige mit Willen des Täters an die Behörde gelangt ist.

[2] Angabe aus eigener Initiative, z. B. auch bei einer Vernehmung. So: Frank, v. Liszt, Meyer. A. A.: Binding. Veranlaßt jedoch jemand seine eigene Vernehmung zwecks Vorbringen einer falschen Beschuldigung, so liegt in dieser Beschuldigung eine Anzeige: RG. 42 18. Auch durch Privatklage ist Anzeige gegeben: R. 1 44.

[3] Eine bestimmte, vorhandene, also verfolgbare Person: RG. 46 85.

[4] Die Anschuldigung muß subjektiv falsch sein. Der Beschuldigte hat die strafbare Handlung nicht begangen und dies ist dem Anzeigenden bekannt gewesen: RG. 16 37. — Nicht wider besseres Wissen erhobene falsche Anschuldigung kann jedoch als Beleidigung strafbar sein: RG. 29 54. A. A.: Binding.

[5] Die Anschuldigung muß aber auch objektiv unwahr sein, d. h. in Widerspruch mit den Tatsachen stehen. Dies ist der Fall z. B. bei Anzeige eines Deliktes unter Betonung der Verjährung, wenn die Beschuldigung selbst unwahr und wider besseres Wissen erhoben ist: RG. 1 229; R. 1 393; — bei Anzeige wegen Zeugenmeineids, wenn die Angaben wissentlich falsch sind, obwohl der

Angezeigte in anderer Richtung ohne Kenntnis des Anzeigenden sich durch dieselbe Aussage des Meineids schuldig gemacht hat: RG. **39** 58. — Dies ist auch der Fall bei Unterdrückung von Tatsachen z. B. bei einer Privatklage aus § 186 unter Verschweigung des Umstandes, daß die wirklich behaupteten ehrenrührigen Tatsachen der objektiven Wahrheit entsprechen und in dem Glauben an die Unerweislichkeit des Vorwurfs: RG. **19** 386. — Weiterhin bei wissentlicher Verschweigung eines Strafausschließungsgrundes (z. B. der Verjährung) bei Anzeige eines an sich wahren Deliktes: RG. **23** 371. — Dagegen nimmt das RG. eine falsche Anzeige im Sinne des § 164 nicht an bei bloßer Entstellung von Tatsachen bei der Darstellung einer begangenen Straftat, ohne Veränderung der rechtlichen Qualifikation: RG. **13** 12; **28** 253; **28** 391. Vgl. auch RG. **41** 59. A. A.: v. Liszt bei wesentlichen Entstellungen.

[6] Beispiele vgl. in Anm. 5. — Die falsche Anschuldigung wegen Diebstahls des einen Ehegatten gegen den andern ist straflos, da der Diebstahl unter Ehegatten keine strafbare Handlung darstellt (§ 247 Abs. 2): RG. **21** 101; (anders, wenn das Gattenverhältnis verschwiegen wird. Vgl. auch hierzu Anm. 5 und RG. **23** 371.)

[7] Hierher gehörige Fälle s. in R. **10** 554: in dem Vorwurf unwürdigen außerdienstlichen Verhaltens gegen einen Beamten kann die Anschuldigung wegen Verletzung einer Amtspflicht liegen; in RG. **47** 49: gleicher Vorwurf gegen einen Pfarrer; dann in RG. **33** 29: Vorwurf gegen einen Gefängnisarzt; endlich in RG. **35** 99: die Anzeige standeswidrigen Verhaltens von Offizieren kann unter § 164 fallen; nicht: bei verabschiedeten Offizieren, da diese kein Amt bekleiden.

[8] Es genügt das Bewußtsein, daß die falsche Anzeige Strafverfolgung zur Folge haben kann: R. **4** 522.

[9] Idealkonkurrenz mit §§ 186, 187 möglich: RG. **20** 54. Sehr bestritten. Siehe a. A. in § 187 Anm. 10. Vgl. auch Anm. 4 oben.

[10] Auch staatsanwaltschaftliche Ermittlungen: RG. **8** 184.

[11] Vgl. § 69 und Anm. 3 dazu.

Bekanntmachungsbefugnis.

165.[1] Wird wegen falscher Anschuldigung[2] auf Strafe erkannt, so ist zugleich dem Verletzten die Befugnis zuzusprechen, die Verurteilung auf Kosten des Schuldigen öffentlich bekanntzumachen. Die Art der Bekanntmachung, sowie die Frist zu derselben, ist in dem Urteile zu bestimmen.

Dem Verletzten ist auf Kosten des Schuldigen eine Ausfertigung des Urteils zu erteilen.

[1] Vgl. § 200 und die Anm. dazu. [2] § 164.

Elfter Abschnitt.

Vergehen, welche sich auf die Religion beziehen.

Binding 177, v. Liszt 402, Meyer 571.

Gotteslästerung. Beschimpfung von Religionsgesellschaften, Verübung beschimpfenden Unfugs in Kirchen usw.

166. (StrK.) Wer dadurch, daß er öffentlich[1] in beschimpfenden[2] Äußerungen[3] Gott[4] lästert, ein Ärgernis gibt,[5] oder wer öffentlich eine der christlichen Kirchen[6] oder eine andere mit Korporationsrechten innerhalb des Bundesgebietes bestehende Religionsgesellschaft oder ihre Einrichtungen[7] oder Gebräuche[7] beschimpft,[8] ingleichen wer in[9] einer Kirche oder in[9] einem anderen zu religiösen Versammlungen[10] bestimmten Orte[11, 12] beschimpfenden Unfug verübt,[13] wird mit Gefängnis bis zu drei Jahren bestraft.

[1] Vgl. § 85 Anm. 2. Ergänzend RG. **40** 262.

[2] Beschimpfung liegt vor, wenn die Mißachtung in besonders roher, verletzender Form ausgedrückt wird: RG. **27** 284; **31** 305. Ein Beschimpfen kann auch schon im Behaupten an sich schimpflicher Tatsachen in bezug auf Gott oder eine Religionsgesellschaft liegen: RG. **28** 403. [3] Nicht: bildliche Darstellungen.

[4] Der Gottesbegriff der mit Korporationsrechten innerhalb des Deutschen Reiches bestehenden Religionsgesellschaften: RG. **6** 77. Auch die Lästerung Christi ist Gotteslästerung: R. **1** 143.

[5] Die Eignung, Ärgernis zu erregen, genügt nicht: RG. **16** 245.

[6] Auch diese: nur soweit sie Korporationsrechte besitzen. So: Binding, Frank, v. Liszt, Meyer.

[7] „Einrichtung: Die allgemeine Ordnung einer Angelegenheit einer Religionsgemeinschaft als solcher, d. h. alles dessen, was ihre Aufgaben, Interessen, Rechte und Pflichten und ihr Verhältnis zu ihren Mitgliedern und nach außen betrifft." So: Sonntagsheiligung, Laubhüttenfest: RG. **47** 142. Angriffe gegen einzelne Lehren der Bibel sind nur dann Angriffe gegen die christliche Kirche und ihre Einrichtungen, wenn die Bibel als dogmatische Grundlage des christlichen Glaubens angegriffen ist: R. 7 658, RG. **40** 262. — Beschimpfung eines einzelnen Gegenstandes ist dann Beschimpfung eines Gebrauchs, wenn der Gegenstand als Ausfluß des Gebrauchs und so dieser selbst getroffen wird (der „heilige Rock" zu Trier und die Reliquienverehrung): RG. **22** 238. Vgl. auch RG. **24** 12; **45** 11.

[8] Vgl. Anm. 2. Hier auch durch bildliche Darstellungen.

[9] D. h. der Unfug muß in einem umgrenzten Raum verübt sein (v. Liszt). Weiter RG. **29** 335: in oder an einem ... Orte. — Nicht notwendig etwa: während einer religiösen Versammlung.

[10] Versammlungen zum Zwecke der Andacht.

[11] Tatsächliche Benutzung des Ortes zu religiösen Versammlungen genügt nicht. Der Ort muß vielmehr zu solchen Versammlungen bestimmt sein: RG. 28 303. So z. B. Kirchhöfe, auf denen herkömmlich bei Beerdigungen religiöse Handlungen vorgenommen werden: R. 7 195. Die regelmäßige Benutzung eines Ortes zu solchen Versammlungen kann jedoch eine Änderung des profanen Verwendungszwecks enthalten: RG. **29** 334.

[12] Die Kirche oder der Versammlungsort braucht nicht einer staatlich anerkannten Religionsgesellschaft zu gehören: RG. **22** 212.

[13] D. h. das Gefühl anderer durch Kundgabe von Mißachtung und Geringschätzung dessen, was ihnen heilig ist, verletzt. RG. **31** 410 verlangt erkennbare Richtung des Unfugs gegen die Heiligkeit des Ortes oder gegen das religiöse Gefühl anderer, d. h. mit RG. **43** 201: Kundgebung einer solchen Herabwürdigung. Keineswegs braucht sich der Unfug gegen die Kirche zu richten. Es genügt in der Kirche Unfug gegen Personen, der geeignet ist, das religiöse Gefühl zu verletzen: RG. **23** 103.

Störung des Gottesdienstes.

167. (StrK.) Wer durch eine Tätlichkeit[1] oder Drohung[2] jemand hindert, den Gottesdienst[3] einer im Staate bestehenden[4] Religionsgesellschaft auszuüben, ingleichen wer in einer Kirche oder in einem anderen zu religiösen Versammlungen bestimmten Orte[5] durch Erregung von Lärm oder Unordnung[6] den Gottesdienst[3] oder einzelne gottesdienstliche Verrichtungen[7] einer im Staate bestehenden Religionsgesellschaft vorsätzlich verhindert oder stört,[8] wird mit Gefängnis bis zu drei Jahren bestraft.

[1] Vgl. § 94 Anm. 2. v. Liszt setzt den Ausdruck hier „Gewalt" gleich.

[2] Vgl. § 48 Anm. 4. — Ergänzend vgl. § 339 Abs. 3.

[3] Gemeinsame Gottesverehrung. — Vereinigung der Mitglieder einer Religionsgesellschaft zur religiösen Erbauung nach den Vorschriften und Gebräuchen ihrer Gemeinschaft. Vgl. dazu R. **7** 363 und R. **4** 847.

[4] Ob dieses Faktum vorliegt, entscheidet sich nach Staatskirchenrecht der Bundesstaaten. Vgl. RG. **39** 388.

[5] Siehe § 166 Anm. 9—12.

[6] Beeinträchtigung der äußeren Ordnung, durch die ein den bestehenden Vorschriften und Einrichtungen entsprechender Verlauf des einzelnen gottesdienstlichen Aktes gehemmt oder vereitelt wird. Vgl. RG. **37** 148.

[7] Jede auf dem Ritus beruhende und den rituellen Formen entsprechende Ausübung der Religion unter Assistenz eines Geistlichen (Frank) oder durch den Geistlichen allein (Gebet vor Beginn des Meßopfers: RG. **45** 243).

[8] Der Störer braucht nicht in der Kirche zu sein, doch muß der Lärm dort auf die Andacht bzw. die gottesdienstliche Verrichtung (nicht nur auf den einzelnen) störend wirken: RG. **3** 397; **37** 150. Nötig ist das Bewußtsein, daß die Handlung Lärm oder Unordnung herbeizuführen und den Gottesdienst zu stören geeignet ist. Vgl. RG. **17** 316; **37** 150. Durch erlaubten Gewerbebetrieb verursachte Störung ist nicht rechtswidrig, solange nicht Schikane geübt wird: RG. **37** 150. — Notwehr gegen beleidigende Angriffe des Geistlichen in der Predigt ist zulässig: RG. **21** 168.

Leichendiebstahl und Störung des Gräberfriedens.

168.[1] (StrK.) Wer unbefugt eine Leiche aus dem Gewahrsam[2] der dazu berechtigten Person wegnimmt,[3] ingleichen wer unbefugt ein Grab[4] zerstört[5] oder beschädigt, oder wer an einem Grabe beschimpfenden Unfug[6] verübt,[7] wird mit Gefängnis bis zu zwei Jahren bestraft; auch kann auf Verlust der bürgerlichen Ehrenrechte erkannt werden.[8]

[1] Vgl. § 367 Ziff. 1. [2] Obhut.

[3] Vgl. § 242 Anm. 5 und 6.

[4] Die der Ruhe und dem Andenken von Verstorbenen dienende Stätte mit allem, was mit ihr in einem wesentlichen oder künstlichen Zusammenhange steht und dauernd mit ihr verbunden ist: RG. **39** 155.

[5] Auch durch Beseitigung des Sarges mit der Leiche: RG. **28** 139. Über Grabdenkmäler s. § 304.

[6] Vgl. § 166 Anm. 13. Hier muß das Grab Gegenstand des Angriffs sein. Z. B. fiele unter § 168 die Beschädigung oder das Wegwerfen von Pflanzen vom Grabe aus Haß gegen den Verstorbenen: R. **9** 399.

[7] Das RG. **42** 145 verlangt die Absicht oder das Bewußtsein, daß die Handlung als Ausdruck der Verachtung des Verstorbenen sich darstelle.

[8] Über Idealkonkurrenz von §§ 168 und 304 vgl. RG. **39** 155.

Zwölfter Abschnitt.

Verbrechen und Vergehen in Beziehung auf den Personenstand.

Binding I 230, v. Liszt 392, Meyer 467, 473.

Verletzung des Personenstandes.

169. (StrK.) Wer ein Kind unterschiebt oder vorsätzlich verwechselt, oder wer auf andere Weise den Personenstand[1] eines anderen[2] vorsätzlich verändert[3] oder unterdrückt,[4,5] wird mit Gefängnis bis zu drei Jahren und (SchwG.), wenn die Handlung in gewinnsüchtiger Absicht begangen wurde, mit Zuchthaus bis zu zehn Jahren bestraft.

Der Versuch ist strafbar.

[1] Das familienrechtliche Verhältnis einer lebenden oder verstorbenen Person zu anderen lebenden Personen: RG. **13** 129. Ein totgeborenes Kind hat keinen Personenstand: RG. **43** 402. — Außereheliche Vaterschaft begründet einen Personenstand. Veranlassung unrichtiger Eintragung im Standesregister oder unrichtige Anerkennung der Vaterschaft in einer öffentlichen Urkunde ist deshalb Unterdrückung bzw. Veränderung: RG. **34** 427 (vgl. auch RG. **41** 301).

[2] Nicht den eigenen Personenstand, wohl aber den eines Verstorbenen: RG. **25** 188.

[3] Durch Beilegung eines nicht vorhandenen Personenstandes. Vgl. auch Anm. 4.

[4] Der Kenntnis anderer entziehen; Verheimlichung des Personenstandes ist die Regel, jedoch nicht notwendig: RG. **22** 283. In der Veränderung des Personenstandes durch Bei-

legung eines fremden Familienstandes ist die Unterdrückung mit enthalten: RG. **10** 86. — Die Unterdrückung des Personenstandes ist durch Eintrag ins Standesregister vollendet, aber damit nicht notwendig beendigt; sie wird z. B. durch die Taufe und durch jede andere Tätigkeit, durch welche die Unterdrückung mit einem dem § 169 entsprechenden Vorsatz aufrechterhalten wird (auch wenn die Tätigkeit allein den Tatbestand nicht erfüllen würde), fortgesetzt: RG. **23** 292. Bloßes Nichtstun, z. B. Nicht-Änderung der falschen Anmeldung genügt aber hierzu nicht. Andererseits nimmt das RG. an, daß Eintragung ins Geburtsregister zum Tatbestand nicht erforderlich sei. Vollendet sei das Delikt, sobald z. B. die Täuschung des Ehemannes über das angeblich von seiner Frau geborene Kind gelungen ist (RG. **36** 137) oder ein Zustand herbeigeführt ist, durch den der Personenstand der Außenwelt gegenüber unterdrückt oder verändert ist. (RG. **34** 24.) Von der oben angeführten RG. **23** 292 abweichend, erscheint daher in den zit. Entscheidungen § 169 nicht als Dauerdelikt. Nachfolgende Tätigkeitsakte können also nicht als Teilnahme (am fortgesetzten oder Dauerverbrechen), wohl aber als Begünstigung aufgefaßt werden. Auch kann ein Dritter das Delikt erneut als selbständiger Täter begehen: RG. **39** 252. So auch Frank. Dagegen: v. Liszt. — Die Verjährung beginnt, wenn die Tätigkeit der Unterdrückung des Personenstandes (das Ausgeben des Kindes z. B. für ein eheliches) aufhört: R. **5** 740. — Vgl. detaillierter RG. **40** 402.

[5] Der Vorsatz geht auf dauernde oder zeitweise Verdunkelung des Personenstandes. Vgl. RG. **36** 137.

Eheerschleichung.

170. (StrK.) Wer bei Eingehung einer Ehe dem anderen Teile ein gesetzliches Ehehindernis[1] arglistig verschweigt, oder wer den anderen Teil zur Eheschließung arglistig mittels einer solchen Täuschung verleitet, welche den Getäuschten berechtigt,[2] die Gültigkeit der Ehe anzufechten, wird, wenn aus einem dieser Gründe die Ehe aufgelöst worden ist,[3] mit Gefängnis nicht unter drei Monaten bestraft.[4]

Die Verfolgung tritt nur auf Antrag des getäuschten Teils ein.[5]

[1] Dessentwegen die Ehe nichtig ist oder angefochten werden kann; vgl. BGB. §§ 1323ff. [2] Vgl. BGB. § 1334.

[3] Bedingung der Strafbarkeit (v. Liszt), Prozeßvoraussetzung (Frank, Meyer). Nach anderen Tatbestandsmerkmal (Berner).

[4] Für die Verjährung vgl. § 69 und Anm. 3 dazu. Abweichend: v. Liszt. [5] § 65 Abs. 2 bleibt anwendbar.

Dreizehnter Abschnitt.

Verbrechen und Vergehen wider die Sittlichkeit.

Binding I 193, 219; v. Liszt 396, 375; Meyer 470, 453, 580.

Doppelehe.

171.[1] (StrK.) Ein Ehegatte, welcher eine neue Ehe eingeht, bevor seine Ehe aufgelöst[2] oder für nichtig erklärt worden ist,[3] ingleichen eine unverheiratete Person, welche mit einem Ehegatten, wissend,[4] daß er verheiratet ist, eine Ehe eingeht, wird mit Zuchthaus bis zu fünf Jahren bestraft.[5]

Sind mildernde Umstände vorhanden, so tritt Gefängnisstrafe nicht unter sechs Monaten ein.

Die Verjährung der Strafverfolgung beginnt mit dem Tage, an welchem eine der beiden Ehen aufgelöst oder für nichtig erklärt worden ist.[3]

[1] Vgl. BGB. § 1309.

[2] Die Aufhebung der ehelichen Gemeinschaft nach BGB. § 1575 steht der Ehescheidung nach überwiegender Ansicht nicht gleich: Frank, Meyer, Olshausen. A. A.: die Zivilisten; Seckel, Festgabe für Dernburg 1900; Wolff, Familienrecht 1912.

[3] Fassung nach EGBGB. Art. 34 Ziff. V.

[4] Das Bewußtsein von der möglichen Fortdauer der früheren Ehe (dolus eventualis) genügt: RG. **4** 38.

[5] Über die Bestrafung der Religionsdiener usw. vgl. § 338.

Ehebruch.

172. (StrK. bzw. SchG.) Der Ehebruch wird, wenn wegen desselben die Ehe geschieden ist,[1,2] an dem schuldigen Ehegatten, sowie dessen Mitschuldigen mit Gefängnis bis zu sechs Monaten bestraft.[3]

Die Verfolgung tritt nur auf Antrag[4] ein.

[1] Vgl. § 170 Anm. 3. — Als Prozeßvoraussetzung aufgefaßt nach der herrschenden Ansicht. So auch RG. **22** 135.

[2] Die Aufhebung der ehelichen Gemeinschaft (BGB. § 1575) steht der Ehescheidung gleich. So: Frank, Meyer.

[3] Der Lauf der Verjährung beginnt mit der Rechtskraft des Scheidungsurteils. Vgl. § 69 und Anm. 3 dazu.

[4] Der Lauf der Antragsfrist beginnt mit der Kenntnis von der Rechtskraft des Scheidungsurteils: RG. **26** 116. Vgl. auch RG. **47** 238. Der Strafantrag ist nur wirksam, wenn bei seinem Eingang bei der Staatsanwaltschaft das Ehescheidungsurteil rechtskräftig ist: RG. **38** 271. Ein vor jenem Zeitpunkt gestellter Strafantrag ist wirkungslos: RG. **1** 44; **37** 372.

Blutschande.

173. (StrK.) Der Beischlaf[1] zwischen Verwandten[2] auf- und absteigender Linie wird an den ersteren mit Zuchthaus bis zu fünf Jahren, an den letzteren mit Gefängnis bis zu zwei Jahren bestraft.[4]

Der Beischlaf zwischen Verschwägerten[3] auf- und absteigender Linie, sowie zwischen Geschwistern wird mit Gefängnis bis zu zwei Jahren bestraft.[4]

Neben der Gefängnisstrafe kann auf Verlust der bürgerlichen Ehrenrechte erkannt werden.

Verwandte und Verschwägerte absteigender Linie bleiben

straflos, wenn sie das achtzehnte Lebensjahr nicht vollendet haben.[5]

[1] D. h. die naturgemäße Vereinigung der Geschlechtsteile von Personen verschiedenen Geschlechts (emissio oder immissio seminis nicht erforderlich).

[2] Vgl. § 52 Anm. 10.

[3] Vgl. § 52 Anm. 11.

[4] Die Strafbarkeit bleibt auch bei erfolgter Verheiratung der hier genannten Personen bestehen: RG. 5 159.

[5] Der noch nicht 18 Jahre alte erscheint also nicht als Teilnehmer, sondern als Objekt: RG. 19 391. Gegen diese Argumentation: Binding, Frank.

Unzucht unter Verletzung eines Abhängigkeitsverhältnisses.

174. (StrR.) Mit Zuchthaus bis zu fünf Jahren werden bestraft:

1. Vormünder,[1] welche mit ihren Pflegebefohlenen, Adoptiv-[2] und Pflegeeltern,[3] welche mit ihren Kindern, Geistliche, Lehrer[4] und Erzieher,[5] welche mit ihren minderjährigen Schülern oder Zöglingen unzüchtige Handlungen[6] vornehmen;
2. Beamte,[7] die mit Personen, gegen welche sie eine Untersuchung[8] zu führen[9] haben oder welche ihrer Obhut[10] anvertraut sind, unzüchtige Handlungen vornehmen;
3. Beamte,[11] Ärzte oder andere Medizinalpersonen,[12] welche in Gefängnissen oder in öffentlichen, zur Pflege von Kranken, Armen oder anderen Hilflosen bestimmten Anstalten beschäftigt oder angestellt sind, wenn sie mit den in das Gefängnis oder in die Anstalt aufgenommenen Personen unzüchtige Handlungen vornehmen.

Sind mildernde Umstände vorhanden, so tritt Gefängnisstrafe nicht unter sechs Monaten ein.[13]

[1] Personen, die für alle Angelegenheiten der ihnen anvertrauten Mündel, insbesondere auch für deren Person zu sorgen

haben: RG. **44** 183; nicht die nur für Vermögensverwaltung Bestellten (vor dem BGB.): RG. **15** 72; nicht der Pfleger (im Sinne des § 1909 BGB.): RG. **41** 385; nicht der Beistand der Mutter nach § 1687 BGB.: RG. **35** 338, **44** 183; nicht der Gegenvormund: Frank, Binding, Meyer. A. A.: Olshausen.

[2] Als Adoptivvater erscheint auch der adoptierende Stiefvater (dessen Handlung dann u. U. unter §§ 174, 173 Abs. 2 in idealer Konkurrenz fällt): RG. **12** 292. [3] Vgl. § 52 Anm. 12.

[4] Nicht nur innerhalb des öffentlichen Schulwesens, sondern auch im Privatunterricht, selbst wenn nicht von Berufslehrern erteilt, sobald das auf dem überlegenen Wissen des Lehrenden beruhende sittliche Unterordnungs- und Vertrauensverhältnis zu den Schülern besteht: RG. **33** 423; vgl. auch RG. **32** 59 (Wirt und Kellnerlehrling).

[5] Wer berufsmäßig (aber nicht notwendig gewerbsmäßig: RG. **31** 203) die Lebensführung einer minderjährigen Person, ähnlich dem Vater oder Vormund, kraft der ihm zustehenden Autorität zu überwachen und zu lenken hat: RG. **29** 49. Z. B. der Waisenhausvater: RG. **29** 49; oder derjenige, der eine unter Zwangserziehung stehende Person in Dienst genommen hat mit der Verpflichtung, für die weitere Erziehung zu sorgen: RG. **31** 204; auch der Lehrherr im Verhältnis zum Lehrling in seiner häuslichen Gemeinschaft, wenn er neben der Berufsausbildung auch die gesamte Lebensführung des Lehrlings zu überwachen und zu leiten hat: RG. **27** 129; **35** 10. Unter der gleichen Voraussetzung ist der Kaufmann Erzieher des Kaufmannslehrlings: RG. **34** 311. Dagegen erscheint die Ehefrau nicht notwendig als Erzieher bei Unterbringung eines Fürsorgezöglings in der Familie: RG. **38** 66; ebensowenig der Lehrer an einer öffentlichen Schule: RG. **46** 344.

[6] Handlungen, welche objektiv das allgemeine Scham- und Sittlichkeitsgefühl verletzen und, aus sinnlicher Lust entsprungen, auf Befriedigung oder Erregung eigener oder fremder Geschlechtslust gerichtet sind: RG. **23** 233; **28** 77. Nicht notwendig Entblößung oder Berührung des Geschlechtsteiles oder des nackten Körpers: RG. **33** 429. [7] Vgl. § 359.

[8] Nicht im Sinne der StPO. Vielmehr „das von einer zuständigen Behörde oder einem zuständigen Beamten eingeleitete Verfahren, welches auf Ermittelung einer gesetzlich strafbaren Handlung und Herbeiführung der vom Gesetze für dieselbe angedrohten Folgen abzielt": RG. 42 65.

[9] Selbständige Anordnung und Leitung der gesamten untersuchenden Tätigkeit: RG. 42 65.

[10] Mit Pflicht der Aufsicht verbundene Fürsorge, vermöge deren ein Schutz- (und Abhängigkeits-)Verhältnis zwischen demjenigen, der die Obhut ausübt und dem, dem sie zuteil wird, besteht: RG. 45 336. Dieses Verhältnis verliert nicht seine Bedeutung mit den örtlichen Grenzen der Obhutsstätte: RG. 19 255. Vgl. auch RG. 42 251.

[11] Hier nicht bloß die im § 359 Genannten, sondern auch andere Angestellte.

[12] Die Krankenwärter als solche sind keine Medizinalpersonen: RG. 31 246. Sie können aber als Beamte in Betracht kommen, wie z. B. Gefängnisbeamte als Wärter in den Lazaretten der Gefängnisse. [13] Idealkonkurrenz mit § 176 möglich.

Widernatürliche Unzucht.

175. (StrK.) Die widernatürliche Unzucht,[1] welche zwischen Personen männlichen Geschlechts oder von Menschen mit Tieren begangen wird,[2] ist mit Gefängnis zu bestrafen; auch kann auf Verlust der bürgerlichen Ehrenrechte erkannt werden.[3]

[1] Diese begreift nur „beischlafähnliche" Handlungen: RG. 36 32. a) sodomia ratione sexus („mannmännliche Liebe"); z. B. Einführung des Gliedes in den Mund eines anderen Mannes: RG. 34 245. — b) sod. ratione generis: Bestialität; z. B. Berührung des Körpers des Tieres mit dem Geschlechtsteil des Menschen in wollüstiger Absicht; nicht erforderlich ist Vereinigung der Geschlechtsteile: RG. 3 200; R. 3 113. — Gegen solch weite Fassung: Frank, der Berührung der Geschlechtssphäre verlangt; aber auch das RG. 23 289. Noch enger v. Liszt, nach

welchem nur der coitus per anum unter Männern und die Vereinigung der verschiedengeschlechtlichen Geschlechtsteile von Mensch und Tier unter § 175 fallen. — Handeln durch die Kleider genügt nicht: RG. 2 237. Siehe aber weitergehend RG. 36 32. Ebenso fallen Onanie zwischen Männern (RG. 6 211), sowie die „lesbische Liebe" der Weiber nicht unter § 175. — Ist auf der anderen Seite das Bewußtsein vorhanden, mitzuwirken bei den zur Befriedigung des Geschlechtstriebes des einen Teiles vorgenommenen Handlungen, so sind beide Mittäter. Strafbare Teilnahme des passiven Teils ist nicht notwendig; derselbe kann z. B. bewußtlos, geisteskrank usw. gewesen sein: R. 3 151.

[2] Es genügt die wollüstige Absicht des einen Teiles: RG. 34 245.

[3] Idealkonkurrenz mit § 176 Ziff. 3 ist möglich.

Nötigung zur Unzucht.

176. Mit Zuchthaus bis zu zehn Jahren wird bestraft, wer

1. (SchwG.) mit Gewalt[1] unzüchtige Handlungen[2] an einer Frauensperson vornimmt oder dieselbe durch Drohung[3] mit gegenwärtiger Gefahr für Leib[4] oder Leben zur Duldung[5] unzüchtiger Handlungen[2] nötigt;[6]
2. (SchwG.) eine in einem willenlosen oder bewußtlosen Zustande befindliche oder eine geisteskranke Frauensperson zum außerehelichen Beischlafe mißbraucht,[7] oder
3. (StrK.) mit Personen unter vierzehn Jahren unzüchtige Handlungen[2] vornimmt[8] oder dieselben zur Verübung oder Duldung[5] unzüchtiger Handlungen[2] verleitet.[9, 10]

Sind mildernde Umstände vorhanden, so tritt Gefängnisstrafe nicht unter sechs Monaten ein.

[1] Vgl. § 52 Anm. 3.
[2] Siehe § 174 Anm. 6.
[3] Vgl. § 48 Anm. 4.
[4] Vgl. § 52 Anm. 6.

[5] Im Sinne von „Erdulden"; nicht etwa von „Geschehenlassen": RG. 26 278. [6] Täter kann auch eine Frauensperson sein.

[7] Die Einwilligung des Geisteskranken schließt Mißbrauch nicht aus: RG. 7 425. — Hat Täter den Zustand zum Zweck des Beischlafs hervorgerufen, vgl. § 177.

[8] Erste Alternative: Die Handlungen müssen an dem Körper des Kindes vorgenommen werden: RG. 22 33; 26 278. Es genügt nicht, daß sie angesichts oder in Gegenwart eines Kindes geschehen: R. 3 287. Eine Mitwirkung der gemißbrauchten Person ist nicht erforderlich: R. 3 621. Andererseits erscheint auch die Duldung der Beischlafsvollziehung durch das Kind von seiten einer erwachsenen Frauensperson als Vornahme unzüchtiger Handlungen: RG. 10 158. — Ein Kind von 12 bis 14 Jahren kann Täter sein: RG. 7 352. So: auch Binding. A. A.: Frank, v. Liszt, Meyer. — Täter kann auch eine Frauensperson sein: RG. 10 158. — Zeugungsfähigkeit des Täters ist nicht erforderlich: RG. 20 181. — Das Bewußtsein der Möglichkeit eines Alters des Gemißbrauchten unter 14 Jahren (dolus event.) genügt: RG. 10 337.

[9] Vgl. § 141 Anm. 3. Zweite Alternative: Gleichviel, ob die Handlung mit dem Verleiter selbst oder einem Dritten vorgenommen wird: RG. 20 30. — Der Täter muß das Bewußtsein der Unzüchtigkeit der objektiv unzüchtigen Handlung haben; ob das Kind sie hat ist gleichgültig: RG. 22 33.

[10] Idealkonkurrenz zwischen den einzelnen Ziffern des § 176 ist möglich. — Ebenso z. B. zwischen § 176 Ziff. 3 und § 240: RG. 11 387; über § 176 Ziff. 3 und § 185 vgl. RG. 45 344; 46 302. Vgl. auch § 174 Anm. 13; § 175 Anm. 3; § 177 Anm. 9 und § 182 Anm. 8.

Notzucht.

177.[1] (SchwG.) Mit Zuchthaus wird bestraft, wer[2] durch Gewalt[3] oder durch Drohung[4] mit gegenwärtiger Gefahr für Leib[5] oder Leben eine Frauensperson[6] zur Duldung[7] des außerehelichen Beischlafs[8] nötigt, oder wer eine Frauensperson zum außerehelichen Beischlafe[8] mißbraucht, nachdem er sie zu diesem Zwecke in einen willenlosen oder bewußtlosen Zustand versetzt hat.[9]

Sind mildernde Umstände vorhanden, so tritt Gefängnisstrafe nicht unter einem Jahre ein.

[1] § 177 hebt aus der allgemeinern Bestimmung des § 176 Ziff. 1 den gemeinrechtlichen Begriff der „Notzucht" hervor.

[2] Täter der ersten Alternative kann auch eine Frauensperson sein.

[3] Vgl. § 52 Anm. 3.

[4] Vgl. § 48 Anm. 4.

[5] Vgl. § 52 Anm. 6.

[6] Ohne Berücksichtigung von Alter, Geschlechtsreife und weiblicher Ehre. So: RG. 4 23, Frank und die gemeine Meinung. A. A.: v. Liszt.

[7] Vgl. § 176 Anm. 5.

[8] Vgl. § 173 Anm. 1.

[9] §§ 176 Ziff. 1 oder 177 können mit § 185 in Idealkonkurrenz treten: RG. 24 201; desgleichen Versuch aus § 177 mit § 176 Ziff. 1 und 3. A. A.: Frank; dagegen steht § 177 (Vollendung) mit § 176 Ziff. 1 nur in Gesetzeskonkurrenz.

178. (SchwG.) Ist durch eine der in den §§ 176 und 177 bezeichneten Handlungen der Tod der verletzten Person verursacht worden, so tritt Zuchthausstrafe nicht unter zehn Jahren oder lebenslängliche Zuchthausstrafe ein.[1]

[1] Versuch möglich. Strafrahmen aus § 178 zu bestimmen und gemäß § 44 herabzusetzen.

Verleitung zum außerehelichen Beischlaf.

179. (StrK.) Wer eine Frauensperson zur Gestattung des Beischlafs[1] dadurch verleitet,[2] daß er eine Trauung vorspiegelt, oder einen anderen Irrtum in ihr erregt oder benutzt, in welchem sie den Beischlaf[1] für einen ehelichen hielt, wird mit Zuchthaus bis zu fünf Jahren bestraft.

Sind mildernde Umstände vorhanden, so tritt Gefängnisstrafe nicht unter sechs Monaten ein.

Die Verfolgung tritt nur auf Antrag ein.[3]

[1] Vgl. § 173 Anm. 1. [2] Vgl. § 141 Anm. 3.

[3] Zwischen § 179 und § 185 besteht Gesetzeskonkurrenz. 179 als der speziellere Tatbestand ist allein anwendbar, auch wenn die Verletzte eine Ehefrau ist. Deshalb besteht kein Strafantragsrecht des Mannes aus § 185: RG. **19** 250. Dagegen RG. **24** 201.

Kuppelei.

180.[1] (StrK. bzw. SchG.) Wer gewohnheitsmäßig[2] oder aus Eigennutz[3] durch seine Vermittelung[4] oder durch Gewährung oder Verschaffung von Gelegenheit[5] der Unzucht[6] Vorschub leistet,[7] wird wegen Kuppelei mit Gefängnis nicht unter einem Monate bestraft;[8] auch kann zugleich auf Geldstrafe von einhundertfünfzig bis zu sechstausend Mark, auf Verlust der bürgerlichen Ehrenrechte sowie auf Zulässigkeit von Polizeiaufsicht erkannt werden. Sind mildernde Umstände vorhanden, so kann die Gefängnisstrafe bis auf einen Tag ermäßigt werden.[9]

[1] In der Fassung des G. v. 25. Juni 1900.

[2] Vgl. § 73 Anm. 1; auch § 73 Anm. 8.

[3] Absicht auf Erlangung eines Vorteils, die den Geboten der Moral zuwider nicht die gebührende Rücksicht auf die Interessen anderer nimmt: RG. **41** 225. Nicht bloß Vermögensvorteil, sondern auch Erstrebung eines materiellen Nutzens wie z. B. Befriedigung eines körperlichen Gelüstes (Gestattung des Beischlafs): RG. **16** 56. A. A.: Frank. Beschränkt auf Vermögensvorteil: Binding, v. Liszt. — Eigennutz liegt z. B. beim Vermieten vor, wenn ein Teil des Mietsbetrages als Äquivalent für die Zulassung des unzüchtigen Gewerbes in den Mietsräumen erscheint: RG. **25** 142; aber der Nutzen braucht das gewöhnliche Maß nicht zu übersteigen: RG. **26** 40; **41** 225.

[4] Ermöglichung der persönlichen Annäherung der betreffenden Personen zum Zwecke der Ausübung der Unzucht, mag auch hiermit die Überlassung einer Örtlichkeit zum Zwecke dieser Ausübung nicht verbunden werden: RG. **20** 201. — Z. B. durch Bordell-

halten (selbst mit polizeilicher Genehmigung strafbar: RG. **1** 88. A. A.: z. B. Frank).

[5] D. h. der Räumlichkeit zur Ausübung der Unzucht (z. B. des Bordells). Vgl. auch RG. **40** 165.

[6] Im Sinne des § 180 nicht bloß außerehelicher Beischlaf, sondern jedes gegen Zucht und Sitte verstoßende Handeln im Bereich des geschlechtlichen Verkehrs: RG. **11** 4; **37** 303. So: die herrschende Lehre (vgl. auch § 174 Anm. 6). A. A.: v. Liszt, der den Begriff auf den außerehelichen Beischlaf und das Delikt des § 175 zwischen Männern beschränkt.

[7] Eine objektiv günstigere Gestaltung der Bedingungen für die Unzucht herbeiführen: RG. **11** 149. Schon dann gegeben, wenn nur die eine der beiden Personen zur Unzucht bereit war, die Bereitwilligkeit der anderen aber erst durch die getroffenen Veranstaltungen herbeigeführt werden sollte: RG. **30** 321. Daß Unzucht wirklich verübt ist, nicht erforderlich: RG. **22** 311. Alle obigen Gesichtspunkte wiederholt RG. **44** 176. Auch möglich durch vorsätzliches Unterlassen pflichtmäßigen Handelns: RG. **7** 118; R. **7** 33. Eine solche Pflicht besteht für den Vermieter der Wohnung, in der Unzucht getrieben wird (er hat nach erlangter Kenntnis von dem Treiben zu kündigen); ebenso auch für den Ehemann der Frau gegenüber, wenn er in der Lage ist, das Treiben der Frau zu hindern: RG. **22** 332. (Hiergegen: Binding, Frank.) Nicht dagegen für die Mutter gegenüber ihrer großjährigen Tochter: RG. **40** 165.

[8] Teilnahme ist möglich, da die Kuppelei selbständiges Delikt ist. So z. B. Beihilfe durch Weinlieferung auf Kredit zum Bordellbetrieb, wodurch dieser erst ermöglicht wird: RG. **39** 44. — Auch derjenige, der selbst die Unzucht treiben will, kann als Teilnehmer an der Kuppelei erscheinen: RG. **23** 69. Abweichend: Die gemeine Meinung. — Als Teilnahme erscheinen nicht ohne weiteres die sanitätspolizeilichen Anordnungen gegen Bordelldirnen im Wege der polizeilichen Aufsicht durch einen Polizeibeamten: RG. **37** 218.

[9] Über Konkurrenz s. § 181 Anm. 13 und § 181a Anm. 12.

Schwere Kuppelei.

181.[1] (StrR.) Die Kuppelei ist, selbst wenn sie weder gewohnheitsmäßig[2] noch aus Eigennutz[3] betrieben wird, mit Zuchthaus bis zu fünf Jahren zu bestrafen, wenn

1. um der Unzucht[4] Vorschub zu leisten,[5] hinterlistige[6] Kunstgriffe[7] angewendet werden, oder
2. der Schuldige zu der verkuppelten Person in dem Verhältnisse des Ehemanns zur Ehefrau, von Eltern[8] zu Kindern, von Vormündern[9] zu Pflegebefohlenen, von Geistlichen, Lehrern[10] oder Erziehern[11] zu den von ihnen zu unterrichtenden oder zu erziehenden Personen steht.[12,13]

Neben der Zuchthausstrafe ist der Verlust der bürgerlichen Ehrenrechte auszusprechen; auch kann zugleich auf Geldstrafe von einhundertfünfzig bis zu sechstausend Mark, sowie auf Zulässigkeit von Polizeiaufsicht erkannt werden.

Sind im Falle des Abs. 1 Nr. 2 mildernde Umstände vorhanden, so tritt Gefängnisstrafe ein, neben welcher auf Geldstrafe bis zu dreitausend Mark erkannt werden kann.[14]

[1] Fassung des G. v. 25. Juni 1900.

[2] Vgl. § 73 Anm. 1.

[3] Vgl. § 180 Anm. 3.

[4] Vgl. § 180 Anm. 6.

[5] Vgl. § 180 Anm. 7.

[6] Vorbedachtes Handeln unter Verdeckung der wahren Absicht, um den unvorbereiteten Zustand jemandes zur Verwirklichung eines Planes zu benutzen: RG. 22 311.

[7] Mit besonderer Geschicklichkeit ausgeführte Manipulation, aber auch schlaue Benutzung gegebener Verhältnisse oder geschickt getroffener Vorkehrungen: RG. 22 311.

[8] Auch Stiefeltern: RG. 6 338 und Pflegeeltern (s. § 52 Anm. 12): RG. 46 150; nicht Schwiegereltern: RG. 36 184. Hierher gehört auch der Ehemann der außerehelichen Mutter: RG. 21 257; eine Mutter im Verhältnis zu ihrem großjährigen Sohne: RG. 16 49.

[9] Vgl. § 174 Anm. 1.

[10] Vgl. § 174 Anm. 4. [11] Vgl. § 174 Anm. 5.

[12] Die persönlichen Verhältnisse sind strafbegründend, nicht im Verhältnis zu § 180 straferhöhend; § 50 findet also nicht Anwendung; deshalb erfolgt auch Bestrafung eines Teilnehmers am Verbrechen, bei welchem das Verwandtschaftsverhältnis der Ziff. 2 nicht zutrifft, aus § 181: RG. 22 51.

[13] Mehrere Fälle gewohnheitsmäßiger schwerer Kuppelei aus § 181 stehen untereinander in Realkonkurrenz, treten aber mit der gewohnheitsmäßigen Kuppelei nach § 180 in Idealkonkurrenz: RG. 42 203. (Früher abweichend RG. 6 132.) Vgl. auch § 181a Anm. 12.

[14] Hier ist nur Gefängnisstrafe zugelassen, daneben Geldstrafe bis zu 3000 M. Auch kann, nach Maßgabe des § 32, auf Verlust der bürgerlichen Ehrenrechte, nach der Fassung des letzten Abs. aber nicht (vgl. § 38 Abs. 1) auf Polizeiaufsicht erkannt werden.

Zuhälterei.

181a.[1] (StrK.) Eine männliche Person, welche von einer Frauensperson, die gewerbsmäßig[2] Unzucht[3, 4] treibt, unter Ausbeutung[5] ihres unsittlichen Erwerbes ganz oder teilweise den Lebensunterhalt[6] bezieht,[7] oder welche einer solchen Frauensperson gewohnheitsmäßig[8] oder aus Eigennutz[9] in bezug auf die Ausübung des unzüchtigen Gewerbes Schutz gewährt oder sonst förderlich ist[10] (Zuhälter),[11] wird mit Gefängnis nicht unter einem Monate bestraft.[12]

Ist der Zuhälter der Ehemann der Frauensperson, oder hat der Zuhälter die Frauensperson unter Anwendung von Gewalt[13] oder Drohungen[14] zur Ausübung des unzüchtigen Gewerbes angehalten, so tritt Gefängnisstrafe nicht unter einem Jahre ein.

Neben der Gefängnisstrafe kann auf Verlust der bürgerlichen Ehrenrechte, auf Zulässigkeit von Polizeiaufsicht sowie auf Überweisung an die Landespolizeibehörde mit den im § 362 Abs. 3 und 4 vorgesehenen Folgen erkannt werden.

[1] Eingefügt durch G. v. 25. Juni 1900.

[2] Vgl. § 73 Anm. 1. [3] Vgl. § 180 Anm. 6.

[4] Gewerbsmäßige Unzucht: Geschlechtliche Preisgabe an einen individuell nicht bestimmten Kreis von Männern: RG. **45** 264.

[5] Bewußte Ausnutzung der Prostituierten als Erwerbsquelle für den Lebensunterhalt, ohne Unterhaltsanspruch: RG. **34** 74. Gewinnsüchtige Absicht.

[6] Die Gesamtheit der Aufwendungen, die im allgemeinen von einer männlichen Person zur Bestreitung ihrer gewöhnlichen Lebensbedürfnisse gemacht werden (nicht mit §§ 1610ff. BGB. identisch). Es ist nicht erforderlich, daß der Zuhälter gerade das zum Leben Unerläßliche von der Dirne bezieht (das kann er z. B. verdienen oder von seinen Eltern erhalten), vielmehr sind die Mittel zu besserer, reichlicherer Lebensführung auch als Lebensunterhalt aufzufassen. Teilweises Beziehen des Lebensunterhalts genügt: RG. **35** 92. Auch mittelbares Beziehen des Unterhalts durch Annahme von Geldbeträgen für ein vom Täter betriebenes Erwerbsgeschäft: RG. **45** 264; auch durch Annahme von Darlehen: RG. ebda.

[7] Hierbei kommt es nicht entscheidend auf den Willen der Unzucht treibenden Frauensperson, sondern auf den des Zuhälters an: RG. **41** 340; **45** 264.

[8] Vgl. § 73 Anm. 1. [9] Vgl. § 180 Anm. 3.

[10] Dies kann in Einzelakten, aber auch in der Gesamtheit der zur Handlungseinheit verbundenen Willensbetätigungen gefunden werden: RG. **34** 74. Der Zuhälter muß zu einer Dirne in persönlicher Beziehung stehen und ihr bei dem Unzuchtsbetriebe hinsichtlich der Ausübung des Gewerbes durch seine Tätigkeit förderlich gewesen sein (Postenstehen, Begleitung, Schutz usw.). Die gewöhnliche Kupplertätigkeit (z. B. durch Wohnungvermieten) ist nicht genügend und nicht erforderlich: RG. **35** 56. Zwar leistet der Zuhälter auch der Unzucht Vorschub, doch nicht notwendig unmittelbar durch Gewährung oder Verschaffung von Gelegenheit oder durch seine Vermittelung.

[11] Das Wort hat nicht die Bedeutung eines zum Tatbestand gehörigen Merkmales, welches im Urteil besonders festzustellen wäre. Es dient nur zur gemeinverständlichen Charakterisierung der Straftat: RG. **34** 72.

[12] Ideale Konkurrenz zwischen § 181a (erste Form) und §§ 180, 181 Ziff. 2 ist möglich. Zwischen § 181a (zweite Form) und § 180 dagegen herrscht das Verhältnis der Spezialität (vgl. § 73 Anm. 3): RG. **34** 74; **35** 56; **41** 340; ebenso erscheint § 181a Abs. 2 als der speziellere Tatbestand gegenüber § 181 Ziff. 2: RG. **39** 29. Abweichend: Binding, v. Liszt und Meyer, nach denen Idealkonkurrenz möglich ist.

[13] Vgl. § 52 Anm. 3. [14] Vgl. § 48 Anm. 4.

Verführung.

182. (StrK.) Wer ein unbescholtenes[1] Mädchen, welches das sechzehnte Lebensjahr nicht vollendet hat,[2] zum Beischlafe[3] verführt,[4,5] wird mit Gefängnis bis zu einem Jahre bestraft.

Die Verfolgung tritt nur auf Antrag der Eltern[6] oder des Vormundes der Verführten ein.[7,8]

[1] Jemand, gegen dessen Ruf in geschlechtlicher Beziehung nichts vorliegt: R. **3** 168. Defloration macht deshalb nicht immer bescholten. Für die Frage der Bescholtenheit sind der Bildungsgrad des Mädchens und die Anschauungen der Kreise, aus denen es herstammt oder in denen es lebt, nicht allein ausschlaggebend. Ebensowenig gehört etwa Bekanntsein des unsittlichen Lebenswandels oder etwa (freiwillige und bewußte) Hingabe zum außerehelichen Beischlafe zum Begriff. Es genügt geschlechtliche Verdorbenheit, ein sonstiges, in sittenloser Gesinnung wurzelndes „unzüchtiges Treiben": RG. **37** 94. — Erfordert die Verführung längere Zeit, so darf die dem völligen Erliegen des Mädchens vorausgegangene, auf die Verführung zurückführbare allmähliche Minderung der sittlichen Eigenschaften des Mädchens nicht zu der Ansicht verleiten, daß eine Bescholtene verführt worden. Vielmehr erscheint hier der

Zeitpunkt des Beginns der Verführung als maßgebend: RG. 32 437.

[2] Keineswegs braucht aber das Mädchen das 14. Lebensjahr bereits vollendet zu haben: RG. 46 139. So auch Frank, Olshausen. A. A. Binding, Meyer. Vgl. auch Anm. 8.

[3] Vgl. § 173 Anm. 1. — Natürlich zum außerehelichen. — Mit dem Verführenden selbst. Gemeine Ansicht. Dagegen: Frank.

[4] Überwindung ernstlichen Widerstands ist nicht erforderlich, sondern nur Dienstbarmachen des Willens eines Mädchens zur Befriedigung sinnlicher Begierden, d. h. im speziellen Fall: geneigt machen zum Beischlaf: RG. 10 95; R. 7 172. Es muß also wenigstens die Anregung zum Beischlaf vom Mann ausgehen: R. 4 468.

[5] Bewußtsein des Mädchens davon, worum es sich handelt, ist nicht erforderlich: RG. 3 168. § 182 beabsichtigt gerade den Schutz der Unerfahrenheit: R. 6 135. Vgl. auch RG. 10 95. Vollendet ist das Delikt erst mit vollzogenem Beischlaf.

[6] Vater oder Mutter, nicht bloß beide zusammen: RG. 18 101. Auch der unehelichen Mutter: RG. 3 89.

[7] Das Vergehen des § 182 kann durch mehrere selbständige Handlungen (§ 74) oder durch ein fortgesetztes Delikt (vgl. § 73 Anm. 1) in Ansehung desselben Mädchens regelmäßig nicht begangen werden, weil bei dem Mädchen, welches einmal ohne Zwang sich hingegeben, Unversehrtheit der Geschlechtsehre in der Regel nicht mehr vorliegt: RG. 35 45; 41 164.

[8] Mit § 176 Ziff. 3 kann Idealkonkurrenz vorliegen. A. A. Binding, Meyer.

Öffentliche Erregung eines geschlechtlichen Ärgernisses.

183. (StrK. bzw. SchG.) Wer durch eine unzüchtige Handlung[1] öffentlich[2] ein Ärgernis gibt,[3] wird mit Gefängnis bis zu zwei Jahren oder mit Geldstrafe bis zu fünfhundert Mark bestraft.

Neben der Gefängnisstrafe kann auf Verlust der bürgerlichen Ehrenrechte erkannt werden.

[1] Mit § 174 (vgl. daselbst Anm. 6) nicht völlig übereinstimmend. Die Beziehung auf das Geschlechtsleben ist auch hier nötig. Es handelt sich aber nicht um einen Angriff auf ein einzelnes Individuum zwecks Erregung der Geschlechtslust, sondern um einen Angriff auf die guten Sitten als wesentliches Fundament der Gesellschaft: RG. 23 233; 28 77. Ähnlich: Frank, der die Absicht verlangt, etwas Geschlechtliches zum Ausdruck zu bringen (nach Kohler); — daß die Handlung an sich die gute Sitte verletze, ist nicht erforderlich (z. B. wird der Beischlaf unter Ehegatten zur unzüchtigen Handlung durch die Öffentlichkeit der Vornahme); — auch mündliche Äußerungen (Lieder): RG. 4 130. So auch: v. Liszt. Dagegen: Binding, Frank, Meyer.

[2] Vgl. § 85 Anm. 2.

[3] Es muß mindestens eine Person Ärgernis genommen haben: RG. 2 196.

Verbreitung unzüchtiger Schriften usw.

184.[1] (StrK.) Mit Gefängnis bis zu einem Jahre und mit Geldstrafe bis zu eintausend Mark oder mit einer dieser Strafen wird bestraft, wer

1. unzüchtige Schriften,[2] Abbildungen[3] oder Darstellungen[3] feilhält,[4] verkauft,[5] verteilt,[5] an Orten, welche dem Publikum zugänglich sind,[6] ausstellt[7] oder anschlägt[8] oder sonst verbreitet,[9] sie zum Zwecke der Verbreitung herstellt[10] oder zu demselben Zwecke vorrätig hält,[11] ankündigt[12] oder anpreist;[13-15]
2. unzüchtige Schriften,[2] Abbildungen[3] oder Darstellungen[3] einer Person unter sechzehn Jahren gegen Entgelt[14] überläßt oder anbietet;[15]
3. Gegenstände, die zu unzüchtigem Gebrauche[16] bestimmt sind,[17] an Orten, welche dem Publikum zugänglich sind,[6] ausstellt oder solche Gegenstände dem Publikum[6] ankündigt[12] oder anpreist;[13]

4. öffentliche Ankündigungen erläßt, welche dazu bestimmt sind,[18] unzüchtigen Verkehr[19] herbeizuführen.

Neben der Gefängnisstrafe kann auf Verlust der bürgerlichen Ehrenrechte sowie auf Zulässigkeit von Polizeiaufsicht erkannt werden.

[1] Fassung des G. v. 25. Juni 1900. Vgl. auch § 23 Ziff. 3 PreßG.

[2] Der Gesamtcharakter der Schrift muß unzüchtig, d. h. objektiv geeignet sein, das Scham- und Sittlichkeitsgefühl in geschlechtlicher Beziehung zu verletzen: RG. 27 114; **44** 178. Gröbliche Verletzung (§ 184a) ist nicht erforderlich; es genügt eine Verletzung des normalen allgemeinen Gefühls für Scham und Sittlichkeit: RG. 32 418. — Eine Schrift ist also nicht deshalb unzüchtig, weil einige Stellen Unzüchtiges enthalten: RG. 23 388. — Das besondere Hervorheben der unzüchtigen Stellen kann jedoch den Gesamtcharakter der Schrift bestimmen: RG. 4 87. — Der rein subjektive unzüchtige Zweck ist auch nicht ausschlaggebend, sondern die objektiven, mit den Darstellungen usw. unmittelbar zusammenhängenden Umstände: RG. 24 365. — Ein Schriftwerk ist dann als Ganzes zu betrachten, wenn es als Ganzes dem Publikum dargebracht wird. Neben dem Inhalt ist also die Art der Verbreitung zu berücksichtigen. Doch ist es Tatfrage, ob bei Lieferungswerken (oder bei „Fortsetzungen") die Art des Erscheinens den einheitlichen Charakter des Werkes aufhebt. Anders, wenn eine unzüchtige Lieferung als Separatabdruck verbreitet wird: RG. 29 133.

Als Schriften, die auch unter den allgemeineren Begriff der Darstellungen fallen, erscheinen auch die auf Walzen und Platten der Phonographen und Grammophone hervorgebrachten Zeichen: RG. 47 223.

[3] Auch hier ist die Eignung nötig, in geschlechtlicher Beziehung das Scham- und Sittlichkeitsgefühl zu verletzen (RG. 31 260) oder geschlechtliche Lüsternheit zu erregen; und zwar in Ansehung des Publikums im allgemeinen: RG. 33 17. Daß

die Bilder zum Zweck der Erregung geschlechtlicher Lüsternheit hergestellt sind, ist nicht erforderlich oder genügend: RG. **31** 260. Die (objektivierte) geschlechtliche Absicht wird schärfer hervorgehoben (auch zu Anm. 2) von: Frank, v. Liszt. — Der Zweck der Herstellung kann jedoch als Beweismittel für den unzüchtigen Charakter in Betracht kommen. Nach RG. muß die Abbildung objektiv unzüchtig sein; zu dem objektiven Inhalt gehört aber außer den der unmittelbaren Anschauung gezeigten Gegenständen auch der gemeinte Sinn der Darstellung, sofern er in der Abbildung zum Ausdruck gekommen ist: RG. **35** 133. Bei Illustrationen mit Text kann zu ihrer Beurteilung auch letzterer mit herangezogen werden. Die Entscheidung, ob eine Abbildung oder Darstellung unzüchtig sei, ist mit bedingt durch die Rücksicht auf Verhältnisse, Ort, Personen und Zweckbestimmung der Ausstellung. Deshalb **kann** auf dem Gebiete der Kunst nicht Anstößiges auf anderen Gebieten des Lebens Anstoß erregen: RG. **30** 378. Ein Kunstwerk an sich ist überhaupt nicht unzüchtig; es gibt aber unzüchtige Werke der Kunst. Namentlich bei Reproduktionen wird es auf die Umstände ankommen, unter denen sie dem Publikum dargeboten werden und ob dann die Darstellung geeignet ist, das Scham- und Sittlichkeitsgefühl zu verletzen. So können die Reproduktionen auf Postkarten, die jedermann zugänglich sind, unzüchtig sein, während das Originalkunstwerk es nicht ist: RG. **37** 315. — Siehe auch Anm. 2 Abs. 2.

[4] Bereithalten zum Verkauf: RG. **6** 46; an einer dem Publikum zugänglichen, zum Verkauf bestimmten Stelle: RG. **25** 241.

[5] Verkaufen und verteilen sind lediglich Arten der Verbreitung. Vgl. § 85 Anm. 3.

[6] Auch Ausstellungsräume, welche dem Publikum als solchem, wenn auch nur gegen Eintrittsgeld, zugänglich sind; auch offene, jedermann zugängliche Verkaufsräume, Schaukästen an der Straße, offene Hausflure, nicht aber Privatgärten, Ateliers, Privatsammlungen, selbst dann nicht, wenn gewöhnlich auf Nachsuchen einzelnen der Eintritt zur Besichtigung der darin enthaltenen Gegenstände oder zum etwaigen Ankauf solcher ge-

stattet wird. Denn die Räume werden damit noch nicht dem Publikum, d. h. einer nicht durch ein erkennbares Band zusammengehaltenen, sondern vom Zufall bestimmten und an sich durch eigentümliche Merkmale unterschiedenen Mehrheit von Menschen (RG. **38** 202; **34** 81; **46** 6 [kann auch aus nur verheirateten Personen bestehen]) zugänglich gemacht.

[7] Unterart des Verbreitens. Vgl. dazu § 85 Anm. 3. — Möglich auch durch öffentliches Vorzeigen: R. **9** 196. — Entspricht dem „Auslegen" des § 41 Abs. 2. — So viel als „dem Anblick zugänglich machen", z. B. durch den Kinematographen: RG. **39** 183. Nicht durch das Gehör zugänglich machen (Grammophon): RG. **46** 390; **47** 223 (226).

[8] Unterart des Verbreitens. Vgl. darüber § 85 Anm. 3. — Möglich auch durch Anschreiben oder Malen an eine Hauswand oder an eine Mauer: RG. **11** 282.

[9] Vgl. § 85 Anm. 3 und für den vorliegenden Fall auch RG. **47** 223 (226).

[10] Der Verleger, der eine unzüchtige Schrift zum Zweck der Verbreitung hergestellt, angekündigt und verbreitet hat, kann nach Verjährung in Ansehung der Verbreitung gemäß PreßG. § 22 nicht noch wegen der Herstellung strafrechtlich verfolgt werden: RG. **38** 71.

[11] Auch möglich bei einem einzigen Exemplar: RG. **42** 209.

[12] Mit der Ankündigung eines Buches ist nicht nur der Teil desselben angekündigt, auf den die zur Ankündigung verwendete Bezeichnung speziell hinweist, sondern der gesamte Inhalt des Buches. Bei Ankündigung eines Katalogs ist nicht nur dieser, sondern auch der Inhalt der darin annoncierten Werke als angekündigt zu berücksichtigen: RG. **34** 317. — Zu Ziff. 3 vgl. Anm. 13 a. E.

[13] Je nach der Gesamtheit der obwaltenden Umstände zu beurteilen, ob lobende Erwähnung, Beschreibung, Hervorhebung von Vorzügen, rühmende Vorstellung als Anpreisen anzusehen. Namentlich die Verführung des Publikums zur Verwendung, die Geschäfts- oder Gewerbsmäßigkeit der Anempfehlung, die auf

Vermehrung des Absatzes gerichtete Absicht ist zu berücksichtigen. Angebliche Wissenschaftlichkeit einer Schrift hindert das Anpreisen im Sinne der Ziff. 1 nicht: RG. **37** 142. Indirektes Anpreisen ist möglich. Doch ist stets beim Anpreisen (Ankündigen) nötig, daß ein mit gewöhnlicher Verstandesschärfe begabter Leser zu erkennen vermag, worum es sich handelt: RG. **38** 202; **36** 139; es reicht z. B. (bei Ziff. 3) aus, wenn aus den Inseraten zu entnehmen, es seien darin Mittel zur Ermöglichung unzüchtigen Verkehrs zum Kaufe angeboten. Nicht erforderlich, daß die spezielle Art des Gegenstands zu erkennen ist: RG. **34** 285. — In Ziff. 3 braucht das Anpreisen (oder Ankündigen) keineswegs zum Zwecke eines unzüchtigen Gebrauchs zu erfolgen: RG. **43** 145; **46** 6.

[14] Diese Worte beziehen sich auch auf das „Anbieten".

[15] Dem Täter muß das Bewußtsein innewohnen, daß die Schrift usw. unzüchtig und im Fall der Ziff. 2, daß der Abnehmer unter 16 Jahren ist; dolus eventualis aber genügend. In Ziff. 1 ist Verbreitungsabsicht erfordert, in Ziff. 2 ist sie nicht notwendig. Der Vorsatz bezieht sich auf den ganzen Tatbestand: RG. **24** 4. Über die ev. Prüfungspflicht des Kolporteurs (aus Ziff. 1) vgl. RG. **39** 317.

[16] D. h. zum geschlechtlichen, auf Befriedigung sinnlicher Begierden (im Widerspruch zur Zucht und Sitte [Frank]) gerichteten Gebrauch, z. B. zur Selbstbefriedigung oder zum Verkehr zwischen Weibern. — Es genügt, wenn die Verwendung der Ausübung unzüchtiger Handlungen irgendwie förderlich ist: RG. **36** 312. So z. B. bei antikonzeptionellen Gegenständen. Dazu zuletzt: RG. **46** 6, 117. A. A.: Binding, Frank; einschränkend: v. Liszt.

[17] Nicht: Gegenstände, die in der Heilkunde Verwendung finden, daneben aber auch zu unzüchtigem Gebrauch dienen können; doch sind auch solche Gegenstände zu unzüchtigem Gebrauch bestimmt, welche dazu vermöge ihrer Beschaffenheit sich eignen und erfahrungsgemäß Verwendung zu finden pflegen oder im Einzelfall zu diesem Zwecke ausgestellt, angekündigt oder angepriesen werden: RG. **34** 365; **46** 6.

[18] Nach RG. 39 313 = „welche sich als dazu bestimmt geben, unzüchtigen Verkehr herbeizuführen".

[19] Außerehelicher Geschlechtsverkehr, auch Päderastie und sog. lesbische Liebe; nicht Heiratsgesuche als solche; doch wird es Sache der tatsächlichen Feststellung sein, ob ein Heiratsgesuch etwa die Anknüpfung unzüchtigen Verkehrs verschleiern soll; denn die Strafbarkeit der zur Herbeiführung unzüchtigen Verkehrs bestimmten, öffentlichen Ankündigungen ist dadurch bedingt, daß die Ankündigung selbst diesen Zweck erkennen läßt: RG. 36 388.

Gefährdung der Jugend durch schamlose Schriften usw.

184a.[1] (StrK. bzw. SchG.) Wer Schriften, Abbildungen oder Darstellungen, welche, ohne unzüchtig zu sein,[2] das Schamgefühl gröblich verletzen,[3] einer Person unter sechzehn Jahren gegen Entgelt überläßt oder anbietet,[4] wird mit Gefängnis bis zu sechs Monaten oder mit Geldstrafe bis zu sechshundert Mark bestraft.

[1] Eingefügt durch G. v. 25. Juni 1900.

[2] Man hat hier Schriften, Abbildungen oder Darstellungen treffen wollen, die nicht unter den § 184 als unzüchtige fallen können, weil sie nicht gerade das Scham- und Sittlichkeitsgefühl in geschlechtlicher Beziehung verletzen, die aber doch besonders roh und gemein oder unanständig sind.

[3] Eine besonders starke Verletzung, die auch von jemandem empfunden wird, der des feineren Empfindens ermangelt, und welche die normale Allgemeinheit außergewöhnlich unangenehm berührt. Eine die jugendliche Phantasie stark aufregende Darstellung oder Schilderung gehört an sich noch nicht hierher.

[4] Dolus s. § 184 Anm. 15 (analog anzuwenden).

Ärgerniserregung durch Gerichtsberichterstattung.

184b.[1] (StrK. bzw. SchG.) Mit Geldstrafe bis zu dreihundert Mark oder mit Gefängnis bis zu sechs Monaten wird bestraft, wer aus Gerichtsverhandlungen, für welche wegen Gefährdung der Sittlichkeit die Öffentlichkeit ausgeschlossen war,[2] oder aus den diesen Verhandlungen zugrunde liegenden amtlichen Schriftstücken öffentlich Mitteilungen macht, welche geeignet sind, Ärgernis zu erregen.[3]

[1] Vor dem G. v. 25. Juni 1900: § 184 Abs. 2. Dieser Absatz wiederum war durch G. v. 5. April 1888 eingefügt worden. [2] Vgl. GVG. § 173.

[3] Daß Ärgernis erregt ist, ist nicht erforderlich. — Der Täter muß wissen, daß sein Handeln Ärgernis zu erregen geeignet ist: RG. 24 4.

Vierzehnter Abschnitt.

Beleidigung.

Binding I 135, 157, 161; v. Liszt 342; Meyer 417.

Beleidigung.

185.[1] (StrK. bzw. SchG.; bei Privatklage SchG.) Die Beleidigung[2] wird mit Geldstrafe bis zu sechshundert Mark oder mit Haft oder mit Gefängnis bis zu einem Jahre und, wenn die Beleidigung mittels einer Tätlichkeit[3] begangen wird, mit Geldstrafe bis zu eintausendfünfhundert Mark oder mit Gefängnis bis zu zwei Jahren bestraft.[4]

[1] Vgl. auch § 233 sowie § 200 (Bekanntmachungsbefugnis).

[2] Vorsätzlich die Ehre, d. h. die äußere Achtung eines andern kränkende Kundgebung: R. 9 572. Regelmäßig: Kundgebung der eigenen Mißachtung durch generelle Urteile, durch allgemeine abfällige Kritiken, auch durch Schimpfworte: RG. 35 227. Hierher gehört aber auch eine das Urteil in sich schließende Tatsachenbehauptung gegenüber dem Beleidigten selbst. (Vgl. auch § 186 Anm. 2 u. 3.) — Sie ist vollendet, mit Kenntnis eines anderen; aber nicht notwendig des Beleidigten. — Die Absicht, zu beleidigen, ist nicht erforderlich. Es genügt das Bewußtsein der Ehrverletzung, mit Ausnahme

der Fälle des § 193: RG. **7** 169; R. **1** 115. Bewußtsein der Ehrverletzung seitens des Gekränkten (Kind) nicht erforderlich: RG. **10** 372; **29** 398. — Handlungen absolut beleidigenden Charakters gibt es nicht: für die Feststellung des subjektiven und objektiven Tatbestandes ist der konkrete Fall maßgebend. — Die Beleidigung mehrerer durch eine Äußerung enthält nicht mehrere selbständige Handlungen: R. **8** 149. — Die Beleidigung Verstorbener ist nicht möglich. Vgl. RG. **26** 33 und § 189. — Die Beleidigung des Kindes und des Geisteskranken ist möglich: RG. **27** 366. So auch die herrschende Ansicht. Eingeschränkt bei Frank und v. Liszt. — Beleidigung von Kollektivpersonen ist im geltenden Recht nicht möglich: RG. zuletzt **44** 143 (147). Ausnahmen: §§ 196, 197, 187 (Kreditgefährdung von Handelsgesellschaften); auch §§ 189 und 166. So: die gemeine Meinung. A. A.: Frank. — Beleidigung unter Kollektivbezeichnungen ist möglich, „sobald durch sie einzelne Personen (nicht immer die einzelne bestimmte Person) erkennbar bezeichnet sind." Z. B. „Die Juden", genügt nicht: R. **3** 606; wohl aber: „Die Mehrheit einer (bestimmten) Wahlmännerversammlung": RG. **9** 1; die „Großgrundbesitzer" (!): RG. **33** 46. Freisprechung, wenn der Täter sich nicht bewußt war, daß die Äußerung auf die bezogen werden könne, welche Strafantrag gestellt haben: RG. **18** 167. — Wenn einer in einer beleidigenden Kundgebung nur als Mitglied einer Personenmehrheit gekennzeichneten Person der Vorwurf unehrenhaften Handelns gemacht wird, ist jedes Mitglied der Personenmehrheit strafantragberechtigt: RG. **23** 246; **44** 143 (147). — Verschiedene selbständige Beleidigungen durch dieselbe Druckschrift sind möglich, auch wenn die Druckschrift eine einheitliche Absicht verfolgt: RG. **33** 46. — Bedingte Beleidigung ist möglich. Vgl. dazu RG. **44** 111.

[3] Vgl. § 94 Anm. 2. Hier: mit Beleidigungsvorsatz.

[4] Über das Verhältnis von §§ 185 u. 176 Ziff. 3 vgl. § 176 Anm. 10. Vgl. auch § 177 Anm. 9; § 179 Anm. 3 und § 186 Anm. 3 a. E. Anm. 10.

Üble Nachrede.

186.[1] (StrK. bzw. SchG.; bei Privatklage SchG.) Wer in Beziehung auf einen anderen eine Tatsache[2] behauptet[3] oder verbreitet,[4] welche denselben verächtlich zu machen[5] oder in der öffentlichen Meinung herabzuwürdigen geeignet ist, wird, wenn nicht diese Tatsache erweislich wahr ist,[6] wegen Beleidigung mit Geldstrafe bis zu sechshundert Mark oder mit Haft oder mit Gefängnis bis zu einem Jahre und, wenn die Beleidigung öffentlich[7] oder durch Verbreitung[8] von Schriften, Abbildungen oder Darstellungen begangen ist, mit Geldstrafe bis zu eintausendfünfhundert Mark oder mit Gefängnis bis zu zwei Jahren bestraft.[9, 10]

[1] Vgl. § 233 sowie §§ 188 (Buße) und 200 (Bekmachgsbef.).

[2] „Nur konkrete Vorgänge, welche in der Vergangenheit oder Gegenwart in die Erscheinung getreten und dadurch Gegenstand der Wahrnehmung geworden sind. Innere Vorgänge (Ansichten und Absichten), deren Dasein und Art dargetan und damit wahrnehmbar gemacht werden kann, sind aus dem Kreise der Tatsachen nicht ausgeschlossen, wohl aber alle Ergebnisse abstrakter Schlußfolgerungen“: RG. **22** 158. Vgl. auch RG. **24** 300. So die gemeine Meinung; neuerdings auch v. Liszt. — Auch Urteile, wenn letztere auf einen bestimmten, konkreten Vorgang sich beziehen: RG. **31** 281. (Allgemeine Urteile fallen unter § 185.) — Auch ehrenrührige Gerüchte als solche: RG. **22** 221.

[3] Lediglich gegenüber dem Verletzten selbst genügt nicht: RG. **4** 401. § 186 setzt voraus, daß die Behauptung gegenüber dritten Personen in Beziehung auf den Verletzten aufgestellt worden ist: RG. **29** 40. — Diese Mitteilung an Dritte kann aber durch den (nach § 185) Beleidigten selbst erfolgen und erfüllt den Tatbestand des § 186, wenn eine Pflicht zur Mitteilung bestand und diese Mitteilung im Willen des Beleidigers lag. (Hier liegt ausnahmsweise Idealkonkurrenz zwischen § 185 und § 186 vor): RG. **41** 61.

[4] Nicht im Sinne von § 85 Anm. 5. Hier soviel als „einem andern mitteilen". — Eine Verbreitung liegt auch dann vor, wenn das Gerücht als unglaubwürdig bezeichnet wird: RG. **38** 368.

[5] Den sittlichen Wert herabsetzen. Es ist nicht erforderlich, daß jeder sittliche Wert abgesprochen wird: RG. **35** 126.

[6] Unerweislichkeit ist kein Tatbestandsmerkmal (sondern Bedingung der Strafbarkeit: v. Liszt); das Bewußtsein dieser gehört also auch nicht zum Vorsatz: RG. **19** 386; vgl. auch RG. **9** 150 und die gemeine Meinung. A. A.: Binding. — Der gute Glaube an die Wahrheit des Verbreiteten macht nicht straflos: RG. **29** 44.

[7] Vgl. § 85 Anm. 2. Daher ist es keine öffentliche Beleidigung, wenn Schriftstücke mit beleidigenden Äußerungen vom Täter dem Beleidigten als Drucksache in offenem Umschlag mit der Post zugesandt werden: RG. **37** 289.

[8] Vgl. § 85 Anm. 5. [9] Vgl. auch § 164 Anm. 4 a. E. u. Anm. 9.

[10] § 186 bildet regelmäßig gegenüber § 185 das speziellere Gesetz (vgl. § 73 Anm. 3): RG. **41** 277 (286). Im Einzelfall ist Idealkonkurrenz möglich: RG. **41** 61. Dazu Anm. 3 a. E. So auch: Meyer. Weiter gehen: Frank, v. Liszt.

Verleumdung.

187. (StrK. bzw. SchG.; bei Privatklage SchG.) Wer wider besseres Wissen[1] in Beziehung auf einen anderen eine unwahre Tatsache[2] behauptet[3] oder verbreitet,[4] welche denselben verächtlich zu machen[5] oder in der öffentlichen Meinung herabzuwürdigen oder dessen Kredit zu gefährden geeignet ist,[6] wird wegen verleumderischer Beleidigung mit Gefängnis bis zu zwei Jahren und, wenn die Verleumdung öffentlich[7] oder durch Verbreitung[8] von Schriften, Abbildungen oder Darstellungen begangen ist, mit Gefängnis nicht unter einem Monat bestraft.[9, 10]

Sind mildernde Umstände vorhanden, so kann die Strafe bis auf einen Tag Gefängnis ermäßigt, oder auf Geldstrafe bis zu neunhundert Mark erkannt werden.

[1] Dolus eventualis ist nicht genügend. Gemeine Meinung.
[2] Vgl. § 186 Anm. 2. [3] Vgl. § 186 Anm. 3.
[4] Vgl. § 186 Anm. 4. [5] Vgl. § 186 Anm. 5.
[6] Ehrenkränkend oder herabsetzend braucht diese Behauptung nicht zu sein: RG. **44** 160.
[7] Vgl. § 85 Anm. 2. [8] Vgl. § 85 Anm 5.
[9] Auch Aktien- und Handelsgesellschaften steht wegen verleumderischer Kreditgefährdung Klage zu. GoltdArch. **25** 218. Ebenso dem Inhaber einer Firma; Genossenschaften; juristischen Personen. [10] Vgl. ergänzend § 186 Anm. 1. — Die §§ 164, 187 stehen in Gesetzeskonkurrenz. Vgl. abw. § 164 Anm. 9.

Buße.

188.[1] In den Fällen der §§ 186 und 187 kann auf Verlangen des Beleidigten, wenn die Beleidigung nachteilige Folgen[2] für die Vermögensverhältnisse, den Erwerb oder das Fortkommen des Beleidigten mit sich bringt, neben der Strafe auf eine an den Beleidigten zu erlegende Buße[3] bis zum Betrage von sechstausend Mark erkannt werden.

Eine erkannte Buße schließt die Geltendmachung eines weiteren Entschädigungsanspruches aus.[4]

[1] Vgl. § 231 und z. B. das Gesetz, betr. das Urheberrecht an Werken der Literatur und der Tonkunst v. 19. Juni 1901 (Fassung v. 22. Mai 1910) § 40, das Patentgesetz v. 7. April 1891 § 37 u. a.

[2] Folgen der Beleidigung selbst. Nicht etwa durch fruchtlose Verfolgung der Beleidigung erwachsene Kosten: RG. **42** 166.

[3] Buße ist keine Strafe, sondern privatrechtliche Entschädigung, die nicht auf Vergütung des rein vermögensrechtlichen Schadens beschränkt ist, sondern auch Privatgenugtuung umfaßt; es kann darauf, auch in der einen oder anderen Richtung (hinsichtlich des Schadensersatzes oder auch der Genugtuung), verzichtet werden: RG. **31** 334. — Der gesetzliche Vertreter kann Anspruch auf Buße nicht mehr nach dem Tode des Vertretenen geltend machen: RG. **29** 140; die Buße ist nicht in Rentenform zu erkennen:

RG. 17 178. — Eine bereits im Zivilrechtswege erstrittene oder tatsächlich geleistete Entschädigung ist bei Bemessung der Buße in Betracht zu ziehen: RG. D 223.

[4] Vgl. StPO. §§ 443—446.

Gefährdung der Familienehre durch Verleumdung Verstorbener.

189. (StrK. bzw. SchG.; bei Privatklage SchG.) Wer das Andenken eines Verstorbenen dadurch beschimpft,[1] daß er wider besseres Wissen[2] eine unwahre Tatsache[3] behauptet oder verbreitet,[4] welche denselben bei seinen Lebzeiten verächtlich zu machen[5] oder in der öffentlichen Meinung herabzuwürdigen geeignet gewesen wäre, wird mit Gefängnis bis zu sechs Monaten bestraft.[6]

Sind mildernde Umstände vorhanden, so kann auf Geldstrafe bis zu neunhundert Mark erkannt werden.

Die Verfolgung tritt nur auf Antrag der Eltern, der Kinder oder des Ehegatten des Verstorbenen ein.

[1] Nicht im technischen Sinne.

[2] Vgl. § 187 Anm. 1. [3] Vgl. § 186 Anm. 2.

[4] Vgl. § 186 Anm. 4. [5] Vgl. § 186 Anm. 5.

[6] Über das durch die Handlung des § 189 verletzte Rechtsgut herrscht weitgehende Meinungsverschiedenheit. — Vgl. auch § 200 Anm. 2.

Wahrheitsbeweis.

190. Ist die behauptete oder verbreitete[1] Tatsache[2] eine strafbare Handlung, so ist der Beweis der Wahrheit als erbracht anzusehen, wenn der Beleidigte wegen dieser Handlung rechtskräftig verurteilt worden ist.[3] Der Beweis der Wahrheit ist dagegen ausgeschlossen, wenn der Beleidigte wegen dieser Handlung vor der Behauptung oder Verbreitung rechtskräftig freigesprochen[4] worden ist.

[1] Vgl. § 186 Anm. 4. [2] Vgl. § 186 Anm. 2.

[3] Vor oder nach der Äußerung.

[4] Auch bei Annahme von Verjährung und Rücktritt vom Versuch: Binding, v. Liszt, Meyer. A. A.: Frank.

191. Ist wegen der strafbaren Handlung zum Zwecke der Herbeiführung eines Strafverfahrens[1] bei der Behörde[2] Anzeige gemacht, so ist bis zu dem Beschlusse, daß die Eröffnung der Untersuchung nicht stattfinde, oder bis zur Beendigung der eingeleiteten Untersuchung mit dem Verfahren und der Entscheidung über die Beleidigung innezuhalten.[3, 4]

[1] Nicht: des Disziplinarverfahrens: RG. **10** 381.

[2] Vgl. § 114 Anm. 4.

[3] Von Amts wegen, wenn die Anzeige gerichtsbekannt ist: RG. **12** 53.

[4] Vgl. wegen der Verjährung § 69 und Anm. 3 dazu.

192. Der Beweis der Wahrheit der behaupteten oder verbreiteten[1] Tatsache[2] schließt die Bestrafung nach Vorschrift des § 185 nicht aus, wenn das Vorhandensein einer Beleidigung aus der Form[3] der Behauptung[4] oder Verbreitung[1] oder aus den Umständen, unter welchen sie geschah, hervorgeht.[5, 6]

[1] Vgl. § 186 Anm. 4. [2] Vgl. § 186 Anm. 2.

[3] Siehe § 193 Anm. 10.

[4] Hinzugefügte Äußerungen, außerhalb des Behauptens von Tatsachen, können selbständig aus § 185 strafbar sein: RG. **33** 50.

[5] Selbst wenn aber aus der Form der Behauptung die Beleidigung hervorgeht, darf der Wahrheitsbeweis nicht abgeschnitten werden: RG. **1** 260.

[6] Der Täter muß sich aber bewußt gewesen sein, daß Form oder Umstände geeignet sind, den Eindruck der Mißachtung hervorzurufen (Frank). — Beleidigungsabsicht fordert das RG. Vgl. die Entscheidungen in § 193 Anm. 13. Dagegen, neben Frank, auch v. Liszt und Meyer.

Wahrnehmung berechtigter Interessen.

193. Tadelnde Urteile über wissenschaftliche,[1] künstlerische oder gewerbliche Leistungen, ingleichen Äußerungen,[2,3] welche zur Ausführung oder Verteidigung von Rechten oder zur[4] Wahrnehmung[5] berechtigter[6] Interessen gemacht werden,[7] sowie Vorhaltungen und Rügen der Vorgesetzten gegen ihre Untergebenen, dienstliche Anzeigen oder Urteile von seiten eines Beamten und ähnliche Fälle[8] sind nur insofern strafbar,[9] als das Vorhandensein einer Beleidigung aus der Form[10] der Äußerung[11] oder aus den Umständen,[12] unter welchen sie geschah, hervorgeht.[13]

[1] Als solche erscheinen nicht Gerichtsurteile: RG. **40** 347. Ebensowenig die Dienstführung öffentlicher Behörden und Beamten: RG. **39** 311.

[2] Die Äußerung muß einen Inhalt haben, daß sie der Äußernde zur Interessenverteidigung für geeignet halten konnte und gehalten hat. Dies ist nicht anzunehmen, wenn die Äußerung nur in loser Beziehung zu dem wahrgenommenen Interesse steht: RG. **23** 422. — Überzeugung von der Begründbarkeit der Behauptung ist jedoch kein unbedingtes Erfordernis: R. **9** 147.

[3] Wider besseres Wissen gemachte Äußerungen schließen die Annahme aus, zur Interessenwahrnehmung gemacht zu sein: R. **3** 662. Vgl. auch RG. **34** 222 (einschränkend): § 193 bleibt auch auf die Fälle des § 187 anwendbar, jedoch wird dies nur in seltenen Fällen möglich sein. So auch RG. **16** 139. Vgl. vor allem RG. **5** 56 und **42** 441. So: v. Liszt, Frank, Meyer. Dagegen: Binding.

[4] Nicht bei Gelegenheit der Wahrnehmung: RG. **4** 316. Allerdings kann eine beleidigende Äußerung bei Wahrung berechtigter Interessen nur dann gemacht sein, wenn neben und außer ihr Äußerungen zur Wahrung jener Interessen gefallen sind: RG. **20** 54.

[5] Diese Wahrnehmung ist nicht nur bei der zur Beurteilung berechtigten Instanz möglich: RG. **5** 379; **24** 223.

[6] Nicht nur solche, auf welche ein besonderes Recht (vgl. hierzu z. B. RG. **38** 131) besteht, sondern jedes Interesse, das sich bei billiger, verständiger Beurteilung als ein gerechtfertigtes darstellt: RG. **23** 144; **26** 76; **29** 147. — Ausgeschlossen sind dem Recht und der Sitte zuwiderlaufende Interessen. Hierzu vgl. RG. **38** 251; **26** 76; **29** 147; **46** 151 (Werbung von Beamten für die Sozialdemokratie); **46** 214. — Ebenso den Täter persönlich in keiner Weise berührende. (Hierzu vgl. RG. **26** 76.) Dies braucht jedoch bei der anonymen Anzeige nicht immer der Fall zu sein: RG. **32** 329. — Es darf sich also nicht um fremde, lediglich aus sittlichen Motiven, ohne eine Berechtigung zur Vertretung wahrgenommene Interessen handeln: RG. **25** 67. Anders, wenn der Angeklagte sich zur Wahrung der fremden Rechte auf Grund tatsächlicher Anhaltspunkte berufen halten konnte: RG. **24** 304; oder auf Grund eines Auftrags: RG. **37** 104; **26** 18; **44** 143 (148). Die Überschreitung des Auftrags ist durch § 193 nicht gedeckt: RG. **37** 104. Es genügt nicht ein lediglich allgemeines Interesse (z. B. allgemeine Parteiinteressen: RG. **46** 151), sondern es muß ein auf dem besonderen Verhältnis des Täters zum Vorkommnisse beruhendes individuelles Interesse vorliegen: RG. **23** 422. Vgl. auch RG. **1** 83; **41** 277; **47** 170. Dies gilt auch für die Presse: RG. **23** 285; **24** 223. Und im Wahlkampf: RG. **40** 101. (Vgl. aber auch RG. **39** 264.) — So im allgemeinen auch v. Liszt. A. A.: Frank, Meyer. — Vgl. auch Anm. 7 und 10ff.

[7] Subjektiv muß also die Absicht vorliegen, berechtigte Interessen wahrzunehmen. Der gute Glaube an die Richtigkeit der Äußerung allein genügt nicht: RG. **34** 216. Daß auch Rache z. B. bei der Anzeige mitgewirkt, schließt die Anwendung des § 193 nicht aus: RG. **20** 164; R. **8** 524. Wohl aber der alleinige Zweck der Sensation: RG. **36** 422. Ebenso der alleinige Belohnungszweck (bei Publikation von Gerichtsverhandlungen in der Presse. Anders, wenn eine sittliche Verpflichtung

zur Belohnung besteht oder weitere Zwecke sich damit verbinden): RG. **19** 238.

[8] Z. B. Publikation und Besprechung von Urteilen zu wissenschaftlichen Zwecken: RG. **19** 238; **3** 303. — Beleidigung durch nicht bewußt unwahre Behauptungen im Rahmen einer Zeugenaussage: RG. **41** 254.

[9] § 193 enthält also einen Strafausschließungsgrund. Dieser kann dem Gehilfen selbständig nicht zustatten kommen, sondern nur mittelbar, insofern er die Strafbarkeit der Haupttat aufheben kann: RG. **29** 6. — Bei Majestätsbeleidigung ist § 193 nach RG. nicht anwendbar. Vgl. § 95 Anm. 3.

[10] Das Gewand, in dem eine Behauptung oder sonstige Äußerung auftritt: RG. **33** 50. Nicht mit „Inhalt" identisch: RG. **3** 328; **4** 316; **21** 1; **44** 111.

[11] Doch kann schon die Art des gewählten Mittels der Äußerung (z. B. Urkundenfälschung) die ganze Äußerung als strafrechtlich unerlaubt und nicht als zur Wahrung berechtigter Interessen gemacht erscheinen lassen: RG. **39** 181. Vgl. Anm. 6.

[12] Diese müssen in naher Beziehung zu der Äußerung stehen, sie zeitlich oder örtlich umgeben (begleiten): RG. **34** 80. Als solche erscheinen nicht die notwendigen Voraussetzungen des Tatbestandes der Beleidigung selbst: RG. **16** 139.

[13] Die Bestrafung setzt Absicht der Beleidigung voraus, d. h. bewußte Überschreitung des Rechts, die Wahrheit zu sagen: RG. **23** 40; **3** 328. Vgl. auch RG. **20** 100; **34** 80; **40** 317; **41** 254. Doch muß auch der objektiv beleidigende Inhalt festgestellt sein. — Vgl. § 192 Anm. 6.

Antrag.

194. Die Verfolgung einer Beleidigung tritt nur auf Antrag[1,2] ein. Die Zurücknahme des Antrages (§§ 185 bis 193) ist zulässig.[3]

[1] Regelmäßig nur gemäß § 65. Vgl. jedoch §§ 189, 195, 196. Vgl. auch § 197.

[2] Vgl. § 187 Anm. 9, § 185 Anm. 2 a. E.

[3] Vgl. § 64 und Anm. 4 dazu.

195.[1] Ist eine Ehefrau beleidigt worden, so hat sowohl sie als ihr Ehemann[2] das Recht,[3] auf Bestrafung anzutragen.[4]

[1] Vgl. § 232 Abs. 3.

[2] Auch nach inzwischen erfolgtem Tode der Ehefrau: RG. **1** 29. Vgl. auch § 189.

[3] Nicht mehr der Vater seit EGBGB. Art. 34.

[4] Vgl. § 65.

196.[1] Wenn die Beleidigung gegen eine Behörde,[2] einen Beamten,[3] einen Religionsdiener[4] oder ein Mitglied der bewaffneten Macht,[5] während sie in der Ausübung ihres Berufes begriffen sind, oder in Beziehung auf ihren Beruf[6] begangen ist, so haben außer den unmittelbar Beteiligten auch deren amtliche Vorgesetzte[7] das Recht,[8] den Strafantrag[9] zu stellen.

[1] Vgl. § 232 Abs. 3.

[2] Vgl. § 114 Anm. 4. — Auch eine kirchliche: RG. **23** 202. — Auch ein städtischer Magistrat: R. **4** 135. — Nicht: der Vorstand einer Ortskrankenkasse: RG. **38** 17.

[3] Vgl. § 359.

[4] Vgl. § 130a Anm. 2.

[5] Vgl. § 113 Anm. 8.

[6] Jede Beziehung zwischen der Beleidigung und dem Beruf ist ausreichend: RG. **25** 157; vgl. auch **39** 350. Dies liegt bei der Nachrede sittlicher Verfehlungen nur vor, wenn die Verfehlung außer dem allgemeinen Sittengesetze auch eine daraus besonders hervorgehobene dienstliche Vorschrift berührt; dagegen nicht bei dem Vorwurf, der Beamte habe sich durch sein außerdienstliches Verhalten seines Berufes unwürdig gezeigt: RG. **26** 34. Abweichend für den letzteren Fall: RG. zuletzt **44** 191. — Die Beziehung hat nicht zur Voraussetzung, daß eine Amtshandlung Gegenstand des Angriffs sei: RG. **39** 361.

[7] Derjenige, dem die Dienstgewalt in der Sphäre zusteht, auf welche sich die Beleidigung bezieht, und der die Befugnis hat,

in die Tätigkeit des Anderen (Untergebenen) befehlend einzugreifen, ihn mit bindenden Anweisungen zu versehen und deren Befolgung zu erzwingen: RG. **35** 227. Z. B. der preußische Kriegsminister im Verhältnis zu den Angehörigen des preußischen stehenden Heeres: RG. **35** 227; **15** 75. — Der Vorgesetzte des preußischen Landrats ist der Regierungspräsident, in der Eigenschaft als Vorsitzender der Steuerveranlagungskommission aber die Regierung, Abteilung für direkte Steuern usw.: RG. **35** 236; **30** 171; **21** 430. — Der Vorstand der Anwaltskammer und der Vorstand der Ärztekammer können nicht namens eines beleidigten Anwalts oder Arztes Strafantrag stellen: RG. **37** 37. Vgl. weiterhin RG. **41** 195; **41** 439.

[8] Das Antragsrecht des Vorgesetzten ist ein selbständiges: R. **5** 270; umfaßt aber nicht nach dem Tode des Beamten erfolgte Beleidigungen: R. **7** 698. — Das Antragsrecht des Vorgesetzten wird durch Zurücknahme des vom Beleidigten unmittelbar gestellten Strafantrags nicht berührt: R. **5** 270. — Bei Versetzungen verbleibt das Recht dem früheren Vorgesetzten: RG. **19** 23. — Mehrere gleichzeitige Vorgesetzte sind nebeneinander antragsberechtigt (§ 62). Die Antragsfrist beginnt für jeden selbständig mit der Kenntnis nach § 61: RG. **46** 203.

[9] Dem Vorgesetzten steht auch die Befugnis zur Bekanntmachung gemäß § 200 zu: RG. **14** 327. Nicht dem unmittelbar beleidigten Untergebenen, wenn nur der Vorgesetzte Strafantrag gestellt: RG. **43** 173. Vgl. auch § 200 Anm. 6 a. E.

Ermächtigung.

197. Eines Antrages bedarf es nicht, wenn die Beleidigung gegen eine gesetzgebende Versammlung des Reichs[1] oder eines Bundesstaats,[2] oder gegen eine andere politische Körperschaft[3] begangen worden ist. Dieselbe darf jedoch nur mit Ermächtigung[4] der beleidigten Körperschaft verfolgt werden.

[1] Vgl. § 105 Anm. 2. [2] Vgl. § 105 Anm. 3.

[3] Gegensatz zu privaten und religiösen Körperschaften. So z. B.: Stadtverordnetenversammlungen; in Preußen: die Provinzen, Kreise, Städte, Gemeinden: RG. **33** 66. Die Körperschaft ist zu unterscheiden von ihren Mitgliedern, doch ist hier nicht eine Beleidigung jedes einzelnen Mitgliedes nötig. Auch braucht die Beleidigung keineswegs die Körperschaft in ihrer verfassungsmäßigen Tätigkeit, sondern einfach in ihrem Dasein zu treffen: RG. **47** 63.

[4] Bei Ermächtigung des Bundesrats ist Gegenzeichnung des Reichskanzlers nicht erforderlich. Vgl. im übrigen § 99 Anm. 4.

Antrag bei wechselseitigen Beleidigungen.

198.[1] **Ist bei wechselseitigen Beleidigungen**[2] **von einem Teile**[3] **auf Bestrafung angetragen worden, so ist der andere Teil bei Verlust seines Rechts verpflichtet, den Antrag auf Bestrafung spätestens vor Schluß der Verhandlung in erster Instanz zu stellen,**[4] **hierzu aber auch dann berechtigt, wenn zu jenem Zeitpunkte die dreimonatliche Frist**[5] **bereits abgelaufen ist.**[6]

[1] Vgl. § 232 Abs. 3.

[2] Nicht bloß die auf der Stelle erwiderten. (Vgl. § 199.) Zwischen den wechselseitigen Beleidigungen braucht auch kein tat- oder ursächlicher Zusammenhang zu bestehen: RG. **2** 87. A. A.: Frank. — § 198 gilt nicht, wenn Beleidigung und Körperverletzung einander gegenüberstehen. Bestritten. Gleicher Ansicht: v. Liszt; dagegen: Frank.

[3] Im öffentlichen Verfahren ist Widerklage unstatthaft: R. **5** 317; **7** 216.

[4] Vgl. StPO. § 428. [5] Vgl. § 61.

[6] Nicht jedoch hinsichtlich einer früheren Beleidigung von seiten des nunmehrigen primären Antragstellers (Klägers), wenn das Recht, diese zu verfolgen, zur Zeit als die spätere Beleidigung von seiten des nach § 198 sekundär Antragsberechtigten („Widerkläger") begangen wurde, durch Ablauf der Antragsfrist bereits erloschen war: RG. **44** 161.

Retorsion und Kompensation.

199.[1] Wenn eine Beleidigung[2] auf der Stelle[3,4] erwidert[4,5] wird, so kann der Richter beide Beleidiger oder einen derselben für straffrei erklären.[6,7]

[1] Über die Kompensation von Beleidigungen mit leichten Körperverletzungen vgl. § 233.

[2] Die herrschende Ansicht bezieht hier die Beleidigungen außerhalb des 14. Abschnittes nicht ein.

[3] Nicht auf den Ort bezüglich, sondern zeitlich gemeint: solange die durch die B. hervorgerufene Gemütsbewegung dauert. Nicht gerade Zug um Zug: RG. **38** 339.

[4] Es ist nicht erforderlich, daß sich die als Erwiderung in Frage kommende Beleidigung lediglich als Erwiderung der ersten Beleidigung darstellt. Auch während der auf die Beleidigung folgenden Auseinandersetzung kann die beleidigende Äußerung fallen, welche als Erwiderung auf der Stelle in Betracht kommt: RG. **38** 339.

[5] Es müssen also auf beiden Seiten strafbare Beleidigungen vorliegen. Aufrechnung daher nicht möglich, wenn auf der einen Seite § 193 zur Anwendung gelangt: RG. **44** 143 (148), oder die Schuld mangelt. Dagegen möglich, wenn auf seiten des einen der beiden Täter ein persönlicher Strafausschließungsgrund gegeben ist. So: Finger, Frank, v. Liszt, Meyer. Abw.: RG. **4** 14. Vgl. Anm. 6.

[6] Gegen die von einem Abgeordneten in Ausübung seines Berufes begangene Beleidigung kann nicht eine als Entgegnung verübte Beleidigung einer Privatperson aufgerechnet werden, da der Abgeordnete gemäß § 11 nicht zur Verantwortung gezogen werden darf: RG. **4** 14.

[7] Wegen der Kosten vgl. StPO. § 500.

Bekanntmachungsbefugnis.

200. Wird wegen einer öffentlich[1] oder durch Verbreitung[2] von Schriften, Darstellungen oder Abbildungen begangenen Beleidigung[3] auf Strafe erkannt,[4] so ist zugleich dem Beleidigten[5] die Befugnis zuzusprechen,[6] die Verurteilung[7] auf Kosten des Schuldigen[8] öffentlich bekanntzumachen.[9] Die Art der Bekanntmachung, sowie die Frist zu derselben ist in dem Urteile zu bestimmen.[10]

Erfolgte die Beleidigung in einer Zeitung oder Zeitschrift, so ist der verfügende Teil des Urteils auf Antrag des Beleidigten durch die öffentlichen Blätter bekanntzumachen,[11] und zwar wenn möglich durch dieselbe Zeitung oder Zeitschrift und in demselben Teile und mit derselben Schrift, wie der Abdruck der Beleidigung geschehen.

Dem Beleidigten ist auf Kosten des Schuldigen[12] eine Ausfertigung des Urteils[13] zu erteilen.[14]

[1] Vgl. § 85 Anm. 2. [2] Vgl. § 85 Anm. 5

[3] Auch gemäß § 185. Hinsichtlich § 189 bestritten.

[4] Also nicht, wenn der Angeklagte für straffrei erklärt wird (§ 199).

[5] Oder sonst Antragsberechtigten. Vgl. § 196 Anm. 9.

[6] Die Befugnis muß ohne Antrag im Urteilstenor ausgesprochen werden. Sie geht auf die Erben als solche nicht über. Dem bereits verstorbenen Verletzten ist sie jedoch dann zuzusprechen, wenn er vor seinem Tode selbst einen diesbezüglichen Antrag gestellt hat: RG. **16** 73. — Wenn der alleinige Repräsentant einer beleidigten Behörde, der den Strafantrag gestellt hat (§ 196), verstorben ist, so ist dem zeitigen Repräsentanten Befugnis zur Bekanntmachung zuzusprechen: RG. **33** 396.

[7] Tenor; aber auch das ganze verurteilende Erkenntnis: RG. **20** 1. Wenn Gesamtstrafe wegen Beleidigung und einer anderen Straftat erkannt ist, so unterliegt es dem richterlichen Ermessen, ob der Tenor (das Erkenntnis) ganz oder teilweise bekanntgemacht werden soll. Der Richter soll die Art wählen, welche den Verurteilten am wenigsten benachteiligt: RG. **23** 325; vgl. auch RG. **27** 176. — In den Tenor (verfügenden Teil des Urteils) ist wenigstens der Name des Beleidigten aufzunehmen, sonst ist

die Bekanntmachung unverständlich und zwecklos; vgl. JMB. v. 10. Jan. 1888 am Schluß.

[8] Die Kosten trägt der Verurteilte; mehrere Verurteilte haften solidarisch für die Kosten der Bekanntmachung: RG. **37** 267. Sie sind jedoch eventuell vom Beleidigten vorzuschießen. Vgl. Olsh. zu § 200.

[9] Die Bekanntmachung ist keine Nebenstrafe. Bestritten. So: Binding, Frank, v. Liszt, Meyer. A. A.: RG. **16** 73; **35** 17; **37** 267; **46** 73; RMilG. **2** 19; **8** 300. — Hinsichtlich ihrer Zulässigkeit bei Idealkonkurrenz vgl. § 73 Anm. 7.

[10] Sie unterliegen dem Ermessen des Richters: RG. **5** 381. Notwendig ist die Festsetzung im Urteil nicht; der Antrag ist noch im Vollstreckungsverfahren zulässig: R. **1** 598. Vgl. bezüglich der Art der Bekanntmachung auch Anm. 7.

[11] Von Staats wegen zu veranlassen.

[12] Hier als Kosten des Verfahrens von dem Verurteilten, nicht von dem Verletzten zu erheben. (Siehe Olsh. zu § 165.)

[13] Nur bei öffentlicher Beleidigung (Frank). Für alle Beleidigungsfälle (herrschende Ansicht). [14] Ohne Antrag.

Fünfzehnter Abschnitt.

Zweikampf.

Binding I 68, v. Liszt 332, Meyer 406.

Diese Bestimmungen finden auch auf Studentenmensuren Anwendung: RG. **8** 87. (A. A.: Binding, Frank, v. Liszt, Meyer.) Noch RG. **6** 61 sah in solchen Mensuren nur ev. Körperverletzung oder Tötung. (A. A.: Binding, Frank, v. Liszt, Meyer.) — Sondervorschriften über den Zweikampf der Militärpersonen s. im MStGB. §§ 112, 113.

Herausforderung und Annahme.

201. (StrK.) **Die Herausforderung[1] zum Zweikampf[2] mit tödlichen Waffen,[3] sowie die Annahme einer solchen Herausforderung wird mit Festungshaft bis zu sechs Monaten bestraft.**

[1] Diese muß ernstlich gemeint sein. — Die Ernstlichkeit des Willens muß sich aber auf die Herausforderung selbst, nicht schon von vorneherein auch auf den Zweikampf beziehen. Eine ernstliche Herausforderung liegt auch vor, wenn der Herausfordernde die Absicht hat, dem wirklichen Zweikampf auszuweichen: RG. **22** 139. — Eine Angabe der Waffen in der Herausforderung ist nicht nötig: RG. **22** 139.

[2] Verabredeter ernstlicher Kampf zweier Personen mit gleichwertigen Waffen nach bestimmten Regeln: RG. **4** 408.

[3] Die Waffe muß der hergebrachten Duellsitte entsprechen. So: R. **7** 29; v. Liszt. Wesentlich weiter: Binding, Frank, Meyer.

Herausforderung mit Tötungsabsicht.

202. (StrK.) Festungshaft von zwei Monaten bis zu zwei Jahren tritt ein, wenn bei der Herausforderung[1] die Absicht,[2] daß einer von beiden Teilen das Leben verlieren soll, entweder ausgesprochen ist oder aus der gewählten Art des Zweikampfs erhellt.

[1] Vgl. § 201 Anm. 1. [2] Vgl. § 59 Anm. 4.

Kartellträger.

203. (StrK.) Diejenigen, welche den Auftrag zu einer Herausforderung[1] übernehmen und ausrichten (Kartellträger), werden mit Festungshaft bis zu sechs Monaten bestraft.[2]

[1] Vgl. § 201 Anm. 1.

[2] Sie unterliegen auch bei stattgehabtem Zweikampf nicht der Strafe der Beihilfe: RG. **11** 279; vgl. auch § 209.

Rücktritt.

204. Die Strafe der Herausforderung[1] und der Annahme derselben, sowie die Strafe der Kartellträger fällt weg, wenn die Parteien den Zweikampf[2] vor dessen Beginn freiwillig[3] aufgegeben haben.

[1] Vgl. § 201 Anm. 1. [2] Vgl. § 201 Anm. 2.

[3] Nicht durch Aufgeben des Zweikampfes, nachdem der Beginn

durch behördliches Einschreiten verhindert ist: RG. **13** 1. Der freiwillige Rücktritt auch nur einer Partei, wodurch der Zweikampf tatsächlich aufgegeben worden, macht beide straflos: RG. **34** 200; **35** 260. So auch: Meyer. A. A. (untereinander abweichend): Frank und v. Liszt.

Zweikampf.

205. (StrK.) **Der Zweikampf[1] wird mit Festungshaft von drei Monaten bis zu fünf Jahren bestraft.[2]**

[1] Vgl. § 201 Anm. 2. Er ist vollendet, wenn auch erst einer eine kämpfende Tätigkeit entwickelt hat: RG. **4** 408. Er liegt nicht vor, wenn beide Teile absichtlich (auch ohne gegenseitige Kenntnis der Absicht des andern) fehlschießen: RG. **21** 146. So auch: Binding, Frank, Meyer. A. A.: v. Liszt.

[2] „Beihilfe" ist möglich auch durch Mitwirkung bei einem Ehrengericht, welches lediglich über die Waffen zu bestimmen hat: RG. **13** 265.

Tötung im Zweikampf.

206. (SchwG.) Wer seinen Gegner im Zweikampf[1] tötet, wird mit Festungshaft nicht unter zwei Jahren, und wenn der Zweikampf ein solcher war, welcher den Tod des einen von beiden herbeiführen sollte, mit Festungshaft nicht unter drei Jahren bestraft.[2]

[1] Vgl. § 201 Anm. 2. [2] Vgl. § 211 Anm. 3.

Vorsätzliche Übertretung der Kampfesregeln.

207. Ist eine Tötung oder Körperverletzung mittels vorsätzlicher Übertretung der vereinbarten oder hergebrachten Regeln des Zweikampfs bewirkt worden, so ist der Übertreter, sofern nicht nach den vorhergehenden Bestimmungen[1] eine härtere Strafe verwirkt ist, nach den allgemeinen Vorschriften über das Verbrechen der Tötung oder der Körperverletzung zu bestrafen.

[1] Also nicht auf Grund von § 208. So auch: Frank, Meyer. A. A.: Binding.

Zweikampf ohne Sekundanten.

208. (SchwG.) Hat der Zweikampf ohne Sekundanten stattgefunden, so kann die verwirkte Strafe bis um die Hälfte, jedoch nicht über fünfzehn Jahre erhöht werden.

Straflosigkeit der Kartellträger.

209. Kartellträger,[1] welche ernstlich bemüht gewesen sind, den Zweikampf[2] zu verhindern,[3] Sekundanten, sowie zum Zweikampf zugezogene Zeugen, Ärzte und Wundärzte sind straflos.

[1] Vgl. § 203. [2] Vgl. § 201 Anm. 2.

[3] Nach Überbringung der Herausforderung: RG. **17** 244; und vor Beginn des Kampfes; also nicht bloß: Verhinderung der Fortsetzung des Kampfes. § 209 ist nicht anwendbar, wenn durch sofortige Ablehnung der Herausforderung seitens des Geforderten der Kartellträger zur Beilegung des Zweikampfes nichts tun konnte; ebenso wenn der Kartellträger die Ablehnung erwartete: RG. **22** 218.

Anreizung zum Zweikampf.

210. (StrK.) Wer einen anderen zum Zweikampf[1] mit einem Dritten absichtlich,[2] insonderheit durch Bezeigung oder Androhung von Verachtung anreizt,[3] wird, falls der Zweikampf stattgefunden hat, mit Gefängnis nicht unter drei Monaten bestraft.

[1] Vgl. § 201 Anm. 2. [2] = Vorsätzlich. [3] Vgl. § 112 Anm. 4.

Sechzehnter Abschnitt.

Verbrechen und Vergehen wider das Leben.

Binding I 22, 61; v. Liszt 304, 336, 324; Meyer 375, 400. Über Konkurrenz vgl. allgem. §§ 221 Anm. 7 und 227 Anm. 7.

Mord.

211. (SchwG.) Wer vorsätzlich einen Menschen tötet, wird, wenn er die Tötung mit Überlegung[1] ausgeführt[2] hat, wegen Mordes mit dem Tode bestraft.[3]

[1] Über den Vorsatz hinausgehend und von ihm unabhängig festzustellen: RG. **42** 260. Daher möglich, daß bei Mittäterschaft von A und B, A mit, B ohne Überlegung handelt: R. **5** 287. Ebenso bei Teilnahme i. e. S. (darüber vgl. § 50 Anm. 1 a. E.).

[2] Die Überlegung muß im Stadium der Ausführung vorhanden sein: RG. **32** 253.

[3] Die spezielleren Tatbestände der §§ 80, 206, 216, 217 schließen § 211 aus. — Über das Verhältnis zu den §§ 249 ff. vgl. § 251 Anm. 4. — Vgl. auch § 306 Anm. 6 a. E.

Totschlag.

212. (SchwG.) **Wer vorsätzlich einen Menschen tötet, wird, wenn er die Tötung nicht mit Überlegung ausgeführt hat, wegen Totschlages mit Zuchthaus nicht unter fünf Jahren bestraft.**[1,2]

[1] Vgl. §§ 211, 213—215.

[2] Idealkonkurrenz mit § 229 ist bei Vorsatzwechsel möglich: RG. **42** 214. — Über das Verhältnis zu den §§ 249 ff. vgl. § 251 Anm. 4. — Vgl. auch § 306 Anm. 6 a. E.

Totschlag unter mildernden Umständen.

213. (SchwG.) **War der Totschläger**[1] **ohne eigene Schuld durch eine ihm oder einem Angehörigen**[2] **zugefügte Mißhandlung**[3] **oder schwere Beleidigung**[3] **von dem Getöteten zum Zorne gereizt und hierdurch auf der Stelle**[4] **zur Tat hingerissen worden, oder sind andere mildernde Umstände**[5,6] **vorhanden, so tritt Gefängnisstrafe nicht unter sechs Monaten ein.**

[1] Vgl. § 212. [2] Vgl. § 52 Abs. 2 und Anm. dazu.

[3] Nicht im technischen Sinne. — Beleidigung umfaßt jede schwere Kränkung, z. B. Ehebruch. [4] Siehe oben § 199 Anm. 3.

[5] Im Verhältnis zu § 212. In den Fällen des § 213 ist daher gemäß § 32 (Gefängnis wegen Annahme mildernder Umstände an Stelle von Zuchthaus): Verlust der bürgerlichen Ehrenrechte zulässig: RG. **14** 298. Versuch strafbar.

[6] Vgl. StPO. §§ 262, 266, 295.

Totschlag bei Unternehmung einer strafbaren Handlung.

214. (SchwG.) Wer bei Unternehmung[1] einer strafbaren Handlung, um ein der Ausführung derselben entgegentretendes Hindernis zu beseitigen oder um sich der Ergreifung auf frischer Tat zu entziehen, vorsätzlich einen Menschen tötet,[2,3] wird mit Zuchthaus nicht unter zehn Jahren oder mit lebenslänglichem Zuchthaus bestraft.

[1] Der Begriff des Unternehmens wird hier gleich wie zu § 105 aufgefaßt von v. Liszt (vgl. § 105 Anm. 1). Übereinstimmend Meyer. Franks Auffassung entspricht derjenigen, die er zu § 82 vertritt (vgl. dort Anm.). Mit Frank stimmt zu § 214 überein: Binding.

[2] Kein selbständiger Tatbestand, sondern ein qualifizierender Umstand im Verhältnis zu § 212: RG. **12** 250. — Ein unter den Umständen des § 214 begangener Mord fällt ausschließlich unter § 211: RG. **12** 364.

[3] Vgl. Anm. 6 zu § 213; daneben § 264 StPO.

Aszendententotschlag.

215. (SchwG.) Der Totschlag an einem Verwandten aufsteigender Linie[1,2] wird mit Zuchthaus nicht unter zehn Jahren oder mit lebenslänglichem Zuchthaus bestraft.

[1] Straferhöhender Umstand zu § 212. (Siehe auch Anm. 3 zu § 214.) — Hinsichtlich des Teilnehmers vgl. § 50.

[2] Auch uneheliche Verwandte gehören hierzu. Adoptivverwandtschaft genügt nicht.

Tötung auf Verlangen.

216. (StrK.) Ist jemand durch das ausdrückliche und ernstliche[1] Verlangen[2] des Getöteten zur Tötung bestimmt[3] worden, so ist auf Gefängnis nicht unter drei Jahren zu erkennen.[4,5]

[1] Frei und bewußt, dem wahren Willen des zu Tötenden entsprechend. [2] Einwilligung genügt nicht.

[3] Siehe § 48 Anm. 6. Die Tat muß also im wesentlichen dem Willen des Verlangenden entsprechen.

[4] Selbständiges Vergehen (speziellerer Tatbestand gegenüber §§ 211, 212: RG. 45 247); daher kein strafbarer Versuch, keine mildernden Umstände (keine Anwendung von § 213: RG. 45 247). Versuchshandlung kann aber als Körperverletzung strafbar sein: RG. 28 200. — Sehr bestritten! [5] Vgl. § 211 Anm. 3.

Kindestötung.

217. (SchwG.) Eine Mutter,[1] welche ihr uneheliches Kind[2] in[3] oder gleich nach[4] der Geburt vorsätzlich[5] tötet, wird mit Zuchthaus nicht unter drei Jahren bestraft.[6]

Sind mildernde Umstände vorhanden, so tritt Gefängnisstrafe nicht unter zwei Jahren ein.

[1] Dritte Personen sind aus §§ 211 oder 212 (bzw. §§ 48, 49) strafbar.

[2] Von Beginn der natürlichen Ausstoßung (d. h. der Wehen) an, auch wenn das Kind noch im Mutterleibe. So: RG. 9 131 und Frank. A. A. (unter sich abweichend): Binding, v. Liszt (mit Beginn der Lungenatmung), Meyer. Lebensfähigkeit nicht erforderlich.

[3] Von Beginn der Ausstoßung an. Vgl. Anm. 2.

[4] Solange der durch die Geburt hervorgerufene Erregungszustand noch dauert.

[5] Mit oder ohne Überlegung, also Kindesmord und Kindestotschlag umfassend. Fahrlässige Kindestötung fällt unter § 222.

Abtreibung.[1]

218. (StrK.) Eine Schwangere, welche ihre Frucht vorsätzlich abtreibt[2,4,5] oder im Mutterleibe tötet,[3,4,5] wird mit Zuchthaus bis zu fünf Jahren bestraft.[6]

Sind mildernde Umstände vorhanden, so tritt Gefängnisstrafe nicht unter sechs Monaten ein.

Dieselben Strafvorschriften finden auf denjenigen Anwendung, welcher mit Einwilligung der Schwangeren[7]

die Mittel zu der Abtreibung oder Tötung bei ihr angewendet[8] oder ihr beigebracht[9] hat.[10]

[1] Vgl. auch noch §§ 219, 220.

[2] Durch Herbeiführung der vorzeitigen Ausstoßung töten. Abtreibung im engeren Sinne: RG. **20** 367 und die gem. Meinung. Bewirkung einer Frühgeburt genügt nach v. Liszt.

[3] Abtreibung im weiteren Sinne: RG. **20** 367. Aus Anm. 2, 3 zu § 217 folgt, daß § 218 nach dem RG. Anwendung findet: bis zum Beginn der natürlichen Ausstoßung.

[4] Durch positives Tun, Dulden oder Unterlassen: RG. **29** 10. Abweichend: RG. **28** 164 hinsichtlich des bloßen Duldens. Vgl. Anm. 7.

[5] Möglich auch u. U. durch Selbstmordversuch der Schwangeren. Teilnahme möglich durch Tötungsversuch oder Körperverletzung an der Schwangeren seitens eines Dritten: RG. **41** 328.

[6] Mittäterschaft ist nach der Reichsgerichtstheorie unmöglich, da der Vorsatz des Mittäters hier nicht auf die Ausführung der Tat als einer eigenen gerichtet gewesen sein kann: RG. **29** 419. Vgl. § 47 Anm. 1.

[7] Die Schwangere kann hier als Teilnehmerin (durch Dulden) erscheinen: RG. **28** 164. Abweichend: RG. **29** 10, wonach das bloße Dulden als Handeln im Sinne des Abs. 1 aufzufassen sei. Vgl. oben Anm. 4.

[8] Bezieht sich auf äußerlich wirkende Mittel.

[9] Innerlich wirkende Mittel.

[10] Vollendung der Abtreibung vorausgesetzt. Daher kein Versuch aus Abs. 3: RG. **21** 14. Bestritten. Dagegen (untereinander abweichend): Frank, v. Liszt.

Lohnabtreibung.

219. (SchwG.) **Mit Zuchthaus bis zu zehn Jahren wird bestraft, wer einer Schwangeren, welche ihre Frucht abgetrieben[1] oder getötet hat,[1] gegen Entgelt[2] die Mittel hierzu verschafft, bei ihr angewendet[3] oder ihr beigebracht[4] hat.**

[1] Handlung vgl. § 218 Anm. 2—5. — § 219 setzt vollendete Abtreibung oder Tötung voraus. Bei versuchter Abtreibung ist er nicht anwendbar: RG. 1 194; 44 166. Die Schwangere braucht aber nicht selbst (Mit-) Täterin zu sein, sie kann Gehilfin oder sogar auf Grund von § 51 straffrei sein: RG. 44 166; 16 184. A. A.: Frank, v. Liszt, Meyer, nach denen die Mitwirkung der Schwangeren nicht nach § 219, sondern nur nach § 218 Abs. 1 oder 3 bestraft werden kann. Näheres über die Streitfrage bei Olshausen § 219 N. 2.

[2] Nicht notwendig bares Geld, sondern jeder Vermögensvorteil. Gemeine Meinung.

[3] Vgl. § 218 Anm. 8. [4] Vgl. § 218 Anm. 9.

Abtreibung ohne Wissen der Schwangeren.

220. (SchwG.) Wer die Leibesfrucht einer Schwangeren ohne deren Wissen oder Willen vorsätzlich abtreibt[1] oder tötet,[2] wird mit Zuchthaus nicht unter zwei Jahren bestraft.

Ist durch die Handlung der Tod der Schwangeren verursacht worden, so tritt Zuchthausstrafe nicht unter zehn Jahren oder lebenslängliche Zuchthausstrafe ein.

[1] Vgl. § 218 Anm. 2. [2] Vgl. § 218 Anm. 3.

Aussetzung.

221. (StrK.) Wer eine wegen jugendlichen Alters, Gebrechlichkeit oder Krankheit hilflose[1] Person aussetzt,[2] oder wer eine solche Person, wenn dieselbe unter seiner Obhut[3] steht oder wenn er für die Unterbringung, Fortschaffung oder Aufnahme derselben zu sorgen hat, in hilfloser Lage vorsätzlich verläßt,[4] wird mit Gefängnis nicht unter drei Monaten bestraft.

Wird die Handlung von leiblichen Eltern gegen ihr Kind begangen, so tritt Gefängnisstrafe nicht unter sechs Monaten ein.[5]

(SchwG.) Ist durch die Handlung eine schwere Körperverletzung[6] der ausgesetzten oder verlassenen Person verursacht worden, so tritt Zuchthausstrafe bis zu zehn Jahren und, wenn durch die Handlung der Tod verursacht worden ist, Zuchthausstrafe nicht unter drei Jahren ein.[7]

[1] In dem Maße: jung, gebrechlich oder krank (als Krankheit erscheint auch starke Trunkenheit: RG. **5** 393), daß diese Eigenschaften Hilflosigkeit verursachen: RG. **10** 183.

[2] Vorsätzliches Versetzen einer hilflosen Person aus einem Verhältnisse, in dem ihr Schutz zuteil ward, in einen Zustand, in dem sie an Leben oder Gesundheit gefährdet ist, kurz: in hilflose Lage. Das Bestehen einer rechtlichen Verpflichtung des Täters zu Schutz und Fürsorge ist hier kein begriffliches Erfordernis: RG. **31** 167. [3] Vgl. § 174 Anm. 10.

[4] Vgl. Anm. 2. — Durch räumliche Trennung des Hüters von dem Hilfsbedürftigen: RG. **8** 343; **38** 377; R. **7** 250. So auch: Frank, v. Liszt, Meyer.

[5] Straferhöhende Umstände im Sinne der StPO. §§ 262 ff., 295.

[6] § 224.

[7] Idealkonkurrenz zwischen Aussetzung und Tötung und Körperverletzung möglich: RG. **25** 321, Frank, v. Liszt. A. A.: Binding, Meyer.

Fahrlässige Tötung.

222.[1] (StrK.) Wer durch Fahrlässigkeit[2] den Tod eines Menschen verursacht,[3] wird mit Gefängnis bis zu drei Jahren bestraft.

Wenn der Täter zu der Aufmerksamkeit, welche er aus den Augen setzte, vermöge[4] seines Amtes,[5] Berufes[6] oder Gewerbes[7] besonders verpflichtet war,[8] so kann die Strafe bis auf fünf Jahre Gefängnis erhöht werden.

[1] Vgl. § 230 Abs. 1 u. § 330 Anm. 7. [2] Vgl. § 59 Anm. 7.

[3] Es genügt jede Mitwirksamkeit zum Erfolg — nicht muß die ausschließliche Ursache dazu gesetzt sein: RG. **22** 173 — durch Tun oder durch Unterlassen (RG. **22** 173; **39** 397) im Rahmen der Vorhersehbarkeit: RG. **29** 218. Daher liegt aber

auch keine fahrlässige Tötung vor, wenn der Tod ohne hinzutretendes Handeln eines anderen nicht eingetreten wäre, diese Möglichkeit aber so fern lag, daß vom Täter deren Berücksichtigung nicht erwartet werden konnte: RG. **34** 91; **29** 218.

[4] Weiter als „in Ausübung". Vgl. RG. **34** 65; **36** 405. A. A.: Frank, auch Binding.

[5] Nicht im Sinne des § 359, sondern: die Art der gewählten Tätigkeit; auch Privatverhältnis: RG. **22** 418. Teilw. abweichend: RG. **39** 204 (betrifft die Vormundschaft, die das. als Amt aufgefaßt wird).

[6] Selbstgewählte, dauernde, mit einer gewissen Sachkenntnis verbundene Tätigkeit. Dieser Sachkenntnis wegen besteht für den den Beruf Ausübenden eine besondere Pflicht zur Aufmerksamkeit: RG. **30** 222; **36** 405. Vgl. auch RG. **6** 24. Nicht notwendig die einzige oder hauptsächliche Lebenstätigkeit. Jedoch kann berufsmäßige Tätigkeit nicht (oder nur unter besonderen Umständen) in einem einzelnen Falle gefunden werden, in dem jemand eine Leistung übernommen hat: RG. **37** 306.

[7] Zum Gewerbebetrieb zählen nicht nur die begrifflich dazu erforderlichen werbenden Handlungen und Einrichtungen, sondern auch alle Hilfs- und Nebenverrichtungen, die den Betrieb unmittelbar oder mittelbar fördern: RG. **34** 65. A. A. (für Beruf): RG. **36** 405. Bloße Akte der eigenen Vermögensverwaltung für sich allein sind nicht als Gewerbebetrieb anzusehen, so beispielsweise das Vermieten der Wohnungen durch den Hauseigentümer. Ebensowenig etwa schlechthin die auf den fortgesetzten Erwerb gerichtete Tätigkeit: RG. **30** 106; **32** 233. Für die im Obigen zurückgewiesene Auffassung: R. **7** 638.

[8] **Beispiele:** Der Betriebsunternehmer ist zur Anbringung von Schutzvorrichtungen gegen Gefahr für Leben und Gesundheit verpflichtet: RG. **18** 73 — Schutzmaßregeln können jedoch u. U. aus bestimmten, für berechtigt zu erachtenden Gründen unterbleiben: RG. **33** 346. — Den Zwangsverwalter verpflichtet sein Amt nicht zur persönlichen Überwachung solcher Betriebszweige, die etwa besondere technische Kenntnisse verlangen: RG. **36** 22.

Siebenzehnter Abschnitt.

Körperverletzung.

Binding I 41, 74; v. Liszt 310, 322, 320; Meyer 377, 402, 392, Nachtrag 5.

Körperverletzungen sind vorsätzliche (§§ 223—229) oder fahrlässige (§ 230). — Das StGB. unterscheidet bei der vorsätzlichen Körperverletzung: leichte (§ 223 Abs. 1 und 2), gefährliche (§ 223a) und schwere (§ 224), sowie Körperverletzung mit tödlichem Ausgang (§ 226).

Die leichte vorsätzliche Körperverletzung (§ 223) und alle fahrlässigen Körperverletzungen sind nur auf Antrag zu verfolgen (Ausnahme: Verletzung einer Amtspflicht usw. § 232). Vgl. allgem. über Buße § 231 und Anm. 1 dazu; über Konkurrenz §§ 221 Anm. 7, 227 Anm. 7 und 239 Anm. 8.

Leichte Körperverletzung.

223. (SchG.) Wer vorsätzlich[1] einen anderen körperlich mißhandelt[2] oder an der Gesundheit beschädigt,[3] wird wegen Körperverletzung mit Gefängnis bis zu drei Jahren oder mit Geldstrafe bis zu eintausend Mark bestraft.[4, 5]

Ist die Handlung gegen Verwandte aufsteigender Linie begangen, so ist auf Gefängnis nicht unter einem Monat zu erkennen.[5, 6]

[1] Über aberratio ictus und error in persona (in objecto) vgl. § 59 Anm. 5.

[2] Einwirkung auf den Körper eines andern, durch welche in jenem eine nicht unerhebliche Störung des körperlichen Befindens hervorgerufen wird; auch wenn dies nicht zu dessen Bewußtsein kommt: RG. **29** 58. Nicht dagegen: geistige Mißhandlung, Erregung von geistigem oder seelischem Unbehagen: RG. **29** 58; **32** 113. A. A.: v. Liszt. — Das Zopfabschneiden ist somit nach Auffassung des Reichsgerichts in der Regel nicht Körperverletzung. Als Körperverletzung wird es aufgefaßt von Frank, v. Liszt und Meyer, welche die Verletzung der Körper-

integrität (Olsh.: nur die entstellende Beeinträchtigung) hierherzählen. — Auch erscheint der operative Eingriff des Arztes, soweit er ohne Einwilligung des Patienten vorgenommen wird, als Körperverletzung, auch wenn er im Interesse des Kranken liegt: RG. 25 375. Dagegen: v. Bar, Binding, Frank. Vielerörterte Streitfrage! Den Grund für den Ausschluß der Rechtswidrigkeit bei operativen Eingriffen sieht also das RG. in der Einwilligung: RG. **38** 34. Im Gegensatz zu ihm stimmen Finger, v. Liszt, Meyer wesentlich darin überein, daß dieser Grund in der Anerkennung des angestrebten (Heil-) Zweckes durch den Staat liege. — Im übrigen faßt das Reichsgericht die Einwilligung zur Körperverletzung nicht als Deliktsausschließungsgrund auf: RG. 6 61. So auch: v. Liszt, während Binding, Finger und Meyer bei Einwilligung für Straflosigkeit aller, v. Bar und Frank für Straflosigkeit der leichten (Antrags-) Körperverletzung eintreten.

[3] Störung innerer Funktionen; Verursachung einer Krankheit. Ebenso: die Verursachung einer Verschlimmerung einer bestehenden Krankheit: RG. **19** 226. Vgl. auch RG. **16** 242 (mittelbare Täterschaft).

[4] Rechtswidrigkeit der Handlung ist auch hier vorausgesetzt: RG. **19** 265. Die Gründe, welche diese ausschließen, finden auch auf die Körperverletzung Anwendung. Vgl. §§ 52, 53, 54. Weiter sind z. B. zu nennen: die Einwilligung (darüber s. Anm. 2) und das Züchtigungsrecht. Über das Züchtigungsrecht des Lehrers s. RG. **26** 148 (vgl. auch § 340). Über dessen Regelung vgl. RG. **19** 265; **43** 281; über dessen Umfang: RG. **42** 142; über dessen Grenzen vgl. auch RG. **31** 267. Auch beim Fehlen landesrechtlicher Vorschriften läßt sich das Züchtigungsrecht nicht ohne weiteres verneinen, da es schon aus dem Recht und der Pflicht zur Erziehung folgt: RG. zuletzt **45** 1. Vgl. auch RG. **20** 371. Das Züchtigungsrecht besitzen auch die Eltern, Erzieher, Lehrherren. Die Übertragung des Rechtes ist nicht unzulässig: R. **4** 38. Unzulässig, wenn gegen die guten Sitten: RG. **33** 32. Die Überschreitung des Züchtigungsrechtes ist als vorsätzliche oder fahrlässige Körperverletzung strafbar: RG. **19** 265; **34** 118.

Hinsichtlich des Irrtums über das Züchtigungsrecht vgl. Anm. 5 zu § 59.

[5] Über Konkurrenz vgl. § 240 Anm. 6 und § 340 Anm. 10.

[6] Mildernde Umstände s. § 228.

Gefährliche Körperverletzung[1] und Mißhandlung Pflegebefohlener.[2]

223 a.[3] (StrK. bzw. SchG.) Ist die Körperverletzung mittels einer Waffe,[4] insbesondere eines Messers oder eines anderen gefährlichen Werkzeuges,[5] oder mittels eines hinterlistigen Überfalls,[6] oder von mehreren gemeinschaftlich,[7] oder mittels einer das Leben gefährdenden Behandlung[8] begangen,[9] so tritt Gefängnisstrafe nicht unter zwei Monaten ein.[10, 11]

Gleiche Strafe[11] tritt ein, wenn gegen eine noch nicht achtzehn Jahre alte[12] oder wegen Gebrechlichkeit oder Krankheit wehrlose[13] Person, die der Fürsorge[14] oder Obhut[15] des Täters untersteht oder seinem Hausstand[16] angehört, oder die der Fürsorgepflichtige[14] der Gewalt des Täters überlassen hat, eine Körperverletzung[17] mittels grausamer[18] oder boshafter[19] Behandlung begangen wird.[20, 11]

[1] Hier sind nicht die Folgen, sondern die angewandten Mittel von Bedeutung.

[2] Siehe Abs. 2. Eingefügt durch Ges. v. 19. Juni 1912.

[3] Vgl. § 367 Ziff. 10.

[4] Nicht im technischen Sinne. Hier als Oberbegriff Messer und gefährliches Werkzeug umfassend. Also: jedes zur Zufügung von Verletzungen auf mechanischem Wege geeignete Werkzeug.

[5] Als Werkzeug erscheint nach Frank und v. Liszt jeder Gegenstand der Sinnenwelt, der durch menschliche Körperkraft in Bewegung gesetzt wird. Nach RG. 24 372 kommt es nicht auf das Inbewegungsetzen durch menschliche Körperkraft an, sondern auf die Verletzung auf mechanischem (nicht chemischem) Wege.

Daher nicht gefährliches Werkzeug: Flüssigkeit (Vitriol): R. 4 298; der gehetzte Hund: RG. 8 315. — Die Gefährlichkeit muß im Einzelfalle gegeben sein. So: Binding, Frank, v. Liszt, Meyer. A. A.: das RG. Es bestimmt die Gefährlichkeit nach der objektiven (abstrakten) Eignung (allein: R. 2 496) und nach der Art der Anwendung: RG. 4 397.

[6] Unvermuteter Angriff, verbunden mit einer äußeren Tätigkeit, darauf berechnet, dem Angegriffenen die Möglichkeit zu benehmen, den Angriff wahrzunehmen und sich darauf vorzubereiten.

[7] Also als Mittäter. Vgl. § 47 und Anmerkungen dazu.

[8] Lebensgefährdung im gegebenen Falle fordern: Binding, Frank, Meyer, RG. **10** 100.

[9] Das Bewußtsein von der Gefährdung ist nicht erforderlich (RG. **10** 100); doch muß die Tat, wie sie objektiv sich gestaltet hat, im Willen des Täters gelegen haben: RG. **17** 279. (Unklar!) Das Bewußtsein der im § 223a aufgestellten erschwerenden Umstände verlangen allgemein und im Ergebnis übereinstimmend: Frank, v. Liszt, Meyer.

[10] Vgl. § 226 Anm. 2.

[11] Mildernde Umstände vgl. § 228. — Verhältnis zu § 340 siehe § 340 Anm. 10.

[12] Vgl. § 55 Anm. 2.

[13] Dazu § 221 Anm. 1. — Unfähig zur Abwehr des Angriffs.

[14] Recht und Pflicht zu dauernder Sorge für die Person kraft Gesetzes, Vertrages oder freiwilliger Übernahme, wie sie z. B. Eltern, Vormündern, Pflegern, Erziehern obliegen.

[15] Vgl. § 174 Anm. 10.

[16] Der Haushaltungsvorstand erscheint als Täter.

[17] § 223.

[18] Objektiv: Zufügung besonders schwerer Leiden; subjektiv: gefühllose Gesinnung.

[19] Subjektiv: Aus Freude an der Zufügung der Leiden.

[20] Bewußtsein der Jugend oder Hilflosigkeit, sowie des besonderen Pflichtenverhältnisses und der objektiven Beschaffenheit der Behandlung erforderlich.

Schwere Körperverletzung.

224. (StrK.) Hat die Körperverletzung zur Folge,[1] daß der Verletzte ein wichtiges Glied des Körpers,[2] das Sehvermögen[3] auf einem oder beiden Augen, das Gehör,[4] die Sprache oder die Zeugungsfähigkeit[5] verliert, oder in erheblicher Weise dauernd entstellt[6] wird, oder in Siechtum,[7] Lähmung[8] oder Geisteskrankheit[9] verfällt,[10, 11] so ist auf Zuchthaus bis zu fünf Jahren oder Gefängnis nicht unter einem Jahre zu erkennen.[12]

[1] Qualifizierung durch den Erfolg, ohne daß das Verschulden sich darauf zu beziehen braucht.

[2] Verstümmelung. Verlust ist erforderlich; Gebrauchsunfähigkeit genügt nicht: RG. **3** 33.

[3] Die Fähigkeit, Gegenstände zu erkennen. — Gleichgültig, ob noch Lichtempfindlichkeit geblieben oder Besserung durch operativen Eingriff möglich ist: RG. 27 80. Das Sehvermögen ist nicht verloren, wenn eine auch nur schwache Funktion des Auges geblieben ist: RG. **14** 118; oder wenn Erblindung erst in Aussicht steht, wenn auch sicher eintreten wird: RG. **14** 4.

[4] Auf beiden Ohren, mag auch Schallempfindung geblieben sein.

[5] D. h. die Fortpflanzungsfähigkeit.

[6] Die äußere Gesamterscheinung verunstaltet; auch wenn dies bei regelmäßig den Blicken anderer zugänglichen Körperteilen (weiter: v. Liszt) künstlich zu verdecken ist: RG. **14** 344. Die Gesamterscheinung braucht nicht bei jeder Körperhaltung verunstaltet zu werden. Ist die Gesamterscheinung auch nur in einem dieser regelmäßig und notwendig wiederkehrenden (nicht etwa außergewöhnlichen) Zustände in wesentlichem Maße beeinträchtigt (z. B. beim Stehen, Gehen, Sitzen), so liegt eine Entstellung vor: RG. **39** 419.

[7] Langdauernde Krankheit, welche, den ganzen Organismus ergreifend, erhebliche Beeinträchtigung des Allgemeinbefindens bewirkt: RG. **12** 127.

[8] Eine Affektion, welche mit ausgedehnter Wirkung Organe

des Körpers der freien Äußerung ihrer naturgemäßen Tätigkeit beraubt: RG. 6 65.

[9] Unheilbarkeit ist nicht erforderlich: RG. 44 59 und Frank, v. Liszt. Vorübergehende — wie vorauszusehen — in absehbarer Zeit heilbare Geistesstörungen gehören jedoch nicht hierher.

[10] Versuch aus § 224 ist unmöglich: RG. 9 67.

[11] Straferhöhender Umstand im Sinne der StPO. §§ 262 ff., 295.

[12] Mildernde Umstände s. in § 228. — Verhältnis zu § 340 s. in § 340 Anm. 10.

225. (SchwG.) War eine der vorbezeichneten Folgen beabsichtigt[1] und eingetreten, so ist auf Zuchthaus von zwei bis zu zehn Jahren zu erkennen.[2,3]

[1] Vgl. § 59 Anm. 4.

[2] Der Versuch ist strafbar: RG. 9 67.

[3] Keine mildernden Umstände nach § 228. — Verhältnis zu § 340 s. § 340 Anm. 10.

Körperverletzung mit tödlichem Ausgang.

226. (SchwG.) Ist durch die Körperverletzung der Tod des Verletzten verursacht worden,[1] so ist auf Zuchthaus nicht unter drei Jahren oder Gefängnis nicht unter drei Jahren zu erkennen.[2,3]

[1] Über den Kausalzusammenhang vgl. RG. 44 137. — Nicht vorsätzlich, anderenfalls kämen die §§ 211 oder 212 in Anwendung.

[2] § 223a (Leben gefährdende Behandlung) wird durch § 226 absorbiert: RG. 36 277.

[3] Mildernde Umstände s. in § 228. — Verhältnis zu § 340 s. § 340 Anm. 10.

Raufhandel.

227.[1] (StrK.) Ist durch eine Schlägerei[2] oder durch einen von mehreren gemachten Angriff der Tod eines Menschen[3] oder eine schwere Körperverletzung (§ 224) verursacht worden,[4] so ist jeder, welcher sich an der Schlägerei oder dem Angriffe beteiligt[5] hat, schon wegen dieser Beteiligung mit Gefängnis bis zu drei Jahren zu bestrafen, falls er nicht ohne sein Verschulden[6] hineingezogen worden ist.[7]

Ist eine der vorbezeichneten Folgen mehreren Verletzungen zuzuschreiben, welche dieselbe nicht einzeln, sondern nur durch ihr Zusammentreffen verursacht haben, so ist jeder, welchem eine dieser Verletzungen zur Last fällt, mit Zuchthaus bis zu fünf Jahren zu bestrafen.[8]

[1] Vgl. § 367 Ziff. 10.

[2] In Tätlichkeiten ausgearteter Streit zwischen mehr als zwei Personen.

[3] Auch eines Angreifers oder einer am Streite nicht beteiligten Person.

[4] Tod, schwere Körperverletzung: Bedingung der Strafbarkeit. — Ob der Tod jemandem zugerechnet werden kann, ist also unerheblich; die Bestrafung erfolgt lediglich wegen der Beteiligung am Raufhandel: RG. **9** 370. Deshalb erfolgt auch Bestrafung, wenn die tödliche Verletzung schon geschehen war, als die Beteiligung an der Schlägerei begann: RG. **8** 369. — Auch daß der Getötete bei der Schlägerei aus Versehen sich selbst getötet hat, schließt die Anwendung des § 227 gegen die anderen an der Schlägerei Beteiligten nicht aus, wenn der Tod in ursächlichem Zusammenhange mit dem Raufhandel steht: RG. **11** 237.

[5] Bei der Schlägerei gegenwärtig und sich feindselig gegen jemand verhaltend. Bloße Abwehr genügt nicht: R. **9** 584.

[6] Es ist nicht erforderlich, daß der Angeklagte allein die Schuld an der Schlägerei hatte; er muß nur mit durch sein Verschulden in die Schlägerei hineingezogen worden sein: RG. **3** 236. — Bei schuldhafter Beteiligung ist es unerheblich, daß der Angeklagte sich in Notwehr befand, als er den tödlichen Schlag führte: RG. **10** 627; **32** 33.

[7] Idealkonkurrenz mit §§ 211ff., 223ff. ist möglich. Vgl. dazu R. **9** 716; RG. **32** 33. So auch die herrschende Lehre.

[8] Mildernde Umstände s. § 228.

228. Sind mildernde Umstände vorhanden, so ist in den Fällen des § 223 Absatz 2 und des § 223a auf Gefängnis bis zu drei Jahren oder Geldstrafe bis zu eintausend Mark, in den Fällen der §§ 224 und 227 Absatz 2 auf Gefängnis nicht unter einem Monat, und im Falle des § 226 auf Gefängnis nicht unter drei Monaten zu erkennen.

Vergiftung.

229. (SchwG.) Wer vorsätzlich einem anderen, um dessen Gesundheit zu beschädigen, Gift[1] oder andere Stoffe beibringt,[2] welche die Gesundheit zu zerstören geeignet sind, wird mit Zuchthaus bis zu zehn Jahren bestraft.

Ist durch die Handlung ein schwere Körperverletzung[3] verursacht worden, so ist auf Zuchthaus nicht unter fünf Jahren und, wenn durch die Handlung der Tod verursacht worden, auf Zuchthaus nicht unter zehn Jahren oder auf lebenslängliches Zuchthaus zu erkennen.[4]

[1] Stoffe, welche schon in kleineren Mengen zur Zerstörung der Gesundheit geeignet sind: R. **3** 449. Doch ist stets die schädigende Eigenschaft der in Frage stehenden Stoffe festzustellen, da hier kein spezieller Giftbegriff aufgestellt ist: RG. **10** 178.

[2] In den Körper einführt.

[3] § 224. [4] Vgl. § 212 Anm. 2.

Fahrlässige Körperverletzung.

230. (SchG.) Wer durch Fahrlässigkeit[1] die Körperverletzung[2] eines anderen verursacht,[3] wird mit Geldstrafe bis zu neunhundert Mark oder mit Gefängnis bis zu zwei Jahren bestraft.

(StrK. bzw. SchG.) War der Täter zu der Aufmerksamkeit, welche er aus den Augen setzte, vermöge seines Amtes, Berufes oder Gewerbes besonders verpflichtet,[4] so kann die Strafe auf drei Jahre Gefängnis erhöht werden.[5]

[1] Vgl. § 59 Anm. 7. [2] Begriff siehe § 223.

[3] Vgl. § 222 Anm. 3. — Auch bei eingetretenem Tode ist Verurteilung wegen fahrlässiger Körperverletzung möglich, wenn Angeklagter nur diese, nicht aber jenen voraussehen konnte: RG. 28 272. [4] Vgl. § 222 Anm. 4—7.

[5] Vgl. § 319 Anm. 1, § 330 Anm. 7.

Buße.

231. In allen[1] Fällen der Körperverletzung kann auf Verlangen des Verletzten neben der Strafe auf eine an denselben zu erlegende Buße[2] bis zum Betrage von sechstausend Mark erkannt werden.

Eine erkannte Buße schließt die Geltendmachung eines weiteren Entschädigungsanspruches aus.

Für diese Buße haften die zu derselben Verurteilten als Gesamtschuldner.[3]

[1] Auch im Falle des § 340; nicht aber im Falle des § 226 (evtl.: bei Tod, auch des § 227) gemäß StPO. § 444 Abs. 4. Vgl. dazu das Nähere in RG. **12** 223 und RG. **20** 140. Wohl aber im Falle einer durch Schlägerei verursachten schweren Körperverletzung (§ 227): RG. **30** 367. A. A.: Binding, Frank, v. Liszt. Nicht bei einer Verurteilung aus §§ 117, 118: RG. **42** 317.

[2] Vgl. § 188 Anm. 3.

[3] Auch bei Verurteilung wegen fahrlässiger Körperverletzung; vgl. RG. **9** 223.

Antrag.

232. Die Verfolgung leichter vorsätzlicher, sowie aller durch Fahrlässigkeit verursachter Körperverletzungen (§§ 223, 230) tritt nur auf Antrag ein, insofern nicht die Körperverletzung mit Übertretung einer Amts-, Berufs- oder Gewerbspflicht[1] begangen worden ist.

Ist das Vergehen gegen einen Angehörigen[2] verübt, so ist die Zurücknahme des Antrages zulässig.

Die in den §§ 195, 196 und 198[3] enthaltenen Vorschriften finden auch hier Anwendung.

[1] Vgl. § 222 Anm. 5—7.

[2] Vgl. § 52 Abs. 2 und Anm. dazu. [3] Vgl. § 198 Anm. 2.

Retorsion.

233.[1] Wenn leichte Körperverletzungen[2] mit solchen, Beleidigungen[3] mit leichten Körperverletzungen oder letztere mit ersteren auf der Stelle erwidert werden,[4] so kann der Richter für beide Angeschuldigte, oder für einen derselben eine der Art oder dem Maße nach mildere oder überhaupt keine Strafe eintreten lassen.

[1] Vgl. § 199.

[2] Umfaßt sowohl § 223, als auch § 230, wenn kein schwerer Erfolg im Sinne der §§ 224, 226 eingetreten ist. Nicht: § 340. Vgl. RG. **6** 433; ebensowenig § 223a: RG. **14** 360.

[3] Vgl. § 199 Anm. 2.

[4] Es gelten hier analog die in § 199 Anm. 3—5 dargelegten Grundsätze.

Achtzehnter Abschnitt.

Verbrechen und Vergehen wider die persönliche Freiheit.

Binding I 80; v. Liszt 354, 371, 413; Meyer 435, 450, 458, Nachtrag 6. — Vgl. allg. über Konkurrenz § 240 Anm. 6.

Menschenraub.

234. (SchwG.) Wer sich eines Menschen durch List,[1] Drohung[2] oder Gewalt[3] bemächtigt, um ihn in hilfloser Lage auszusetzen[4] oder in Sklaverei, Leibeigenschaft oder in auswärtige Kriegs- oder Schiffsdienste zu bringen, wird wegen Menschenraubes[5] mit Zuchthaus bestraft.

[1] Schlaues, geflissentliches Verbergen der Absicht oder der zu ihrer Erreichung gebrauchten Mittel, gleichgültig ob eine

Täuschung des Überlisteten vorliegt oder beabsichtigt war: RG. 17 90. Vgl. auch RG. 15 340. Nach v. Liszt stets Täuschung.

[2] Vgl. § 48 Anm. 4. [3] Vgl. § 52 Anm. 3.

[4] Vgl. § 221 Anm. 2.

[5] Vgl. G. v. 28. Juli 1895 über den Sklavenraub.

Kinderraub.

235. (StrK.) Wer eine minderjährige Person durch List,[1] Drohung[2] oder Gewalt[3] ihren Eltern,[4] ihrem Vormund[5] oder ihrem Pfleger[6] entzieht,[7] wird mit Gefängnis bestraft.

Sind mildernde Umstände vorhanden, so kann auf Geldstrafe bis zu dreitausend Mark erkannt werden.

(SchwG.) Geschieht die Handlung in der Absicht, die Person zum Betteln oder zu gewinnsüchtigen oder unsittlichen Zwecken oder Beschäftigungen zu gebrauchen, so tritt Zuchthaus bis zu zehn Jahren ein.[8, 9]

[1] Vgl. § 234 Anm. 1. [2] Vgl. § 48 Anm. 4.

[3] Vgl. § 52 Anm. 3.

[4] Nicht nur leibliche (denen die Sorge für den Minderjährigen und das Recht zusteht, ihn zu erziehen, zu beaufsichtigen, seinen Aufenthalt zu bestimmen: § 1631 BGB.), sondern auch diejenigen, denen nach § 1666 BGB. Erziehung übertragen ist: RG. 37 1. Vgl. auch RG. 40 91. A. A.: enger: Frank; weiter (untereinander abweichend): Binding, v. Liszt, Meyer.

[5] Vgl. § 174 Anm. 1.

[6] Vgl. EGBGB. Art. 34 VII. — § 1909 BGB.

[7] Herbeiführung eines Zustandes (von gewisser Dauer), der die Ausübung des Erziehungsrechtes vereitelt. Auch durch Unterlassung erfüllbar. Vgl. dazu RG. 24 133; 37 162; auch 38 123. Begründung eines neuen Gewaltverhältnisses gehört nicht zum Tatbestand. Objekt des Strafschutzes ist der Minderjährige. Selbstentziehung ist daher ebenso straflos wie Teilnahme des Minderjährigen am Delikte des § 235 oder Teilnahme eines Dritten an

der Selbstentziehung. Die Einwilligung des Minderjährigen ist jedoch unerheblich. Hat der Dritte also nicht bloß Beihilfe geleistet, sondern den Tatbestand des § 235, einschließlich der Mitwirkung des Minderjährigen, verursacht, so erscheint er als strafbarer Täter. Für alles vgl. RG. **18** 273. — Täter kann auch die Mutter des Kindes sein: RG. **22** 166. Ebenso der Vater, wenn der Mutter das Aufsichts- und Erziehungsrecht übertragen ist: R. **8** 465.

[8] Zwischen den §§ 235 und 236, 237 besteht nach RG. **18** 273 keine Gesetzeskonkurrenz.

[9] Die Änderungen und Zusätze des Ges. v. 19. Juni 1912 sind gesperrt gedruckt.

Entführung.

236. (SchwG.) Wer eine Frauensperson wider ihren Willen durch List,[1] Drohung[2] oder Gewalt[3] entführt,[4] um sie zur Unzucht[5] zu bringen,[6] wird mit Zuchthaus bis zu zehn Jahren und (StrK.), wenn die Entführung begangen wurde, um die Entführte[7] zur Ehe zu bringen,[6] mit Gefängnis bestraft.

Die Verfolgung tritt nur auf Antrag ein.[8]

[1] Vgl. § 234 Anm. 1. [2] Vgl. § 48 Anm. 4.

[3] Vgl. § 52 Anm. 3.

[4] An einen anderen Ort, nicht notwendig in eine andere Ortschaft bringen; ebenso ist nicht nötig, daß der Ort den Angehörigen unbekannt sei, wohl aber, daß der Ort für die zum Schutz berechtigten Personen nicht beliebig erreichbar und zugänglich und ihnen so die Möglichkeit gewährt war, der Entführten rechtzeitig den erforderlichen Schutz angedeihen zu lassen: RG. **29** 404. So die gemeine Meinung. A. A.: v. Liszt: Räumliche Entfernung ist nicht notwendig. Es genügt der Bruch des bisherigen Schutzverhältnisses und Begründung eines neuen Abhängigkeitsverhältnisses. — Diese Tätigkeit muß durch den Entführer vorgenommen werden: RG. **39** 214. Bestrafung ist trotz Mittätigkeit der Entführten nicht ausgeschlossen: RG. **6** 292.

[5] Abweichend von § 180 (vgl. Anm. 6 das.): außerehelicher Beischlaf (v. Liszt). Auch widernatürliche Unzucht (Frank). Gleichgültig ist, ob schon ein unzüchtiges Verhältnis bestand: RG. **16** 391.

[6] Mit dem Täter oder mit einem Dritten. Als Täter kann also auch eine Frau in Betracht kommen. — Vgl. § 235 Anm. 8.

[7] Absicht muß auf Beeinflussung des Willens der Entführten gehen. Es genügt nicht die Absicht, durch die Entführung die Eltern zur Einwilligung zu veranlassen. A. A.: RG. **19** 159.

[8] Antragsberechtigt ist die Entführte als Verletzte oder ihr gesetzlicher Vertreter (§ 65). Antragsfrist beginnt erst mit Aufhören des gebrochenen Schutzverhältnisses (Großjährigkeit) oder dem Ende der Herrschaft des Entführers (Dauerverbrechen): RG. **43** 285. Analoges gilt für die Verjährungsfrist. Vgl. auch § 67 Anm. 5, § 69 und Anm. 3 dazu.

237. (StrK.) Wer eine minderjährige, unverehelichte Frauensperson mit ihrem Willen, jedoch ohne Einwilligung ihrer Eltern,[1] ihres Vormundes[2] oder ihres Pflegers[3] entführt,[4] um sie[5] zur Unzucht[6] oder zur Ehe zu bringen, wird mit Gefängnis bestraft.

Die Verfolgung tritt nur auf Antrag ein.[7]

[1] Vgl. § 235 Anm. 4. [2] Vgl. § 174 Anm. 1.
[3] Vgl. EGBGB. Art. 34 VIII. [4] Vgl. § 236 Anm. 4.
[5] Vgl. § 236 Anm. 7. [6] Vgl. § 236 Anm. 5 und 6.

[7] Antragsberechtigt sind Eltern, Vormund und Pfleger. Vgl. im übrigen auch § 236 Anm. 8.

238. Hat der Entführer die Entführte geheiratet, so findet die Verfolgung[1] nur statt, nachdem die Ehe für nichtig[2] erklärt worden ist.[3]

[1] Aus §§ 236, 237. [2] Vgl. EGBGB. Art. 34 IX.
[3] Über Verjährung vgl. § 236 Anm. 8.

Freiheitsberaubung.

239.[1] (StrK.) Wer vorsätzlich und widerrechtlich[2] einen Menschen einsperrt[3] oder auf andere Weise[4] des Gebrauches der persönlichen Freiheit beraubt,[5] wird mit Gefängnis oder mit Geldstrafe bis zu zweitausend Mark[6] bestraft.

(SchwG.) Wenn die Freiheitsentziehung über eine Woche gedauert hat, oder wenn eine schwere Körperverletzung[7] des der Freiheit Beraubten durch die Freiheitsentziehung oder die ihm während derselben widerfahrene Behandlung verursacht worden ist, so ist auf Zuchthaus bis zu zehn Jahren zu erkennen. Sind mildernde Umstände vorhanden, so tritt Gefängnisstrafe nicht unter einem Monat ein.

(SchwG.) Ist der Tod des der Freiheit Beraubten durch die Freiheitsentziehung oder die ihm während derselben widerfahrene Behandlung verursacht worden, so ist auf Zuchthaus nicht unter drei Jahren zu erkennen. Sind mildernde Umstände vorhanden, so tritt Gefängnisstrafe nicht unter drei Monaten ein.[8]

[1] Vgl. §§ 341 u. 345.

[2] Subjektiv ist Bewußtsein der Rechtswidrigkeit verlangt: R. 6 481.

[3] Verhinderung des Verlassens eines Raumes durch äußere Vorrichtungen: RG. 7 259; **41** 82. Zweck gleichgültig. Die Unmöglichkeit des Entfernens braucht keine absolute zu sein. Es genügt, wenn die Entfernung nur durch außergewöhnliche Mittel möglich ist, diese aber wiederum nicht so nahe liegen, die Überwindung des Hindernisses also nicht so einfach ist, daß eine Unmöglichkeit des Entfernens nicht angenommen werden kann: RG. 8 210. Die irrige Annahme, eingesperrt zu sein, ist zum Tatbestand regelmäßig nicht ausreichend; an sich ist ein wirkliches Hindernis notwendig. Doch genügt es auch, wenn die Auffindung des vorhandenen Befreiungsmittels (verborgener Türdrücker) außergewöhnlich erschwert ist: RG. 27 360. Vgl. auch R. 7 657; 8 128.

[4] Durch jedes beliebige Mittel. So: Frank, v. Liszt. A. A.: Binding, RG. **6** 231 (die ein mechanisches Hindernis für die Fortbewegung verlangen).

[5] Wenigstens vorübergehende, völlige Aufhebung der persönlichen Freiheit jemandes (nicht bloße Beschränkung oder Erschwerung der freien Bewegung): RG. **6** 231. Nicht objektiv unberechtigte Festnahme, wenn der Festnehmende an seine Berechtigung glauben konnte: RG. **12** 194. Vgl. Anm. 2. Anders bei wissentlich widerrechtlicher Überschreitung: RG. **17** 127.

[6] Eingefügt durch Gesetz vom 19. Juni 1912. [7] § 224.

[8] Idealkonkurrenz mit der Nötigung (§ 240) ist möglich: RG. **31** 301. A. A.: Binding: RG. **25** 147 (§ 239 lex specialis [vgl. § 73 Anm. 3] im Einzelfall). Idealkonkurrenz zwischen Körperverletzung und § 239 nehmen an RG. **25** 147; **33** 339; Frank; v. Liszt.

Nötigung.

240.[1] (StrK. bzw. SchG.) Wer einen anderen widerrechtlich[2] durch Gewalt[3] oder durch Bedrohung[4] mit einem Verbrechen oder Vergehen zu einer Handlung, Duldung[5] oder Unterlassung nötigt, wird mit Gefängnis bis zu einem Jahre oder mit Geldstrafe bis zu sechshundert Mark bestraft.[6]

Der Versuch[7] ist strafbar.

[1] Vgl. § 339 (Beamtendelikt). Vgl. weitere verwandte Tatbestände in den §§ 105—106, 114, 122, 167, 176 Ziff. 1, §§ 177, 181a Abs. 2 Satz 2; dann in den §§ 249, 253, 254 und in GewO. § 153, SeemO. § 103.

[2] Widerrechtlichkeit des Mittels, nicht des Nötigungszwecks ist erforderlich: RG. **1** 5; **2** 286; **3** 179; **8** 302; **12** 194. So auch: Binding, Meyer; ungefähr auch Frank. Abweichend: v. Liszt. — Widerrechtlichkeit liegt also nicht vor, wenn der Täter zur Gewaltanwendung oder Drohung berechtigt war oder (ohne Rechtsirrtum) berechtigt zu sein glaubte: RG. **12** 194. Z. B. bei erlaubter Selbsthilfe, Notwehr: R. **4** 379; **7** 402.

Die Bedrohung mit einer Beleidigung ist straflos, wenn letztere aus § 193 straflos sein würde: R. 3 500. Die Nötigung zur Unterlassung rechtswidriger Handlungen ist straflos: RG. 3 222. So auch: Frank. A. A.: Binding, v. Liszt, Meyer.

[3] Vgl. § 52 Anm. 3. Hier streitig, ob vis absoluta und vis compulsiva. Für beides: RG. 4 429, Frank und Meyer. A. A.: Binding (nur vis absoluta).

[4] Hier Ankündigung eines Vergehens oder Verbrechens. Es kann auch mit dem Verbrechen eines Dritten gedroht werden, wenn der Drohende es so darstellt, als wenn die Tat auf seine Veranlassung geschehen oder unterbleiben würde: RG. 27 307; 34 15.

[5] Unterart des Unterlassens. Das Unterlassen beruht auf einem Wollen; das Dulden auf ein em Müssen. (So: v. Liszt und Frank.)

[6] Idealkonkurrenz ist möglich zwischen § 240 und § 153 GewO. (RG. 27 307; R. 10 619. A. A.: Frank und RG. 44 1 [§ 153 GewO. sei subsidiär]); zwischen § 240 und § 223 (RG. 33 339. A. A.: Binding). Hingegen steht § 240 zu den Delikten des achtzehnten Abschnittes regelmäßig im Verhältnis der lex generalis zur lex specialis (vgl. § 73 Anm. 3); über das Verhältnis zu § 239 vgl. § 239 Anm. 8. Spezialität herrscht auch im Verhältnis von § 240 zu § 114 (u. U. auch zu § 113): RG. 31 3; ebenso regelmäßig zu § 253: RG. 41 276. — Vgl. auch § 176 Anm. 10, § 241 Anm. 4.

[7] Versuch ist möglich durch Bedrohung mittels einer, nach Ansicht des Drohenden, zur Beeinflussung des Willens des Bedrohten geeigneten Drohung: RG. 34 15.

Bedrohung.

241.[1] (SchG.) Wer einen anderen mit der Begehung eines Verbrechens[2] bedroht,[3] wird mit Gefängnis bis zu sechs Monaten oder mit Geldstrafe bis zu dreihundert Mark bestraft.[4]

[1] Vgl. §§ 126, 240, 253, 254.

[2] Wer das Verbrechen begehen soll, ist gleichgültig: RG. 5 214.

[3] Die Drohung (vgl. § 48 Anm. 4) muß mit dem Willen

des Drohenden zur Kenntnis des Bedrohten kommen. Tatsächlich erfolgte Störung in der Rechtssicherheit ist nicht erforderlich, auch nicht Hervorrufen von Furcht vor der Verwirklichung: RG. **4** 10; **20** 180; doch muß der Drohende das Bewußtsein haben, es könne durch die Drohung bei dem Bedrohten die Befürchtung vor einem drohenden Übel erregt werden: RG. **32** 102.

[4] Bildet Bedrohung im Sinne des § 241 das Mittel zur Nötigung, so schließt § 240 den § 241 aus: RG. **36** 131; **41** 276.

Neunzehnter Abschnitt.

Diebstahl und Unterschlagung.

Binding I 285, 274, 334; v. Liszt 434, 453; Meyer 507, 353, 495, 525, Nachtrag 8.

Wegen gewisser leichter Entwendungen vgl. § 248a und § 370 Ziff. 2 und 5. Vgl. auch EG. § 2 hinsichtlich der Forst- und Felddiebstähle. Über die Nebenstrafen — außer bei § 248a — vgl. auch § 248; über Konkurrenz §§ 248a Anm. 8, 252 Anm. 7, 266 Anm. 15, 370 Anm. 9, 16.

Einfacher Diebstahl.

242. (Bis 150 Mk.: SchG.; über 150 Mk.: StrK. bzw. SchG.) Wer eine fremde[1] bewegliche[2] Sache[3] einem anderen in der Absicht[4] wegnimmt,[5, 6] dieselbe sich rechtswidrig zuzueignen,[7, 8] wird wegen Diebstahls mit Gefängnis bestraft.[9]

Der Versuch ist strafbar.

[1] Zivilrechtlich zu bestimmen; alle Sachen, welche im Mit- oder Alleineigentum eines anderen stehen: RG. **21** 270, 364; also nicht herrenlose Sachen. [2] Im natürlichen Sinn.

[3] Körperlicher Gegenstand im natürlichen Sinn: RG. **29** 111. Heute stimmt das bürgerliche Recht (BGB. § 90) hiermit überein. Auch Wasser; Leuchtgas: R. **3** 14; nicht: Elektrizität: RG. **29** 111; **32** 165; vgl. dazu das ReichsG. v. 9. April 1900 (Anhang Nr. 11). [4] Vgl. § 59 Anm. **4** und § 242 Anm. 7.

[5] D. h. durch Brechen des fremden und Begründung des

eigenen Gewahrsams. So: die gemeine Meinung und RG. **21** 110. A. A.: Meyer. — Der Gewahrsam erscheint als tatsächliches Herrschaftsverhältnis (nahezu reines Raumverhältnis: Wolff, Sachenrecht 1913), nicht notwendig Eigentum oder Besitz: RG. **23** 71. Es genügt also ein Verhältnis zur Sache, das die Verfügung über diese mit Ausschluß anderer ermöglicht; das physische Vermögen tatsächlicher Herrschaftsausübung: RG. **37** 198; Wolff a. a. O. Gewahrsam hat auch der sog. Besitzdiener (BGB. § 855), wenn er nicht bloß neben, sondern statt des Herrn die Gewalt ausübt (vgl. RG. **43** 10 [13]); nicht aber der mittelbare Besitzer (BGB. § 868): RG. **45** 249. Immerhin besteht u. U. die Möglichkeit eines Mitgewahrsams zwischen unmittelbarem und mittelbarem Besitzer: RG. ebenda. Der Erbe erlangt den Gewahrsam erst mit der tatsächlichen Herrschaft (anders hinsichtlich des Besitzes: BGB. § 857): RG. **34** 252; **37** 198. Der Gewahrsam geht nicht unter bei Entfernung der Sache, solange die Möglichkeit besteht, die Verfügungsgewalt auszuüben: RG. **2** 64. So kann noch der Gewahrsam an vergessenen, verlegten, versteckten, nicht mehr aber an verlorenen Sachen bestehen: RG. **3** 201. Daher verliert, wer beim Verlassen des Zuges einen Gegenstand im Eisenbahnwagen liegen läßt, nicht ohne weiteres den Gewahrsam daran, da der Ort des Zurücklassens nicht unbekannt und die Möglichkeit der Wiedererlangung regelmäßig nicht abgeschnitten ist: RG. **38** 444. — Der Gewahrsam an einem Behältnis schließt nicht ohne weiteres den Gewahrsam an dem Inhalte in sich. Vgl. einerseits RG. **5** 222, andrerseits **45** 249, endlich auch RG. **47** 210. — Über den Gewahrsam des Fiskus an Messinghülsen bei Truppenübungen verschossener Patronen vgl. RG. **39** 26. — Wilde Tiere in vollständig eingehegtem Park befinden sich im Gewahrsam des Besitzers, sofern eine Gefahr des Entweichens nicht gegeben ist: RG. **26** 218; **42** 75; Haustiere, solange sie die Gewohnheit der Rückkehr haben. (Vgl. dazu BGB. § 960.)

[6] Der Diebstahl ist vollendet (nicht schon mit bloßer Berührung: Kontrektationstheorie, sondern), wenn die Sache tat-

sächlich in die Verfügungsgewalt des Diebes übergegangen (Apprehensionstheorie), wenn auch noch nicht aus den Räumen des Bestohlenen herausgeschafft (das verlangt die Ablationstheorie; noch weitergehend: die Illations- [Bergungs-] Theorie) ist: R. 7 539. So auch: Binding, Frank, v. Liszt. Abw.: Meyer.

[7] Zumeist dahin gefaßt: „wie ein Eigentümer über die Sache (Substanz) verfügen" (se ut dominum gerere). Neuerdings (besonders Graf Gleispach, Die Veruntreuung vertretbarer Sachen 1905) mit größerer Schärfe auf den wirtschaftlichen Wert der Sache abgestellt und z. B. von Frank fixiert als: Gewinnung des wirtschaftlichen Wertes einer Sache mit Ausschluß des Berechtigten von diesem. — Ohne besondere Bezugnahme auf diese Kontroverse verlangt das RG. **24** 22 die Absicht, unter Eingriff in das Eigentumsrecht eines andern eine zur ausschließlichen Zuständigkeit dieses andern als Eigentümers stehende Verfügung zu treffen. Aber auch das Reichsgericht zeigt die Verschiedenheit der Auffassung, wenn es RG. **35** 355 die Absicht verlangt, die Sache dem Eigentümer völlig zu entziehen und sie in das eigene Vermögen zu bringen, in RG. **40** 10 aber die Absicht, die Sache ihrem Sachwerte nach dem eigenen Vermögen tatsächlich zuzuführen. (Vgl. aber RG. **42** 19.) — Die Absicht vorübergehenden Gebrauchs genügt nicht. Es beruht aber auf der dargelegten Verschiedenheit der prinzipiellen Auffassung, wenn Abhebung eines Sparkassenguthabens mit darauf folgender Zurücklegung des Buches an die Stelle, von der es entfernt worden, von den meisten nicht als Diebstahl, von Frank und dem Reichsgericht jedoch als Diebstahl aufgefaßt wird. Vgl. RG. **10** 369; **22** 2; **26** 151; **39** 239. Vgl. auch RG. **40** 10; **43** 17. — Die ausschließliche Absicht der Zerstörung der Sache ist nicht Aneignungsabsicht: RG. **11** 239; **35** 355; es sei denn, daß in der Vernichtung der bestimmungsgemäße Verbrauch der Sache liege. So Frank und v. Liszt. — Zueignungsabsicht ist auch die Absicht entgeltlicher oder unentgeltlicher Veräußerung oder Weitergabe einer in den eigenen Gewahrsam gebrachten Sache: RG. **21** 16, Frank, v. Liszt.

— Aneignung liegt nicht vor bei der Wegnahme zur Verpfändung, wenn mit der Absicht der Wiedereinlösung die (begründete) Überzeugung besteht, dies auch jederzeit zu können. Vgl. RG. **9** 382; **11** 68; **21** 364; **26** 230. Diese Absicht genügt nach Frank und Meyer. — Über den Fall der Vermischung fremden Geldes mit eigenem vgl. RG. **26** 437; **29** 252. (BGB. §§ 947, 948.)

[8] Spätere Verfügungen über gestohlene Sachen (Verwirklichung der Aneignungsabsicht, z. B. durch Vernichtung, Wegholen der in der Behausung des Bestohlenen versteckt gehaltenen Sache) sind nicht neue Straftaten, sondern nur Fortsetzung der in der Zueignung liegenden Rechtsanmaßung: RG. **35** 64; **12** 353. Vgl. auch RG. **43** 60 (65) (über Diebstahl und nachfolgende Urkundenfälschung und Betrug). [9] Vgl. § 243 Anm. 32.

Schwerer Diebstahl.

243. (StrK.) Auf Zuchthaus bis zu zehn Jahren ist zu erkennen, wenn

1. aus einem zum Gottesdienste bestimmten[1] Gebäude[2] Gegenstände gestohlen werden, welche dem Gottesdienste gewidmet[3] sind;
2. aus einem Gebäude[2] oder umschlossenen Raume[4] mittels Einbruchs,[5, 7] Einsteigens[6, 7] oder Erbrechens[8] von Behältnissen[9] gestohlen wird;[10]
3. der Diebstahl dadurch bewirkt wird, daß zur Eröffnung eines Gebäudes[2] oder der Zugänge eines umschlossenen Raumes,[4] oder zur Eröffnung der im Innern befindlichen Türen oder Behältnisse falsche Schlüssel[11] oder andere zur ordnungsmäßigen Eröffnung nicht bestimmte[12] Werkzeuge[13] angewendet werden;[14]
4. auf einem öffentlichen[15] Wege, einer Straße, einem öffentlichen Platze, einer Wasserstraße[16] oder einer Eisenbahn,[17] oder in einem Postgebäude oder dem

dazugehörigen Hofraume, oder auf einem Eisenbahnhofe eine zum Reisegepäck[18] oder zu anderen Gegenständen der Beförderung[19] gehörende Sache mittels Abschneidens oder Ablösens[20] der Befestigungs-[21] oder Verwahrungsmittel, oder durch Anwendung falscher Schlüssel[11] oder anderer zur ordnungsmäßigen Eröffnung nicht bestimmter[12] Werkzeuge[13] gestohlen wird;

5. der Dieb oder einer der Teilnehmer am Diebstahle bei Begehung der Tat Waffen[22] bei sich führt;[23]
6. zu dem Diebstahle mehrere[24] mitwirken,[25] welche sich zur fortgesetzten Begehung von Raub oder Diebstahl verbunden haben,[26] oder
7. der Diebstahl zur Nachtzeit[27] in einem bewohnten Gebäude,[28] in welches sich der Täter in diebischer Absicht eingeschlichen,[29] oder in welchem er sich in gleicher Absicht verborgen hatte,[30] begangen wird, auch wenn zur Zeit des Diebstahls Bewohner in dem Gebäude nicht anwesend sind. Einem bewohnten Gebäude werden der zu einem bewohnten Gebäude gehörige umschlossene Raum[4] und die in einem solchen befindlichen Gebäude jeder Art, sowie Schiffe, welche bewohnt werden, gleich geachtet.

Sind mildernde Umstände vorhanden, so tritt Gefängnisstrafe nicht unter drei Monaten ein.[31, 32]

[1] Zum Gottesdienste im e. S. (vgl. § 167 Anm. 3) bestimmt oder in ganz nahen Beziehungen zum Gottesdienste stehend. (So: die Kirche; aber auch die Sakristei): RG. 45 243.

[2] „Der durch Wände und Dach umgrenzte, mit der Erdoberfläche fest (unbeweglich), wenn auch nur durch die eigene Schwere, verbundene Raum, der Menschen den Eintritt gestattet." (v. Liszt.) Vgl. RG. 10 103. Nicht: Schiffe: RG. 4 433.

Der vom Gebäude teilweise umschlossene Hofraum erscheint nicht als Teil des Gebäudes: RG. **30** 104. Ein seiner äußeren Erscheinung und seiner inneren Einrichtung nach ein einheitliches Ganzes darstellendes Bauwerk erscheint als ein Gebäude: RG. **45** 243.

[3] D. h. dienend.

[4] Gegensatz zum Gebäude: RG. **35** 120. — Ein begrenzter (nicht notwendig verschlossener: RG. **13** 423; [so u. U. ein offenstehender Hof] RG. **32** 141) Teil der Erdoberfläche, welcher durch nicht ganz unerhebliche Hindernisse gegen das Eindringen Unbefugter geschützt ist. Vgl. RG. **10** 103. Die Umschließung braucht nicht notwendig in fester Verbindung mit der Erdoberfläche zu stehen: RG. **14** 226. Die Begrenzung kann auch durch Gebäude geschehen: RG. **43** 332. — Nicht: Schiffe: RG. **8** 364.

[5] Es genügt, daß mittels einer Kraftanstrengung eine Öffnung zur Begehung des Diebstahls erzeugt oder erweitert wird, z. B. durch Auseinanderbiegen der Torflügel. Beschädigung der Sachsubstanz ist nicht nötig: RG. **4** 353, **44** 74 und die gemeine Meinung. A. A.: Frank, v. Liszt.

[6] Überwindung eines Hindernisses ist vorausgesetzt: R. **7** 10. Nicht notwendig eine steigende Tätigkeit der Füße: R. **7** 348; vgl. auch RG. **13** 257 (z. B. Einkriechen, wenn dabei Hindernisse zu überwinden sind. Abweichend: RG. **6** 187). Als Einsteigen erscheint es nicht, wenn im Innern des Hauses durch nicht zum Eingang bestimmte Öffnungen in Abteilungen des Hauses eingestiegen wird: RG. **8** 102. Bestritten. — Mittelbare Täterschaft ist nach RG. **24** 86 ausgeschlossen. Dagegen: die gemeine Meinung.

[7] Erforderlich ist zum Begriffe des Einbruchs und Einsteigens, daß der Täter von außen in das Gebäude oder den umschlossenen Raum, aus dem er stehlen will, gelangt: RG. **30** 122. Vgl. auch allgemein RG. **40** 94; **42** 66. Doch genügt beim Einbruch das Hineinlangen von außen: RG. **29** 70.

[8] Substanzverletzung nicht erforderlich. Es genügt Überwindung des durch den Verschluß gegebenen Hindernisses durch Gewalt: R. **9** 381, RG. **44** 74 und die gemeine Meinung.

A. A.: Frank und v. Liszt. — Das Erbrechen muß im Innern des Gebäudes stattfinden: RG. 40 94. — Es braucht aber nicht unmittelbar dasjenige Behältnis erbrochen zu sein, in dem sich der Gegenstand der Entwendung befindet. Es genügt das Erbrechen eines Behältnisses, in dem sich der Schlüssel des zu eröffnenden befindet, aus dem gestohlen werden soll: RG. 40 153.

[9] Ein verschließbarer Raum, der entweder als Teil eines Gebäudes (so auch RG. 39 104) oder für sich allein eine zur Aufnahme und Verwahrung anderer Gegenstände bestimmte Sache darstellt: RG. 30 207. Vgl. auch RG. 20 165. Nicht: Bilderrahmen: RG. 30 207. — Das Delikt kann auch an eigenen Behältnissen und der eigenen Wohnung begangen werden, wenn die Verfügungsgewalt zur Aufnahme und Verwahrung fremder Sachen einem Dritten abgetreten ist: RG. 30 388.

[10] Das Delikt liegt auch vor, wenn zwischen der Handlung, welche die Qualifikation darstellt (z. B. Erbrechen) und der Wegnahme eine zeitliche Unterbrechung eingetreten ist: R. 7 341. — Einfacher Diebstahl liegt vor, wenn der nicht zum Zwecke des Stehlens Eingestiegene nachher den Entschluß zu stehlen faßt; ebenso, wenn der Diebstahlsentschluß erst nach zum Zweck des Mundraubes (§ 370 Ziff. 5) erfolgtem Einsteigen neu gefaßt wurde, also mehrere selbständige Straftaten vorliegen; bei diebischer Absicht [d. h. auch bei dem Vorsatz des § 370 Ziff. 5] und daraus folgender einheitlicher Tat liegt schwerer Diebstahl vor, selbst wenn der Täter in Änderung seines Entschlusses nach dem Einsteigen 1. nur Nahrungs- und Genußmittel stehlen sollte oder umgekehrt 2. andere Sachen neben Nahrungs usw.- Mitteln wegnimmt. Denn der Vorsatz verlangt nicht Konkretisierung der Vorstellung auf bestimmte Objekte: RG. 14 312. Beim Einsteigen muß der Täter jedoch diese Begehungsart bewußt als Mittel unter etwa möglichen gleichwertigen gewählt haben: RG. 32 141. — § 243 Ziff. 2 und § 123 stehen in Gesetzeskonkurrenz: RG. 40 430.

[11] Auch Nachschlüssel des Vermieters: RG. 11 436. Ebenso der verlorene, vom Unberechtigten gefundene Schlüssel, nachdem ein neuer in Gebrauch genommen: R. 10 341; der mit Wissen

des Berechtigten angeschaffte, aber nur für die Zeit bis zur Beendigung eines Rechtsverhältnisses zur Eröffnung bestimmte Schlüssel, nach Ablauf dieses Verhältnisses: RG. **40** 80. Gleichgültig ist, ob die Eröffnung des Schlosses erst durch die Verbindung des Schlüssels mit einem andern Werkzeug erfolgt ist: z. B. der Kopf des Schlüssels wird mit einer Zange gedreht: RG. **29** 388.

[12] Allein entscheidend ist die Willenserklärung des Berechtigten. Vgl. die in RG. **39** 436 angeführten Entscheidungen.

[13] Haken, Messer. Nicht: die statt der Münzen in die Öffnung eines Automaten eingeworfenen Gegenstände (z. B. Metallplatten, Knöpfe): RG. **34** 45. (In diesem Falle liege kein „Öffnen" vor.) So auch: Binding, Frank, Meyer. A. A.: v. Liszt.

[14] Wobei es bedeutungslos ist, ob die mittels des falschen Schlüssels usw. ausgeführte Eröffnung eines Raumes (usw.) unmittelbar zu dem Diebstahlsgegenstande geführt hat, oder zunächst zu dem richtigen Schlüssel, mittels dessen eine Räumlichkeit usw. eröffnet ist, in der sich der demnächst gestohlene Gegenstand befunden hat: RG. **40** 153.

[15] Dem Publikum zum allgemeinen Zutritt überlassen: R. **6** 149.

[16] Nicht: auf offener See: RG. **33** 57.

[17] Die mit toten Naturkräften betriebenen, mit festen Gleisen versehenen Bahnen. Weiter: Frank (auch Pferdebahnen). Im übrigen vgl. § 315 Anm. 2.

[18] Alle Sachen, die ein auf der Reise befindlicher Mensch mit sich führt, ohne Rücksicht darauf, ob er Passagier oder an der Beförderung beteiligt, ob die Sachen auf der Reise gebraucht werden oder nicht, ob sie dem persönlichen Gebrauch des Inhabers dienen oder nicht, ob sie Handgepäck sind oder dem Transportführer übergeben wurden. Gleichgültig auch ob das Transportmittel zur Beförderung solcher Sachen bestimmt und geeignet ist, ob die Sache gerade von ihm fortbewegt wird. Es entscheidet jedoch nicht nur das räumliche Verhältnis der Sache zum Transportmittel, sondern die Zweckbestimmung durch dieses befördert zu werden: RG. **43** 317.

[19] Alle Gegenstände der Beförderung, sobald sie sich an den bezeichneten Orten befinden, ohne Rücksicht darauf, ob sie auf einem zur Beförderung bestimmten oder geeigneten Transportmittel sind (R. **4** 693) oder dem Berechtigten zur Beförderung übergeben oder dazu angenommen sind: RG. **13** 243.

[20] Auch Losbinden: RG. **8** 287.

[21] Vorkehrungen, welche dazu bestimmt sind, zur Herstellung und Aufrechthaltung der zwischen dem Gegenstand der Beförderung und dem Beförderungsmittel bestehenden festen Verbindung zu dienen. Es bestehen also nebeneinander, sich gegenseitig ausschließend, Beförderungs- und Befestigungsmittel, sowie gestohlene Sache: RG. **35** 431.

[22] Im technischen Sinne: Binding, v. Liszt. Vgl. § 84 Anm. 5. A. A.: Frank, Meyer.

[23] Der Dieb muß sich bewußt sein, daß er oder ein Teilnehmer eine Waffe bei sich führt: RG. **12** 69. Die Absicht des Gebrauchmachens ist aber nicht erforderlich: RG. **29** 228.

[24] Auch zwei Mitglieder genügen zum Bandendiebstahl: RG. **16** 173.

[25] D. h. nur mittätig sein: RG. **25** 421. — Die Beihilfe des einzelnen unter mehreren Verbundenen erscheint als Mittäterschaft: R. **6** 644. A. A.: Binding, Olsh., v. Liszt, die die allg. Grundsätze über Teilnahme anwenden.

[26] Verbindung zur Ausführung von nach Zahl und Individualität unbestimmten Diebstählen. Beschränkung der Zeit oder dem Orte nach immerhin möglich: RG. **9** 296; **25** 421.

[27] Wenn infolge Sonnenuntergangs Dunkelheit eingetreten (bzw. während der Dunkelheit vor Sonnenaufgang): R. **7** 56 Binding, Frank. A. A.: v. Liszt, Meyer.

[28] Vgl. Anm. 2. — Hier: ein Gebäude, welches Menschen zur ordnungsmäßigen Nachtruhe dient. So: v. Liszt, Frank. Dagegen: Meyer. Vgl. auch § 123 Anm. 2.

[29] Jedes unter Vermeidung von Geräusch bewirkte, der Wahrnehmung anderer entzogene Eintreten: RG. **10** 280; vgl. auch RG. **7** 302. Einschleichen und Diebstahl können in unmittelbarer

Aufeinanderfolge geschehen. Vornächtliches Einschleichen ist nicht nötig: RG. 4 127. So auch: v. Liszt; Meyer. Abweichend: Frank.

[30] Auch wenn ein Mitbewohner des Gebäudes sich darin in diebischer Absicht verborgen hatte: RG. 32 310.

[31] Der Versuch der die Qualifikation darstellenden Handlung in diebischer Absicht ist schon Anfang der Ausführung eines schweren Diebstahls: R. 4 44; RG. 43 332 — z. B. Einschleichen in diebischer Absicht: RG. 38 177.

[32] Versuchter schwerer und vollendeter einfacher Diebstahl können in Idealkonkurrenz stehen: RG. 15 281. — Vgl. auch § 370 Anm. 16.

Diebstahl im zweiten Rückfall.

244.[1] (StrK.) Wer im Inlande[1a] als Dieb,[2] Räuber[3] oder gleich einem Räuber[4] oder als Hehler[5] bestraft worden ist,[6] darauf abermals eine dieser Handlungen begangen hat, und wegen derselben bestraft worden ist,[6] wird, wenn er einen einfachen Diebstahl (§ 242) begeht, mit Zuchthaus bis zu zehn Jahren, wenn er einen schweren Diebstahl (§ 243) begeht, mit Zuchthaus nicht unter zwei Jahren bestraft.

Sind mildernde Umstände vorhanden, so tritt beim einfachen Diebstahl Gefängnisstrafe nicht unter drei Monaten, beim schweren Diebstahl Gefängnisstrafe nicht unter einem Jahre ein.

[1] Vgl. auch § 252 Anm. 7. [1a] Vgl. § 3 Anm. 1.

[2] Bestrafungen wegen Diebstahls, die vor dem Inkrafttreten des Gesetzes v. 19. Juni 1912 erfolgt sind, bleiben hinsichtlich ihrer Rückfallswirkung von dem Wechsel der Gesetzgebung unberührt; auch wenn die ihnen zugrunde liegenden Handlungen auf Grund des neuen Gesetzes nach §§ 248a, 370 Ziff. 5 zu beurteilen wären: RG. 47 145. [3] Vgl. § 249.

[4] Vgl. §§ 252, 255. [5] Vgl. §§ 258, 259.

[6] Auch wegen Teilnahme oder Versuch. Vgl. RG. 2 261;

31 40; R. 4 40; 4 223. — Aber: mit einer Hauptstrafe. So genügt ein Verweis: RG. 14 421. Nicht dagegen: die Nebenstrafe nach § 37: RG. 21 35. Im letzteren Punkte abweichend: v. Liszt. — Das Bestraftsein setzt ein rechtskräftiges Erkenntnis voraus. Ist also zur Zeit, da das Delikt begangen wird, wegen dessen die zweite Strafe verhängt wird, die Strafe wegen des ersten Delikts noch nicht rechtskräftig, so liegt nicht Rückfall vor: RG. 13 18.

245. Die Bestimmungen des § 244 finden Anwendung, auch wenn die früheren Strafen nur teilweise verbüßt oder ganz oder teilweise erlassen sind,[1] bleiben jedoch ausgeschlossen, wenn seit der Verbüßung oder dem Erlasse der letzten Strafe bis zur Begehung des neuen Diebstahls zehn Jahre verflossen sind.[2]

[1] Somit ist Voraussetzung des § 244, daß jede der beiden früheren Strafen ganz oder teilweise verbüßt oder ganz oder teilweise erlassen ist. [2] Sog. Rückfallsverjährung.

Unterschlagung.

246.[1] (Bis 150 Mk.: SchG.; über 150 Mk.: StrK. bzw. SchG.) Wer eine fremde[2] bewegliche[3] Sache,[4] die er in Besitz oder Gewahrsam hat,[5] sich rechtswidrig[6] zueignet,[7] wird wegen Unterschlagung mit Gefängnis bis zu drei Jahren und, wenn die Sache ihm anvertraut[8] ist, mit Gefängnis bis zu fünf Jahren bestraft.[9]

Sind mildernde Umstände vorhanden, so kann auf Geldstrafe bis zu neunhundert Mark erkannt werden.

Der Versuch ist strafbar.

[1] Über Beamtenunterschlagungen vgl. §§ 350, 351. Über deren Verhältnis zu § 246 vgl. RG. 37 8. — Weitere Fälle von Unterschlagungen siehe im DepotG. v. 5. Juli 1896 §§ 9ff., 11. Sie stehen in Gesetzeskonkurrenz zu § 246.

[2] Vgl. § 242 Anm. 1. [3] Vgl. § 242 Anm. 2.

[4] Vgl. § 242 Anm. 3.

[5] Vgl. § 242 Anm. 5. — Hierin liegt der Unterschied zum Diebstahl. — So begeht derjenige, der ihm zur Verpfändung für ein Darlehn überlassene und darauf auch wirklich bei einer Bank verpfändete Wertpapiere vor der Zeit der Ausübung des gesetzlichen Verkaufsrechts verkaufen läßt, keine Unterschlagung, da er die Sachen nicht in seinem Besitz hatte, als er über sie verfügte: RG. **37** 198.

[6] Insofern Ersatzbereitschaft bei dem Täter das Bewußtsein begründet, der Eigentümer werde unter den obwaltenden Umständen mit der Zueignung einverstanden sein, wird dadurch das Bewußtsein der Rechtswidrigkeit ausgeschlossen: RG. **21** 364. Vgl. auch RG. **42** 43; **44** 41.

[7] Die Zueignung (siehe § 242 Anm. 7) der bereits im Gewahrsam befindlichen Sache (RG. **19** 38) muß sich äußerlich erkennbar durch Betätigung der Verfügungsgewalt (Verbrauch, Ableugnen des Besitzes usw.: RG. **5** 252; Verkauf: R. **10** 33; Verpfändung: RG. **44** 117), manifestieren: R. 8 481. Vgl. auch RG. **38** 192; **39** 179.

[8] Durch den Eigentümer. Auch durch den Nichteigentümer, zu Zwecken, die dem Rechte des Eigentümers nicht zuwiderlaufen: RG. **40** 222.

[9] Vgl. auch §§ 263 Anm. 13, 290 Anm. 2, 370 Anm. 9, 16.

Mildere Fälle.

247. Wer einen Diebstahl oder eine Unterschlagung[1] gegen Angehörige,[2] Vormünder oder Erzieher[3] begeht, oder wer einer Person, zu der er im Lehrlingsverhältnisse[4] steht, oder in deren häuslicher Gemeinschaft[5] er als Gesinde[6] sich befindet, Sachen von unbedeutendem[7] Werte stiehlt oder unterschlägt, ist nur auf Antrag zu verfolgen.[8] Die Zurücknahme des Antrages ist zulässig.[9]

Ein Diebstahl oder eine Unterschlagung, welche von Verwandten aufsteigender Linie gegen Verwandte absteigender Linie oder von einem Ehegatten gegen den anderen begangen worden ist, bleibt straflos.

Diese Bestimmungen finden auf Teilnehmer oder Begünstiger, welche nicht in einem der vorbezeichneten persönlichen Verhältnisse stehen, keine Anwendung.

[1] Vgl. §§ 242—246. [2] Vgl. § 52 Abs. 2 und Anm. dazu.

[3] Vgl. § 174 Anm. 1 und 5.

[4] Auch auf Handlungslehrlinge bezüglich: RG. 22 243.

[5] Nicht auf alle Hausgenossen (z. B. auf Dienstboten) in ihrem Verhältnis zueinander zu beziehen, sondern nur auf das Gesinde im Verhältnis zur Herrschaft: RG. **40** 1. Vgl. auch RG. **40** 187. [6] Nicht: Gesellen: RG. **13** 14.

[7] Nach der konkreten Sachlage; nach den Umständen des gegebenen Falles: RG. 22 243.

[8] Vgl. §§ 61ff. Verletzter ist bei der Unterschlagung der Eigentümer, bei Diebstahl Eigentümer und Gewahrsamsinhaber (Herrschende Lehre. A. A.: v. Liszt): RG. **4** 346; **10** 210. Beim Gesindediebstahl die Dienstherrschaft. Vgl. RG. **40** 187. Sind nun mehrere Verletzte vorhanden, von denen einer nicht in dem in § 247 erwähnten Verhältnis steht, so bedarf es keines Antrags zur Strafverfolgung: RG. **4** 346.

[9] Vgl. § 64. Zurücknahme des Antrags kommt nur dem zugute, welcher in einem der bezeichneten Verhältnisse zu dem Verletzten steht: RG. **5** 274.

Nebenstrafen.

248. Neben der wegen Diebstahls oder Unterschlagung erkannten Gefängnisstrafe kann auf Verlust der bürgerlichen Ehrenrechte, und neben der wegen Diebstahls erkannten Zuchthausstrafe auf Zulässigkeit von Polizeiaufsicht[1] erkannt werden.

[1] Vgl. § 45 Anm. 3 und 4, § 76 Anm. 2.

Notentwendung.

248a.[1] (SchG). Wer aus Not[2] geringwertige[3] Gegenstände[4] entwendet[5,7] oder unterschlägt,[6,7] wird mit Geldstrafe bis zu dreihundert Mark oder mit Gefängnis bis zu drei Monaten bestraft.[8]

Die Verfolgung tritt nur auf Antrag ein. Die Zurücknahme des Antrags ist zulässig.

Wer die Tat gegen einen Verwandten absteigender Linie oder gegen seinen Ehegatten begeht, bleibt straflos.

[1] Eingefügt durch Ges. v. 19. Juni 1912.

[2] Unter dem Drucke wirtschaftlicher Bedrängnis, um ein dringendes Lebensbedürfnis zu befriedigen: RG. **46** 387, 408, Frank, v. Liszt, ähnlich Meyer.

[3] Vgl. § 247 Anm. 7 und RG. **46** 408. Vgl. auch § 370 Anm. 13.

[4] Nicht nur Sachen, die selbst zum notdürftigen Lebensunterhalt oder zur Linderung der Not des Täters unmittelbar dienen (Gegenstände des wirtschaftlichen Gebrauchs und Verbrauchs), sondern auch solche, die mittelbar dazu geeignet sind (bewegliche Sachen jeder Art): RG. **46** 265.

[5] In der Absicht rechtswidriger Zueignung wegnimmt (§ 242): RG. **46** 265. [6] Vgl. § 246.

[7] Der Vorsatz muß sich auf die Wegnahme bzw. Unterschlagung geringwertiger Gegenstände richten. Bewußtsein der Geringwertigkeit ist erforderlich: RG. **46** 265. A. A.: Frank.

[8] § 248a erscheint gegenüber den §§ 242 bis 248 als lex specialis. Nicht gegenüber §§ 249ff., 350. — Über das Verhältnis zu § 244 vgl. § 244 Anm. 2.

Zwanzigster Abschnitt.

Raub und Erpressung.

Binding I 311, 371; v. Liszt 451, 486; Meyer 520, 550. Über die Nebenstrafen vgl. auch § 256.

Einfacher Raub.

249. (SchwG.) Wer mit Gewalt[1] gegen eine Person[1] oder unter Anwendung von Drohungen[2] mit gegenwärtiger[3] Gefahr für Leib[4] oder Leben eine fremde[5] bewegliche[6] Sache[7] einem anderen in der Absicht[8] wegnimmt,[9] sich dieselbe rechtswidrig zuzueignen,[10] wird wegen Raubes mit Zuchthaus bestraft.[11]

Sind mildernde Umstände vorhanden, so tritt Gefängnisstrafe nicht unter sechs Monaten ein.

[1] Vgl. § 52 Anm. 3. Gewaltanwendung, die sich unmittelbar gegen Sachen richtet nur dann, wenn sie als Einwirkung auf den Körper gewollt ist und diesen in Mitleidenschaft zieht: RG. 46 403.

[2] Vgl. § 48 Anm. 4.

[3] Vgl. § 52 Anm. 5.

[4] Vgl. § 52 Anm. 6.

[5] Vgl. § 242 Anm. 1.

[6] Vgl. § 242 Anm. 2.

[7] Vgl. § 242 Anm. 3.

[8] Vgl. § 59 Anm. 4, § 242 Anm. 7.

[9] Vgl. § 242 Anm. 5 und 6.

[10] Vgl. § 242 Anm. 7.

[11] Über das Verhältnis zu § 248a vgl. § 248a Anm. 8; zu § 211 vgl. § 251 Anm. 4; zu § 370 vgl. § 370 Anm. 16.

Schwerer Raub.

250. (SchwG.) Auf Zuchthaus nicht unter fünf Jahren ist zu erkennen, wenn

1. der Räuber oder einer der Teilnehmer am Raube bei Begehung der Tat Waffen[1] bei sich führt;[2]
2. zu dem Raube mehrere[3] mitwirken,[4] welche sich zur fortgesetzten Begehung von Raub oder Diebstahl verbunden haben;[5]
3. der Raub auf einem öffentlichen[6] Wege, einer Straße, einer Eisenbahn,[7] einem öffentlichen Platze, auf offener See oder einer Wasserstraße begangen wird;
4. der Raub zur Nachtzeit[8] in einem bewohnten Gebäude[9] (§ 243 Nr. 7) begangen wird, in welches sich der Täter zur Begehung eines Raubes oder Diebstahls eingeschlichen[10] oder sich gewaltsam Eingang verschafft oder in welchem er sich in gleicher Absicht verborgen hatte, oder

5. der Räuber bereits einmal als Räuber oder gleich einem Räuber[11] im Inlande bestraft worden ist. Die im § 245 enthaltenen Vorschriften finden auch hier Anwendung.

Sind mildernde Umstände vorhanden, so tritt Gefängnisstrafe nicht unter einem Jahre ein.[12]

[1] Vgl. § 243 Anm. 22.
[2] Vgl. § 243 Anm. 23.
[3] Vgl. § 243 Anm. 24.
[4] Vgl. § 243 Anm. 25.
[5] Vgl. § 243 Anm. 26.
[6] Vgl. § 243 Anm. 15.
[7] Vgl. § 243 Anm. 17.
[8] Vgl. § 243 Anm. 27.
[9] Vgl. § 243 Anm. 28.
[10] Vgl. § 243 Anm. 29.
[11] Vgl. §§ 252, 255.
[12] Vgl. noch § 248a Anm. 8, § 251 Anm. 4.

Raub mit Marterung.

251. (SchwG.) Mit Zuchthaus nicht unter zehn Jahren oder mit lebenslänglichem Zuchthaus wird der Räuber bestraft, wenn bei dem Raube ein Mensch gemartert,[1] oder durch die gegen ihn verübte Gewalt[2] eine schwere Körperverletzung[3] oder der Tod desselben verursacht worden ist.[4]

[1] „Länger andauernde Zufügung körperlicher Schmerzen von einer bestimmten Heftigkeit" (v. Liszt).

[2] Vgl. § 52 Anm. 3.
[3] Vgl. § 224.

[4] Idealkonkurrenz zwischen § 211 (212) und § 251 (249, 250) ist möglich: RG. **4** 287; **33** 317; **44** 223. Vgl. auch § 248a Anm. 8.

Räuberischer Diebstahl.

252. (SchwG.) Wer, bei einem Diebstahle[1] auf frischer Tat betroffen,[2] gegen eine Person Gewalt[3] verübt oder Drohungen[4] mit gegenwärtiger[5] Gefahr für Leib[6] oder Leben anwendet, um sich im Besitze des gestohlenen Gutes zu erhalten, ist gleich einem Räuber zu bestrafen.[7]

[1] Mundraub (§ 370 Ziff. 5) und Feld- und Forstdiebstahl inbegriffen: RG. **6** 325; **13** 391. A. A.: Frank, Meyer.

[2] Vollendete Wegnahme ist also vorausgesetzt.

[3] Vgl. § 52 Anm. 3 und § 249 Anm. 1.

[4] Vgl. § 48 Anm. 4. [5] Vgl. § 52 Anm. 5.

[6] Vgl. § 52 Anm. 6.

[7] Zwischen räuberischem Diebstahl und Diebstahl (§§ 242 bis 245, 247) besteht Gesetzeskonkurrenz. Bei Rückfall nach § 252 ist daher nicht § 244 anzuwenden: RG. **6** 243. A. A.: Frank. — Vgl. auch § 248a Anm. 8; § 370 Anm. 16.

Einfache Erpressung.

253.[1] (StrK.) Wer, um sich oder einem Dritten einen rechtswidrigen[2] Vermögensvorteil[3] zu verschaffen,[4] einen anderen durch Gewalt[5] oder Drohung[6] zu einer Handlung, Duldung[7] oder Unterlassung nötigt,[8, 9] ist wegen Erpressung mit Gefängnis nicht unter einem Monat zu bestrafen.[10]

Der Versuch ist strafbar.

[1] Vgl. §§ 240 und 339.

[2] Nicht auf einem rechtlich begründeten Anspruch beruhend: RG. **26** 354. Vgl. auch RG. **21** 114; **34** 15; **36** 384; **44** 203. Sehr bestritten. A. A.: Binding, v. Liszt, Meyer (in Widerspruch mit der Rechtsordnung); Frank (in Widerspruch mit den Grundsätzen des Privatrechts stehend). — Diese Rechtswidrigkeit im Sinne des RG. wird denn auch durch Erlangung eines vollstreckbaren Schuldtitels für einen nicht vorhandenen Anspruch nicht beseitigt; daher ist Erpressung auch durch Herbeiführen eines äußerlich ordnungsmäßigen Einschreitens der öffentlichen Behörden möglich: RG. **34** 279.

[3] Jeder in Geld abschätzbare Vorteil. Z. B. auch: Erlangung der Adresse eines Schuldners, Erlangung einer mit Gehalt verbundenen Stelle, Erlangung oder Erhaltung der Kundschaft, Erlangung der Wiederannahme entlassener Arbeiter oder der Verpflichtung, denselben innerhalb bestimmter Zeit nicht zu kündigen, oder der Einstellung als Arbeiter, Abschluß eines Maklervertrags. Vgl. die Hinweise in RG. **33** 407. Weiterhin: Erlangung von

Beiträgen nicht organisierter Arbeiter in eine Verbands- oder Streikkasse: RG. **32** 335, vgl. auch RG. **38** 15. Auch kann die Sicherung eines schon erlangten Vermögensvorteils als Vorteil erscheinen: RG. **10** 76. Ebenso die Sicherung einer Forderung: RG. **36** 167. Abwendung drohenden Schadens: RG. **33** 333. Ebenso der wahrscheinliche Gewinn: RG. **20** 279. (Vgl. dazu auch § 263.)

[4] Bereicherungsabsicht. Vgl. § 59 Anm. 4. Triebfeder ist also: Mehrung des eigenen oder fremden Vermögens. Vorsatz genügt nicht: RG. **22** 170. Vgl. auch GoltdArch. **42** 257. Doch liegt diese Absicht auch vor, wenn der Vermögensvorteil als Mittel zur Erreichung eines anderen, dahinter liegenden Endzweckes erstrebt wird: RG. **27** 217. Ebenso wenn der Vermögensvorteil erst als mittelbare Folge der Handlung erscheint: RG. **33** 407.

[5] Vgl. § 52 Anm. 3.

[6] Vgl. § 48 Anm. 4. — Zu unterscheiden ist jedoch die nötigende Drohung des § 253 von der Vorstellung eines Übels, ohne dem andern die Freiheit seiner Entschließung in irgendeiner Weise nehmen zu wollen (z. B. Darstellung der bedrohlichen Sachlage): RG. **36** 384. — Der Umstand, daß eine Handlung oder ein Verhalten in Aussicht gestellt wird, zu welchem der Betreffende objektiv berechtigt sein würde, schließt den Begriff der Drohung im Sinne des § 253 nicht ohne weiteres aus: RG. **32** 335, vgl. auch RG. **1** 205; **4** 279. Auch in der Veranlassung der Zustellung eines Vollstreckungsbefehles liegt u. U. eine Drohung; vgl. dazu RG. **34** 279. — Daß auch die Drohung mit etwas an sich Erlaubten unter § 253 fallen kann, ist allgemein anerkannt. In der Umgrenzung der hierher gehörigen Fälle scheiden sich jedoch die Ansichten, wobei z. B. v. Liszt jene Drohungen, die als richtiges Mittel zu richtigem Zweck, Meyer jene, die als ordnungsmäßige, vom Recht gebilligte Maßnahme zur Erlangung des Vermögensvorteils erscheinen, von § 253 ausnehmen — kurz: nicht als rechtswidrig betrachten —, während Frank darauf abstellt, ob die Drohung zu einem nach Zivilrecht gültigen Rechtsgeschäft führt bzw. führen soll oder nicht.

[7] Vgl. § 240 Anm. 5.

[8] Handlung, Duldung oder Unterlassung muß das vom Täter gewollte Mittel sein, welches den beabsichtigten Vermögensvorteil kausal verwirklicht: RG. 8 5, vgl. auch RG. 3 426. Doch liegt auch vollendete Erpressung vor, wenn der Bedrohte nur einen geringeren Betrag, als den geforderten, bezahlt hat, falls die Drohung nur die Leistung überhaupt verursacht hat: RG. 33 78.

[9] Zum Vorsatz gehört das Bewußtsein, einem anderen ein anderes Verhalten, als es seinem freien Willen entsprechend ist, aufzuzwingen: RG. 36 384.

[10] Zu § 240 steht § 253 im Verhältnis der Spezialität. Vgl. § 240 Anm. 6. A. A.: v. Liszt. Idealkonkurrenz ist möglich mit § 263: RG. 20 326. Sehr bestritten. Ebenso mit Betteln unter Drohungen (§ 361 Ziff. 4; § 362 Abs. 2): RG. 32 46. Vgl. auch über die Möglichkeit der Idealkonkurrenz von Erpressung und Hehlerei (§§ 259, 260): RG. 35 278.

Schwere Erpressung.

254.[1] (StrK.) Wird die Erpressung durch Bedrohung[2] mit Mord,[3] mit Brandstiftung[4] oder mit Verursachung einer Überschwemmung[5] begangen, so ist auf Zuchthaus bis zu fünf Jahren zu erkennen.

[1] Vgl. §§ 126, 241. [2] Vgl. § 48 Anm. 4.
[3] Nur im Sinne des § 211. [4] Vgl. §§ 306ff., 311.
[5] Vgl. §§ 312ff.

Räuberische Erpressung.

255. (SchwG.) Wird die Erpressung durch Gewalt[1] gegen eine Person[1] oder unter Anwendung von Drohungen[2] mit gegenwärtiger[3] Gefahr für Leib[4] oder Leben begangen, so ist der Täter gleich einem Räuber[5] zu bestrafen.

[1] Vgl. § 52 Anm. 3; § 249 Anm. 1.
[2] Vgl. § 48 Anm. 4. [3] Vgl. § 52 Anm. 5.
[4] Vgl. § 52 Anm. 6. [5] Vgl. § 249 bis 252.

Nebenstrafen.

256. Neben der wegen Erpressung erkannten Gefängnisstrafe kann auf Verlust der bürgerlichen Ehrenrechte und neben der wegen Raubes oder Erpressung erkannten Zuchthausstrafe auf Zulässigkeit von Polizeiaufsicht[1] erkannt werden.

[1] Vgl. § 45 Anm. 3 und 4; § 76 Anm. 2.

Einundzwanzigster Abschnitt.

Begünstigung und Hehlerei.

Binding II 635, I 383; v. Liszt 615, 499; Meyer 653, 563. Spezialvorschrift über Nebenstrafen s. in § 262.

Begünstigung.

257.[1] (SchG.;[2] sonst StrK. bzw. SchG.) Wer nach Begehung[3] eines Verbrechens oder Vergehens[4] dem Täter oder Teilnehmer wissentlich[5] Beistand leistet,[6] um[7] denselben[8] der Bestrafung[9] zu entziehen[10] oder um ihm die Vorteile[11] des Verbrechens oder Vergehens zu sichern,[12] ist wegen Begünstigung[13] mit Geldstrafe bis zu sechshundert Mark oder mit Gefängnis bis zu einem Jahre und, wenn er diesen Beistand seines Vorteils[14] wegen leistet, mit Gefängnis zu bestrafen. Die Strafe darf jedoch, der Art oder dem Maße nach, keine schwerere sein, als die auf die Handlung selbst angedrohte.[15]

Die Begünstigung ist straflos, wenn dieselbe dem Täter oder Teilnehmer von einem Angehörigen[16] gewährt worden ist, um ihn der Bestrafung zu entziehen.

Die Begünstigung ist als Beihilfe[17] zu bestrafen, wenn sie vor Begehung der Tat zugesagt worden ist.[18] Diese Bestimmung leidet auch auf Angehörige Anwendung.[19]

[1] Vgl. § 346. [2] Wenn dieses für das Vordelikt zuständig ist.

[3] D. h. wenn alle Begriffsmerkmale einer strafbaren Handlung gegeben sind. Wenn die begünstigte Handlung Antragsvergehen ist: also auch wenn der Strafantrag nicht gestellt wurde (v. Liszt).

[4] Des bürgerlichen oder Militärstrafrechts. Vgl. RG. **15** 396. — Nicht jedoch bei Übertretungen. Ausnahmen bestehen in den Nebengesetzen.

[5] Es ist nicht erforderlich, daß der Begünstiger Kenntnis habe von der rechtlichen Qualifikation der Straftat, deren Täter er Beistand leistet: RG. **13** 81; R. **8** 621. A. A.: v. Liszt. Sehr bestritten.

[6] Durch Rat oder Tat. Nach RG. genügen (zur Vollendung) Handlungen, welche geeignet sind, den erstrebten Erfolg herbeizuführen, auch wenn letzterer nicht erreicht wurde: RG. **36** 76. Vgl. auch RG. **35** 128 (unrichtiges Gnadengesuch); **20** 233 (erfolgloses Unternehmen der Verleitung eines Dritten zu unwahren Aussagen im Ermittlungsverfahren gegen den Täter des Vordelikts); weiterhin RG. **21** 375; **46** 74. A. A., in offenbarer Übereinstimmung mit dem Gesetz: Finger, Frank, v. Liszt, Meyer, welche eine wirkliche Förderung irgendwelcher Art verlangen, mag auch die Absicht nicht völlig erreicht sein. Im letzten Punkte übereinstimmend: RG. **36** 76. Über die Frage, wann Begünstigung in Bezahlung einer gegen einen andern erkannten Geldstrafe liege, vgl. RG. **30** 232.

[7] Absicht. Vgl. § 59 Anm. 4. Die Verfolgung weiterer Zwecke (z. B. des eigenen Vorteils: RG. **3** 255; **32** 24) neben den in § 257 verlangten Absichten ist möglich und bedeutungslos: RG. **23** 105; **32** 24.

[8] Selbstbegünstigung bleibt straflos. Dagegen ist Begünstigung des einen Mittäters (Teilnehmers) durch den anderen möglich und strafbar: RG. **21** 375; vgl. auch **34** 306. So: v. Liszt und die herrschende Meinung. A. A.: v. Bar, Frank.

[9] Umfaßt Verurteilung zur Strafe und Strafvollstreckung. Vgl. RG. **35** 128; **8** 366; **30** 232; **16** 204.

[10] Es genügt auch eine vorübergehende Entziehung (z. B. durch erschwindelten Strafaufschub). Vgl. RG. **16** 204. — Vgl. auch Anm. 6. — Eine solche liegt nicht vor, bevor ein verfolgbarer staatlicher Strafanspruch entstanden. So bei Antragsdelikten vor Stellung des Antrags. Verhinderung des

letzteren fällt also nicht unter § 257. Mit der Antragstellung wird aber auch die vorher geleistete Begünstigung strafbar: RG. **40** 393.

[11] Nur Vermögensvorteile. Herrschende Ansicht. — A. A.: Frank, Meyer.

[12] Wobei bei Diebstahl die Diebe nicht notwendig im Besitze des Gestohlenen erhalten werden brauchen. Das Sichern kann vielmehr auch in der Weise geschehen, daß ihnen Ausnutzung und Verwertung der in dem gestohlenen Gute liegenden Vermögensvorteile ermöglicht und erleichtert wird: RG. **40** 15; **39** 236.

[13] Delictum sui generis. Nicht Teilnahme, sondern eine zur selbständigen Straftat erhobene Versuchshandlung: RG. **36** 76; **35** 128. — Bestritten. A. A. z. B.: v. Bar.

[14] Hier nicht bloß Vermögensvorteil.

[15] Ist die Haupttat Antragsdelikt, so kann auch die Begünstigung nur auf Antrag verfolgt werden. (§§ 63, 247 Abs. 3.) A. A.: Binding. Vgl. Anm. 10 a. E.

[16] Vgl. § 52 Abs. 2 und Anm. dazu. — Mittelbar oder unmittelbar. So z. B., wenn Angehörige einen Dritten zur Begünstigung angestiftet haben: RG. **14** 102.

[17] § 49. — Diese Beihilfe (z. B. zum Diebstahl) kann später für den Rückfall (-Diebstahl) begründend wirken: RG. **8** 317.

[18] Es kann aber darin unter Umständen eine Anstiftung liegen. Dann ist nur wegen dieser zu bestrafen: RG. **16** 374. Gemeine Meinung. Mittäterschaft jedoch nur, wenn außer der Begünstigungshandlung wenigstens noch eine geistige Unterstützung bei der Tat stattfand: RG. **15** 295.

[19] § 257 und KO. § 242 können in Idealkonkurrenz stehen: R. **9** 684; ebenso §§ 120 und 257: RG. **7** 244. Das Verhältnis von Begünstigung und Partiererei (§ 259) ist sehr bestritten. Dazu zuletzt RG. **47** 220.

Schwere Begünstigung (Personenhehlerei.)

258. Wer seines Vorteils [1] wegen sich einer Begünstigung schuldig macht, wird als Hehler bestraft, wenn der Begünstigte

1. (SchG.;[2] sonst StrK. bzw. SchG.) einen einfachen Diebstahl[3] oder eine Unterschlagung[4] begangen hat, mit Gefängnis,
2. (StrK.) einen schweren Diebstahl,[5] einen Raub[6] oder ein dem Raube gleich zu bestrafendes Verbrechen[7] begangen hat, mit Zuchthaus bis zu fünf Jahren.

Sind mildernde Umstände vorhanden, so tritt Gefängnisstrafe nicht unter drei Monaten ein.

Diese Strafvorschriften finden auch dann Anwendung, wenn der Hehler ein Angehöriger[8] ist.[9, 10]

[1] Seines eigenen Vorteils wegen: RG. 27 342. Doch ist kein rechtswidriger (R. 10 512) und kein außergewöhnlicher Vorteil nötig. Es genügt der gewöhnliche Vorteil des Geschäftsbetriebes (R. 1 830). [2] Vgl. § 257 Anm. 2.

[3] Im technischen Sinne: RG. 5 277. Vgl. § 242.

[4] Im technischen Sinne: RG. 5 277. Vgl. § 246.

[5] § 243. [6] §§ 249—251. [7] §§ 252, 255.

[8] Vgl. § 52 Abs. 2 und Anm. dazu.

[9] Gegensatz zu § 257 Abs. 2.

[10] Die Verjährung gegen den Hehler, der dem Dieb die gestohlene Sache aufbewahrt, um ihm den Vorteil der Tat zu sichern, beginnt erst mit Beendigung des Beistands, also z. B. mit Rückgabe an den Dieb: RG. 6 412. — Über das Verhältnis zu § 259 vgl. § 257 Anm. 19.

Sachhehlerei (Partiererei).

259. (SchG.;[1] sonst StrK. bzw. SchG.) Wer seines Vorteils[2] wegen Sachen,[3] von denen er weiß oder den Umständen nach annehmen muß,[4] daß sie mittels[5] einer strafbaren Handlung[6, 7] erlangt sind,[8, 9] verheimlicht,[10] ankauft,[11] zum Pfande nimmt oder sonst an sich bringt[12] oder zu deren Absatze bei anderen[13] mitwirkt,[14] wird als Hehler mit Gefängnis bestraft.[15, 16]

[1] Vgl. § 257 Anm. 2.

[2] Vgl. § 258 Anm. 1. — Vermögensvorteil ist nicht verlangt; jedoch genügt auch nicht jedes persönliche Interesse (z. B. jemand los zu werden): RG. **45** 66. Der Vorteil braucht nicht an der „an sich gebrachten" Sache beabsichtigt zu sein: RG. **3** 167.

[3] Bewegliche oder unbewegliche. — Die Sache braucht keine fremde zu sein: RG. **20** 222. So ist Hehlerei an der eigenen Sache möglich, welche zugunsten des Eigentümers von Dritten dem Pfandgläubiger weggenommen wurde: RG. **18** 303.

[4] Im Sinne der herrschenden Lehre lediglich als widerlegliche Schuldvermutung (Beweisregel) aufzufassen. So: RG. **5** 221; **38** 286; **39** 6 und auch v. Bar. Sehr bestritten! Im Sinne der Gleichstellung von Vorsatz und fahrlässiger Unkenntnis des Ursprungs der Sache interpretiert von: Frank, v. Liszt, Meyer.

[5] Hehlerei ist jedoch nur möglich an dem unmittelbar durch die Straftat erlangten Gegenstand: RG. **29** 155. Nicht auch an dem Erlös: RG. **23** 53. So z. B. nicht an dem Gelde, welches von einem gestohlenen Sparkassenbuch abgehoben ist: RG. **26** 317. Vgl. dazu angrenzend auch RG. **39** 236. (Hehlerei an der durch Begünstigung erlangten Sache [Geld].)

[6] Auch Übertretungen. Braucht jedoch die Haupttat auch kein Delikt wider das Vermögen zu sein, so ist es doch erforderlich, daß die Sache, auf welche sich die Hehlerei bezieht, mit Verletzung der Vermögensrechte eines andern erlangt ist: RG. **37** 230. Daher sind nicht „mittels einer strafbaren Handlung" im Sinne des § 259 erlangt, z. B. gefangene Singvögel; erbettelte (RG. **6** 218), geschmuggelte (R. **4** 487) und durch gewerbsmäßige Unzucht erworbene Sachen (RG. **11** 342). Selbstverständlich nicht: die durch einen unzurechnungsfähigen Täter erlangten Sachen: RG. **35** 73. — Vgl. auch Anm. 5 a. E.

[7] Der Haupttäter braucht aber nicht deswegen bestraft oder auch nur strafrechtlich verfolgt worden zu sein. Daher kann auch im Inlande strafbare Hehlerei vorliegen, wenn die Haupttat im Auslande von einem Ausländer begangen und infolgedessen nicht strafbar ist: RG. **18** 298.

[8] Das Bewußtsein des strafbaren Erwerbs der Sache ist zur Zeit des Ansichbringens (R. **5** 616) nötig. — Kenntnis der Art und der näheren Umstände der strafbaren Handlung braucht der Täter nicht zu haben: R. **3** 589. — Doch macht sich nach RG. **33** 120, **47** 241 auch der gutgläubige Erwerber einer von seinem Vormann mittels strafbarer Handlung erlangten Sache der Hehlerei schuldig, wenn er nach erlangter Kenntnis von der Sachlage die Sache verheimlicht, nicht etwa, wenn er sie bloß weiter im Besitz behält. So auch: Binding. A. A.: v. Bar und v. Liszt.

[9] Perfektion des Delikts auf seiten des Haupttäters ist vorausgesetzt: R. **3** 496.

[10] Der Kenntnis des Berechtigten entziehen. — Bestritten, ob das Verheimlichen (dazu Anm. 8 a. E.) als Unterart des Ansichbringens aufzufassen sei.

[11] Unterart des Ansichbringens. Erlangung der Verfügungsgewalt ist daher nötig. Der Vertragsabschluß allein genügt nicht: RG. **17** 59; **4** 184; **7** 85.

[12] Tatsächliche Verfügungsgewalt und Willenseinigung über deren Übergang ist nötig. Vgl. RG. **45** 65 und ebenda zit. Entscheidungen. Demnach genügt der Mitgenuß gestohlener Sachen für sich allein nicht: RG. **9** 199; R. **5** 609. Wohl aber das sinnliche Genießen der Sachen nach Erlangung der Verfügungsmacht über jene: RG. **39** 308; **30** 365; Begründung gemeinschaftlichen Gewahrsams mit dem Diebe an der gestohlenen Sache: RG. **47** 313.

[13] Auch bei dem Bestohlenen selbst, der z. B. die ihm gestohlene Sache nicht erkennt: RG. **30** 401.

[14] Zur wirtschaftlichen Veräußerung gemeinschaftlich mit einem andern (dem Haupttäter oder einem andern Hehler) handeln, oder im Einverständnis mit diesem andern: RG. **24** 352. Vgl. auch § 243 Anm. 25. Als solche Handlung erscheint jede auf Verkauf oder Verpfändung (RG. **17** 392) gerichtete Tätigkeit (R. **8** 531; RG. **32** 214), wenn ein fremder Absatz in bewußtem Zusammenhang mit dem Willen des an der Vertreibung Interessierten in

Frage kommt: RG. **40** 199. (Einverständnis ist nicht nötig.) Vgl. auch RG. **44** 249.

[15] Vollendet ist die Sachhehlerei, sobald eine der im Gesetze angeführten Tätigkeiten gesetzt ist: RG. **1** 279.

[16] Der Teilnehmer an der Vortat kann auch als Hehler der durch jene strafbare Handlung erlangten Sache erscheinen. So: der Anstifter nach RG. **5** 282; **8** 371; **32** 394. Abweichend: v. Bar, Frank, v. Liszt, Meyer. Nicht dagegen der Mittäter: RG. **34** 304. — Über das Verhältnis zu §§ 257, 258 vgl. § 257 Anm. 19; zu § 253 vgl. das. Anm. 10.

Gewerbs- und gewohnheitsmäßige Hehlerei.

260. (StrK.) Wer die Hehlerei[1] gewerbs-[2] oder gewohnheitsmäßig[2] betreibt, wird mit Zuchthaus bis zu zehn Jahren bestraft.[3]

[1] Auf §§ 258, 259 bezogen. [2] Vgl. § 73 Anm. 1.

[3] Vgl. auch § 50 Anm. 2 und dazu RG. **4** 184.

Sachhehlerei im zweiten Rückfall.

261. (StrK.) Wer im Inlande wegen Hehlerei[1] einmal und wegen darauf begangener Hehlerei zum zweiten Male bestraft worden ist, wird, wenn sich die abermals begangene Hehlerei auf einen schweren Diebstahl,[2] einen Raub[3] oder ein dem Raube gleich zu bestrafendes Verbrechen[4] bezieht, mit Zuchthaus nicht unter zwei Jahren bestraft. Sind mildernde Umstände vorhanden, so tritt Gefängnisstrafe nicht unter einem Jahre ein.

Bezieht sich die Hehlerei auf eine andere strafbare Handlung, so ist auf Zuchthaus bis zu zehn Jahren zu erkennen. Sind mildernde Umstände vorhanden, so tritt Gefängnisstrafe nicht unter drei Monaten ein.

Die in dem § 245 enthaltenen Vorschriften finden auch hier Anwendung.

[1] Auf §§ 258, 259 zu beziehen.

[2] § 243. [3] §§ 249—251. [4] §§ 252, 255.

Nebenstrafen.

262. Neben der wegen Hehlerei erkannten Gefängnisstrafe kann auf Verlust der bürgerlichen Ehrenrechte und neben jeder Verurteilung wegen Hehlerei auf Zulässigkeit von Polizeiaufsicht erkannt werden.

Zweiundzwanzigster Abschnitt.

Betrug und Untreue.

Binding I 337, 395; v. Liszt 478, 466; Meyer 539, 555, Nachtrag 10.

Einfacher Betrug.

263. (Bis zu 150 Mk.: SchG.; sonst StrK. bzw. SchG.) Wer in der Absicht,[1] sich oder einem Dritten einen rechtswidrigen Vermögensvorteil[2] zu verschaffen, das Vermögen eines anderen dadurch[3] beschädigt,[4] daß er durch Vorspiegelung[5] falscher oder durch Entstellung oder Unterdrückung[6] wahrer Tatsachen[7] einen Irrtum[8] erregt oder unterhält,[9, 10] wird wegen Betruges[11] mit Gefängnis bestraft, neben welchem auf Geldstrafe[12] bis zu dreitausend Mark, sowie auf Verlust der bürgerlichen Ehrenrechte erkannt werden kann.[13]

Sind mildernde Umstände vorhanden, so kann ausschließlich auf die Geldstrafe erkannt werden.

Der Versuch ist strafbar.

Wer einen Betrug gegen Angehörige,[14] Vormünder[15] oder Erzieher[15] begeht, ist nur auf Antrag zu verfolgen.[16] Die Zurücknahme des Antrages ist zulässig.

[1] Siehe § 59 Anm. 4. Hier: Verbunden mit Bewußtsein der durch Irrtumserregung verursachten Vermögensbeschädigung: RG. **5** 277. Dolus eventualis in letzterer Hinsicht genügt: RG. **10** 90. [2] Siehe § 253 Anm. 2 und 3.

[3] Es ist Kausalzusammenhang zwischen Täuschung und

Vermögensbeschädigung verlangt. Als Zwischenglied ist daher notwendig, daß der Getäuschte infolge der Täuschung über das Vermögen des Geschädigten (dazu Anm. 10 unten) eine **Verfügung** getroffen habe (RG. **28** 144), durch welche die Vermögensschädigung hervorgerufen wird. Vgl. über den ursächlichen Zusammenhang auch RG. **44** 230 (243ff.); über die Vermögensdisposition: RG. **47** 151.

[4] Auf das **Vermögen** des Geschädigten muß — unter Berücksichtigung der individuellen (subjektiven) Vermögensverhältnisse und Vermögenszwecke dieses bestimmten Geschädigten — objektiv nachteilig eingewirkt sein. Dazu RG. **16** 1; **23** 431; **42** 49. Vgl. auch RG. **42** 58; **42** 181; **43** 171. Das ist bei entgangenem Gewinn nur dann der Fall, wenn darauf ein rechtsbegründeter Anspruch bestand, oder der Gewinn, ohne die Täuschung, mit Sicherheit (RG. **16** 1; **23** 55) oder auch (seit BGB. § 252) mit Wahrscheinlichkeit eingetreten wäre: RG. **38** 108; **41** 373. So auch: v. Liszt, Meyer. A. A.: Binding, Frank. Vgl. weiterhin: RG. **39** 80; **41** 24. Vgl. auch die Fälle der Anm. 11, aus denen der Wechsel der Anschauung des RG. hinsichtlich der Vermögensschädigung bei unsittlichen Verträgen ersichtlich ist.

[5] Behaupten einer Tatsache bei Kenntnis ihrer Unwahrheit: RG. **24** 144. Auch durch konkludente Handlung. Vgl. RG. **42** 147. Jedoch ist dolus eventualis hinreichend: RG. **20** 3; **28** 190.

[6] Nicht **bloßes** Verschweigen; es muß damit ein auf Täuschung berechnetes aktives Verhalten verbunden sein: RG. **39** 80; **46** 414 (z. B. Verschweigen verborgener Fehler beim Verkauf, wenn diese absichtlich verdeckt sind: RG. **20** 144) oder dann eine **rechtliche** Verpflichtung zur Offenbarung **der Wahrheit** bestehen: RG. **27** 1; **31** 208. Gemeine Meinung. — **Unterlassung** der Abgabe einer **Erklärung**, zu der man nach Anstand und Sitte verpflichtet ist, enthält nur eine Verletzung dieser Pflicht und keine Unterdrückung der nicht mitgeteilten Tatsache: RG. **37** 61; **42** 181; **46** 414. Das „Unterdrücken" setzt Kenntnis der unterdrückten Tatsache voraus: RG. **24** 144; jedoch ist dolus eventualis hinreichend.

[7] Vgl. § 186 Anm. 2. — Als Tatsache ist auch eine Absicht anzusehen: RG. **24** 405. Bei Vorspiegelung einer solchen ist dolus eventualis nicht möglich: RG. **30** 334.

[8] Ein solcher liegt nicht vor bei Nichtwissen einer Tatsache. Der blinde Passagier begeht keinen Betrug: RG. **17** 217. Vgl. auch RG. **42** 40.

[9] Erregen und unterhalten sind gleichwertige Begriffe: RG. **39** 180; bloße Benutzung eines Irrtums ist nicht Unterhaltung eines Irrtums: RG. **20** 326.

[10] Getäuschter und Geschädigter brauchen nicht identisch zu sein: RG. **16** 4; **21** 236. — Mittelbare Täuschung genügt: RG. **11** 246.

[11] Bei Verträgen auf unsittliche oder unerlaubte Handlungen kann kein (vollendeter, wohl aber versuchter: RG. **38** 423!) Betrug stattfinden (z. B. Täuschung über Brauchbarkeit des gelieferten Abtreibungsmittels), da ein Eingriff in das „rechtlich geschützte Vermögen“ fehle. Vgl. RG. **36** 334 (343); **37** 30; **37** 161. Gegen jede Form des Betruges: v. Liszt. — In RG. **44** 230 (Beschl. der Ver. Strafsenate) ist die frühere Ansicht aufgegeben. Der Verkauf von Abtreibungsmitteln unter Täuschung über ihre Tauglichkeit wird als Betrug angesehen. Übereinstimmend: RG. **47** 67; Engelhard ZStW. 1912; nur für den Einzelfall: Frank und früher schon RG. **42** 60; **38** 423. A. A.: vor allem Binding DJZtg. 1911, dann v. Liszt und Meyer.

[12] Vgl. § 45 Anm. 5.

[13] Über Konkurrenz vgl. §§ 253 Anm. 10, 242 Anm. 8, 264a Anm. 9, 265 Anm. 5, 266 Anm. 15, 268 Anm. 6, dann §§ 352 Anm. 6, 353 Anm. 6, 363 Anm. 10. — Idealkonkurrenz zwischen Betrug und Unterschlagung liegt vor bei Verschiedenheit der Personen, denen gegenüber die Aneignung bzw. die Täuschung geschieht. (Verkauf fremder Sache mittels Täuschung.) [14] Vgl. § 52 Abs. 2 und Anm. dazu.

[15] Vgl. § 174 Anm. 1 und 5. [16] Vgl. § 264 Anm. 2.

Betrug im zweiten Rückfall.

264. (StrK.) Wer im Inlande wegen Betruges einmal und wegen darauf begangenen Betruges zum zweiten

Male bestraft worden ist, wird wegen abermals begangenen Betruges mit Zuchthaus bis zu zehn Jahren und zugleich mit Geldstrafe von einhundertfünfzig bis zu sechstausend Mark bestraft.[1, 2]

Sind mildernde Umstände vorhanden, so tritt Gefängnisstrafe nicht unter drei Monaten ein, neben welcher zugleich auf Geldstrafe bis zu dreitausend Mark erkannt werden kann.

Die im § 245 enthaltenen Vorschriften finden auch hier Anwendung.

[1] Rückfall liegt vor, auch wenn die Vorbestrafungen wegen Betrugs in Idealkonkurrenz mit einer schwereren Straftat erfolgt sind. Vgl. § 73 Anm. 4. — Ebenso, falls der Rückfallstatbestand als fortgesetztes Delikt teils vor, teils nach dem vorhergehenden Betrugsfall erfüllt ist: RG. 47 308.

[2] Handelt es sich um Betrug gegen Angehörige (§ 263 Abs. 4), so ist auch bei Rückfallbetrug der Antrag erforderlich: RG. 43 363 und Frank.

Notbetrug.

264a.[1] (SchG.) Wer aus Not[2] sich oder einem Dritten geringwertige[3] Gegenstände[4] zum Schaden[5] eines anderen durch Täuschung[6] (§ 263 Abs. 1) verschafft,[7, 8] wird mit Geldstrafe bis zu dreihundert Mark oder mit Gefängnis bis zu drei Monaten bestraft.[9]

Der Versuch ist strafbar.

Die Verfolgung tritt nur auf Antrag ein. Die Zurücknahme des Antrags ist zulässig.

Wer die Tat gegen einen Verwandten absteigender Linie oder gegen seinen Ehegatten begeht, bleibt straflos.

[1] Eingefügt durch G. v. 19. Juni 1912.

[2] Vgl. § 248a Anm. 2. [3] Vgl. § 248a Anm. 3.

[4] Nicht: Forderungen und Rechte.

[5] Vermögensbeschädigung ist verlangt nach: Frank, v. Liszt, Meyer. [6] Vgl. § 263 Anm. 5 bis 10.

[7] Erforderlich ist die Absicht, die geringwertigen Gegenstände für sich oder einen anderen zu erlangen: Frank, v. Liszt, Meyer. Über das Bewußtsein der Geringwertigkeit vgl. § 248a Anm. 7.

[8] Vollendet mit Erlangung freier Verfügung (des Gewahrsams) über den Gegenstand.

[9] Lex specialis gegenüber §§ 263, 264.

Versicherungsbetrug.

265. (SchwG.) Wer in betrügerischer Absicht[1] eine gegen Feuersgefahr versicherte Sache in Brand setzt,[2,3] oder ein Schiff, welches als solches oder in seiner Ladung oder in seinem Frachtlohn versichert ist, sinken oder stranden macht,[4] wird mit Zuchthaus bis zu zehn Jahren und zugleich mit Geldstrafe von einhundertfünfzig bis zu sechstausend Mark bestraft.[5]

Sind mildernde Umstände vorhanden, so tritt Gefängnisstrafe nicht unter sechs Monaten ein, neben welcher auf Geldstrafe bis zu dreitausend Mark erkannt werden kann.

[1] Vgl. § 59 Anm. 4. Hier: „Die Absicht, durch Vorspiegelung eines vom Versicherten angeblich nicht schuldhaft herbeigeführten Ereignisses zum Nachteil des Versicherers die Versicherungssumme ganz oder teilweise für sich oder einen anderen zu gewinnen". (v. Liszt.)

[2] Auch ein anderer als der Eigentümer der versicherten Sachen kann Täter sein (nicht bloß Teilnehmer): RG. 23 352; 23 426. [3] Vgl. § 306 Anm. 2 und Anm. 6 a. E.

[4] § 323 Anm. 1. — Mit § 323 ist Idealkonkurrenz möglich.

[5] Mit Betrug durch Erhebung der Brandkassengelder (unter Verschweigung der Ursache der eigenen Brandstiftung) ist Realkonkurrenz möglich: RG. 17 62. A. A.: Frank, v. Liszt, Meyer.

Untreue.

266. (StrK.) Wegen Untreue werden mit Gefängnis, neben welchem auf Verlust der bürgerlichen Ehrenrechte erkannt werden kann, bestraft:

1. Vormünder,[1] Kuratoren,[2] Güterpfleger, Sequester,[3] Massenverwalter,[4] Vollstrecker letztwilliger Verfügungen und Verwalter von Stiftungen, wenn sie absichtlich[5] zum Nachteile der ihrer Aufsicht anvertrauten Personen[6] oder Sachen[7] handeln;[8]
2. Bevollmächtigte,[9] welche über Forderungen oder andere Vermögensstücke[10] des Auftraggebers absichtlich[5] zum Nachteile desselben verfügen;[11]
3. [12]Feldmesser, Versteigerer, Mäkler, Güterbestätiger, Schaffner, Wäger, Messer, Bracker, Schauer, Stauer und andere zur Betreibung ihres Gewerbes von der Obrigkeit verpflichtete Personen, wenn sie bei den ihnen übertragenen Geschäften absichtlich[5] diejenigen benachteiligen, deren Geschäfte sie besorgen.

Wird die Untreue begangen,[13] um sich oder einem anderen einen Vermögensvorteil[14] zu verschaffen, so kann neben der Gefängnisstrafe auf Geldstrafe bis zu dreitausend Mark erkannt werden.[15, 16]

[1] Vgl. § 174 Anm. 1. — Hier: Auch Gegenvormünder: RG. **2** 345. § 266 kann auch nach Beendigung der Vormundschaft Anwendung finden, aber nur bei Verfügungen in bezug auf Vermögensstücke des ehemaligen Mündels, die der Vormund während oder, in Unkenntnis von deren Beendigung, auch nach der Vormundschaft erlangt hat: RG. **45** 434. Handlungen des Vormundes in einer Angelegenheit, für welche dem Mündel ein Pfleger bestellt worden ist (siehe für heute BGB. §§ 1794, 1909) erscheinen nicht als Handlungen des Vormundes im Sinne des § 266 Abs. 1: RG. **13** 333.

[2] Vgl. § 34 Anm. 7. — Der Beistand der Mutter (§ 1687

BGB.) erscheint nicht als Kurator, außer wenn er nach § 1693 die Stellung eines Pflegers hat (RG. **35** 338), da der Pfleger des BGB. (§§ 1909—1914) wohl als Kurator anzusehen ist.

[3] Heute: der Zwangsverwalter (G. v. 24. März 1897 § 150): RG. **38** 190. Vgl. auch BGB. § 1052.

[4] Heute: der Konkursverwalter: RG. **26** 106.

[5] = Vorsätzlich. Herrschende Ansicht. — Es genügt das Bewußtsein, daß die Handlung objektiv nachteilig ist: RG. **16** 77.

[6] Einzelperson oder Personenmehrheit, auch juristische Person: RG. **38** 363.

[7] Hier Vermögensgegenstände aller Art, insbesondere Vermögensinbegriffe, die das Gesetz als eine Einheit, „ein einzelnes Ganze" auffaßt: RG. **38** 190.

[8] „Zum Nachteile handeln" ist gleichbedeutend mit: „Das Vermögen beschädigen" (dazu vgl. § 263 Anm. 4): RG. **23** 280; **38** 266. — Dauernder Schaden ist nicht erforderlich: RG. **19** 80; **39** 335. — Das Benachteiligen kann auch mit Wissen und evtl. auch Willen des Benachteiligten begangen werden (der z. B. falsch orientiert wird): RG. **38** 363.

[9] Notwendig ist beim Auftragsverhältnis tatsächliche Übertragung der Ausführung von Rechtsgeschäften und die Übernahme der Verbindlichkeit zur Geschäftsführung: RG. **3** 283; **42** 211. Vgl. auch RG. **13** 195; **11** 241. Entscheidend ist somit die Ausübung rechtsgeschäftlicher Selbsttätigkeit: RG. **44** 432. Der Bote ist also nicht Bevollmächtigter: RG. **42** 211. — Bedeutungslos ist dagegen die Frage nach der zivilrechtlichen Verantwortlichkeit. Bevollmächtigter kann daher auch ein Minderjähriger sein: RG. **20** 262. Auch ist es belanglos, ob die Vollmacht gegen die guten Sitten verstößt: RG. **41** 265. A. A.: Frank. — § 266 kann auch nach Beendigung der Vollmacht Anwendung finden, solange das Vollmachtverhältnis in einzelnen Beziehungen Wirkung hat: RG. **36** 133. Vgl. dazu BGB. §§ 169ff., 674, 729 und RG. **45** 434.

[10] Bewegliche, unbewegliche Sachen; Rechte. Vgl. RG. **23** 315 (Wechselakzept); **41** 265 (Hypothekenbrief). — Zusammen-

gefaßt. Einzelobjekte, welche in dem Aktivvermögen des Auftraggebers vorhanden sind und zur Zeit der Verfügung Bestandteile desselben bilden (nicht das Vermögen als solches): RG. **10** 72.

[11] Vgl. Anm. 8. — „Zum Nachteil verfügt" wird nicht allein durch eine Verschiebung der rechtlichen Verhältnisse des Auftraggebers zu seinen Vermögensstücken, sondern — soweit dies nicht nach der Natur der Vermögensstücke ausgeschlossen — schon durch eine tatsächliche Veränderung, namentlich eine Veränderung im Besitzverhältnis: RG. **39** 335 (337); **46** 144 (149). — Nicht notwendig: Verfügungen, die zu den kraft des erteilten Auftrages vom Bevollmächtigten vorzunehmenden Geschäften gehören, jedoch dürfen die Verfügungen nicht außerhalb jedes Zusammenhanges mit dem erteilten Auftrag stehen und müssen eine Verletzung der dem Bevollmächtigten als solchem obliegenden Pflichten enthalten: RG. **32** 26.

[12] Hierzu vgl. § 36 GewO. — Nur Gewerbetreibende, die zum Betriebe ihres Gewerbes von der Obrigkeit verpflichtet sind, fallen hierunter. Vgl. RG. **44** 67.

[13] Vollendet erst mit Eintritt des Nachteils: RG. **16** 77.

[14] Vgl. § 253 Anm. 3.

[15] Idealkonkurrenz ist möglich zwischen Untreue und Betrug: RG. **38** 363; zwischen Untreue und Unterschlagung (Diebstahl): RG. **3** 283; **32** 259 (262). Hierzu auch RG. **42** 420. A. A.: Binding, Frank.

[16] Spezialbestimmungen über Untreue siehe in HGB. § 312 (dazu RG. **37** 25) und in vielen Nebengesetzen, vor allem in den Versicherungsgesetzen.

Dreiundzwanzigster Abschnitt.

Urkundenfälschung.

Binding II 169 (insbes. 226), 339, 346; v. Liszt 534; Meyer 592.

Einfache Urkundenfälschung.

267. (StrK.) **Wer in rechtswidriger Absicht[1] eine inländische[2] oder ausländische öffentliche[3] Urkunde[4] oder eine**

solche Privaturkunde,[5] welche zum Beweise von Rechten oder Rechtsverhältnissen von Erheblichkeit ist,[6] verfälscht[7] oder fälschlich anfertigt[8] und von derselben zum Zwecke einer Täuschung[9] Gebrauch macht,[10] wird wegen Urkundenfälschung[11] mit Gefängnis bestraft.[12, 13]

[1] Vgl. § 59 Anm. 4. Hier: Absicht, durch Täuschung den Getäuschten zu einem rechtserheblichen Verhalten zu bestimmen: Binding, Frank, v. Liszt, RG. **47** 199. Ähnlich: RG. **41** 315 (318). Vgl. auch RG. **46** 224. — Durch den etwaigen Zweck des Täters, sich mit der Fälschung gegen eine Anklage zu verteidigen, wird die rechtswidrige Absicht nicht beseitigt: RG. **34** 114. In gleicher Richtung: RG. **47** 199. Ebensowenig durch demnächst erwartete Genehmigung: R. 7 266; oder etwa, wenn zur Ausübung eines bestehenden Rechtes die Urkunde gefälscht wurde: R. 8 493. Die erteilte Ermächtigung des Namensträgers zum Gebrauch seines Namens durch einen Andern schließt die Rechtswidrigkeit der Anfertigung und die Unechtheit der Urkunde aus, wenn der Inhalt der Urkunde dem Willen des Namensträgers entspricht: RG. **43** 348 (mit ausführlicher Besprechung abweichender Entscheidungen). Doch bedarf der Bevollmächtigte zur Zeichnung mit dem Namen des Vertretenen keiner besonderen, ausdrücklichen Ermächtigung, da ihm Kraft des Vertretungsverhältnisses zusteht, unmittelbar mit dem Namen des Vertretenen, auch ohne Andeutung des Vertretungsverhältnisses zu zeichnen: RG. **45** 327; vgl. auch RG. **44** 69. Dagegen: Frank.

[2] Von einer inländischen öffentlichen Behörde (wenn auch im Auslande) ausgestellt.

[3] Als öffentliche Urkunden bezeichnet § 415 ZPO.: „Urkunden, welche von einer öffentlichen Behörde innerhalb der Grenzen ihrer Amtsbefugnisse oder von einer mit öffentlichem Glauben versehenen Person innerhalb des ihr zugewiesenen Geschäftskreises in der vorgeschriebenen Form aufgenommen sind." Vgl. hierzu RG. **24** 281; **14** 175; **39** 370. — Als öffentliche Urkunden

anerkennt das RG. z. B.: Bescheinigungen der Bezirksfeldwebel in den Militärpässen über Meldungen der Mannschaften des Beurlaubtenstandes: RG. **34** 302; die von den zuständigen Beamten eines Gemeindeleihhauses vorschriftsmäßig ausgestellten Pfandscheine: RG. **36** 363; Gepäckscheine im Gebiet der preußischen Eisenbahnverwaltung: RG. **37** 318; Eisenbahnfahrkarten der Staatseisenbahnverwaltung, soweit sie wirklich von der Behörde ausgestellt sind: RG. **28** 42; Zeugnisse des Provinzialschulkollegiums über bestandenes Lehrerexamen: RG. **39** 77; Schulzeugnisse der elsaß-lothr. höheren Lehranstalten: RG. **43** 271; unter Umständen Zahlenzeichen auf sog. Nummerpfählen an Holzhaufen: RG. **39** 147; Diplomzeugnisse technischer Hochschulen: RG. **38** 145; Nummernschilder für Fahrräder: RG. **40** 169; Stempel der Fleischbeschauer: RG. **29** 67; **38** 349; den Ursprungsschein über den Verkehr mit Wild (Ostpreußen): RG. **45** 338; die amtlichen Vermerke auf der (Ankunfts-) Depesche: RG. **46** 286. A. A.: Binding; nicht die (Ankunfts-) Depesche selbst: RG. ebenda. Vgl. auch RG. **38** 51; **39** 370; **41** 315; **42** 287 und § 271 Anm. 5. Nicht: Zeugnisse der Fleischbeschauer über Trichinenfreiheit: RG. **39** 284.

[4] Von Menschenhand gefertigter, sinnlich wahrnehmbarer Gegenstand, der geeignet und bestimmt ist, außerhalb seiner selbst (d. h.: nicht in seinem Dasein oder seiner Beschaffenheit) liegende rechtserhebliche Tatsachen zu erweisen: RG. **34** 435. — a) Nicht nur Schriftstücke (A. A.: Binding und P. Merkel [Die Urkunde 1902], die stets Schriftform verlangen), sondern auch andere Gegenstände, welche durch Worte oder wortvertretende Zeichen zur Mitteilung von Gedanken bestimmt und geeignet sind. So: v. Liszt mit der Forderung objektiver Verständlichkeit der Zeichen (als Unterscheidungsmerkmal vom Beweiszeichen). Ebenso: Binding. A. A.: RG. **28** 152; **34** 435 (vgl. zur Erläuterung auch RG. **40** 261; **42** 97) und Meyer. — b) Die Beweisbestimmung als Merkmal der Urkunde ist sehr bestritten. Dafür RG. **17** 103; **20** 6; **22** 182; **34** 53 und Binding, v. Liszt. Dagegen RG. **8** 92; **42** 97 und Frank,

Meyer, welche „Bestimmung für den Rechtsverkehr“ fordern. c) Die Beweisbestimmung muß eine rechtlich erhebliche Tatsache betreffen. (Vgl. auch Anm. 6.) — d) Die Urkunde muß einen Aussteller (der Individualität, nicht nur der Gattung nach: RG. **46** 103) erkennen lassen, wenn auch nur durch hinzutretende Umstände, die auch die Möglichkeit darbieten, sich über ihre Echtheit zu erklären: RG. **38** 248; **46** 297. Gleichgültig ist also Unleserlichkeit oder Nichtexistenz des unterschriebenen Namens. Vgl. Anm. 6 u. 8. Die Urkundeneigenschaft entfällt jedoch, wenn nur unter Zuhilfenahme völlig außerhalb des Inhalts liegender Tatsachen die Person des Ausstellers erkennbar wird: RG. **40** 217. Über Urkundenbruchstücke vgl. Anm. 6.

[5] D. h.: nicht öffentliche. Vgl. hierüber RG. **38** 220.

[6] D. h. unmittelbar von Bedeutung für Entstehung, Bestand und Erlöschen eines Rechts (R. **1** 233), und zwar durch ihren Inhalt. Es genügt nicht, daß sie durch die Tatsache ihres Daseins zum Beweise erheblich sei: RG. **37** 5. (Vgl. schon Anm. 4 a. A.). — Nicht erforderlich ist jedoch, daß die Urkunde gerade zum Beweise von Rechtsverhältnissen bestimmt sei, für deren Nachweis sie erheblich ist: RG. **19** 113. — Für die Beweiserheblichkeit der Urkunde ist die Unterschrift nicht unter allen Umständen erforderlich: R. **6** 529. Vgl. auch RG. **40** 217. An die Stelle der eigenhändigen Unterschrift kann die mechanisch vervielfältigte Unterschrift treten, soweit dies im Verkehr üblich ist: Vgl. RG. **10** 304; **21** 183; **29** 357. — Über die Frage der Beweiserheblichkeit des mit einem wesentlichen Formmangel behafteten Testamentes vgl. RG. **43** 231. — Ob Bruchstücke einer Urkunde selbst eine beweiserhebliche Urkunde darstellen, hängt davon ab, ob die Teile einen selbständigen Gedankeninhalt in sich tragen: RG. **36** 317. Vgl. auch RG. **40** 53. — Als Privaturkunden anerkennt das RG. z. B.: Bescheinigungen gegenüber der Polizei über Eigentum: RG. **36** 400; ärztliche Zeugnisse: RG. **37** 378; den Absendervermerk auf dem Postanweisungsabschnitt oder einem

Briefumschlag: RG. **38** 211; **42** 226; den auf einer Ware angebrachten Namenszug des Verkäufers: RG. **36** 15; das schriftliche Ersuchen an eine Redaktion um Aufnahme einer Berichtigung: RG. **33** 137; zurückbehaltene Abschriften von Handelsbriefen eines Vollkaufmanns, welche zum Beweise dem Prozeßgericht vorgelegt sind: RG. **35** 145; den Namenszug des Malers auf Gemälden: RG. **34** 53; die handschriftliche Namenszeichnung, die dem Empfänger eines Schecks bei der Empfangnahme und bei der Einlösung zur Bedingung gemacht ist: RG. **35** 308; nicht dagegen, wenn dabei dem Namen ein p vorgesetzt wird: RG. **34** 205; **36** 129. Vgl. auch RG. **30** 348 (Privaturkunde innerhalb einer öffentlichen Urkunde); **40** 78; **40** 179; **41** 315 (Siegel); **42** 249; **46** 103 (Zahlen auf Stickereischablonen); **46** 414 (die Zeitkarte einer Straßenbahn, die Photographie einbegriffen). — In der Wissenschaft wird der Begriff vielfach enger gefaßt, fußend auf der (oben Anm. 4) angedeuteten Unterscheidung zwischen Urkunde und Beweiszeichen. Während Meyer mit dem RG. übereinstimmt, sieht z. B. v. Liszt in dem Stich auf dem Zifferblatt der Wächteruhr (vgl. RG. **34** 435), in dem Nummernzeichen an einem Kohlenförderwagen (vgl. RG. **28** 152) keine Privaturkunde. Das Malerzeichen auf Gemälden wird von Meyer stets, von v. Liszt und Frank unter Umständen, von Binding nie als Urkunde angesehen.

[7] Verfälschen ist eine derartige Veränderung des Inhalts, daß die ursprüngliche Beweiserheblichkeit aufgehoben oder umgestaltet ist. Ob der nunmehrige Inhalt tatsächlich wahr, ist gleichgültig. Die Änderungen müssen aber unbefugt sein: RG. **40** 253. — So erscheint als Verändern z. B. Änderungen in einer notariell beglaubigten Abschrift: RG. **34** 360; Unleserlichmachen oder Beseitigen von Schriftzeichen, sofern damit der Urkunde ein anderer Beweisinhalt gegeben wird: RG. **34** 114. — Wird jedoch die noch im Besitze des Ausstellers befindliche Urkunde von diesem selber geändert, so liegt ein Verfälschen in der Regel nicht vor: RG. **37** 83. Analog: RG. **5** 430. Vgl. ergänzend RG. **40** 253: die Be-

fugnis des Urhebers zu Änderungen erlischt mit dem Ende seiner ausschließlichen rechtlichen und tatsächlichen Verfügungsgewalt. — Anders bei Änderung durch unbefugten Dritten: RG. **34** 131. — Auch der Ausstellung einer Urkunde nachfolgende Eintragungen seitens eines Unbefugten können ein Verfälschen enthalten: RG. **43** 140. — Die Verfälschung einer öffentlichen Urkunde setzt eine gültige öffentliche Urkunde voraus: RG. **39** 32. Vgl. dazu auch RG. **4** 69. Ein Verfälschen liegt nicht vor, wenn der Text der Urkunde abgeschnitten und über die Unterschrift ein urkundlicher Inhalt gesetzt wird.

[8] Die Urkunde ist fälschlich angefertigt, wenn die Angabe über den Aussteller der Urkunde unrichtig ist. Die Urkunde rührt nicht von dem her, der scheinbar Aussteller ist: R. **9** 148. Ob die durch die Urkunde betätigte Tatsache der Wahrheit entspricht, ist unerheblich. — Bei der öffentlichen Urkunde müssen die wesentlichen Förmlichkeiten nachgeahmt sein. (Ist nur ein Teil dieser nachgeahmt, so liegt evtl. Versuch nach § 268 vor.) Das Maß von Ähnlichkeit zwischen der angefertigten und der entsprechenden echten Urkunde ist rechtlich nicht entscheidend: RG. **44** 87. Beispiele: der von der Vertretung ausgeschlossene Teilhaber einer offenen Handelsgesellschaft unterzeichnet im eigenen Interesse mit dem Namen der Firma: RG. **33** 397. Als Aussteller erscheint ein Kollektivrechtssubjekt, während es ein einzelner ist: RG. **35** 94. Der Bevollmächtigte unterzeichnet mit dem Namen des Vollmachtgebers und erweckt unter Verschweigung des Vollmachtverhältnisses den Glauben, Aussteller sei der Vollmachtgeber selbst: RG. **37** 196. Der Aussteller zeichnet mit seinem zweiten Vornamen, um den Glauben zu erwecken, der Unterzeichner sei eine andere Person: RG. **13** 171; oder mit dem von ihm schon lange geführten falschen Namen: RG. **13** 245. Gleichgültig ist, ob etwa mit einem nicht existierenden (oder unleserlichen: RG. **41** 425) Namen unterschrieben wurde: RG. **35** 117 (konstante Praxis). — Vgl. aber auch Anm. 1 a. E.

[9] Unter Behauptung der Echtheit der Urkunde. Eingetretene Täuschung ist nicht erforderlich: RG. **35** 218; **42** 39.

[10] Vorzeigen oder Übergabe — d. h. sinnliche Wahrnehmung — der Urkunde sind nicht erforderlich. Es genügt, wenn die Urkunde als Beweismittel bezeichnet und dem zu Täuschenden die Einsicht (u. U. auch erst in der Zukunft: RG. 41 144) ermöglicht wird: RG. 19 215; 14 242; 41 144; 46 224. So auch: Frank, v. Liszt, Meyer. Ähnlich: Binding. — Z. B. durch öffentlichen Anschlag: RG. 12 17. Durch Vorlesen: RG. 15 110. Durch Vorzeigen oder Zustellung einer Abschrift: RG. 35 337. A. A.: v. Liszt, und bezüglich der Abschriften: RG. 26 270; 29 357; 35 145 und Meyer. Durch Vorlegung nicht stempelpflichtiger gefälschter Blankette an die Steuerbehörde zur Abstempelung: RG. 43 20. — Das Gebrauchmachen (Täuschen) ist nicht gerade gegenüber dem aus der Urkunde Verpflichteten nötig: RG. 1 186. Der zu Täuschende und der zu Beschädigende brauchen also nicht ein und dieselbe Person zu sein. Wohl muß aber Gebrauch gemacht werden dem zu Täuschenden gegenüber. Dieser braucht jedoch nicht eine bestimmte einzelne Person zu sein (z. B. Publikum). Es können auch Personen sein, die, ohne dem Täter einzeln bekannt zu sein, sich danach bestimmen, ob im Zeitpunkt der beabsichtigten Täuschung aus der Urkunde Rechtsfolgen für sie erwachsen und erwiesen werden (z. B. künftige Erben): RG. 41 144. Auch braucht dadurch nicht gerade die Realisierung des in der Urkunde bekundeten Rechtsverhältnisses bezweckt zu werden: RG. 7 52. Vgl. Anm. 12. — Vollendet ist das Delikt des § 267 durch das Gebrauchmachen: RG. 41 144.

[11] Ist aber nur der objektive — nicht auch der subjektive — Tatbestand der Fälschung einer öffentlichen Urkunde gegeben, so liegt unter Umständen Fälschung einer Privaturkunde vor. Vgl. Näheres in RG. 38 220. — Die Urkundenfälschung ist ein Formaldelikt, welches nicht in der Verletzung einer konkreten materiellen Berechtigung, sondern in dem dem objektiven Recht zuwiderlaufenden Mißbrauch der Form der Beurkundung im rechtlichen Verkehr besteht: RG. 23 249. — Das Beamtendelikt s. in § 348.

[12] Bei einmaligem Gebrauch mehrerer falscher Urkunden liegt eine strafbare Handlung vor: RG. 5 290. — Mittäterschaft ist gegeben, wenn der eine die Urkunde fälscht und der andere sie gebraucht: R. 8 481. Vgl. auch R. 4 248. — Die §§ 267 und 363 können in Gesetzeskonkurrenz stehen: RG. 20 229. (Vgl. auch § 363 Anm. 10.); die §§ 267 und 348 Abs. 2 in Idealkonkurrenz: RG. 46 417. Vgl. auch § 242 Anm. 8.

[13] Vgl. § 280 (Aberkennung der bürgerlichen Ehrenrechte).

Schwere Urkundenfälschung.

268. Eine Urkundenfälschung, welche in der Absicht[1] begangen wird,[2] sich oder einem anderen einen Vermögensvorteil[3] zu verschaffen[1] oder einem anderen Schaden[4] zuzufügen,[1] wird bestraft, wenn

1. (StrK.) die Urkunde eine Privaturkunde ist, mit Zuchthaus bis zu fünf Jahren, neben welchem auf Geldstrafe bis zu dreitausend Mark erkannt werden kann;
2. (SchwG.) die Urkunde eine öffentliche ist, mit Zuchthaus bis zu zehn Jahren, neben welchem auf Geldstrafe von einhundertfünfzig bis zu sechstausend Mark erkannt werden kann.[5,6]

Sind mildernde Umstände vorhanden, so tritt Gefängnisstrafe ein, welche bei der Fälschung einer Privaturkunde nicht unter einer Woche, bei der Fälschung einer öffentlichen Urkunde nicht unter drei Monaten betragen soll. Neben der Gefängnisstrafe kann zugleich auf Geldstrafe bis zu dreitausend Mark erkannt werden.

[1] Vgl. § 59 Anm. 4. Hier: Bereicherungsabsicht (dazu § 253 Anm. 4) bzw. Schädigungsabsicht.

[2] Die gewinnsüchtige Absicht muß bei der Fälschung vorhanden sein: R. 2 366.

[3] Siehe § 253 Anm. 3. — Hier nicht notwendig rechtswidrig: RG. 21 69; 27 300; 36 167. So auch: v. Liszt,

Meyer. Dagegen: Binding, Frank. — Soweit die Rechtswidrigkeit des Vermögensvorteils zur Beurteilung steht vgl. § 253 Anm. 2.

[4] Nicht notwendig Vermögensschaden. Auch z. B. Ehrenkränkung: RG. **8** 187; **33** 137; **34** 243. Vgl. auch § 158 Anm. 5. So auch: Binding, v. Liszt, Meyer. A. A.: Frank.

[5] Vollendet ist das Delikt (wie das des § 267) durch das Gebrauchmachen; jedoch ist dieses zum Versuch nicht nötig: RG. **41** 144. Bestritten! Wie das RG.: Binding, Frank, v. Liszt, Meyer. Vgl. hierzu § 267 Anm. 10 a. A.

[6] Idealkonkurrenz mit Betrug ist möglich. Gemeine Meinung.

Blankettfälschung.

269. Der fälschlichen Anfertigung einer Urkunde wird es gleich geachtet, wenn jemand einem mit der Unterschrift[1] eines anderen versehenen Papiere[2] ohne dessen Willen oder dessen Anordnungen zuwider durch Ausfüllung einen urkundlichen Inhalt gibt.

[1] Der echten Namensschrift. — Darüber § 267 Anm. 4 a. E. und Anm. 6 a. A.

[2] Dieses kann schon einen urkundlichen Inhalt haben, jedoch darf es nicht diejenige Urkunde vollendet enthalten, welche darzustellen es bestimmt war; andernfalls liegt § 267 vor: RG. **15** 67; vgl. auch RG. **39** 32.

Gebrauch einer falschen oder verfälschten Urkunde.

270. Der Urkundenfälschung wird es gleich geachtet, wenn jemand von einer falschen[1] oder verfälschten Urkunde,[2] wissend, daß sie falsch oder verfälscht ist, zum Zwecke einer Täuschung[3] Gebrauch macht.[4]

[1] Nicht auf die echte Urkunde, welche unwahre Tatsachen enthält, zu beziehen: RG. **15** 5.

[2] Es ist nicht erforderlich, daß diese in rechtswidriger Absicht fälschlich angefertigt oder verfälscht sei: RG. **4** 69.

[3] Vgl. § 267 Anm. 9.

[6] In rechtswidriger Absicht: RG. **12** 112. Vgl. im übrigen § 267 Anm. 1 a. A. und 10. Der Versuch beginnt hier jedoch erst mit dem Beginne des Gebrauchmachens.

Mittelbare Falschbeurkundung.
(Intellektuelle Urkundenfälschung.)

271.[1] (StrR.) Wer vorsätzlich[2] bewirkt,[3] daß Erklärungen, Verhandlungen oder Tatsachen, welche für Rechte oder Rechtsverhältnisse von Erheblichkeit sind, in öffentlichen Urkunden,[4] Büchern oder Registern als abgegeben oder geschehen beurkundet werden,[5] während sie überhaupt nicht oder in anderer Weise oder von einer Person in einer ihr nicht zustehenden Eigenschaft oder von einer anderen Person abgegeben oder geschehen sind, wird mit Gefängnis bis zu sechs Monaten oder mit Geldstrafe bis zu dreihundert Mark bestraft.[6]

[1] Vgl. § 348.

[2] Zum Vorsatz gehört das Bewußtsein der mittelbaren Falschbeurkundung und das Bewußtsein der Rechtserheblichkeit der Tatsache usw.: R. **7** 190.

[3] So daß die Beurkundung als unmittelbarer Ausdruck der (persönlichen) Erklärungen usw. des Täters erscheint: RG. **9** 288; R. **5** 760. — Anstiftung zu dem Delikt ist aber nicht ausgeschlossen: RG. **30** 429. [4] Vgl. § 267 Anm. 3, 4.

[5] Die Stelle trifft nur solche falsche Erklärungen, Verhandlungen, Tatsachen, zu deren beweiskräftiger Beurkundung gerade das konkrete Buch, Register usw. bestimmt ist: RG. **20** 249; **21** 31; **32** 386. Vgl. auch **30** 429. So sind z. B. das Heiratsregister bestimmt zur Beurkundung der in § 54 Ziff. 1 und 2 des Personenstandsgesetzes aufgeführten Personalien: RG. **34** 263; **32** 386; die Gefangenenbücher der preußischen Strafanstalten zur Beurkundung der für die Identität der Gefangenen wesentlichen Tatsachen: RG. **34** 299; ebenso die oldenburgischen Gefangenenregister: RG. **44** 196. (Hier Übersicht über die bisherige Rechtsprechung; Gefangenenlisten sieht nicht

als öffentliche Urkunden an: v. Liszt); der (preußische) Reisepaß zum Ausweis über den Namen (Identität, Personenstand) der darin aufgeführten Personen: RG. **44** 285; der abgestempelte Frachtbrief zum Beweis des Abschlusses des Frachtvertrages: RG. **46** 291. — Die zu Protokoll angebrachte Klage ist bestimmt, zu beweisen, daß die in ihr enthaltenen Erklärungen von der vernommenen Person abgegeben sind, nicht aber, daß diese auf Wahrheit beruhen: RG. **39** 346. Analog betreffend des Verhandlungsprotokolls: RG. **46** 112. Vgl. weiterhin RG. **41** 189; **42** 14; **42** 79; **43** 402.

[6] Die Verjährung beginnt mit dem Tage der falschen Beurkundung. So z. B. RG. **21** 228. Vgl. dazu § 67 Anm. 6.

Schwere mittelbare Falschbeurkundung.

272.[1] (SchwG.) Wer die vorbezeichnete Handlung in der Absicht[2] begeht, sich oder einem anderen einen Vermögensvorteil[3] zu verschaffen[2] oder einem anderen Schaden[4] zuzufügen,[2] wird mit Zuchthaus bis zu zehn Jahren bestraft, neben welchem auf Geldstrafe von einhundertfünfzig bis zu sechstausend Mark erkannt werden kann.

Sind mildernde Umstände vorhanden, so tritt Gefängnisstrafe ein, neben welcher auf Geldstrafe bis zu dreitausend Mark erkannt werden kann.

[1] Vgl. § 349.

[2] Vgl. § 59 Anm. 4. Hier: Bereicherungsabsicht (dazu § 253 Anm. 4) bzw. Schädigungsabsicht.

[3] Vgl. § 253 Anm. 3; § 268 Anm. 3. — Der Vermögensvorteil braucht nicht in ursächlichem Zusammenhang mit dem falschen Inhalte der Beurkundung zu stehen: RG. **18** 145. Bestritten.

[4] Vgl. § 268 Anm. 4.

Gebrauchmachen im Falle der §§ 271, 272.

273. (StrK.) Wer wissentlich von einer falschen Beurkundung der im § 271 bezeichneten Art zum Zwecke einer Täuschung[1] Gebrauch macht,[2] wird nach Vorschrift jenes Paragraphen und (SchwG.), wenn die Absicht[3] dahin gerichtet war, sich oder einem anderen einen Vermögensvorteil[4] zu verschaffen[3] oder einem anderen Schaden[5] zuzufügen,[3] nach Vorschrift des § 272 bestraft.

[1] Vgl. § 267 Anm. 9. [2] Vgl. § 267 Anm. 10.

[3] Vgl. § 59 Anm. 4. Hier: Bereicherungsabsicht (dazu § 253 Anm. 4) bzw. Schädigungsabsicht.

[4] Vgl. § 253 Anm. 3, § 268 Anm. 3.

[5] Vgl. § 268 Anm. 4.

Urkundenunterdrückung und Grenzverrückung.

274. (StrK.) Mit Gefängnis, neben welchem auf Geldstrafe bis zu dreitausend Mark erkannt werden kann,[1] wird bestraft, wer

1.[2] eine Urkunde,[3] welche ihm entweder überhaupt nicht oder nicht ausschließlich gehört,[4] in der Absicht,[5] einem anderen Nachteile zuzufügen,[6] vernichtet, beschädigt[7] oder unterdrückt,[8] oder

2. einen Grenzstein[9] oder ein anderes zur Bezeichnung einer Grenze oder eines Wasserstandes bestimmtes Merkmal[10] in der Absicht,[5] einem anderen Nachteil zuzufügen,[6] wegnimmt, vernichtet, unkenntlich macht, verrückt oder fälschlich setzt.[11]

[1] Vgl. § 280 (Aberkennung der bürgerlichen Ehrenrechte).

[2] Vgl. §§ 133, 348.

[3] Vgl. § 267 Anm. 2 bis 5; teilweise auch 6. — Hier im allgemeinen Sinn: R. 9 537. Beweiserheblichkeit ist hier in keiner Hinsicht verlangt: RG. 9 141.

[4] Die also nicht im (Allein-) Eigentum des Täters (RG. 38 37), sondern im Eigentum oder Mit-Eigentum eines Dritten steht. [5] Vgl. § 59 Anm. 4.

[6] Vgl. § 268 Anm. 4. — Aber gerade durch die Unterdrückung der Urkunde als solcher. Z. B. infolge Entziehung

eines Beweismittels: R. 8 722; infolge Verhinderung der Einsicht in eine Urkunde: RG. 20 415. — Auch hier braucht die Absicht nicht ausschließlich auf Benachteiligung zu gehen: R. 5 80.

[7] Mit Hinsicht auf den Beweismittelinhalt, nur mittelbar rücksichtlich der Substanz (vgl. Anm. 6), z. B. durch Veränderung des Beweisinhalts (R. 8 722); etwa durch Durchstreichen mittels Bleistiftstrichen (R. 2 135).

[8] Verheimlichen (vgl. § 169 Anm. 4) oder Beiseiteschaffen, d. h. der Verfügung jemandes entziehen. So auch RG. 39 405 (darüber siehe auch KO. § 239, unten S. 301). — Der Benachteiligte und derjenige, demgegenüber die Urkunde unterdrückt wird, brauchen nicht identisch zu sein: RG. 39 80. Vgl. auch RG. 39 405.

[9] Merkmal zur Abgrenzung des Eigentums oder dinglicher Rechte an Grund und Boden (RG. 20 196), welches von alters her als solches besteht oder durch Willensübereinstimmung der Interessenten oder Entscheidung der zuständigen Behörde (jedoch nicht etwa auf einseitigen Antrag) festgesetzt ist: R. 5 251; 6 49. — Zivilrechtliche Gültigkeit der Grenzbezeichnung ist nicht erforderlich: RG. 23 254; deshalb ist auch eine Verrückung usw. strafbar, wenn der Grenzstein die Grenze tatsächlich unrichtig bezeichnet: R. 10 46. Vgl. zu all diesen Punkten RG. 41 94.

[10] Dazu gehören auch Grenzraine. Vgl. diesbezüglich § 370 Ziff. 1, welcher nicht als lex specialis gegenüber § 274 Ziff. 2 erscheint: RG. 22 286.

[11] Den Anschein erwecken, als seien bestimmte Gegenstände, die äußerlich die nötigen Eigenschaften zu erkennen geben, als Grenzsteine oder Grenzmerkmale in rechtlich einwandfreier Weise bestimmt oder anerkannt. Vgl. RG. 16 280.

Fälschung von Stempel-, Post- und Telegraphenwertzeichen.

275.[1] (StrK.) Mit Gefängnis nicht unter drei Monaten wird bestraft, wer

1.[2] wissentlich von falschem oder gefälschtem Stempelpapier,[3] von falschen oder gefälschten Stempelmarken,[4]

Stempelblanketten, Stempelabdrücken, Post- oder Telegraphen-Freimarken oder gestempelten Briefkuverts Gebrauch macht,[5]

2.[2] unechtes Stempelpapier, unechte Stempelmarken,[4] Stempelblankette oder Stempelabdrücke für Spielkarten, Pässe oder sonstige Drucksachen oder Schriftstücke, ingleichen wer unechte Post- oder Telegraphen-Freimarken oder gestempelte Briefkuverts in der Absicht[6] anfertigt,[7] sie als echt zu verwenden, oder

3. echtes Stempelpapier, echte Stempelmarken,[4] Stempelblankette, Stempelabdrücke, Post- oder Telegraphen-Freimarken oder gestempelte Briefkuverts in der Absicht[6] verfälscht,[8] sie zu einem höheren Werte zu verwenden.

[1] Vgl. EG. § 2 Abs. 2; G. betr. den Spielkartenstempel v. 3. Juli 1878 § 12. — Vielfache Ergänzungen in Nebengesetzen. — Vgl. auch § 280 wegen der Aberkennung der bürgerlichen Ehrenrechte.

[2] Zu Ziff. 1 vgl. § 270; zu Ziff. 2 vgl. § 267.

[3] Auch auf ausländische Wertzeichen zu beziehen: RG. **6** 387. Dafür auch: Meyer. Dagegen: Binding, Frank, v. Liszt.

[4] Wertzeichen, die unter öffentlicher Autorität ausgestellt, die Entrichtung gewisser Steuern, Beiträge, Gefälle erleichtern oder kontrollieren: RG. **38** 263.

[5] Zur Vollendung ist das Gebrauchmachen erforderlich. — Es besteht in Handlungen, wodurch das Wertzeichen von seinem Inhaber in den äußeren Rechtsverkehr mit Dritten gebracht wird: RG. **24** 111. So z. B. in Veräußerung: RG. **6** 387. Vgl. auch § 267 Anm. 10. — Eingetretene Schädigung des (Post-) Fiskus ist nicht erforderlich. [6] Vgl. § 59 Anm. 4.

[7] Zusammensetzung und Gebrauch von Bruchstücken echter Postmarken ist weder nach Ziff. 1 noch 2 strafbar: RG. **17** 394.

[8] Vgl. § 267 Anm. 7.

Wiederverwendung von Wertzeichen.

276.[1] (SchG.) Wer wissentlich schon einmal zu stempelpflichtigen Urkunden, Schriftstücken oder Formularen verwendetes Stempelpapier oder schon einmal verwendete Stempelmarken[2] oder Stempelblankette, ingleichen Stempelabdrücke, welche zum Zeichen stattgehabter Versteuerung gedient haben, zu stempelpflichtigen Schriftstücken verwendet, wird, außer der Strafe, welche durch die Entziehung der Stempelsteuer begründet ist, mit Geldstrafe bis zu sechshundert Mark bestraft.[3]

Gleiche Strafe trifft denjenigen, welcher wissentlich schon einmal verwendete Post- oder Telegraphenwertzeichen nach gänzlicher oder teilweiser Entfernung des Entwertungszeichens[4] zur Frankierung benutzt. Neben dieser Strafe ist die etwa wegen Entziehung der Post- oder Telegraphengebühren begründete Strafe verwirkt.[3, 5]

[1] Vgl. § 364. — Vielfache Ergänzungen in den Nebengesetzen.

[2] Vgl. § 275 Anm. 4.

[3] In Abweichung von der Vorschrift des § 73 ist diese Strafe neben der Hinterziehungsstrafe zu verhängen: RG. **37** 152.

[4] Hierzu ergänzend vgl. G. über das Postwesen des Deutschen Reiches v. 28. Okt. 1871 §§ 27, 28 und G. über die Telegraphenfreimarken v. 16. Mai 1869 § 2.

[5] Abs. 2 eingefügt durch G. v. 13. Mai 1891.

Fälschung von Gesundheitszeugnissen.

277. (StrK.) Wer unter der ihm nicht zustehenden Bezeichnung als Arzt oder als eine andere approbierte[1] Medizinalperson[2] oder unberechtigt unter dem Namen solcher Personen ein Zeugnis über seinen oder eines anderen Gesundheitszustand ausstellt oder ein derartiges echtes Zeugnis verfälscht,[3] und davon zur Täuschung[4] von Behörden oder Versicherungsgesellschaften

Gebrauch macht,[5] wird mit Gefängnis bis zu einem Jahre bestraft.[6]

[1] GewO. §§ 29, 147 Ziff. 3.

[2] Stellung der Hebamme bestritten. Nach RG. **10** 340 nicht zu den approbierten Medizinalpersonen gehörig. Nach v. Liszt, Frank, Meyer ist diese Frage nach Landesrecht zu entscheiden.

[3] Vgl. § 267 Anm. 7.

[4] Vgl. § 267 Anm. 9. — Täuschung über die formale Beschaffenheit des Zeugnisses; materiell braucht das Zeugnis nicht unrichtig zu sein: RG. **20** 138.

[5] Vgl. § 267 Anm. 10.

[6] Vgl. auch § 280 (Aberkennung der bürgerlichen Ehrenrechte).

Ausstellen unrichtiger Gesundheitszeugnisse.

278. (StrK.) Ärzte und andere approbierte[1] Medizinalpersonen,[2] welche ein unrichtiges Zeugnis[3] über den Gesundheitszustand eines Menschen zum Gebrauche bei einer Behörde oder Versicherungsgesellschaft wider besseres Wissen ausstellen, werden mit Gefängnis von einem Monat bis zu zwei Jahren bestraft.[4]

[1] Vgl. § 277 Anm. 1. [2] Vgl. § 277 Anm. 2.

[3] Solche Zeugnisse sind auch Impfscheine: RG. **24** 284.

[4] Vgl. auch § 280 (Aberkennung der bürgerlichen Ehrenrechte).

Gebrauchmachen von unrichtigen Gesundheitszeugnissen.

279. (StrK.) Wer, um eine Behörde oder eine Versicherungsgesellschaft über seinen oder eines anderen Gesundheitszustand zu täuschen, von einem Zeugnisse der in den §§ 277 und 278 bezeichneten Art[1] Gebrauch macht, wird mit Gefängnis bis zu einem Jahre bestraft.[2]

[1] Es genügt jedoch das Gebrauchmachen von einem objektiv unrichtigen Zeugnis: RG. **32** 295, Frank, Meyer. A. A.: v. Liszt.

[2] Vgl. auch § 280 (Aberkennung der bürgerlichen Ehrenrechte).

Aberkennung der bürgerlichen Ehrenrechte.

280. Neben einer nach Vorschrift der §§ 267, 274, 275, 277 bis 279 erkannten Gefängnisstrafe kann auf Verlust der bürgerlichen Ehrenrechte erkannt werden.

Vierundzwanzigster Abschnitt.

Bankrott.

Binding I 420, bes. 425; v. Liszt 469; Meyer 532.

Durch die Konkursordnung v. 20. Febr. 1877 (neue Fassung v. 17. Mai 1898) sind die §§ 281 bis 283 aufgehoben und durch §§ 239 ff. KO. ersetzt worden. (Vgl. EGStGB. § 2 Abs. 3; EGKO. § 3 Ziff. 3 und § 4 Abs. 2.)

Konkursordnung.

Vom 10. Februar 1877.

In der Fassung des G. v. 17. Mai 1898.

Drittes Buch.

Strafbestimmungen.

Betrügerischer Bankrott.

239. (SchwG.) Schuldner,[1] welche ihre Zahlungen eingestellt haben,[2, 4] oder über deren Vermögen das Konkursverfahren eröffnet worden ist,[3, 4, 5] werden wegen betrüglichen Bankrotts mit Zuchthaus bestraft, wenn sie in der Absicht,[6] ihre Gläubiger zu benachteiligen,[7]

1. Vermögensstücke[8] verheimlicht[9] oder beiseite geschafft haben,[10]
2. Schulden oder Rechtsgeschäfte anerkannt oder aufgestellt haben, welche ganz oder teilweise erdichtet sind,
3. Handelsbücher zu führen unterlassen[11] haben,[12] deren Führung ihnen gesetzlich oblag,[13] oder
4. ihre Handelsbücher[14] vernichtet oder verheimlicht[9] oder

so geführt oder verändert haben, daß dieselben keine Übersicht des Vermögenszustandes gewähren.[15, 16, 17]

Sind mildernde Umstände vorhanden, so tritt Gefängnisstrafe nicht unter drei Monaten ein.

[1] Auch Gesellschafter einer offenen Handelsgesellschaft. Vgl. einerseits RG. **35** 83, anderseits RG. **41** 426 — weiterhin auch RG. **45** 387. — Bei Ziff. 3 und 4 nur ein Kaufmann. — Gegen einen Gewalt Unterworfenen oder einen Minderjährigen, welcher das Geschäft ohne die erforderliche Genehmigung betreibt, nicht anwendbar. (Solcher ist weder Schuldner noch Kaufmann im Sinne des Gesetzes: RG. **36** 357; **45** 4. — Im übrigen siehe noch § 244 KO. und insbes. Anm. 1 dazu.

[2] D. h. eine fällige Verpflichtung auf Grund wirklicher, vermeintlicher oder vorgeschützter Zahlungsunfähigkeit nicht erfüllen. Wirkliche Zahlungsunfähigkeit ist nicht notwendige Voraussetzung. Auch genügt es, wenn nur ein einziger Gläubiger vorhanden ist, der nicht befriedigt wurde: RG. **41** 309.

[3] Hierzu vgl. § 102 KO.

[4] Nach Binding, v. Liszt, Meyer: Bedingung der Strafbarkeit. Im Ergebnis übereinstimmend: RG., vor allem **45** 88. Abweichend (früher): RG. **27** 316: Tatbestandsmerkmal. Nach Frank: unwiderlegliche Vermutung der Gläubigergefährdung. — RG. und Theorie (herrschende Meinung) stimmen daher überein, daß die Schuld nicht die Zahlungseinstellung oder Konkurseröffnung zu umfassen braucht: RG. **13** 354, insbes. **45** 88. A. A. (früher): RG. **27** 316. — Versuch ist somit nur nach vorhergehender Zahlungseinstellung usw. anzunehmen: Binding, v. Liszt, Meyer: A. A.: RG. **13** 41. — Vgl. auch § 240 KO. Anm. 19.

[5] Als solche Schuldner erscheinen Gesellschafter (vgl. Anm. 1) auch im Falle ihres Austritts aus der Gesellschaft vor Konkurseröffnung, falls nicht eine völlige geschäftliche Abwicklung stattgefunden hat, so daß die von ihnen begangenen Bankrotthandlungen nicht mehr in Beziehung zur Vermögenslage der Gesellschaft stehen: RG. **35** 83. Vgl. auch RG. **41** 426.

[6] Hier vom RG. und der herrschenden Lehre aufgefaßt als Bewußtsein, daß der Erfolg bestimmt eintreten werde: RG. **39** 136. Dagegen im Sinne von § 59 Anm. 4 aufgefaßt von Frank und v. Liszt. [7] In ihren Ansprüchen.

[8] Vgl. § 266 Anm. 10. [9] Vgl. § 169 Anm. 4.

[10] Der Verfügung (der Gläubiger) entziehen (vgl. § 274 Anm. 8), z. B. durch Zerstörung; nicht aber durch Beschädigung und Wertminderung: RG. **27** 122; **42** 62. — Auch auf Immobilien bezüglich: RG. **2** 118. Eine Rechtsänderung ist nicht erforderlich; wesentlich ist, daß tatsächlich der Zugriff des Gläubigers vereitelt wird (bei einer Forderung z. B. dadurch, daß die Rechtslage so verdunkelt wird, daß die Beziehung des Schuldners zum Gläubiger derselben nicht oder nur unter erheblichen Schwierigkeiten zu erkennen ist): RG. **35** 62. — Entfernung vom ordnungsmäßigen Aufbewahrungsort ist nicht nötig: RG. **22** 242. Vorübergehendes Vorenthalten genügt: RG. **39** 80; **39** 405.

[11] D. h. es fehlt jede Buchführung: RG. **39** 215.

[12] Auch wenn der Schuldner zur Zeit der Konkurseröffnung dazu nicht mehr verpflichtet gewesen war; aber zuvor Vollkaufmann gewesen ist und gegen Ziff. 3 sich vergangen hat: RG. **26** 385.

[13] Diesbezüglich vgl. §§ 38 ff. und § 4 HGB. und DepotG. v. 5. Juli 1896 § 1. — Die Grenze zwischen Voll- und Minderkaufmann bestimmt sich nicht allein nach der Größe des Umsatzes, vielmehr wesentlich nach Art und Umfang des Gewerbebetriebes: RG. **34** 101. Der Hausierer ist nicht Vollkaufmann: RG. **20** 168. Der Viehhändler kann es bei nicht geringem Gewerbebetrieb sein: RG. **20** 387.

[14] Gleichviel ob dem Schuldner deren Führung gesetzlich oblag oder nicht: RG. **42** 284.

[15] Mehrere der im Paragraphen bezeichneten Handlungen, die der Schuldner mit Rücksicht auf dieselbe Zahlungseinstellung begeht, bilden nur eine strafbare Handlung (folglich keine Realkonkurrenz): RG. **1** 101; R. **1** 627. Vgl. auch RG. **36** 194. Realkonkurrenz ist auch ausgeschlossen zwischen §§ 239 und 240 KO. Vgl. RG. **6** 94 (für die Fassung 1877). Vgl. auch § 242 KO. Anm. 6.

[16] Die Verjährung beginnt erst mit der Zahlungseinstellung (Konkurseröffnung), „wenn diese den Einzelhandlungen zeitlich nachfolgt". Vgl. hierzu RG. 3 350.

[17] Vgl. allgemein § 240 KO. Anm. 18.

Einfacher Bankrott.

240. (StrK.) Schuldner, welche ihre Zahlungen eingestellt haben,[1] oder über deren Vermögen das Konkursverfahren eröffnet worden ist,[2] werden wegen einfachen Bankrotts mit Gefängnis bestraft, wenn sie

1. durch Aufwand, Spiel[3] oder Wette oder durch Differenzhandel mit Waren oder Börsenpapieren übermäßige Summen verbraucht haben oder schuldig geworden sind;[4]
2. in der Absicht,[5] die Eröffnung des Konkursverfahrens hinauszuschieben,[6] Waren oder Wertpapiere auf Kredit entnommen und diese Gegenstände erheblich unter dem Werte[7] in einer den Anforderungen einer ordnungsmäßigen Wirtschaft widersprechenden Weise veräußert oder sonst weggegeben haben;
3. Handelsbücher zu führen unterlassen[8] haben,[9] deren Führung ihnen gesetzlich oblag,[10] oder dieselben verheimlicht,[11] vernichtet[12] oder so unordentlich geführt haben,[13] daß sie keine Übersicht ihres Vermögenszustandes gewähren,[14] oder
4. es gegen die Bestimmung des Handelsgesetzbuchs[15] unterlassen haben, die Bilanz[16] ihres Vermögens[17] in der vorgeschriebenen Zeit zu ziehen.[18, 19]

Neben der Gefängnisstrafe kann in den Fällen der Nr. 1, 2 auf Verlust der bürgerlichen Ehrenrechte erkannt werden.[20, 21]

Sind mildernde Umstände vorhanden, so kann auf Geldstrafe bis zu sechstausend Mark erkannt werden.

[1] Vgl. § 239 KO. Anm. 1, 2, 4.

[2] Vgl. § 239 KO. Anm. 1, 3, 4, 5.

[3] Auch in Lotterien: RG. **27** 180.

[4] Umfaßt auch Verbindlichkeiten, aus welchen keine Klage gegeben ist: RG. **22** 12. [5] Vgl. § 59 Anm. 4, § 239 KO. Anm. 6.

[6] Diese Absicht muß auch zur Zeit der Entnahme der Waren vorgelegen haben: RG. **38** 330.

[7] Nicht der Einkaufspreis, sondern der laufende Marktpreis zur Zeit der Weiterveräußerung: RG. **47** 61.

[8] Vgl. § 239 KO. Anm. 11. [9] Vgl. § 239 KO. Anm. 12.

[10] Vgl. § 239 KO. Anm. 12, 13. Dazu auch RG. **46** 102; **47** 298. [11] Vgl. § 169 Anm. 4.

[12] Vor Ablauf der Frist des § 44 HGB. Bestritten.

[13] Ob eine einzelne unterlassene oder unrichtige Buchung oder die mangelhafte Führung eines Kontos die Annahme unordentlicher Buchführung begründet, ist eine Frage des Einzelfalles; entscheidend ist, ob der Mangel imstande ist, ein falsches Bild von dem Gesamtstand des Vermögens zu geben und namentlich etwa auch die Bilanz wesentlich zu verschieben: RG. **29** 305. Vgl. auch RG. **47** 311. — Buchführung auf losen Zetteln ist unzulässig: RG. **17** 301. Willkürliche oder falsche Wertangabe von Vermögensstücken kann hierher gehören: RG. **39** 222.

[14] Im Zeitpunkt der Zahlungseinstellung oder Konkurseröffnung. Wird die Unordnung später behoben, so entfällt die Strafbarkeit. Vgl. RG. **39** 165; einschränkend RG. **39** 215.

[15] Vgl. §§ 39, 40, 41 HGB. Dazu RG. **47** 298.

[16] Hierzu vgl. § 39 HGB. und RG. **34** 37.

[17] Im ganzen, d. h. beim Einzelkaufmann auch seines nicht zum vollkaufmännischen Gewerbebetrieb gehörigen Vermögens (Privatvermögen): RG. **41** 41.

[18] Ursächlicher Zusammenhang der Bankrotthandlungen und der Zahlungseinstellung braucht nicht vorzuliegen. Es ist also auch derjenige strafbar, der in früheren Jahren vor dem Eintritt der Zahlungseinstellung Handelsbücher nicht geführt oder die Bilanz nicht gezogen hat: RG. **39** 165.

[19] Die Beihilfe ist nur strafbar, soweit es sich bei der Haupttat um vorsätzliches Tun handelt. (Vgl. hierzu § 239 KO. Anm. 4.) RG. **16** 277; **27** 316; **45** 88 (93).

[20] Über Konkurrenz und Verjährung vgl. § 239 KO. Anm. 15 und 16; § 241 KO. Anm. 9.

Gläubigerbegünstigung.

241. (StrK.) Schuldner, welche ihre Zahlungen eingestellt haben,[1] oder über deren Vermögen das Konkursverfahren eröffnet worden ist,[2] werden mit Gefängnis bis zu zwei Jahren bestraft, wenn sie, obwohl sie ihre Zahlungsunfähigkeit kannten,[3] einem Gläubiger[4] in der Absicht,[5] ihn vor den übrigen Gläubigern zu begünstigen, eine Sicherung oder Befriedigung gewährt haben,[6] welche derselbe nicht oder nicht in der Art oder nicht zu der Zeit zu beanspruchen hatte.[7, 8]

Sind mildernde Umstände vorhanden, so kann auf Geldstrafe bis zu sechstausend Mark erkannt werden.[9]

[1] Vgl. § 239 KO. Anm. 1, 2, 4. Vgl. jedoch Anm. 3.

[2] Vgl. § 239 KO. Anm. 1, 3, 4, 5. Vgl. auch Anm. 3.

[3] Die Zahlungseinstellung bzw. Konkurseröffnung muß also hier auf wirklicher Zahlungsunfähigkeit beruhen.

[4] Nicht notwendig Konkursgläubiger: RG. **16** 402; **40** 105. Z. B.: auch der Bürge: RG. **15** 90.

[5] Vgl. § 239 Anm. 6 und RG. **39** 136.

[6] Der Erwerb der Forderung an den Schuldner darf also nicht erst gleichzeitig mit der Sicherung erfolgt sein: RG. **35** 127. Als solche Sicherung ist die Gewährung einer Urkunde mit Unterwerfung unter sofortige Zwangsvollstreckung (heute § 794 ZPO.) nicht aufzufassen: RG. **20** 301. Abweichend RG. **4** 62. Eine Sicherheit liegt auch nicht vor, wenn zwar wegen der Forderung vom Schuldner an seinem Grundstück eine Hypothek, für welche Erteilung des Hypothekenbriefs nicht ausgeschlossen, bestellt, der Brief aber dem Gläubiger noch nicht übergeben ist bzw. auch keine

Handlungen vorgenommen sind, welche die Übergabe ersetzen (§§ 1117, 1163 BGB.): RG. 34 171.

[7] Dazu vgl. RG. 5 116.

[8] Der begünstigte Gläubiger kann wohl Anstifter und Gehilfe zum Vergehen des § 241 KO. sein, ist durch bloße Annahme aber nicht „Gehilfe": RG. 20 214.

[9] §§ 240 und 241 KO. können bez. desselben Bankrotts nicht realkonkurrieren: R. 7 399; RG. 40 105; ebenso nicht § 241 KO. in mehreren Einzelfällen bei demselben Bankrott: R. 7 517.

Schuldnerbegünstigung.

242. (SchwG.) Mit Zuchthaus bis zu zehn Jahren wird bestraft, wer

1. im Interesse eines Schuldners, welcher seine Zahlungen eingestellt hat,[1] oder über dessen Vermögen das Konkursverfahren eröffnet worden ist,[2] Vermögensstücke desselben verheimlicht[3] oder beiseite geschafft[4] hat, oder
2. im Interesse eines solchen Schuldners, oder, um sich oder einem anderen Vermögensvorteil[5] zu verschaffen, in dem Verfahren erdichtete Forderungen im eigenen Namen oder durch vorgeschobene Personen geltend gemacht hat.[6]

Sind mildernde Umstände vorhanden, so tritt Gefängnisstrafe oder Geldstrafe bis zu sechstausend Mark ein.

[1] Vgl. § 239 KO. Anm. 2, 4.

[2] Vgl. § 239 KO. Anm. 3, 4, 5.

[3] Vgl. § 169 Anm. 4. [4] Vgl. § 239 KO. Anm. 10.

[5] Vgl. § 253 Anm. 3. Hier: Nicht notwendig rechtswidrige.

[6] § 242 KO. bildet ein selbständiges Verbrechen, neben welchem auch Teilnahme an dem Verbrechen des § 239 KO. möglich ist: RG. 9 430. A. A.: v. Liszt. — Vgl. auch § 257 Anm. 19.

Stimmenverkauf.

243. (StrK.) Ein Gläubiger, welcher sich von dem Gemeinschuldner oder anderen Personen besondere Vorteile[1] dafür hat gewähren oder versprechen lassen, daß er bei den Abstimmungen der Konkursgläubiger[2] in einem gewissen Sinne stimme,[3] wird mit Geldstrafe bis zu dreitausend Mark oder mit Gefängnis bis zu einem Jahre bestraft.

[1] Irgendwelcher Art. So: v. Liszt. A. A.: Frank.

[2] Darüber s. KO. z. B. §§ 89ff., § 182.

[3] Doch braucht es überhaupt nicht zur Stimmabgabe gekommen zu sein.

244.[1] Die Strafvorschriften der §§ 239—241 finden gegen die Mitglieder des Vorstandes einer Aktiengesellschaft[2] oder eingetragenen Genossenschaft[3] und gegen die Liquidatoren einer Handelsgesellschaft[4] oder eingetragenen Genossenschaft, welche ihre Zahlungen eingestellt hat, oder über deren Vermögen das Konkursverfahren eröffnet worden ist, Anwendung, wenn sie in dieser Eigenschaft die mit Strafe bedrohten Handlungen begangen haben.[5]

[1] Vgl. das DepotG. § 12. — Die Bestimmungen sind in mehreren Nebengesetzen auch auf weitere Gesellschaften ausgedehnt. Vgl. § 83 des G. v. 20. Mai 1892, betr. die Gesellschaften m. b. H. (dazu RG. **42** 278), sowie § 12 des VersicherungsG. v. 12. Mai 1901.

[2] HGB. §§ 178ff. [3] G. v. 1. Mai 1889.

[4] Auch einer Gesellschaft mit beschränkter Haftung: RG. **41** 309, **45** 238. Im übrigen vgl. über Handelsgesellschaften §§ 105ff. HGB.

[5] An neueren Entscheidungen vgl. auch RG. **38** 200.

Fünfundzwanzigster Abschnitt.

Strafbarer Eigennutz und Verletzung fremder Geheimnisse.

Binding I 404, 416, 317, 415, 126, 446, 453; v. Liszt 493, 476, 447, 461, 498, 465, 411, 488; Meyer 560, 530, 523, 526, 563, 529, 463, 557, Nachtrag 9.

Gewerbsmäßiges Glücksspiel.

284.[1] (StrK.) Wer aus dem Glücksspiele[2] ein Gewerbe[3] macht,[4] wird mit Gefängnis bis zu zwei Jahren bestraft, neben welchem auf Geldstrafe von dreihundert bis zu sechstausend Mark, sowie auf Verlust der bürgerlichen Ehrenrechte erkannt werden kann.[5]

Ist der Verurteilte ein Ausländer, so ist die Landespolizeibehörde befugt, denselben aus dem Bundesgebiete zu verweisen.[6]

[1] Vgl. § 360 Ziff. 14.

[2] Spiel um einen Vermögenswert, bei welchem die Entscheidung über Gewinn oder Verlust wesentlich vom Zufall abhängt: RG. **21** 107. Maßgebend ist dabei das Publikum, welches sich am Spiel beteiligt: RG. **43** 155. Ob ein Vermögenswert in Frage steht, ist nach allgemeinen gesellschaftlichen Anschauungen zu entscheiden: RG. **10** 253. So auch: Binding. Dagegen: für Entscheidung nach den individuellen Verhältnissen der Spielenden: Frank, v. Liszt, Meyer. — Nicht: Kunstspiele. Vgl. jedoch RG. **25** 192; **41** 218; **41** 331; im Sinne des StGB. auch nicht die Ausspielungen und Lotterien (§ 286): RG. **10** 245. — Die Übernahme der Gefahr eines Vermögensverlustes durch jeden Spieler oder doch durch den dem Unternehmer gegenüberstehenden Spieler ist nicht Wesenserfordernis: RG. **45** 424.

[3] Hier ist unter Strafe gestellt das gewerbsmäßige (vgl. § 73 Anm. 1) Glücksspiel, bei welchem auch der Unternehmer selbst als Mitspieler an den Gewinn- und Verlustchancen beteiligt ist. Bei dem Halten oder Betreiben eines Glücksspiels (s. § 360 Ziff. 14) stellt der Unternehmer anderen einen Apparat zum Spiel zur Verfügung, ist aber an den Gewinn- und Verlustchancen nicht unmittelbar (nur indirekt) beteiligt: RG. **29** 376. Demnach ist auch das Vermitteln von Wetten, auch wenn beabsichtigt wird, aus der Fortsetzung der Vermittelung sich Vermögensvorteile zu verschaffen, nicht gewerbsmäßiges Glücksspiel: RG. **42** 68. — Die Absicht der Erzielung eines besonders hohen Gewinns ist

nicht nötig: RG. **45** 424. — Der (gewerbsm.) Abschluß von Rennwetten am Totalisator fällt nicht unter § 284: RG. **46** 170 und Binding. A. A.: Frank, v. Liszt, RG. **29** 376.

[4] Teilnahme am Glücksspiel liegt auch vor, wenn die Möglichkeit eines Vermögensverlustes nicht besteht: RG. **38** 204.

[5] Über Konkurrenz mit dem Reichsstempelgesetz vom 14. Juni 1900/3. Juni 1906: vgl. RG. **35** 344; **38** 55; **39** 186; **39** 395; **42** 117.

[6] Vgl. § 361 Ziff. 2.

Gestattung von Glücksspielen.

285. (StrK. bzw. SchG.) Der Inhaber[1] eines öffentlichen[2] Versammlungsorts, welcher Glücksspiele[3] daselbst gestattet oder zur Verheimlichung[4] solcher Spiele mitwirkt, wird mit Geldstrafe bis zu eintausendfünfhundert Mark bestraft.

[1] Nicht nur, wer z. B. das Schankgewerbe in dem Lokal als Eigentümer, Nießbraucher, Pächter zu eigenem Recht und für seine Rechnung betreibt, sondern, wer den öffentlichen Versammlungsort, die Schankstätte, tatsächlich leitet, tatsächlich die Aufsicht und volle Verfügungsgewalt über sie hat: RG. **36** 324; **24** 256.

[2] Vgl. § 116 Anm. 1.

[3] Vgl. § 284 Anm. 2.

[4] Auch in nicht öffentlichen Räumen, z. B. Duldung in seinen Privatzimmern: R. **9** 153; gleichgültig, ob aus Gewinnsucht oder zur Unterhaltung um die Vermögenswerte gespielt wurde: RG. **6** 70.

Öffentliche Ausspielung (Lotterie).

286. (StrK. bzw. SchG.) Wer ohne obrigkeitliche Erlaubnis öffentliche Lotterien[1] veranstaltet,[2] wird mit Gefängnis bis zu zwei Jahren oder mit Geldstrafe bis zu dreitausend Mark bestraft.[3]

(SchG.) Den Lotterien sind öffentlich[4] veranstaltete Ausspielungen[5] beweglicher oder unbeweglicher Sachen gleich zu achten.

[1] Ausspielen (vgl. unten Anm. 5) von Geldpreisen. Vgl. R. **9** 300. Es ist nicht wesentlich, daß die Ermittelung des

Gewinns, der an den Eintritt von vom Zufall abhängigen Bedingungen gebunden ist, durch Losziehung erfolge: RG. **36** 124; Frank, v. Liszt. Bestritten! — Als Lotterie erscheinen z. B. Auslosungen, durch welche den Inhabern der gezogenen Policen ein dem versicherten Kapital gleicher Betrag schon vor Leistung aller Einzahlungen zufällt: RG. **42** 430.

[2] D. h. wer die Beteiligung einer Mehrzahl von Personen an einem nicht schon bestehenden Unternehmen ermöglicht, durch das gegen einen Einsatz die Hoffnung auf einen Geldgewinn gewährt werden soll. Diese Beteiligung kann auch derjenige ermöglichen, der im fremden Namen zum Erwerbe der Gewinnhoffnung Gelegenheit gibt. (A. A. wohl v. Liszt.) Regelmäßig wird allerdings Veranstalter derjenige sein, auf dessen Rechnung das Geschäft geht: RG. **34** 447; vgl. aber R. **3** 728.

[3] In Preußen ist das Spielen in außerpreußischen Lotterien, sowie die Veröffentlichung der Gewinnlisten nach dem G. v. 29. Aug. 1904 strafbar. Da das StGB. die Materie der Ausspielung erschöpfend regelt, ist dieses Gesetz, sowie das sächsische G. v. 4. Dez. 1837 rechtsunwirksam. So: Finger, v. Liszt, Meyer. A. A.: Die gemeine Meinung und RG. z. B. **33** 124; **36** 260.

[4] Vgl. § 116 Anm. 1.

[5] Hier: Mit anderen, als Geldpreisen. Vgl. R. **9** 300 und Anm. 1. — Als Ausspielung erscheint die Veranstaltung, bei welcher vom Veranstalter dem Publikum gegen Entrichtung eines (Geld-) Einsatzes in Aussicht gestellt wird, nach dem Ergebnisse einer vom Zufall abhängigen Ziehung oder eines ähnlichen Mittels zu Herbeiführung des Erfolges einen mehr oder weniger bestimmten Gegenstand zu gewinnen. So z. B. die Hydra- oder Schneeballgeschäfte: RG. **34** 140, 321, 390, 403; Binding; Meyer. A. A.: v. Liszt. Also nur, wenn dabei irgend etwas in Ungewißheit ist und durch den Zufall entschieden wird: RG. **17** 379. So z. B. auch beim Halten von Glücksbuden: RG. **10** 245. Die Ausspielung ohne Glücksspiel ist straflos und entgegenstehende Landesgesetze sind aufgehoben: RG. **18** 1.

An Stelle des § 287 sind getreten die §§ 14 ff. des
Gesetzes zum Schutze der Warenbezeichnungen.
Vom 12. Mai 1894.

Vollstreckungsvereitelung.

288.[1] (StrK bzw. SchG.) Wer bei einer ihm[2] drohenden Zwangsvollstreckung[3] in der Absicht,[4] die Befriedigung des Gläubigers[5] zu vereiteln,[6] Bestandteile seines Vermögens[7] veräußert[8] oder beiseite schafft,[9] wird mit Gefängnis bis zu zwei Jahren oder mit Geldstrafe bis zu zweitausend Mark[10] bestraft.

Die Verfolgung tritt nur auf Antrag[11] des Gläubigers[12] ein.

[1] Vgl. § 137; insbes. auch Anm. 12 daselbst.

[2] Ihm selbst, nicht einem Dritten.

[3] D. h. wenn aus schlüssigen Handlungen des Gläubigers (ein solcher ist nicht der nasciturus: RG. **44** 251) die Absicht alsbaldiger gerichtlicher Geltendmachung und zwangsweiser Beitreibung erhellt. Daß gerichtliche Schritte getan sind, ist nicht unbedingt erforderlich. Es genügt wiederholte Mahnung oder daß aus sonstigen Umständen auf jene Absicht geschlossen werden muß: RG. **20** 256. Vgl. auch RG. **23** 177; weiter geht RG. **24** 238. — Gilt nicht nur bei bevorstehender Zwangsvollstreckung wegen einer Geldleistung, sondern auch bei dem Schuldner einer Individualleistung: RG. **38** 227.

[4] Vgl. § 239 KO. Anm. 6. — Hier genügt nicht die Absicht, eine einzelne Maßregel der Zwangsvollstreckung zu vereiteln; andererseits ist nicht erfordert, die Absicht: die Zwangsvollstreckung überhaupt zu vereiteln. Vgl. auch R. **7** 304; **1** 560. — Diese Absicht wird aber durch die Absicht, einen andern Gläubiger zu befriedigen, nicht ausgeschlossen: RG. **1** 96.

[5] Nicht nur der persönlich, sondern auch der dinglich Berechtigte, von dem die Zwangsvollstreckung droht.

[6] Es genügt eine sehr wesentliche Erschwerung, die nur durch Anwendung besonderer Mühen beseitigt werden kann: RG. **38** 227.

[7] Vgl. § 266 Anm. 10 (Vermögensstücke). — Hier nur pfändbare: RG. 22 208; 42 62. — Daß der Gläubiger gerade die Sache anzugreifen beabsichtigte, welche beiseite geschafft usw. wurde, ist nicht erforderlich: RG. 6 100. — Ebenso entfällt das Delikt des § 288 nicht durch das Vorhandensein anderer Befriedigungsgegenstände: R. 7 304; 1 560.

[8] Übertragung von Vermögensrechten, welche eine Entziehung oder Minderung der Exekutionsobjekte nach sich zieht: RG. 32 20; z. B. Bestellung von Pfandrecht, Hypothek, Eintragung einer Vormerkung: RG. 34 3; 38 227. Vgl. auch RG. 42 62.

[9] Vgl. § 239 KO. Anm. 10.

[10] Die gesperrt gedruckten Worte sind eingefügt durch G. v. 19. Juni 1912.

[11] Die Antragsfrist beginnt mit Kenntnis der Veräußerung oder Beiseiteschaffung und Gewinnung der Überzeugung seitens des Gläubigers, daß die Handlung gegen ihn gerichtet ist: R. 3 270.

[12] Antragsberechtigt ist dieser Gläubiger gegenüber seinen Schuldnern auch als Gemeinschuldner während des Konkurses, aber auch der Konkursverwalter: RG. 23 221; 35 149.

Pfandkehrung.

289. (StrK. bzw. SchG.) Wer seine eigene bewegliche Sache, oder eine fremde[1] bewegliche[2] Sache[3] zugunsten des Eigentümers derselben, dem Nutznießer, Pfandgläubiger[4] oder demjenigen, welchem an der Sache ein Gebrauchs- oder Zurückbehaltungsrecht zusteht,[5] in rechtswidriger Absicht[6] wegnimmt,[7] wird mit Gefängnis bis zu drei Jahren oder mit Geldstrafe bis zu neunhundert Mark bestraft.

Neben der Gefängnisstrafe kann auf Verlust der bürgerlichen Ehrenrechte erkannt werden.

Der Versuch ist strafbar.

Die Verfolgung tritt nur auf Antrag[8] ein.

Die Bestimmungen des § 247 Absatz 2 und 3 finden auch hier Anwendung.

[1] Vgl. § 242 Anm. 1. [2] Vgl. § 242 Anm. 2.

[3] Vgl. § 242 Anm. 3.

[4] Als solcher erscheint kraft Gesetzes der Vermieter auch hinsichtlich des eingebrachten Gutes, bei einem mit einer im gesetzlichen Güterstande lebenden Ehefrau ohne Zustimmung des Ehemannes abgeschlossenen Mietvertrage: RG. **35** 201. Über das Pfandrecht an der aus dem Stoffe des Bestellers auf Grund eines Werkvertrags neu hergestellten Sache vgl. RG. **37** 329.

[5] Nur das vom Recht anerkannte Besitzverhältnis wird geschützt. Vgl. dazu RG. **22** 364 (Zurückbeh.recht); RG. **17** 358 (Gebrauchsrechte). Deshalb ist auch der Begriff des Zurückbehaltungsrechts dem bürgerlichen Recht zu entnehmen: RG. **22** 364. — In Betracht kommt jedoch auch das vertragsmäßige Zurückbehaltungsrecht. Dazu vgl. RG. **35** 150; **37** 119.

[6] Vgl. § 239 KO. Anm. 6 (Sachlage hier ähnlich). — Hier: Absicht, das Besitzrecht des Berechtigten zu verletzen. So auch RG. **25** 155. — Das Bewußtsein, ein fremdes Pfandrecht usw. zu verletzen, ist notwendig: RG. **35** 201.

[7] Vgl. § 242 Anm. 5. So auch für § 289: RG. **27** 222 und Frank. A. A.: Binding, v. Liszt und mannigfache Entscheidungen des RG. (zuletzt RG. **38** 174), welche den Begriff hier weiter fassen als in § 242.

[8] Desjenigen, dessen Besitzrecht verletzt wird. Vgl. dazu beispielsweise RG. **35** 402; **34** 64.

Gebrauchsanmaßung.

290. (SchG.) Öffentliche Pfandleiher,[1] welche die von ihnen in Pfand genommenen Gegenstände unbefugt in Gebrauch nehmen,[2] werden mit Gefängnis bis zu einem Jahre, neben welchem auf Geldstrafe bis zu neunhundert Mark erkannt werden kann, bestraft.

[1] D. h. Pfandleiher, deren Geschäft dem Publikum offen steht. — Nicht auf konzessionierte Pfandleiher (GewO. § 34) beschränkt: RG. **8** 269.

[2] Unberechtigter Gebrauch eines verpfändeten Sparkassenbuchs

durch Abheben von Geld ist Unterschlagung und steht nicht in Idealkonkurrenz mit Gebrauchmachen aus § 290: RG. **15** 147.

Zueignung von Munition.

291. (SchG.) Wer die bei den Übungen der Artillerie verschossene Munition, oder wer Bleikugeln aus den Kugelfängen der Schießstände der Truppen sich widerrechtlich zueignet,[1] wird mit Gefängnis bis zu einem Jahre oder mit Geldstrafe bis zu neunhundert Mark bestraft.

[1] Vgl. § 242 Anm. 7 und Anm. 5 (über Patronenhülsen).

Einfacher Jagdfrevel.

292.[1] (SchG.) Wer an Orten, an denen zu jagen er nicht berechtigt ist,[2] die Jagd ausübt,[3,4] wird mit Geldstrafe bis zu dreihundert Mark oder mit Gefängnis bis zu drei Monaten bestraft.[5,6]

Ist der Täter ein Angehöriger[7] des Jagdberechtigten, so tritt die Verfolgung nur auf Antrag ein. Die Zurücknahme des Antrages ist zulässig.

[1] Vgl. § 368 Ziff. 10 und 11, sowie Anm. 11 dazu.

[2] D. h. auf fremdem Jagdgebiet. Maßgebend ist für die Entscheidung der Frage nach dem Orte und der Berechtigung der Jagdausübung der Standort des Wildes, nicht der des Jägers. Als Jagdausübung ohne Jagdrecht oder mit anderen Worten in fremdem Jagdbezirk erscheint die Jagdfolge auf fremdes Gebiet: RG. **18** 226, Binding, v. Liszt, Meyer. Einschränkend: Frank. Vgl. auch Anm. 3. Dagegen ist das Schießen von fremdem Jagdgebiet nach dem eigenen berechtigtes Jagen: RG. **6** 375. — Jagdrecht (dazu Art. 69 EGBGB.) ist das ausschließliche Recht zur Okkupation jagdbarer Tiere auf einem bestimmten Gebiet. Es fällt nicht stets mit dem Eigentum an Grund und Boden zusammen. — Die Jagdausübung ist bei Nichteinhaltung von Beschränkungen, unter denen die Jagderlaubnis vom Jagdberechtigten erteilt wurde, nicht eine berechtigte: RG. **43** 439 und Frank. A. A.: Binding.

[3] Umfaßt neben der Erlegung oder Zueignung des lebenden bzw. eingegangenen (s. unten) Wildes auch das Nachstellen (Aufsuchen, Verfolgen usw.) in Erlegungs- oder Zueignungsabsicht: RG. **40** 7. Unberechtigte Jagdausübung ist somit (dazu vgl. auch Anm. 1): die Wegnahme des Wildes aus einer Schlinge (RG. **23** 89) oder die Wegnahme von Fallwild (RG. **13** 84) und Teilen (Geweihe) (desselben, solange sie integrierender Teil des Wildes sind: RG. **13** 84 oder welche infolge Aufscheuchens abgestoßen wurden: RG. **40** 7. Weitergehend: v. Liszt. Gegen diesen: Meyer) auf fremdem Jagdgebiet. Vgl. auch R. **4** 713; **5** 126 — aber auch das Herantreiben des Wildes aus fremdem Jagdgebiet zur Erlegung in dem berechtigten: R. **8** 420; **10** 331; **10** 565. Als Jagdausübung erscheint dann auch die Parforcejagd: RG. **26** 216. Zusammengefaßt: Jede nicht bloß vorbereitende Handlung, welche auf Erlangung jagdbarer Tiere gerichtet ist; nicht erforderlich ist, daß durch die Handlung die Ergreifung des Wildes unmittelbar ermöglicht wurde. Daher ist die Feststellung, daß das Gewehr geladen war, nicht unbedingt nötig: RG. **20** 4; **11** 249; R. **7** 184; **8** 102. — Der Zweck (z. B. Schutz gegen Wildschaden) hebt die Widerrechtlichkeit nicht auf: RG. **22** 115 (auf Grund des früheren Zivilrechts). A. A. für heute RG. im Hinblick auf BGB. § 228. Darüber s. Olsh., § 292 Note 11.

[4] Welche Tiere jagdbar sind, bestimmt sich nach Landesrecht: RG. **19** 349; **41** 397; **46** 108. Vgl. preuß. Jagdordnung v. 15. Juli 1907 § 1.

[5] Daß der unberechtigt Jagende auch den nach Partikularrecht erforderlichen Jagdschein nicht hat, begründet nicht eine neue selbständige Handlung: RG. **22** 234. [6] Vgl. § 368 Anm. 16.

[7] Vgl. § 52 Abs. 2 und Anm. dazu.

Schwerer Jagdfrevel.

293. (StrK. bzw. SchG.) Die Strafe kann auf Geldstrafe bis zu sechshundert Mark oder auf Gefängnis bis zu sechs Monaten erhöht werden, wenn dem Wilde[1] nicht mit Schießgewehr oder Hunden, sondern mit Schlingen,[2]

Netzen, Fallen oder anderen Vorrichtungen nachgestellt oder, wenn das Vergehen während der gesetzlichen Schonzeit,[3] in Wäldern,[4] zur Nachtzeit[5] oder gemeinschaftlich von Mehreren[6] begangen wird.[7]

[1] Auch Fallwild: in Wäldern usw.: RG. **15** 268.

[2] Also vollendet, schon wenn Täter mit den zubereiteten Schlingen (über den Begriff: RG. **43** 167) geeignete Stellen in fremdem Jagdgebiet aufsucht: R. **8** 378.

[3] Vgl. für Preußen: Jagdordnung v. 15. Juli 1907, §§ 39 ff.; für die Provinz Hannover gilt noch das WildschonG. v. 14. Juli 1904. Vgl. § 2.

[4] Einerlei, ob sich der Jäger oder das Wild oder beide im Wald befunden haben: RG. **25** 120 und Meyer. A. A.: Binding.

[5] Vgl. § 243 Anm. 27.

[6] Nur bei Mittäterschaft gegeben. Vgl. RG. **17** 413.

[7] Antrag ist nicht erforderlich: RG. **4** 330.

Gewerbsmäßiger Jagdfrevel.

294. (StrK.) Wer unberechtigtes Jagen gewerbsmäßig betreibt,[1] wird mit Gefängnis nicht unter drei Monaten bestraft; auch kann auf Verlust der bürgerlichen Ehrenrechte, sowie auf Zulässigkeit von Polizeiaufsicht erkannt werden.

[1] Vgl. § 73 Anm. 1.

Einziehung.

295. Neben der durch das Jagdvergehen verwirkten Strafe ist auf Einziehung[1] des Gewehrs, des Jagdgeräts[2] und der Hunde, welche der Täter bei dem unberechtigten Jagen bei sich geführt hat,[3] ingleichen der Schlingen, Netze, Fallen und anderen Vorrichtungen zu erkennen, ohne Unterschied, ob sie dem Verurteilten gehören oder nicht.[4,5]

[1] Obligatorisch. Vgl. § 40. — Soweit Einziehung aus § 295 nicht Platz greift, bleibt § 40 anwendbar; daher können unter

Umständen auch Pferde und Wagen eingezogen werden: RG. 22 15; vgl. aber in Anm. 2 RG. 12 305.

[2] Gerätschaften, welche nach ihrer Beschaffenheit an sich zur Verwendung bei der Jagd geeignet und dazu dauernd bestimmt sind. Pferde und sonstige lebende Tiere (außer den speziell aufgeführten Hunden) nicht, wohl aber Jagdschlitten im einzelnen Fall: RG. 22 15. Weitergehend RG. 12 305: auch jeder Gegenstand, den der Jagende im einzelnen Fall zu diesem Zwecke zu benutzen beabsichtigt und aus diesem Grunde bei sich führt.

[3] Ohne Rücksicht auf den etwa geschehenen Gebrauch.

[4] Nicht dann, wenn das Gewehr dem Eigentümer durch eine strafbare Handlung entzogen war: RG. 18 43, Binding, Frank. A. A.: v. Liszt.

[5] Bei unbekanntem Täter erfolgt keine Einziehung: Aus § 295 nicht, weil sie nur neben der Strafe zulässig; aus § 42 nicht, weil das Eigentum nicht feststeht: RG. 19 45.

Unberechtigtes Fischen und Krebsen zur Nachtzeit.

296.[1] (StrK. bzw. SchG.) Wer zur Nachtzeit,[2] bei Fackellicht oder unter Anwendung schädlicher oder explodierender Stoffe unberechtigt fischt[3] oder krebst, wird mit Geldstrafe bis zu sechshundert Mark oder mit Gefängnis bis zu sechs Monaten bestraft.[4]

[1] Vgl. § 370 Ziff. 4.

[2] Vgl. § 243 Anm. 27. — Dieses Tatbestandsmerkmal liegt auch vor, wenn das Einlegen der Netze bei Tage erfolgt, sie aber zum Zwecke des Fischfangs bei Nacht im Wasser belassen sind: RG. 37 117.

[3] Nicht bloß Fische, auch Muscheln usw., soweit landesrechtlich das Fischereirecht an anderen Wassertieren anerkannt ist: RG. 17 161.

[4] Fischen usw. aus geschlossenen Gewässern ist Diebstahl: RG. 10 78.

Unbefugtes Fischen in Küstengewässern.

296a. (StrK.). Ausländer, welche in deutschen Küstengewässern unbefugt fischen,[1] werden mit Geldstrafe bis zu sechshundert Mark oder mit Gefängnis bis zu sechs Monaten bestraft.

Neben der Geld- oder Gefängnisstrafe ist[2] auf Einziehung der Fanggeräte, welche der Täter bei dem unbefugten Fischen bei sich geführt hat, ingleichen der in dem Fahrzeuge enthaltenen Fische zu erkennen, ohne Unterschied, ob die Fanggeräte und Fische dem Verurteilten gehören oder nicht.

[1] Vgl. § 296 Anm. 3. [2] Obligatorisch.

Schiffskonterbande.

297. (StrK.) Ein Reisender oder Schiffsmann,[1] welcher ohne Vorwissen des Schiffers,[2] ingleichen ein Schiffer, welcher ohne Vorwissen des Reeders Gegenstände an Bord nimmt,[3] welche das Schiff[4] oder die Ladung gefährden,[5] indem sie die Beschlagnahme oder Einziehung des Schiffes oder der Ladung veranlassen können, wird mit Geldstrafe bis zu eintausendfünfhundert Mark oder mit Gefängnis bis zu zwei Jahren bestraft.

[1] Vgl. SeemO. §§ 2, 3. — Umfang bestritten. [2] Kapitän.

[3] Damit ist das Delikt vollendet: RG. **42** 294. — Beihilfe ist möglich durch Lieferung von Waren: RG. **41** 70.

[4] Nur auf Seeschiffe bezüglich.

[5] Bewußtsein der Gefährdung erforderlich: RG. **43** 384.

Bruch des Heuervertrages.

298. (SchG.) Ein Schiffsmann,[1] welcher mit der Heuer[2] entläuft, oder sich verborgen hält, um sich dem übernommenen Dienste zu entziehen, wird, ohne Unterschied, ob das Vergehen im Inlande oder im Auslande begangen worden ist,[3] mit Gefängnis bis zu einem Jahre bestraft.[4]

[1] Vgl. § 297 Anm. 1.

[2] Heuer = Löhnung. Vgl. z. B. SeemO. §§ 45—47.

[3] Ausnahme von § 4. [4] Vgl. auch SeemO. §§ 93, 121.

Verletzung des Briefgeheimnisses.

299.[1] (SchG.) Wer einen verschlossenen Brief[2] oder eine andere verschlossene[3] Urkunde,[4] die nicht zu seiner Kenntnisnahme bestimmt ist, vorsätzlich und unbefugterweise[5] eröffnet,[6] wird mit Geldstrafe bis zu dreihundert Mark oder mit Gefängnis bis zu drei Monaten bestraft.[7]

Die Verfolgung tritt nur auf Antrag[8] ein.

[1] Beamtendelikte vgl. §§ 354, 355, 358.

[2] „Jede verschlossene Postsendung, die nicht nach Form oder Gewicht unter den Begriff des Pakets fällt, auch wenn sie eine schriftliche Mitteilung nicht enthält“ (v. Liszt): RG. **33** 144; **34** 337; **37** 280; **40** 72 und Meyer. Sehr bestritten. A. A.: RG. **27** 256, Frank, Binding.

[3] „Wenn die Einsichtnahme durch eine besondere, zu dem Schriftstück hinzutretende Vorrichtung erschwert ist“ (v. Liszt). Die Art des Verschlusses ist gleichgültig.

[4] Nicht im technischen Sinn des § 267. [5] = rechtswidrig.

[6] Den Verschluß beseitigen oder unwirksam machen: RG. **20** 375. Vgl. jedoch RG. **20** 349, wonach es darauf ankommt, daß der Inhalt offen zutage liege. Kenntnisnahme von dem Inhalt ist nicht erforderlich.

[7] Über Beschlagnahme von Briefen und Durchsicht von Papieren vgl. StPO. §§ 99, 100, 101, 110; PostG. § 5; Telegraphenges. § 8; KO. § 121.

[8] Antragsberechtigt ist der Eigentümer. Bei Sendungen der Absender so lange, bis das Eigentum auf den Adressaten übergeht, später der Adressat. Gemeine Meinung. A. A.: Binding.

Verletzung des Berufsgeheimnisses.

300. (StrK. bez. SchG.) Rechtsanwalte, Advokaten, Notare, Verteidiger in Strafsachen, Ärzte,[1] Wundärzte, Hebammen, Apotheker, sowie die Gehilfen[2] dieser Personen werden, wenn sie unbefugt[3] Privatgeheimnisse[4] offenbaren,[5] die ihnen kraft ihres Amtes, Standes oder Gewerbes anvertraut[6] sind, mit Geldstrafe bis zu ein=

tausendfünfhundert Mark oder mit Gefängnis bis zu drei Monaten bestraft.

Die Verfolgung tritt nur auf Antrag[7] ein.

[1] Nicht Tierärzte.

[2] Auch wenn nur vorübergehend zugezogen.

[3] Wenn nicht andere Pflichten die Offenbarung verlangen: RG. 38 62.

[4] Wahrnehmungen, die noch nicht offenkundig sind, und deren Bekanntwerden Ansehen, Ehre oder Familienverhältnisse der anvertrauenden Person zu beeinträchtigen oder zu schädigen geeignet ist: RG. 26 5.

[5] Jede Mitteilung unbekannter Tatsachen an andere.

[6] Mit der stillschweigenden oder ausdrücklichen Auflage der Geheimhaltung mitgeteilt oder in Ausübung des Berufes usw. erlangt.

[7] Antragsberechtigt ist derjenige, der das Geheimnis anvertraut hat. Bei Familiengeheimnissen kann das der Ehemann oder Vater als Familienhaupt sein: RG. 13 60. Sehr bestritten. So auch: Binding, Finger. A. A. v. Liszt (der, dessen Interessen durch die Offenbarung verletzt sind) und Frank (dieser und der Anvertrauende).

Ausbeutung Minderjähriger.

301. (StrK.) Wer in gewinnsüchtiger Absicht[1] und unter[2] Benutzung[3] des Leichtsinns[4] oder der Unerfahrenheit[5] eines Minderjährigen[6] sich von demselben Schuldscheine, Wechsel, Empfangsbekenntnisse, Bürgschaftsinstrumente oder eine andere, eine Verpflichtung[7] enthaltende Urkunde ausstellen oder auch nur mündlich ein Zahlungsversprechen[8] erteilen läßt,[9] wird mit Gefängnis bis zu sechs Monaten oder mit Geldstrafe bis zu eintausendfünfhundert Mark bestraft.

Die Verfolgung tritt nur auf Antrag ein.

[1] Bereicherungsabsicht. Vgl. § 253 Anm. 4. — Einschränkend: Frank.

[2] Kausalität zwischen Leichtsinn usw. und Verpflichtung erforderlich: RG. 31 118. [3] Soviel wie Ausbeutung.

[4] Unbekümmertsein um die weiteren Folgen.

[5] Allgemeine geschäftliche Unkenntnis; nicht identisch mit Unkenntnis der Verhältnisse des konkreten Falles. Die konkrete Unkenntnis kommt nur in Betracht, wenn sie sich darstellt als ein Ausfluß solcher Unerfahrenheit: RG. 37 205.

[6] Nicht des für volljährig Erklärten. So: Binding, v. Liszt. A. A.: Frank.

[7] Zu Zahlung einer Geldsumme usw. im Sinne von § 302.

[8] Nicht eingeschränkt auf eine der Schuld nachfolgende Zusage. Schon die Bitte um ein Darlehen oder Lieferung auf Borg erscheint als Zahlungsversprechen nach § 301, sofern darin und in der Annahme des Kredites die Zusage der Zahlung enthalten ist. Auch durch konkludente Handlungen möglich: RG. 31 118.

[9] Es ist gleichgültig, ob das Versprechen aus eigener Bewegung des Minderjährigen oder auf Verlangen des Ausbeutenden erklärt ist: RG. 31 118.

Schwere Ausbeutung Minderjähriger.

302. (StrK.) Wer in gewinnsüchtiger Absicht[1] und unter[2] Benutzung[3] des Leichtsinns[4] oder der Unerfahrenheit[5] eines Minderjährigen[6] sich von demselben unter Verpfändung der Ehre, auf Ehrenwort, eidlich oder unter ähnlichen Versicherungen oder Beteuerungen die Zahlung einer Geldsumme oder die Erfüllung einer anderen, auf Gewährung geldwerter Sachen gerichteten Verpflichtung aus einem Rechtsgeschäfte versprechen läßt, wird mit Gefängnis bis zu einem Jahre oder mit Geldstrafe bis zu dreitausend Mark bestraft.

Neben der Gefängnisstrafe kann auf Verlust der bürgerlichen Ehrenrechte erkannt werden.

Dieselbe Strafe trifft denjenigen, welcher sich eine Forderung, von der er weiß, daß deren Berichtigung ein

Minderjähriger in der vorbezeichneten Weise versprochen hat, abtreten läßt.[7]

Die Verfolgung tritt nur auf Antrag ein.

[1] Vgl. § 301 Anm. 1. [2] Vgl. § 301 Anm. 2.

[3] Vgl. § 301 Anm. 3. [4] Vgl. § 301 Anm. 4.

[5] Vgl. § 301 Anm. 5. [6] Vgl. § 301 Anm. 6.

[7] In gewinnsüchtiger Absicht: Frank, v. Liszt.

Einfacher Kreditwucher.

302a. (StrK.) Wer unter Ausbeutung der Notlage,[1] des Leichtsinns[2] oder der Unerfahrenheit[3] eines anderen[4] mit Bezug auf[5] ein Darlehn[6] oder auf die Stundung einer Geldforderung oder auf ein anderes zweiseitiges Rechtsgeschäft, welches denselben wirtschaftlichen Zwecken dienen soll,[7] sich oder einem Dritten Vermögensvorteile[8] versprechen[9] oder gewähren läßt,[10] welche den üblichen[11] Zinsfuß dergestalt überschreiten, daß nach den Umständen des Falles die Vermögensvorteile in auffälligem Mißverhältnis zu der Leistung stehen,[12] wird wegen Wuchers mit Gefängnis bis zu sechs Monaten und zugleich mit Geldstrafe bis zu dreitausend Mark bestraft.[13] Auch kann auf Verlust der bürgerlichen Ehrenrechte erkannt werden.

[1] Wirtschaftliche Not. Eine dringende, wenn auch nur vorübergehende Geldverlegenheit, durch welche die wirtschaftliche Existenz bedroht wird. Dies muß dem Täter bekannt sein: RG. **28** 289.

[2] Vgl. § 301 Anm. 4. [3] Vgl. § 301 Anm. 5.

[4] Auch einer juristischen Person: RG. **38** 363 (365/366).

[5] Erkennbarer Zusammenhang zwischen dem Rechtsgeschäft und den gewährten oder versprochenen Vermögensvorteilen nötig: RG. zuletzt **45** 198.

[6] Auch Vermittelung: nach Binding, Frank, v. Liszt, Meyer. A. A.: RG. **28** 288; **35** 111; **36** 226.

[7] Also nicht Bargeschäfte, sondern solche, bei denen ein Vermögenswert unter Bedingung künftiger Rückzahlung gegeben wird.

Bestritten. Für obige Auffassung: Binding, v. Liszt, Meyer. Wesentlich weiter: Frank und das RG. Vgl. z. B. RG. **35** 111 und RG. **39** 126 (Verkauf von Gegenständen an den Schuldner als: denselben wirtschaftlichen Zwecken dienend.) Vgl. auch RG. **25** 315; **28** 135.

[8] In Geld abschätzbare Vorteile, durch die der Geldwert des Vermögens vergrößert wird.

[9, 10] Das Versprechen von Vorteilen enthält nicht zugleich das Gewähren, doch beginnt die Verjährung erst mit der Fälligkeit der wucherlichen Forderung: RG. **38** 426. Im Ergebnis gleich RG. **32** 143 mit ausführlicher Begründung. — Natürlich fällt die zivilrechtliche Nichtigkeit des Geschäfts (§ 138 BGB.) nicht in Betracht: RG. **35** 111.

[11] Nach den Orts-, Zeit- und Kreditverhältnissen, sowie nach der objektiven Natur und dem Zwecke des Geschäfts. Der übliche Zinsfuß deckt sich nicht mit dem festgesetzten Zinsfuß in § 360 Ziff. 12: RG. **23** 121.

[12] Verlangt ist 1. Überschreitung des üblichen Zinsfußes und 2. ein Mißverhältnis zwischen Leistung des Gläubigers und den Vorteilen, die er sich versprechen läßt. — Über den Berechnungsmodus hinsichtlich Punkt 2 vgl. RG. **20** 279; **31** 239. Es herrscht Streit darüber, ob der Standpunkt des Schuldners (so: v. Liszt, Meyer) oder derjenige des Gläubigers entscheiden soll (herrschende Lehre, Frank und RG.; zuletzt **39** 126; **45** 198).

[13] Das Vergehen des Wuchers kann auch mit fremdem Gelde begangen werden. Es können mehrere in der Art zusammenwirken, daß der eine Teilnehmer das Geld gibt, der andere die Geschäftstätigkeit besorgt: RG. **36** 226.

Schwerer Kreditwucher.

302b. (StrK.) Wer sich oder einem Dritten die wucherlichen Vermögensvorteile (§ 302a) verschleiert[1] oder wechselmäßig oder unter Verpfändung der Ehre, auf Ehrenwort, eidlich oder unter ähnlichen Versicherungen[2] oder Beteuerungen versprechen läßt,[3] wird mit Gefängnis bis zu einem Jahre und zugleich mit Geldstrafe bis zu sechstausend Mark bestraft. Auch kann auf Verlust der bürgerlichen Ehrenrechte erkannt werden.

[1] Z. B. ein Darlehn gibt gegen gleichzeitige Abnahme von Waren oder Lotterielosen. Der Gewinn durch den Verkauf der Gegenstände ist mit auf den Vermögensvorteil des Darlehnsgebers zu rechnen. Bei verkauften Losen kann die Gewinnaussicht nicht aufgerechnet werden: RG. **20** 279. — Verschleierung erfordert nicht Täuschung des Schuldners: RG. **18** 332.

[2] Die sich auf die Vermögensvorteile selbst beziehen müssen.

[3] Vgl. § 302a Anm. 9 und 10. — Nicht: gewähren.

Mit- oder Nachwucher.

302c. (StrK.) Dieselben Strafen (§ 302a, § 302b) treffen denjenigen, welcher mit Kenntnis des Sachverhalts eine Forderung der vorbezeichneten Art erwirbt[1] und entweder dieselbe weiter veräußert oder die wucherlichen Vermögensvorteile geltend macht.

[1] Auch wenn jemand in Kenntnis des begangenen Wuchers die Forderung ohne sein Zutun erwirbt (z. B. von Todes wegen) und aus freiem Entschluß die so geschaffene Rechtslage zu seinem Vorteil ausnutzt: RG. **36** 374. A. A.: v. Liszt.

Gewerbs- und gewohnheitsmäßiger Wucher.

302d. (StrK.) Wer den Wucher (§§ 302a bis 302c) gewerbs-[1] oder gewohnheitsmäßig[1] betreibt, wird mit Gefängnis nicht unter drei Monaten und zugleich mit Geldstrafe von einhundertfünfzig bis zu fünfzehntausend Mark bestraft. Auch ist auf Verlust der bürgerlichen Ehrenrechte zu erkennen.[2]

[1] Vgl. § 73 Anm. 1. [2] Obligatorisch. Vgl. § 32 Anm. 1.

Sachwucher.

302e. (StrK.) Dieselbe Strafe (§ 302d) trifft denjenigen, welcher mit Bezug auf[1] ein Rechtsgeschäft anderer[2] als der im § 302a bezeichneten Art gewerbs-[3] oder gewohnheitsmäßig[3] unter Ausbeutung der Notlage,[4] des Leichtsinns[5] oder der Unerfahrenheit[6] eines anderen sich oder einem Dritten Vermögensvorteile[7] versprechen oder gewähren läßt,[8] welche den Wert der Leistung dergestalt überschreiten, daß nach den Umständen des Falles die Vermögensvorteile in auffälligem Mißverhältnis zu der Leistung stehen.[9]

[1] Vgl. § 302a Anm. 5.

[2] Hier also Vermittelung von Geschäften auch nach RG. Vgl. RG. 29 78 und § 302a Anm. 6.

[3] Vgl. § 73 Anm. 1. [4] Vgl. § 302a Anm. 1.

[5] Vgl. § 301 Anm. 4. [6] Vgl. § 301 Anm. 5.

[7] Vgl. § 302a Anm. 8. [8] Vgl. § 302a Anm. 9 und 10.

[9] Über den Berechnungsmodus und den dabei einzunehmenden Standpunkt vgl. RG. 29 78.

Sechsundzwanzigster Abschnitt.

Sachbeschädigung.

Binding I 246, v. Liszt 457, Meyer 493.

Einfache Sachbeschädigung.

303.[1] (Bis 150 Mk.: SchG.; sonst: StrK. bzw. SchG.) Wer vorsätzlich und rechtswidrig[2] eine fremde[3] Sache[4] beschädigt[5] oder zerstört,[6] wird mit Geldstrafe bis zu eintausend Mark oder mit Gefängnis bis zu zwei Jahren bestraft.[7]

Der Versuch ist strafbar.

Die Verfolgung tritt nur auf Antrag[8] ein.

Ist das Vergehen gegen einen Angehörigen[9] verübt, so ist die Zurücknahme des Antrages zulässig.

[1] Vgl. auch SeemO. § 109.

[2] Irrtum über die Berechtigung macht straflos, da Bewußtsein der Rechtswidrigkeit erforderlich: RG. 19 209.

[3] Vgl. § 242 Anm. 1.

[4] Vgl. § 242 Anm. 3. — Hier: beweglich oder unbeweglich: RG. **9** 171. Die Sache darf nicht schlechthin wertlos sein. Der Eigentümer muß irgendwelches Interesse an ihrer Erhaltung haben: RG. **10** 120.

[5] Jede Änderung der das Wesen der Sache bedingenden Eigenschaften durch Einwirkung auf die Substanz: RG. **20** 182, **20** 353. Kurz: Beeinträchtigung der Brauchbarkeit. — Viel weiter RG. **43** 204: U. U. auch das bloße Verunreinigen einer Sache, z. B. das Übermalen einer Marmorbüste. — Bei Tieren kann die Unversehrtheit auch durch innere, pathologische Veränderung (nachteilige Einwirkung auf das Nervensystem!!), ohne äußerlich wahrnehmbaren Eingriff in den Bestand des tierischen Körpers aufgehoben werden (anders bei leblosen Gegenständen): RG. **37** 411.

[6] Höherer Grad von Beschädigung (der Sachsubstanz). Wesentliche Beschädigung, durch welche die Sache für ihre Zweckbestimmung ganz oder teilweise unbrauchbar wird. Vgl. RG. **39** 223.

[7] Vgl. § 242 Anm. 8. — Idealkonkurrenz ist mit § 133 möglich. — Vgl. auch § 304 Anm. 10; § 306 Anm. 6 a. E.

[8] Antragsberechtigt sind der Eigentümer und solche Beteiligte, deren Rechte unmittelbar verletzt sind: RG. **8** 399. So auch: Frank. A. A.: Binding, v. Liszt, Meyer.

[9] Vgl. § 52 Abs. 2 und Anm. dazu.

Beschädigung oder Zerstörung von res sacrae, religiosae, publicae.

304. (StrK. bzw. SchG.) Wer vorsätzlich und rechtswidrig Gegenstände der Verehrung einer im Staate bestehenden[1] Religionsgesellschaft, oder Sachen,[2] die dem Gottesdienste gewidmet sind,[3] oder Grabmäler,[4] öffentliche Denkmäler,[5] Gegenstände der Kunst, der Wissenschaft oder des Gewerbes, welche in öffentlichen[6] Sammlungen aufbewahrt werden oder öffentlich aufgestellt sind, oder Gegenstände, welche zum öffentlichen Nutzen,[7] oder zur

Verschönerung öffentlicher Wege, Plätze oder Anlagen dienen, beschädigt[8] oder zerstört,[9] wird mit Gefängnis bis zu drei Jahren oder mit Geldstrafe bis zu eintausendfünfhundert Mark bestraft.[10]

Neben der Gefängnisstrafe kann auf Verlust der bürgerlichen Ehrenrechte erkannt werden.

Der Versuch ist strafbar.

[1] Vgl. § 167 Anm. 4.

[2] Vgl. § 242 Anm. 3. — Hier: nicht notwendig fremde: R. **10** 595.

[3] Vgl. § 167 Anm. 3 und § 243 Anm. 3.

[4] Vgl. § 168 Anm. 4. Der Schutz dauert auch dann fort, wenn die Verwesungsfrist ohne Ankauf der Gräber abgelaufen ist und der Friedhof nur noch ausnahmsweise benutzt wird: RG. **42** 116.

[5] „Zeichen, die zur Erinnerung an Tatsachen oder Personen aufgestellt sind". (v. Liszt.) Weitergehend RG. **43** 240: alle Sachen, die geschichtlich od. kunstgeschichtlich von Bedeutung sind (alte Türme usw.) u. die der Öffentlichkeit gewidmet sind.

[6] Vgl. § 116 Anm. 1.

[7] D. h. zum Nutzen des Publikums oder zum allgemeinen Gebrauch: RG. **31** 143. Es ist nicht erforderlich, daß die Gegenstände dazu besonders bestimmt waren, oder ihm ausschließlich dienen: R. **1** 134. Sie können dabei auch Erwerbszwecken dienen (Eisenbahn- und Straßenbahnwagen): RG. **34** 1.

[8] Vgl. § 303 Anm. 5. [9] Vgl. § 303 Anm. 6.

[10] Idealkonkurrenz mit § 303 ist möglich. — Vgl. weiterhin § 168 Anm. 8. — Über Konkurrenz mit §§ 317, 318a; vgl. RG. **34** 249.

Zerstörung von Bauwerken.

305. (StrK.) Wer vorsätzlich und rechtswidrig ein Gebäude,[1] ein Schiff,[2] eine Brücke,[3] einen Damm, eine gebaute Straße,[4] eine Eisenbahn[5] oder ein anderes Bauwerk,[6] welche fremdes Eigentum sind, ganz oder teilweise zerstört,[7] wird mit Gefängnis nicht unter einem Monat bestraft.[8]

Der Versuch ist strafbar.

[1] Vgl. § 243 Anm. 2.

[2] Dieses muß ein Bauwerk „von einiger Erheblichkeit" sein: RG. **24** 26.

[3] Nicht jeder Steg, sondern Bauwerk von einer gewissen Größe, innerer Festigkeit und nicht ganz unbedeutender Tragfähigkeit: RG. **24** 26. Immobiliareigenschaft der Anlage ist erforderlich. Zur Annahme dieser Eigenschaft ist ein Einbauen in den Grund und Boden nicht notwendig, es genügt, wenn der Bau durch seine eigene Schwere derart an seinen Standort gebunden ist, daß er unter normalen Verhältnissen ohne Beeinträchtigung seiner Gestalt und Verbindung nicht an einen andern Ort verbracht werden kann: RG. **33** 391.

[4] Land- oder Wasserstraße. [5] Vgl. § 243 Anm. 17.

[6] „Jedes von Menschenhand hergestellte, mit dem Grund und Boden, wenn auch nur durch die eigene Schwere, in feste Verbindung gebrachte, selbständige, dauernde Werk". So: Frank, v. Liszt, Meyer. — Vgl. auch die RG. **33** 391 in Anm. 3. Vgl. weiterhin RG. **30** 246; R. **6** 477. — Also auch künstliche Fischteiche: RG. **15** 263; jedoch nicht ein Restteil eines zerstörten Gebäudes: RG. **27** 420.

[7] Vgl. § 303 Anm. 6. [8] Vgl. § 306 Anm. 6 a. E.

Siebenundzwanzigster Abschnitt.

Gemeingefährliche Verbrechen und Vergehen.

Binding II 1, insbesondere 9, 31, 88, 100; v. Liszt 504, 637; Meyer 608, Nachtrag 10.

Schwere Brandstiftung.

306.[1] (SchwG.) Wegen Brandstiftung[2] wird mit Zuchthaus bestraft, wer vorsätzlich in Brand setzt:

1. ein zu gottesdienstlichen Versammlungen[3] bestimmtes Gebäude,[4]

2. ein Gebäude,[4] ein Schiff oder eine Hütte,[5] welche zur Wohnung von Menschen[6] dienen, oder
3. eine Räumlichkeit, welche zeitweise zum Aufenthalt von Menschen dient, und zwar zu einer Zeit, während welcher Menschen in derselben sich aufzuhalten pflegen.

[1] Vgl. §§ 265, 325.

[2] Zur Vollendung ist Brennen mit heller Flamme nicht erforderlich; auch Glühen und Glimmen genügen, wenn dadurch das Fortbrennen ermöglicht ist: RG. 25 326.

[3] Vgl. § 167 Anm. 3. [4] Vgl. § 243 Anm. 2.

[5] Selbständiges (unbewegliches) Ganzes, welches eine nicht völlig geringfügige Bodenfläche bedeckt und zum Schutz gegen äußere Einwirkungen in einer dem jeweiligen Zweck genügenden Dauerhaftigkeit und Festigkeit ausreichend abgeschlossen ist: RG. 17 179.

[6] Auch wenn Menschen zufällig und, wie dem Täter bekannt, nicht anwesend waren: RG. 23 103. — Ob auch dann, wenn sie ausschließlich durch den Täter bewohnt sind, ist bestritten. Bejahend: Binding, Meyer. Verneinend: v. Liszt. — Mit §§ 211, 212, 265, 303, 305 ist Idealkonkurrenz möglich.

Besonders schwere Brandstiftung.

307. (SchwG.) Die Brandstiftung (§ 306) wird mit Zuchthaus nicht unter zehn Jahren oder mit lebenslänglichem Zuchthaus bestraft,[1] wenn

1. der Brand[2] den Tod eines Menschen dadurch[3] verursacht hat, daß dieser zur Zeit der Tat in einer der in Brand gesetzten Räumlichkeiten sich befand,[4]
2. die Brandstiftung in der Absicht[5] begangen worden ist, um unter Begünstigung[6] derselben Mord oder Raub[7] zu begehen oder einen Aufruhr zu erregen, oder
3. der Brandstifter, um das Löschen des Feuers zu verhindern oder zu erschweren, Löschgerätschaften entfernt oder unbrauchbar gemacht hat.

[1] Vgl. EG. § 4 nebst Anm.; § 325.

[2] D. h. die vollendete Inbrandsetzung. Vgl. RG. 40 321.

[3] Gerade die Anwesenheit in der Räumlichkeit zur Zeit der Tat muß die Ursache des eingetretenen Todes gewesen sein; das liegt nicht vor, wenn jemand ums Leben kommt, nachdem er zu Rettungsarbeiten in das brennende Gebäude zurückgekehrt ist: RG. 5 202; 40 321.

[4] Umfang des Verschuldens des Täters ist streitig. Nach Liszt muß die Anwesenheit dem Täter bekannt gewesen sein. A. A.: Frank, Meyer. Binding fordert mindestens Fahrlässigkeit.

[5] Vgl. § 59 Anm. 4.

[6] Also nicht durch die Brandlegung selbst.

[7] Nicht ein raubgleiches Delikt (§§ 252, 255).

Einfache Brandstiftung.

308. (SchwG.) Wegen Brandstiftung wird mit Zuchthaus bis zu zehn Jahren bestraft,[1] wer vorsätzlich Gebäude,[1a] Schiffe, Hütten,[2] Bergwerke, Magazine,[3] Warenvorräte,[4] welche auf dazu bestimmten öffentlichen[5] Plätzen lagern, Vorräte von landwirtschaftlichen Erzeugnissen[6] oder von Bau- oder Brennmaterialien, Früchte auf dem Felde,[7] Waldungen[8] oder Torfmoore in Brand setzt, wenn diese Gegenstände entweder fremdes Eigentum sind, oder zwar dem Brandstifter eigentümlich gehören, jedoch ihrer Beschaffenheit und Lage nach geeignet sind, das Feuer einer der im § 306 Nr. 1 bis 3 bezeichneten Räumlichkeiten oder einem der vorstehend bezeichneten fremden Gegenstände mitzuteilen.[9]

Sind mildernde Umstände vorhanden, so tritt Gefängnisstrafe nicht unter sechs Monaten ein.

[1] Vgl. § 325.

[1a] Vgl. § 243 Anm. 2.

[2] Vgl. § 306 Anm. 5.

[3] Hier in erster Linie auf magazinierte Vorräte bezogen, also die Niederlageräumlichkeiten einschließlich der darin aufbewahrten Waren usw. umfassend: RG. 13 407.

[4] Eine Quantität von Gegenständen, welche zu zukünftiger

Verwendung bestimmt sind (RG. 28 39) oder nach Gebrauch zu weiterem Gebrauche wieder aufbewahrt werden: RG. 35 285.

[5] Vgl. § 116 Anm. 1.

[6] Rohprodukte der Ausnutzung von Grund und Boden, bei deren Gewinnung derselbe der Substanz nach unverändert bleibt: RG. 27 14. Also nicht: Torf, Steine, Erde. Jene Eigenschaft geht aber nicht dadurch verloren, daß sich die Erzeugnisse auf dem Transport oder im Handel als Waren befinden; wohl aber durch fabriks- und handwerksmäßige Be- oder Verarbeitung oder durch Substanzveränderung. Hier kommen in Betracht: Dünger, Mühlenfabrikate, (Kartoffel-) Branntwein, Zigarren: RG. 39 22.

[7] Was nach der Aberntung als landwirtschaftliches Erzeugnis erscheint, ist vor der Ernte als Frucht auf dem Felde anzusehen. Bodenerzeugnisse, die nachwachsen und mehrmaliges Abernten gestatten, sind — auch in den nach der Ernte im Boden zurückbleibenden Teilen, wie Gras- und manche Futterstoppeln — den Früchten auf dem Felde zuzuzählen: RG. 38 140.

[8] Eine umfangreichere, mit Bäumen oder sonstigen Walderzeugnissen bewachsene, in sich zusammenhängende Grundfläche: RG. 9 381. Es genügt das Inbrandsetzen der Bodenbedeckung (Laub usw.), wenn der Vorsatz sich auf Inbrandsetzung des ganzen Waldes erstreckt: RG. 2 314, 6 22.

[9] Wie der Täter gewußt; auch wenn im Einzelfall keine Gefahr bestand.

Fahrlässige Branderregung.

309. (StrK. bzw. SchG.) Wer durch Fahrlässigkeit einen Brand der in den §§ 306 und 308 bezeichneten Art herbeiführt, wird mit Gefängnis bis zu einem Jahre oder mit Geldstrafe bis zu neunhundert Mark und, wenn durch den Brand[1] der Tod[2] eines Menschen verursacht worden ist, mit Gefängnis von einem Monat bis zu drei Jahren bestraft.

[1] D. h. durch das Brennen der in Brand gesetzten Räumlichkeit usw.: RG. 40 321.

[2] Dieser braucht nicht auf Fahrlässigkeit des Täters zu beruhen; so z. B. auch, wenn er bei Rettungsarbeiten eintritt: RG. 5 202.

Tätige Reue.

310. Hat der Täter den Brand, bevor derselbe entdeckt[1] und ein weiterer als der durch die bloße Inbrandsetzung bewirkte Schade[2] entstanden war, wieder gelöscht, so tritt Straflosigkeit ein.[3]

[1] Vgl. § 46 Anm. 7, die hier analoge Geltung beansprucht.

[2] D. h. ein weiterer Schaden nach Vollendung der Brandstiftung: RG. 1 375.

[3] Auch auf fahrlässige Brandstiftung anwendbar. Näheres in RG. 19 394.

Zerstörung durch explodierende Stoffe.

311. Die gänzliche oder teilweise Zerstörung[1] einer Sache[2] durch Gebrauch[3] von Pulver oder anderen explodierenden Stoffen[4] ist der Inbrandsetzung der Sache gleich zu achten.[5, 6]

[1] Vgl. § 303 Anm. 6. [2] Vgl. § 242 Anm. 3.

[3] D. h. Anwendung, Umgehen mit Pulver: RG. 19 279.

[4] Wasserdampf ist kein explodierender Stoff: RG. 22 304.

[5] Vgl. das G. gegen den verbrecherischen und gemeingefährlichen Gebrauch von Sprengstoffen v. 9. Juni 1884.

[6] Vgl. EG. § 4 u. Anm. dazu, sowie § 325.

Vorsätzliche Überschwemmung.

312. (SchwG.) Wer mit gemeiner Gefahr[1] für Menschenleben vorsätzlich eine Überschwemmung[2] herbeiführt, wird mit Zuchthaus nicht unter drei Jahren und, wenn durch die Überschwemmung der Tod eines Menschen verursacht worden ist, mit Zuchthaus nicht unter zehn Jahren oder mit lebenslänglichem Zuchthaus bestraft.[3]

[1] Gefährdung in unbestimmter Ausdehnung, welche der Täter also nicht in seiner Gewalt hat: RG. 5 309.

[2] Sie liegt vor, wenn das austretende Wasser eine Gefahr

für das überströmte Gebiet enthält: R. 7 577. Mit anderen Worten: wenn der Täter die entfesselte Naturkraft nicht mehr beherrscht. [3] Vgl. EG. § 4 nebst Anm.; § 325.

313. (SchwG.) Wer mit gemeiner Gefahr[1] für das Eigentum vorsätzlich eine Überschwemmung[2] herbeiführt, wird mit Zuchthaus bestraft.[3]

(StrK.) Ist jedoch die Absicht[4] des Täters nur auf Schutz seines Eigentums gerichtet gewesen, so ist auf Gefängnis nicht unter einem Jahre zu erkennen.

[1] Vgl. § 312 Anm. 1. [2] Vgl. § 312 Anm. 2.
[3] Vgl. § 325. [4] Vgl. § 59 Anm. 4.

Fahrlässige Überschwemmung.

314. (StrK.) Wer eine Überschwemmung[1] mit gemeiner Gefahr[2] für Leben oder Eigentum durch Fahrlässigkeit herbeiführt, wird mit Gefängnis bis zu einem Jahre und, wenn durch die Überschwemmung[1] der Tod eines Menschen verursacht worden ist, mit Gefängnis von einem Monat bis zu drei Jahren bestraft.[3]

[1] Vgl. § 312 Anm. 2. [2] Vgl. § 312 Anm. 1.
[3] Strafbar trotz bestehender Staurechte: RG. 5 309.

Vorsätzliche Gefährdung eines Eisenbahntransports.

315. (SchwG.) Wer vorsätzlich[1] Eisenbahnanlagen,[2] Beförderungsmittel oder sonstiges Zubehör derselben dergestalt beschädigt,[3] oder auf der Fahrbahn[4] durch falsche Zeichen oder Signale oder auf andere Weise solche Hindernisse bereitet, daß dadurch der Transport[5] in Gefahr gesetzt wird,[6] wird mit Zuchthaus bis zu zehn Jahren bestraft.[7]

Ist durch die Handlung eine schwere Körperverletzung verursacht worden, so tritt Zuchthausstrafe nicht unter fünf Jahren und, wenn der Tod eines Menschen verursacht worden ist, Zuchthausstrafe nicht unter zehn Jahren oder lebenslängliche Zuchthausstrafe ein.[7]

[1] Der Vorsatz muß auch die Gefährdung des Transportes mitumfassen. Absicht der Schadenstiftung ist nicht erforderlich: R. **1** 565.

[2] Definition s. § 243 Anm. 17. — Also: Auch Lokalschienenbahnen (RG. **11** 33); ebenso elektrische Bahnen (RG. **12** 371) und Dampfstraßenbahnen (RG. **16** 431). Weiterhin die Privatbahn z. B. eines industriellen Unternehmens (RG. **13** 380); Bergbahnen, bei denen als Triebkraft die Schwerkraft des talabwärts fahrenden Wagens dient: RG. **35** 12. Nicht aber — bei § 315 allgemeine Ansicht — Pferdeeisenbahnen: RG. **12** 205.

[3] Vgl. § 303 Anm. 5.

[4] Raum zwischen den Geleisen und außerhalb dieser, soweit Lokomotive und Wagen seitlich über dieselben hinausragen; nicht aber der gesamte nähere Bereich der Geleise: RG. **15** 82. Ebenso der Luftraum über diesem Raume: RG. **40** 376.

[5] D. h. der Betrieb als solcher, nicht notwendig ein konkreter Transport: RG. **11** 205. Also nicht bloß die Gesamtheit der gleichzeitig zu befördernden Güter und Personen nebst den zur Fortbewegung dienenden Maschinen und Wagen, sondern auch der in der Fortbewegung von Personen und Sachen in die Erscheinung tretenden Eisenbahnbetrieb selbst: RG. **30** 178. Vgl. auch RG. **31** 198. Immerhin aber auch „integrierende Elemente" (RG. **42** 301), wie einzelne Maschinen usw., z. B. Rangierlokomotiven im Bahnhofsdienst: RG. **22** 343; und einzelne Personen z. B. das Rangierpersonal bei der Zugzusammenstellung: RG. **42** 301.

[6] D. h. ein Zustand herbeigeführt wird, in welchem nach den obwaltenden konkreten Umständen der Eintritt eines Schadens als wahrscheinlich gelten kann, mindestens die Möglichkeit eines solchen nahe liegt: RG. **29** 245; **30** 178.

[7] Vgl. EG. § 4 nebst Anm. und auch §§ 319, 325.

Fahrlässige Gefährdung eines Eisenbahntransports.

316. (StrK. bzw. SchG.) Wer fahrlässigerweise[1] durch eine der vorbezeichneten Handlungen den Transport[2] auf einer Eisenbahn[3] in Gefahr setzt,[4] wird mit Gefängnis bis zu einem Jahre oder mit Geldstrafe[5] bis zu neunhundert Mark und, wenn durch die Handlung der Tod eines Menschen verursacht worden ist, mit Gefängnis von einem Monat bis zu drei Jahren bestraft.

Gleiche[6] Strafe trifft die zur Leitung[7] der Eisenbahnfahrten[8] und zur Aufsicht[9] über die Bahn und[10] den Beförderungsbetrieb angestellten Personen,[11] wenn sie durch Vernachlässigung der ihnen obliegenden Pflichten[12] einen Transport[2] in Gefahr setzen.[4]

[1] Die Fahrlässigkeit muß sich auf die Gefährdung des Transportes beziehen. Die verursachende Handlung selbst kann auch vorsätzlich erfolgen (v. Liszt). [2] Vgl. § 315 Anm. 5.

[3] Vgl. § 315 Anm. 2. [4] Vgl. § 315 Anm. 6.

[5] Durch G. v. 27. Dez. 1899 hinzugefügt.

[6] Vgl. § 319 (Nebenstrafe).

[7] Nicht nur höhere Angestellte, sondern alle, welche vermöge ihrer Anstellung darauf zu sehen haben, daß keine Gefahr entsteht: RG. 21 15. [8] Auch Rangierbewegungen: RG. 21 15.

[9] Alle, welche durch ihre Stellung darauf zu achten haben, daß beim Betrieb kein Schaden geschieht: R. 5 259.

[10] und = oder. Vgl. Anm. 11.

[11] Ob die Anstellung vorschriftsmäßig erfolgt ist, ist nicht zu prüfen, sondern nur, ob die anstellende Behörde zu Anstellungen der Art im allgemeinen und örtlich zuständig war: RG. 9 189. Es genügt jedoch die Anstellung für eine der in Abs. 2 genannten Funktionen: RG. 5 234. Vorübergehende Anstellung genügt: R. 4 870.

[12] Schuldhaftes Verhalten hinsichtlich der Pflichtvernachlässigung erforderlich: RG. 22 163. Abweichend RG. 12 203 und die gemeine Meinung. Liszt: wie in Anm. 1. Der Pflichtenkreis der Eisenbahnbeamten wird durch ihre Instruktion nicht erschöpft. Welche Pflicht in von der Dienstanweisung nicht vorgesehenen Fällen dem Betreffenden obliegt, ist eine tatsächliche Frage. Bei Widerstreit

von Pflichten ist die Entscheidung objektiv nach Lage des Falles, subjektiv nach der Einsicht der handelnden Personen zu geben. Wer durch Nichterfüllung einer allgemeinen vorgeschriebenen Obliegenheit einen größeren Nachteil verhüten kann und dies einsieht, würde pflichtwidrig handeln, wenn er sich darauf beschränkte, der Instruktion nachzuleben: RG. 20 190.

Vorsätzliche Gefährdung des Telegraphenbetriebes.

317. (StrK.) Wer vorsätzlich[1] und rechtswidrig den Betrieb einer zu öffentlichen Zwecken dienenden[2] Telegraphenanlage[3] dadurch verhindert oder gefährdet,[4] daß er Teile oder Zubehörungen derselben beschädigt[5] oder Veränderungen daran vornimmt,[6] wird mit Gefängnis von einem Monat bis zu drei Jahren bestraft.[7, 8]

[1] Vorsatz muß Beschädigung oder Veränderung der Anlage und die Verhinderung oder Gefährdung des Betriebs umfassen: RG. 22 393.

[2] Für den Gebrauch oder den Nutzen des Publikums oder aber des Staates bestimmt. Ob im übrigen öffentlich oder privat ist gleichgültig.

[3] „Dauernde Vorrichtungen, welche die von ihnen beförderte Mitteilung nicht in ursprünglicher Gestalt, sondern in einer Reproduktion überliefern". (v. Liszt.) — Vgl. jedoch auch § 318 a Abs. 2.

[4] Vgl. § 315 Anm. 6. [5] Vgl. § 303 Anm. 5.

[6] Ohne Verletzung der Substanz und ohne Beseitigung der Verbindung mit anderen Teilen der Anlage den bisherigen Zustand eines Teiles oder der Zubehörung einer Telegraphenanlage beseitigen und durch einen abweichenden Zustand ersetzen: RG. 37 53.

[7] Vgl. auch § 319. [8] Vgl. § 304 Anm. 10 a. E.

Fahrlässige Gefährdung des Telegraphenbetriebes.

318. (StrK. bzw. SchG.) Wer fahrlässigerweise[1] durch eine der vorbezeichneten Handlungen den Betrieb einer zu öffentlichen Zwecken dienenden[2] Telegraphenanlage[3] verhindert oder gefährdet,[4] wird mit Gefängnis bis zu einem Jahre oder mit Geldstrafe bis zu neunhundert Mark bestraft.

Gleiche Strafe[5] trifft die zur Beaufsichtigung[6] und Bedienung der Telegraphenanlagen[3] und ihrer Zubehörungen angestellten Personen,[7] wenn sie durch Vernachlässigung der ihnen obliegenden Pflichten[8] den Betrieb verhindern oder gefährden.[4]

[1] Die Fahrlässigkeit muß Verhinderung oder Gefährdung des Betriebes umfassen. [2] Vgl. § 317 Anm. 2.
[3] Vgl. § 317 Anm. 3. [4] Vgl. § 315 Anm. 6.
[5] Vgl. § 319 (Nebenstrafe). [6] Vgl. § 316 Anm. 9.
[7] § 316 Anm. 11 ist wohl analog anzuwenden.
[8] Vgl. § 316 Anm. 12.

Vorsätzliche oder fahrlässige Gefährdung des Rohrpost- und Fernsprechbetriebes.

318a. Die Vorschriften in den §§ 317 und 318 finden gleichmäßig Anwendung auf die Verhinderung oder Gefährdung des Betriebes der zu öffentlichen Zwecken dienenden Rohrpostanlagen.[1]

Unter Telegraphenanlagen im Sinne der §§ 317 und 318 sind Fernsprechanlagen mitbegriffen.

[1] Vgl. § 304 Anm. 10 a. E.

Nebenstrafe.

319. Wird einer der in den §§ 316 und 318 erwähnten Angestellten wegen einer der in den §§ 315 bis 318 bezeichneten Handlungen verurteilt, so kann derselbe zugleich für unfähig zu einer Beschäftigung im Eisenbahn- oder Telegraphendienste oder in bestimmten Zweigen dieser Dienste erklärt werden.[1]

[1] Bei Idealkonkurrenz zwischen §§ 316 und 230 Abs. 2 ist Verhängung der Nebenstrafe ausgeschlossen: RG. 5 420. Vgl. dazu § 73 Anm. 7.

Übertretung des Anstellungsverbots.

320. (StrK.) Die Vorsteher einer Eisenbahngesellschaft,[1] sowie die Vorsteher einer zu öffentlichen Zwecken dienenden[2] Telegraphenanstalt, welche nicht sofort nach Mitteilung des rechtskräftigen Erkenntnisses die Entfernung des Verurteilten bewirken, werden mit Geldstrafe bis zu dreihundert Mark oder mit Gefängnis bis zu drei Monaten bestraft.

Gleiche Strafe trifft denjenigen, welcher für unfähig zum Eisenbahn- oder Telegraphendienste erklärt worden ist, wenn er sich nachher bei einer Eisenbahn oder Telegraphenanstalt wieder anstellen läßt, sowie diejenigen, welche ihn wieder angestellt haben, obgleich ihnen die erfolgte Unfähigkeitserklärung bekannt war.

[1] Staatlicher oder privater Natur. Gemeine Meinung. A. A.: Frank. [2] Vgl. § 317 Anm. 2.

Vorsätzliche Beschädigung von Wasserbauten usw.

321. (StrK.) Wer vorsätzlich[1] Wasserleitungen, Schleusen, Wehre, Deiche, Dämme oder andere Wasserbauten, oder Brücken, Fähren, Wege[2] oder Schutzwehre, oder dem Bergwerksbetriebe dienende Vorrichtungen zur Wasserhaltung, zur Wetterführung oder zum Ein- und Ausfahren der Arbeiter zerstört[3] oder beschädigt,[4] oder in schiffbaren[5] Strömen, Flüssen oder Kanälen[6] das Fahrwasser stört[7] und durch eine dieser Handlungen Gefahr für das Leben oder die Gesundheit Anderer herbeiführt,[8] wird mit Gefängnis nicht unter drei Monaten bestraft.

(StrK.) Ist durch eine dieser Handlungen eine schwere Körperverletzung[9] verursacht worden, so tritt Zuchthausstrafe bis zu fünf Jahren und, (SchwG.) wenn der Tod eines Menschen verursacht worden ist, Zuchthausstrafe nicht unter fünf Jahren ein.[10]

[1] Bewußtsein der Gefährdung erforderlich: RG. **35** 53.

[2] Auch vorübergehend hergestellte Notwege, wenn sie als Weg äußerlich erkennbar sind: RG. **27** 363.

[3] Vgl. § 303 Anm. 6. [4] Vgl. § 303 Anm. 5.

[5] Nicht in nur flößbaren Strömen usw.

[6] Nicht in Binnenseen.

[7] D. h. dessen Beschaffenheit unbefugt in jener Beziehung ändert, welche für seine Benutzung zur Schiffahrt von Bedeutung ist: RG. **18** 85. [8] Vgl. § 315 Anm. 6. [9] § 224. [10] Vgl. § 325.

Vorsätzliche Gefährdung der Schiffahrt.

322. (SchwG.) Wer vorsätzlich ein zur Sicherung der Schiffahrt[1] bestimmtes Feuerzeichen[2] oder ein anderes zu diesem Zwecke aufgestelltes Zeichen zerstört,[3] wegschafft oder unbrauchbar macht, oder ein solches Feuerzeichen auslöscht oder seiner Dienstpflicht zuwider nicht aufstellt, oder ein falsches Zeichen, welches geeignet ist, die Schiffahrt unsicher zu machen, aufstellt, insbesondere zur Nachtzeit[4] auf der Strandhöhe Feuer anzündet, welches die Schiffahrt zu gefährden[5] geeignet ist, wird mit Zuchthaus bis zu zehn Jahren bestraft.

Ist durch die Handlung die Strandung eines Schiffes verursacht worden, so tritt Zuchthausstrafe nicht unter fünf Jahren und, wenn der Tod eines Menschen verursacht worden ist, Zuchthausstrafe nicht unter zehn Jahren oder lebenslängliche Zuchthausstrafe ein.[6]

[1] See- oder Flußschiffahrt. [2] Auch schwimmende.

[3] Vgl. § 303 Anm. 6. [4] Vgl. § 243 Anm. 27.

[5] Vgl. § 315 Anm. 6.

[6] Vgl. EG. § 4 nebst Anm. u. § 325. — Vgl. auch § 323 Anm. 3.

Vorsätzliche Bewirkung des Strandens oder Sinkens eines Schiffes.

323. (SchwG.) Wer vorsätzlich die Strandung oder das Sinken[1] eines Schiffes bewirkt und dadurch Gefahr für das Leben eines Anderen herbeiführt, wird mit Zuchthaus nicht unter fünf Jahren und, wenn durch die Handlung der Tod eines Menschen verursacht worden ist, mit Zuchthaus nicht unter zehn Jahren oder mit lebenslänglichem Zuchthaus bestraft.[2, 3]

[1] Völliges Untertauchen (Versinken) nicht notwendig. Es genügt, wenn Teile des Schiffes, die bestimmt sind, über Wasser zu sein, unter den Wasserspiegel geraten und das Schiff also teilweise unter der Oberfläche des Wassers verschwindet: RG. 35 399; 25 312. [2] Vgl. EG. § 4 nebst Anm. und § 325.

[3] Idealkonkurrenz mit § 322 Abs. 2 möglich. (v. Liszt.) — Vgl. auch § 265 Anm. 4.

Vorsätzliche Brunnenvergiftung.

324.[1] (SchwG.) Wer vorsätzlich Brunnen oder Wasserbehälter, welche zum Gebrauche anderer dienen,[2] oder Gegenstände, welche zum öffentlichen[3] Verkaufe oder Verbrauche bestimmt sind, vergiftet oder denselben Stoffe beimischt, von denen ihm bekannt ist, daß sie die menschliche Gesundheit zu zerstören geeignet sind, ingleichen wer solche vergiftete oder mit gefährlichen Stoffen vermischte Sachen wissentlich und mit Verschweigung dieser Eigenschaft verkauft, feilhält[4] oder sonst in Verkehr bringt, wird mit Zuchthaus bis zu zehn Jahren und, wenn durch die Handlung der Tod eines Menschen verursacht worden ist, mit Zuchthaus nicht unter zehn Jahren oder mit lebenslänglichem Zuchthaus bestraft.[5]

[1] Ergänzend vgl. das NahrungsmittelG. v. 14. Mai 1879.

[2] D. h. zur Wassergewinnung für den persönlichen Gebrauch von Menschen; nicht etwa als Betriebsmittel, zur Wäsche, Viehtränke, Fischzucht usw. [3] Ohne individuelle Begrenzung der Abnehmer.

[4] Vgl. § 184 Anm. 4. [5] Vgl. EG. § 4 nebst Anm. u. § 325.

Polizeiaufsicht.

325. Neben der nach den Vorschriften der §§ 306 bis 308, 311 bis 313, 315, 321 bis 324 erkannten Zuchthausstrafe kann auf Zulässigkeit von Polizeiaufsicht erkannt werden.[1]

[1] Vgl. § 45 Anm. 3 u. 4.

Fahrlässige Begehung der Delikte aus §§ 321 bis 324.

326. (StrK.) Ist eine der in den §§ 321 bis 324 bezeichneten Handlungen aus Fahrlässigkeit begangen worden, so ist, wenn durch die Handlung ein Schaden[1] verursacht worden ist,[2] auf Gefängnis bis zu einem Jahre und, wenn der Tod eines Menschen verursacht worden ist, auf Gefängnis von einem Monat bis zu drei Jahren zu erkennen.

[1] In §§ 321 und 323 bedeutet dies: Gefährdung des Lebens andrer: RG. 2 85. — Jeder beliebige Schaden genügt nach RG.; vgl. z. B. R. 8 750; RG. 8 218 und Meyer. A. A.: Binding, Frank, v. Liszt.

[2] Bedingung der Strafbarkeit.

Verletzung von Absperrungsmaßregeln gegen ansteckende Krankheiten.

327. (StrK. bzw. SchG.) Wer die Absperrungs-[1] oder Aufsichtsmaßregeln oder Einfuhrverbote, welche von der zuständigen Behörde[2] zur Verhütung des Einführens oder Verbreitens[3] einer ansteckenden Krankheit[4] angeordnet[5] worden sind, wissentlich verletzt,[6] wird mit Gefängnis bis zu zwei Jahren oder mit Geldstrafe bis zu zweitausend Mark[7] bestraft.

(StrK.) Ist infolge dieser Verletzung ein Mensch von der ansteckenden Krankheit ergriffen worden, so tritt Gefängnisstrafe von drei Monaten bis zu drei Jahren ein.

[1] Vgl. § 328 Anm. 1.

[2] Auch Ortspolizei. Näheres siehe § 328 Anm. 2. — Aber nicht Gesetzgeber. A. A.: vereinigte Strafsenate, RG. **37** 178.

[3] Also einer schon drohenden oder ausgebrochenen bestimmten Krankheit. Bestritten. Dafür: v. Liszt. A. A.: RG. **37** 174, **44** 149, Frank.

[4] Für Menschen ansteckend. Tierkrankheiten kommen hier nur in Betracht, soweit sie eben für Menschen ansteckend sind: RG. **9** 92.

[5] Vgl. § 328 Anm. 2. [6] Vgl. § 328 Anm. 5.

[7] Die gesperrt gedruckten Worte sind eingefügt durch G. v. 19. Juni 1912.

Verletzung der Absperrungsmaßregeln gegen Viehseuchen.

328. (StrK. bzw. SchG.) Wer die Absperrungs-[1] oder Aufsichtsmaßregeln oder Einfuhrverbote, welche von der zuständigen Behörde[2] zur Verhütung des Einführens oder Verbreitens[3] von Viehseuchen[4] angeordnet[3] worden sind, wissentlich verletzt,[5] wird mit Gefängnis bis zu einem Jahre oder mit Geldstrafe bis zu eintausend Mark[6] bestraft.[7]

(StrK.) Ist infolge dieser Verletzung Vieh von der Seuche ergriffen worden, so tritt Gefängnisstrafe von einem Monat bis zu zwei Jahren ein.

[1] Maßregeln zur Aufhebung der Bewegungsfreiheit für Menschen und Sachen. Hier: auch die auf Grund des § 56b Abs. 3 der GewO. erfolgte Untersagung des Handels im Umherziehen: RG. **31** 342.

[2] Vgl. § 327 Anm. 2. — Hinsichtlich der Polizeibehörde vgl. für § 328: RG. **12** 19; **33** 76. Das Nähere ergeben die landesgesetzlichen Ausführungsbestimmungen. Das Gesetz macht jedoch seine Strafandrohung nicht davon abhängig, daß die von der zuständigen Behörde zur Verhütung des Einführens oder Verbreitens von Viehseuchen erlassenen Absperrungs- und Aufsichtsmaßregeln auch den Bedingungen entsprechen, unter welchen ihre Anordnung vom Gesetz gestattet ist: RG. **24** 424. Vgl. jedoch hinsichtlich des letzten Punktes auch (abweichend von jener allgemeinen Formulierung): RG. **41** 211. — Nach Ansicht des RG. (§ 327 Anm. 2) ist die Bestimmung anwendbar nicht bloß bei landesrechtlichen Ausführungsanordnungen, sondern auch bei Absperrungs- und Aufsichtsmaßregeln, welche unmittelbar im Gesetz, insbes. im Viehseuchengesetz v. 23. Juni 1880 / 1. Mai 1894 (neues

G. v. 26. Juni 1906) selbst getroffen sind: RG. **35** 243; **37** 178. — Die Anordnungen des Tierarztes sind in der Regel nicht behördliche Anordnungen. Vgl. einerseits RG. **12** 70, anderseits RG. **42** 134. [3] Vgl. § 327 Anm. 3.

[4] Tierkrankheiten. Gegensatz zu § 327 Anm. 4.

[5] = vorsätzlich: RG. **46** 307, **47** 93 (99). — Täter muß aber wissen, daß das von ihm verletzte Einfuhrverbot zum Zweck der Verhütung von Viehseuchen ergangen ist: RG. **23** 313; vgl. auch RG. **22** 296.

[6] Die gesperrt gedruckten Worte sind eingefügt durch G. v. 19. Juni 1912.

[7] Zuwiderhandlungen gegen das Gesetz gegen die Rinderpest v. 28. Mai 1878 §§ 1 ff. konkurrieren nicht mit dem Delikt aus § 328. Das G. v. 1878 erscheint als das speziellere: R. 7 57. — Über das Verhältnis des § 328 zu den Strafvorschriften des Viehseuchengesetzes v. 26. Juni 1909 vgl. Ebermayer in Bd. I des Kommentars zu den strafrechtlichen Nebengesetzen. Berlin 1911, S. 879 Vorbemerkung. Vgl. auch RG. **47** 93 (100), 110.

Nichterfüllung von Lieferungsverträgen.

329. (StrK.) Wer die mit einer Behörde[1] geschlossenen Lieferungsverträge über Bedürfnisse des Heeres oder der Marine zur Zeit eines Krieges, oder über Lebensmittel zur Abwendung oder Beseitigung eines Notstandes[2] vorsätzlich entweder nicht zur bestimmten Zeit oder nicht in der vorbedungenen Weise erfüllt, wird mit Gefängnis nicht unter sechs Monaten bestraft; auch kann auf Verlust der bürgerlichen Ehrenrechte erkannt werden.

Liegt der Nichterfüllung des Vertrages Fahrlässigkeit zum Grunde, so ist, wenn durch die Handlung ein Schaden[3] verursacht worden ist, auf Gefängnis bis zu zwei Jahren zu erkennen.

Dieselben Strafen finden auch gegen die Unterlieferanten, Vermittler und Bevollmächtigten des Lieferanten

Anwendung, welche mit Kenntnis des Zweckes der Lieferung die Nichterfüllung derselben vorsätzlich oder aus Fahrlässigkeit verursachen.

[1] Vgl. § 114 Anm. 4.

[2] „Bedürfnis eines nicht geschlossenen Kreises nach materieller Hilfe." (v. Liszt.) Enger: Olshausen (Nahrungsnotstand).

[3] D. h. die Nichtbefriedigung des betr. Bedürfnisses: Binding, Frank, v. Liszt. A. A.: Meyer (Vermögensschaden).

Verletzung der Regeln der Baukunst.

330.[1] (StrK.) Wer bei der Leitung oder Ausführung eines Baues[2] wider die allgemein anerkannten[3] Regeln der Baukunst[4] dergestalt handelt, daß hieraus für andere[5] Gefahr entsteht,[6] wird mit Geldstrafe bis zu neunhundert Mark oder mit Gefängnis bis zu einem Jahre bestraft.[7]

[1] Vgl. ergänzend § 367 Ziff. 13 bis 15.

[2] Nicht bloß Hoch-, sondern auch Wasser-, Straßen-, Bergbau, dann überhaupt alle Arbeiten, welche zur Herstellung des Baues vorgenommen werden, z. B. Gerüstbau, Erdarbeiten zur Ausschachtung einer Baugrube, Schaffung eines ebenen Terrains für die Erweiterung eines Bahnkörpers durch Sprengungen: RG. **23** 277. Auch die Leiter zum Heraufschaffen der Materialien usw.: RG. **39** 417. Ebenso erscheint der Abbruch eines vorhandenen Gebäudes als Bau: RG. **25** 90; **28** 320; **31** 180. (Entgegengesetzt RG. **21** 142.)

[3] Durchweg in den Kreisen der betreffenden Techniker bekannt und als richtig anerkannt: RG. **44** 76 (78).

[4] In bezug auf Konstruktion und Hygiene: RG. **27** 389.

[5] Also für Leib und Leben. — Und zwar anderer, als des Bauleiters. So z. B. der Bauarbeiter: RG. **31** 180.

[6] Die Gefahr muß im gegenwärtigen Zustand des Baues liegen. So ungefähr RG. **31** 180. Abweichend R. **9** 203, wonach die bei der bestimmungsgemäßen Verwendung des Bauwerks drohende Gefahr genügt.

[7] Idealkonkurrenz mit §§ 222, 230 ist möglich.

Achtundzwanzigster Abschnitt.

Verbrechen und Vergehen im Amte.

Binding II 717, 556, I 224, II 930, 565, 595, 280, 269, I 279, II 494, 381; v. Liszt 591, 396; Meyer 688, Nachtrag 12.

Über Teilnahme eines Nichtbeamten an einem Amtsdelikt vgl. § 48 Anm. 8. Vgl. auch § 50 und Anm. 2 und 4 dazu.

Passive Bestechung im weiteren Sinne.

331. (StrK.) Ein Beamter,[1] welcher für eine in sein Amt einschlagende, an sich nicht pflichtwidrige Handlung[2] Geschenke oder andere Vorteile[3] annimmt, fordert oder sich versprechen läßt,[4, 5] wird mit Geldstrafe bis zu dreihundert Mark oder mit Gefängnis bis zu sechs Monaten bestraft.[6, 7].

[1] Vgl. § 359.

[2] D. h. eine Amtshandlung. So: Binding, v. Liszt. A. A.: Frank. — Voraussetzung der Strafbarkeit ist eine Beziehung des Geschenkes auf eine konkrete (gegenwärtige, vergangene oder zukünftige. So: Gem. Meinung. A. A.: Binding) Amtshandlung. Wird geschenkt in Anerkennung persönlicher Eigenschaften, aus Dankbarkeit oder Pietät usw., so liegt Bestechung nicht vor: RG. **11** 219; **2** 129; vgl. auch RG. **19** 19. Ebensowenig aber, wenn die Handlung nicht zu den amtlichen Funktionen gehört, sondern nur unter Einsetzung des amtlichen Einflusses vorgenommen ist: R. **7** 175.

[3] Wie in § 49a (vgl. daselbst Anm. 8). Nicht notwendig Vermögensvorteil. Auch Beischlafsgestattung: RG. **9** 166.

[4] Mittelbar oder unmittelbar. Vgl. RG. **39** 193. Es genügt ein Verhalten, aus welchem auf Bereitwilligkeit zur Annahme von Geschenken geschlossen werden muß: R. **7** 285.

[5] § 332 Anm. 5 ist analog anzuwenden.

[6] Der Geschenkgeber ist (wegen §§ 333, 334 Abs. 2) nicht aus § 331 als Teilnehmer strafbar. Keineswegs ist aber die Teilnahme überhaupt ausgeschlossen. Vgl. ausführlich darüber RG. **42** 382.

[7] Vgl. §§ 335 und 358.

Passive Bestechung im engeren Sinne.

332. (StrK.) Ein Beamter,[1] welcher für eine Handlung, die eine Verletzung einer Amts- oder Dienstpflicht enthält,[2] Geschenke oder andere Vorteile[3] annimmt, fordert oder sich versprechen läßt,[4.5] wird wegen Bestechung mit Zuchthaus bis zu fünf Jahren bestraft.[6.7]

Sind mildernde Umstände vorhanden, so tritt Gefängnisstrafe ein.[7]

[1] Vgl. § 359.

[2] Die Handlung muß also Amts- oder Diensthandlung sein: RG. **41** 193. Nicht etwa eine verbotene außeramtliche oder außerdienstliche Handlung.

[3] Vgl. § 331 Anm. 3. [4] Vgl. § 331 Anm. 4.

[5] Ein den Zusammenhang zwischen Pflichtverletzung und Geschenkannahme umfassendes Bewußtsein ist bei dem Beamten erforderlich: RG. **36** 66. Es ist aber gleichgültig, ob er wirklich den Willen hat, die Pflichtwidrigkeit zu verüben oder sich insgeheim vorbehalten hat, das Erklärte nicht zu wollen: RG. **41** 193.

[6] Vgl. § 331 Anm. 6. [7] Vgl. § 335.

Einfache aktive Bestechung.

333. (StrK. bzw. SchG.) Wer einem Beamten[1] oder einem Mitgliede der bewaffneten Macht[2] Geschenke[3] oder andere Vorteile[4] anbietet, verspricht oder gewährt,[5] um[6] ihn zu einer Handlung, die eine Verletzung einer Amts- oder Dienstpflicht enthält,[7] zu bestimmen, wird wegen Bestechung mit Gefängnis bestraft; auch kann auf Verlust der bürgerlichen Ehrenrechte erkannt werden.[8]

Sind mildernde Umstände vorhanden, so kann auf Geldstrafe bis zu eintausendfünfhundert Mark erkannt werden.

[1] Vgl. § 359. [2] Vgl. § 113 Anm. 8.

[3] Auch ein dem Gegenstande nach unbestimmtes Geschenk: RG. **23** 141. [4] Vgl. § 331 Anm. 3.

[5] Mittelbar oder unmittelbar. Vgl. auch Anm. 6.

[6] Die Pflichtwidrigkeit braucht also nicht begonnen zu haben. Es genügt ein Verhalten, welches den Beamten zur Pflichtverletzung zu verführen geeignet ist: RG. **37** 171. Auch braucht die pflichtwidrige Handlung dem Beamten nicht gleichzeitig mit dem Gewähren des Geschenks als Gegenleistung angesonnen zu werden: RG. **47** 68. [7] Vgl. § 332 Anm. 2. [8] Vgl. § 335.

Aktive und passive Richterbestechung.

334. (SchwG.) Ein Richter,[1] Schiedsrichter, Geschworener oder Schöffe, welcher Geschenke oder andere Vorteile[2] fordert, annimmt oder sich versprechen läßt,[3] um eine Rechtssache, deren Leitung oder Entscheidung ihm obliegt, zugunsten oder zum Nachteile eines Beteiligten zu leiten oder zu entscheiden, wird mit Zuchthaus bestraft.[5]

Derjenige, welcher einem Richter,[1] Schiedsrichter, Geschworenen oder Schöffen zu dem vorbezeichneten Zwecke Geschenke oder andere Vorteile[2] anbietet, verspricht oder gewährt,[4] wird mit Zuchthaus bestraft. Sind mildernde Umstände vorhanden, so tritt Gefängnisstrafe ein.[5]

[1] Der Beamter ist. [2] Vgl. § 331 Anm. 3.
[3] Vgl. § 331 Anm. 4. [4] Vgl. § 333 Anm. 5.
[5] Vgl. § 335.

Verfallserklärung.

335. In den Fällen der §§ 331 bis 334 ist im Urteile[1] das Empfangene[2] oder der Wert desselben für dem Staate verfallen zu erklären.

[1] Also ist § 42 unanwendbar.

[2] Nur das als Bestechungsmittel Empfangene, nicht bloß Versprochenes oder Angebotenes, mag es sich auch aus anderer Ursache (als Bestechung) schon in der Verfügungsgewalt des zu Bestechenden befinden: RG. **22** 270; **15** 348.

Rechtsbeugung.

336. (StrK.) Ein Beamter[1] oder Schiedsrichter,[2] welcher sich bei der Leitung oder Entscheidung einer Rechtssache vorsätzlich zugunsten oder zum Nachteile einer Partei einer Beugung des Rechtes schuldig macht, wird mit Zuchthaus bis zu fünf Jahren bestraft.

[1] Vgl. § 359.

[2] Nicht wie in § 334 auch Geschworene oder Schöffen.

337 ist ersetzt durch § 67 des

Gesetzes über die Beurkundung des Personenstandes und die Eheschließung vom 6. Februar 1875.[1]

[1] Vgl. Anhang Nr. 4.

Beihilfe zur Bigamie.

338.[1] (StrK.) Ein Religionsdiener[2] oder Personenstandsbeamter,[3] welcher, wissend, daß eine Person verheiratet ist, eine neue Ehe derselben schließt, wird mit Zuchthaus bis zu fünf Jahren bestraft.

[1] Vgl. § 171. [2] Vgl. § 130a Anm. 2.

[3] Vgl. heute § 1317 BGB.

Widerrechtliche Nötigung im Amte.

339. (StrK.) Ein Beamter,[1] welcher durch Mißbrauch seiner Amtsgewalt oder durch Androhung eines bestimmten Mißbrauchs[2] derselben jemand zu einer Handlung, Duldung[3] oder Unterlassung widerrechtlich nötigt,[4] wird mit Gefängnis bestraft.[5]

Der Versuch ist strafbar.

In den Fällen der §§ 106, 107, 167 und 253 tritt die daselbst angedrohte Strafe ein, wenn die Handlung von einem Beamten, wenn auch ohne Gewalt oder Drohung,[6] aber durch Mißbrauch seiner Amtsgewalt oder Androhung eines bestimmten Mißbrauchs derselben begangen ist.

[1] Vgl. § 359. — Hier: Auf alle Beamte zu beziehen, welche durch Mißbrauch der Amtsgewalt mittelbar oder unmittelbar in der Lage sind, einen bestimmten Erfolg herbeizuführen: RG. 9 228.

[2] Die allgemeine Drohung, amtlich schaden zu wollen, genügt nicht: RG. 9 228.

[3] Vgl. § 240 Anm. 5. [4] Siehe § 240.

[5] Vgl. § 358. [6] Vgl. die genannten Paragraphen.

Körperverletzung im Amte.

340.[1] (StrK.) Ein Beamter,[2] welcher in[3,5] Ausübung oder in Veranlassung[4,5] der Ausübung seines Amtes vorsätzlich eine Körperverletzung[6] begeht oder begehen läßt,[7] wird mit Gefängnis nicht unter drei Monaten bestraft. Sind mildernde Umstände vorhanden, so kann die Strafe bis auf einen Tag Gefängnis ermäßigt oder auf Geldstrafe bis zu neunhundert Mark erkannt werden.[11]

(SchwG.) Ist die Körperverletzung eine schwere,[8] so ist auf Zuchthaus nicht unter zwei Jahren zu erkennen. Sind mildernde Umstände vorhanden, so tritt Gefängnisstrafe nicht unter drei Monaten ein.[9,10,11]

[1] Vgl. MStGB. §§ 122, 123, 148.

[2] Vgl. § 359. [3] = während: RG. 17 165.

[4] Bei Gelegenheit. So ungefähr auch RG. 17 165.

[5] Aber immer muß der Beamte bei Verübung der Körperverletzung in seiner amtlichen Eigenschaft aufgetreten sein: RG. 17 165.

[6] Vgl. §§ 223ff. u. Anm., insbes. auch Anm. 4 zu § 223. — Siehe auch Anm. 10 unten.

[7] Umfaßt das Anordnen und auch das Geschehenlassen, wenn der Beamte zur Hinderung verpflichtet war. Bestritten. So: v. Liszt und Meyer. Weitergehend: Frank (Beihilfe genügt). [8] § 224.

[9] Über die Buße (§ 231) vgl. § 231 Anm. 1 und RG. 12 223. — Antragserfordernis und Aufrechnungsfähigkeit entfallen für § 340: RG. 12 223; 6 432.

[10] Idealkonkurrenz zwischen § 340 Abs. 2 und § 224 ist nicht möglich. Allgemeine Ansicht. Ebenso nicht zwischen § 340 Abs. 1 und § 223 Abs. 1, da § 340 als lex specialis erscheint: RG. 12 223. Dagegen ist Idealkonkurrenz möglich zwischen § 340

und §§ 223 Abs. 2, 223a, 226 sowie zwischen § 340 Abs. 2 und § 225, zwischen § 340 Abs. 1 und § 226: RG. 12 223. Abw. für § 223a: RG. 6 432. [11] Vgl. § 358.

Freiheitsberaubung im Amte.

341. (StrK.; SchwG.) Ein Beamter,[1] welcher vorsätzlich, ohne hierzu berechtigt zu sein, eine Verhaftung oder vorläufige Ergreifung und Festnahme oder Zwangsgestellung[2] vornimmt oder vornehmen läßt, oder die Dauer einer Freiheitsentziehung verlängert,[3] wird nach Vorschrift des § 239, jedoch mindestens mit Gefängnis von drei Monaten bestraft.[4]

[1] Vgl. § 359. [2] Vorführung.
[3] § 340 Anm. 7 gilt hier analog. [4] Vgl. § 358.

Hausfriedensbruch im Amte.

342. (StrK.) Ein Beamter,[1] der in Ausübung[2] oder in Veranlassung der Ausübung[3] seines Amtes einen Hausfriedensbruch (§ 123) begeht, wird mit Gefängnis bis zu einem Jahre oder mit Geldstrafe bis zu neunhundert Mark bestraft.[4]

[1] Vgl. § 359. [2] Vgl. § 340 Anm. 3 und 5.
[3] Vgl. § 340 Anm. 4 und 5.
[4] Idealkonkurrenz mit § 123 ist möglich: RG. 32 402.

Aussageerpressung.

343. (StrK.) Ein Beamter,[1] welcher in einer Untersuchung[2] Zwangsmittel anwendet oder anwenden läßt, um Geständnisse oder Aussagen zu erpressen, wird mit Zuchthaus bis zu fünf Jahren bestraft.

[1] Vgl. § 359. — Hier: jeder Beamte, der amtlich bei der Untersuchung mitwirkt. So: Frank, Meyer. Enger: Binding.
[2] Jedes Verfahren, das die Feststellung und Ahndung einer strafbaren Handlung zum Zweck hat. So: RG. 25 366 und Frank. Wesentlich enger: Binding, v. Liszt und Meyer (beschränkt auf Verfahren gegen peinlich strafbare Handlungen).

Verfolgung Unschuldiger.

344. (SchwG.) Ein Beamter,[1] welcher vorsätzlich zum Nachteile einer Person, deren Unschuld[2] ihm bekannt[3] ist, die Eröffnung oder Fortsetzung einer Untersuchung[4] beantragt oder beschließt, wird mit Zuchthaus bestraft.

[1] Vgl. § 359.

[2] Auch geringere Verschuldung umfassend.

[3] Dolus eventualis ist also ausgeschlossen.

[4] Vgl. § 343 Anm. 2. — Hier im Sinne einer förmlichen Untersuchung: Frank und Binding. A. A.: v. Liszt und Meyer, die jede Untersuchung einbegreifen.

Unzulässige Strafvollstreckung.

345. (SchwG.) Gleiche Strafe trifft den Beamten,[1] welcher vorsätzlich eine Strafe vollstrecken läßt,[2] von der er weiß, daß sie überhaupt nicht oder nicht der Art oder dem Maße nach vollstreckt werden darf.

(StrK.) Ist die Handlung aus Fahrlässigkeit[3] begangen, so tritt Gefängnisstrafe oder Festungshaft bis zu einem Jahre oder Geldstrafe bis zu neunhundert Mark ein.[4]

[1] Vgl. § 359.

[2] Also: Anordnung der Vollstreckung, pflichtwidriges Geschehenlassen und die Vollstreckung selbst: RG. **19** 342. So: Binding, Meyer. A. A. (nicht die Vollstreckung selbst): Frank, v. Liszt.

[3] Bei Irrtum hinsichtlich der Zulässigkeit oder der Ausführung der Vollstreckung.

[4] Anwendbar, wenn z. B. an Stelle des gefällten Urteils ein anderes niedergeschrieben oder vollstreckt wird: RG. **19** 342; auf die Vollstreckung einer fahrlässig, irrtümlich abgegebenen Entscheidung nicht anwendbar: RG. **16** 221.

Begünstigung im Amte.

346. (StrK.) Ein Beamter,[1] welcher vermöge seines Amtes bei Ausübung der Strafgewalt oder bei Vollstreckung der Strafe mitzuwirken hat, wird mit Zuchthaus bis zu fünf Jahren bestraft, wenn er in der Absicht,[2] jemand der gesetzlichen Strafe rechtswidrig zu entziehen, die Verfolgung einer strafbaren Handlung[3] unterläßt,[4] oder eine Handlung begeht, welche geeignet ist, eine Freisprechung oder eine dem Gesetze nicht entsprechende Bestrafung zu bewirken, oder die Vollstreckung der ausgesprochenen Strafe nicht betreibt, oder eine gelindere als die erkannte Strafe zur Vollstreckung bringt.

Sind mildernde Umstände vorhanden, so tritt Gefängnisstrafe nicht unter einem Monat ein.

[1] Vgl. § 359.

[2] Hier gleichbedeutend mit Vorsatz: RG. 28 384. Auch: Binding und v. Liszt. A. A.: Frank und Meyer.

[3] D. h. einer kriminell (nicht: disziplinarisch) strafbaren Handlung: R. 7 175.

[4] So z. B. Nichtanzeige seitens eines Polizeibeamten: RG. 12 161. — Nicht jedoch: Unterlassung der Selbstanzeige eines Beamten: RG. 31 196.

Entweichenlassen von Gefangenen.

347.[1] (StrK.) Ein Beamter,[2] welcher einen Gefangenen,[3] dessen Beaufsichtigung, Begleitung oder Bewachung ihm anvertraut ist,[4] vorsätzlich entweichen läßt oder dessen Befreiung[5] vorsätzlich bewirkt oder befördert, wird mit Zuchthaus bis zu fünf Jahren bestraft. Sind mildernde Umstände vorhanden, so tritt Gefängnisstrafe nicht unter einem Monat ein.

(StrK.) Ist die Entweichung[6] durch Fahrlässigkeit[7] befördert oder erleichtert worden, so tritt Gefängnisstrafe bis zu sechs Monaten oder Geldstrafe bis zu sechshundert Mark ein.

[1] Vgl. § 144 MStGB. [2] Vgl. § 359.

[3] Vgl. § 120 Anm. 1.

[4] Wenn zur Zeit der Entweichung die amtliche Pflicht zur Bewachung bestand: RG. 8 313. [5] Vgl. § 121 Anm. 4.

[6] Auch fahrlässig herbeigeführte Befreiung durch Dritte: RG. 5 324.

[7] Die konkrete Art der Entweichung braucht nicht vorhersehbar gewesen zu sein: RG. 15 345; wohl aber die Möglichkeit der Entweichung überhaupt: RG. 41 119.

Einfache Falschbeurkundung und Verfälschung usw. von Urkunden im Amte.

348. (StrK.) Ein Beamter,[1] welcher, zur Aufnahme[2] öffentlicher Urkunden[3] befugt,[4] innerhalb seiner Zuständigkeit[5] vorsätzlich eine rechtlich erhebliche Tatsache falsch beurkundet[6] oder in öffentliche Register oder Bücher falsch einträgt, wird mit Gefängnis nicht unter einem Monat bestraft.[7,8]

Dieselbe Strafe trifft einen Beamten, welcher eine ihm amtlich anvertraute oder zugängliche[9] Urkunde[10] vorsätzlich vernichtet, beiseite schafft,[11] beschädigt[12] oder verfälscht.[13,14]

[1] Vgl. § 359.

[2] Feststellung der Erklärung eines anderen oder der Wahrnehmung des Beamten zum Zwecke des Beweises: RG. 1 312.

[3] Vgl. § 267 Anm. 3, 4.

[4] Als solche Befugnis erscheint jede rechtlich geregelte amtliche Zuständigkeit, öffentliche Urkunden aufzunehmen. Als befugt erscheinen also nicht nur die eigentlichen Urkundspersonen (Richter, Notare usw.): RG. 22 151.

[5] Rechtmäßigkeit der Amtsausübung ist nicht erforderlich: RG. 20 120.

[6] Der in § 271 Anm. 5 ausgesprochene Grundsatz gilt auch hier: RG. 41 131.

[7] Subjektiv ist rechtswidrige Absicht nicht nötig. Ausreichend ist das Bewußtsein, als Beamter die falsche Beurkundung einer rechtlich erheblichen Tatsache innerhalb seiner Zuständigkeit vorzunehmen. Vgl. dazu R. 9 361. Bewußtsein der Rechtserheblichkeit

ist also erfordert: RG. **3** 324 (vgl. § 271 Anm. 2). Somit entfällt der Vorsatz mit der Überzeugung, die falsch beurkundete Tatsache sei rechtlich nicht erheblich (RG. **12** 297; **39** 370) und ebenso bei Unkenntnis der Beamteneigenschaft (RG. **23** 374).

[8] Gebrauchmachen von der Urkunde ist nicht erforderlich: RG. **9** 214.

[9] D. h. in einer innerhalb der Amtsbefugnisse liegenden Weise erreichbar: RG. **17** 103. Nicht aber notwendig: innerhalb der rechtmäßigen Amtsbefugnisse: RG. **32** 265.

[10] Urkunden (vgl. § 267 Anm. 4) jeder Art. Privaturkunden also, auch wenn sie nicht beweiserheblich sind. Vgl. dazu RG. **38** 46 (über Strafprozeß- und Kostenregister) und RG. **45** 164 (Strafprozeßliste). [11] Vgl. § 133 Anm. 8. [12] Vgl. § 274 Anm. 7.

[13] Vgl. § 267 Anm. 7 und speziell zu § 348 RG. **39** 43.

[14] Über das Verhältnis von §§ 348 Abs. 2 und 133 vgl. § 133 Anm. 11. Nach RG. **35** 80 stehen die §§ 348 Abs. 2 und 354 in Gesetzeskonkurrenz, soweit es sich um vorsätzliche Unterdrückung durch Beiseiteschaffen von Urkunden handelt. Bestritten. Vgl. auch § 267 Anm. 12.

Schwere Falschbeurkundung und Verfälschung von Urkunden usw. im Amte.

349. (SchwG.) Wird eine der im § 348 bezeichneten Handlungen in der Absicht[1] begangen, sich oder einem anderen einen Vermögensvorteil[2] zu verschaffen[3] oder einem anderen Schaden zuzufügen,[4] so ist auf Zuchthaus bis zu zehn Jahren und zugleich auf Geldstrafe von einhundertfünfzig bis zu dreitausend Mark zu erkennen.

[1] Vgl. § 59 Anm. 4. [2] Vgl. § 268 Anm. 3.

[3] Das liegt auch vor, wenn der Beamte den Vermögensvorteil vorher in Erwartung der Fälschung erhalten hat: R. **9** 713.

[4] Vgl. § 268 Anm. 4.

Einfache Amtsunterschlagung.

350. (StrK.) Ein Beamter,[1] welcher Gelder oder andere Sachen,[2] die er in amtlicher Eigenschaft[3] empfangen oder in Gewahrsam[4] hat, unterschlägt,[5] wird mit Gefängnis nicht unter drei Monaten bestraft; auch kann auf Verlust der bürgerlichen Ehrenrechte erkannt werden.[6]

Der Versuch ist strafbar.

[1] Vgl. § 359. [2] Vgl. § 242 Anm. 3.

[3] D. h. in unmittelbarem Zusammenhang mit der Amtstätigkeit; nicht: bei Gelegenheit einer Amtsausübung. Jedoch nicht notwendig innerhalb seiner Zuständigkeit: RG. **21** 51. Vgl. auch RG. **4** 153. [4] Vgl. § 242 Anm. 5; § 246 Anm. 5.

[5] Der Begriff stimmt mit dem des § 246 überein: RG. **3** 75. — Das in Anm. 6 zu § 246 Gesagte schließt aber in § 350 die Rechtswidrigkeit nicht aus, da amtlich eingenommene Gelder nicht als vertretbar erscheinen. Jede Verwendung zu eigenen Zwecken — also nicht das Umwechseln — fällt unter § 350. Vgl. RG. **3** 10; **5** 304.

[6] Vgl. §§ 246 Anm. 1, 248a Anm. 8, 353 Anm. 6, 370 Anm. 9.

Schwere Amtsunterschlagung.

351.[1] (SchwG.) Hat der Beamte[2] in Beziehung auf die Unterschlagung[3] die zur Eintragung oder Kontrolle der Einnahmen oder Ausgaben[4] bestimmten[5] Rechnungen, Register oder Bücher unrichtig geführt, verfälscht[6] oder unterdrückt,[7] oder unrichtige Abschlüsse oder Auszüge aus diesen Rechnungen, Registern oder Büchern, oder unrichtige Belege zu denselben vorgelegt, oder ist in Beziehung auf die Unterschlagung auf Fässern, Beuteln oder Paketen der Geldinhalt fälschlich bezeichnet, so ist auf Zuchthaus bis zu zehn Jahren zu erkennen.

Sind mildernde Umstände vorhanden, so tritt Gefängnisstrafe nicht unter sechs Monaten ein.

[1] Im Verhältnis zu § 350 enthält § 351 keine besondere Straftat, sondern einen die Strafbarkeit erhöhenden Umstand: R. 7 174. — Vgl. dann auch § 246 Anm. 1.

[2] Vgl. § 359. Hier nicht etwa nur Kassenbeamte: RG. zuletzt **45** 293. [3] Vgl. § 350 Anm. 5.

4 Nicht eng aufzufassen. Entspricht etwa: Empfang und Wiederablieferung: RG. **45** 293.

5 Deren Führung von zuständiger amtlicher Seite angeordnet worden ist: RG. **43** 207. So z. B. das Inventarienzeichnis der Kreisärzte: RG. **45** 293.

6 Vgl. § 267 Anm. 7.

7 Vgl. § 274 Anm. 8.

Gebührenüberhebung.

352. (StrK.) Ein Beamter,[1] Advokat, Anwalt oder sonstiger Rechtsbeistand, welcher Gebühren oder andere Vergütungen[2] für amtliche Verrichtungen[3] zu seinem Vorteile[4] zu erheben hat, wird, wenn er Gebühren oder Vergütungen erhebt,[5] von denen er weiß, daß der Zahlende sie überhaupt nicht oder nur in geringerem Betrage verschuldet, mit Geldstrafe bis zu dreihundert Mark oder mit Gefängnis bis zu einem Jahre bestraft.[6,7]

Der Versuch ist strafbar.

1 Vgl. § 359.

2 Vor allem tarifmäßig bestimmte Entschädigungen für präsumtive Auslagen: Reisespesen, Schreibgebühren: RG. **19** 62; nicht Portoauslagen: RG. **17** 169; **40** 378.

3 Soviel wie amtliche Tätigkeit, z. B. Reisen.

4 Dies kann auch mittelbar der Fall sein, indem die Vergütung für den Staat oder eine Kasse erhoben wird, ein Teil aber dem Beamten überlassen bleibt. Vgl. RG. **40** 378. Dieser Fall liegt nicht vor bei zu hohen Kostenerstattungsforderungen des Rechtsanwalts gegenüber der Gegenpartei, da sie zum Vorteil des Mandanten geschehen. Vgl. RG. **19** 30; **40** 378. Anders hinsichtlich des obsiegenden Armenanwalts, der selbst das Recht auf Kostenersatz gegen den Gegner hat.

5 In der Aufforderung zur Zahlung liegt Versuch: R. **8** 771.

6 Mit § 263 ist Idealkonkurrenz möglich (RG. **18** 219), wenn neben der Gebührenforderung noch besondere Täuschungsakte einhergehen.

7 Vgl. § 358.

Gebührenüberhebung und Verkürzung von Leistungsempfängen.

353. (StrK.) Ein Beamter,[1] welcher Steuern, Gebühren oder andere Abgaben[2] für eine öffentliche Kasse[3] zu erheben hat,[4] wird, wenn er Abgaben, von denen er weiß, daß der Zahlende sie überhaupt nicht oder nur in geringerem Betrage verschuldet, erhebt, und das rechtswidrig Erhobene ganz oder zum Teil nicht zur Kasse bringt,[5] mit Gefängnis nicht unter drei Monaten bestraft.[6, 7]

Gleiche Strafe[7] trifft den Beamten, welcher bei amtlichen Ausgaben an Geld oder Naturalien dem Empfänger vorsätzlich und rechtswidrig Abzüge macht und die Ausgaben als vollständig geleistet in Rechnung stellt.

[1] Vgl. § 359.

[2] Überhaupt: Abgaben für die Benutzung oder Inanspruchnahme einer öffentlich-rechtlichen Anstalt oder Einrichtung nach einem von der Obrigkeit festgesetzten Tarife, wobei die Höhe der Leistung sich nach publizistischen Grundsätzen bemißt. So z. B. Frachtbeträge der Eisenbahn, da bei ihrer Abmessung nicht bloß gewerbliche, sondern auch politische und volkswirtschaftliche Rücksichten maßgebend waren: RG. 22 306. Auch Vorschüsse und Abschlagszahlungen im Hinblick auf Steuern usw.: RG. **41** 91. — Abweichend von § 352 hier auch Portobeträge: RG. **3** 87; **17** 169.

[3] D. h. nur solche, welche überhaupt von einer öffentlichen Kasse erhoben werden, und zu deren Erhebung sie berechtigt ist — RG. **23** 263; (vgl. auch RG. **41** 91: „wenn auch nur beim Vorhandensein besonderer Voraussetzungen") — und welche dieser Kasse auch tatsächlich gänzlich zuzuführen sind: RG. **40** 378.

[4] Er braucht jedoch nicht gerade für die Erhebung der geforderten Abgaben zuständig zu sein: RG. **41** 91.

[5] D. h. nicht als erhobene Abgabe der Kasse einverleibt; dieser Fall liegt auch vor, wenn die Abgaben z. B. ungebucht zur Deckung früherer Fehlbeträge der Kasse einverleibt werden: RG. **26** 259.

[6] Idealkonkurrenz ist möglich z. B. zwischen §§ 353 und 263: RG. 22 306; ebenso zwischen §§ 353 und 350: RG. 17 321. A. A.: Binding. [7] Vgl. § 358.

Verletzung der Amtsverschwiegenheit (Arnimparagraph).

353a. (StrR.) Ein Beamter[1] im Dienste des Auswärtigen Amtes[2] des Deutschen Reichs, welcher die Amtsverschwiegenheit dadurch verletzt, daß er ihm amtlich anvertraute oder zugängliche Schriftstücke oder eine ihm von seinem Vorgesetzten erteilte Anweisung[3] oder deren Inhalt anderen widerrechtlich mitteilt, wird, sofern nicht nach anderen Bestimmungen eine schwerere Strafe verwirkt ist, mit Gefängnis oder mit Geldstrafe bis zu fünftausend Mark bestraft.[4]

Gleiche Strafe[4] trifft einen mit einer auswärtigen Mission[5] betrauten oder bei einer solchen beschäftigten Beamten, welcher den ihm durch seinen Vorgesetzten amtlich erteilten Anweisungen vorsätzlich zuwiderhandelt, oder welcher in der Absicht,[6] seinen Vorgesetzten in dessen amtlichen Handlungen irre zu leiten, demselben erdichtete oder entstellte Tatsachen berichtet.

[1] Vgl. § 359.

[2] Hierunter ist auch das Reichskolonialamt zu verstehen: RG. 41 4. [3] Auch mündliche.

[4] Vgl. § 358. [5] D. h. mit einer Mission im Ausland.

[6] Vgl. § 59 Anm. 4.

Verletzung des Briefgeheimnisses.

354. (StrR.) Ein Postbeamter,[1] welcher die der Post anvertrauten[2] Briefe[3] oder Pakete in anderen, als den im Gesetze vorgesehenen Fällen eröffnet[4] oder unterdrückt,[5] oder einem anderen wissentlich[6] eine solche Handlung gestattet, oder ihm dabei wissentlich Hilfe leistet,[7] wird mit Gefängnis nicht unter drei Monaten bestraft.[8,9]

[1] Auch wenn er mit dem Briefe usw. nicht dienstlich befaßt ist: RG. **37** 40.

[2] Gegeben: mit Einlegen in den Briefkasten: RG. **22** 394. Anvertraut ist auch der unrichtig bestellte Brief, der nach Eröffnung dem Postboten zurückgegeben wird: RG. **36** 267.

[3] Vgl. § 299 Anm. 2. — Unverschlossene Postsendungen nur dann, wenn sie eine Mitteilung enthalten. So auch: Frank, v. Liszt, Meyer. A. A.: Binding. Also unter Umständen Postanweisungen: RG. **1** 114. Nicht aber Zeitungen: RG. **33** 276.

[4] Vgl. § 299 Anm. 6.

[5] Vgl. § 274 Anm. 8. Hier analog: dem Postverkehr entziehen, beseitigen: RG. **22** 283; **28** 100. Nicht z. B. dadurch, daß der Postbeamte den dem Briefkasten pflichtgemäß entnommenen Brief nicht zur Postanstalt bringt, sondern dem Adressaten oder dem rückforderungsberechtigten Absender aushändigt: RG. **47** 68.

[6] Vorsatz genügt; Absicht ist nicht erforderlich: RG. **35** 80.

[7] Der andere kann nicht wegen Beihilfe aus § 354, wohl aber als Täter aus § 299 bestraft werden.

[8] Vgl. § 348 Anm. 14.

[9] Vgl. § 358.

Verletzung des Telegraphen- und Fernsprechgeheimnisses.

355. (StrK.) Telegraphenbeamte oder andere[1] mit der Beaufsichtigung und[2] Bedienung einer zu öffentlichen Zwecken dienenden[3] Telegraphenanstalt[4] betraute Personen, welche die einer Telegraphenanstalt anvertrauten Depeschen verfälschen[5] oder in anderen, als in den im Gesetze vorgesehenen Fällen eröffnen[6] oder unterdrücken,[7] oder von ihrem Inhalt Dritte rechtswidrig benachrichtigen, oder einem anderen wissentlich eine solche Handlung gestatten oder ihm dabei wissentlich Hilfe leisten, werden mit Gefängnis bestraft.[8]

Den einer Telegraphenanstalt anvertrauten Depeschen werden Nachrichten gleichgeachtet, die durch eine zu öffentlichen Zwecken dienende Fernsprechanlage vermittelt werden.[9]

[1] In einem dienstlichen Verhältnis: RG. **26** 183.
[2] = Oder: RG. **26** 183. [3] Vgl. § 317 Anm. 2.
[4] Vgl. § 317 Anm. 3.
[5] Vgl. § 267 Anm. 7. Hier analog anzuwenden.
[6] Vgl. § 299 Anm. 6.
[7] Vgl. § 274 Anm. 8; teilweise § 354 Anm. 5.
[8] Vgl. § 358. [9] Die Änderungen und Zusätze des G. v. 19. Juni 1912 sind gesperrt gedruckt.

Untreue des Sachwalters (Prävarikation).

356. (StrK.) Ein Advokat, Anwalt oder ein anderer Rechtsbeistand, welcher bei den ihm vermöge seiner amtlichen Eigenschaft anvertrauten Angelegenheiten in derselben Rechtssache[1] beiden Parteien durch Rat oder Beistand pflichtwidrig dient,[2] wird mit Gefängnis nicht unter drei Monaten bestraft.

(StrK.) Handelt derselbe im Einverständnisse mit der Gegenpartei zum Nachteile seiner Partei, so tritt Zuchthausstrafe bis zu fünf Jahren ein.

[1] Nicht Rechtsstreit oder Prozeß in dieser formellen Beschränkung, sondern die ganze Angelegenheit zweier, verschiedene Interessen verfolgenden Parteien in materieller Beziehung: RG. **23** 64; **45** 305.

[2] Z. B. durch Verfolgung der früheren Auftraggeberin zu Vergleichsverhandlungen in einem späteren gerichtlichen Streitverfahren, das durch Privatklage eingeleitet wurde: RG. **45** 305.

Pflichtverletzung des Amtsvorgesetzten.

357. Ein Amtsvorgesetzter, welcher seine Untergebenen zu einer strafbaren Handlung im Amte[1] vorsätzlich verleitet[2] oder zu verleiten unternimmt,[3] oder eine solche strafbare Handlung seiner Untergebenen wissentlich geschehen läßt, hat die auf diese strafbare Handlung angedrohte Strafe verwirkt.[4]

Dieselbe Bestimmung findet auf einen Beamten Anwendung, welchem eine Aufsicht oder Kontrolle über die Amtsgeschäfte eines anderen Beamten übertragen ist, sofern die von diesem letzteren Beamten begangene strafbare Handlung die zur Aufsicht oder Kontrolle gehörenden Geschäfte betrifft.

[1] Delikte des XXVIII. Abschnitts des StGB.
[2] Vgl. § 141 Anm. 3. [3] Vgl. § 105 Anm. 1.
[4] Vgl. § 358.

Nebenstrafe.

358. Neben der nach Vorschrift der §§ 331, 339 bis 341, 352 bis 355 und 357 erkannten Gefängnisstrafe[1] kann auf Verlust der Fähigkeit zur Bekleidung öffentlicher Ämter auf die Dauer von einem bis zu fünf Jahren erkannt werden.

[1] Auch wenn sie die Dauer von drei Monaten (vgl. §§ 32, 35) nicht erreicht.

Begriff des Beamten.

359. Unter Beamten[1] im Sinne dieses Strafgesetzes sind zu verstehen alle im Dienste des Reichs oder in unmittelbarem oder mittelbarem Dienste[2] eines Bundesstaats auf Lebenszeit, auf Zeit oder nur vorläufig angestellte[3, 4] Personen, ohne Unterschied, ob sie einen Diensteid geleistet haben oder nicht,[5] ingleichen Notare, nicht aber Advokaten und Anwälte.[6]

[1] Als Beamte erscheinen z. B.: Die Berufsoffiziere: RG. 29 15; öffentlich angestellte Lehrer: RG. 35 182; die im öffentlichen Dienste rechtsfähiger deutscher Niederlassungsgemeinden Angestellten: RG. 41 326; die Kassen- und Rechnungsführer bei staatlichen Betriebskrankenkassen: RG. 32 259; die Mitglieder Preuß. Voreinschätzungskommissionen: RG. 38 235; die Amtsdiener im Bereich der Preuß. Kreisordnung, wenn sie vom Amtsvorsteher, ohne den Amtsverband zur Zahlung des Gehalts zu verpflichten, nicht als Privatgehilfen, sondern zu öffentlich-rechtlichen Funktionen angenommen und vom Landrat bestätigt sind:

RG. **34** 234; **35** 210; der preußische Jagdvorsteher: RG. **46** 3. — Vgl. auch Anm. 2.

² Z. B. Kommunalbeamte: RG. **1** 153. Universitätsbeamte.

³ Es entscheiden somit Anstellung und Dienstverhältnis. Der Begriff der Anstellung erfordert nicht notwendig direkte amtliche Bestellung durch die zuständige Staatsbehörde; es genügt auch Genehmigung und Bestätigung seitens der Behörde und die darin liegende staatliche Berufung. Die mit der Anstellung dem Angestellten zur Ausübung übertragenen Dienste und Funktionen müssen öffentlich-rechtlicher Natur, aus der Staatsgewalt abzuleitende und den Staatszwecken dienende sein, mithin den Charakter einer öffentlichen Amtstätigkeit haben, die von einem Organe der Staatsgewalt unter öffentlicher Autorität vorgenommen wird: RG. **30** 29. Die Anstellung erscheint also, kurz gesagt, als Berufung zu den oben genannten Diensten von seiten einer zuständigen Amtsstelle und Erklärung der Bereitwilligkeit des Anzustellenden zur Übernahme der Dienste: RG. **39** 232. Es ist also in erster Linie der Wille der zur Berufung zuständigen Amtsstelle maßgebend, erst in zweiter Reihe — falls solcher Wille nicht klar ersichtlich — ist ein Rückschluß aus den übertragenen Funktionen gestattet: RG. **16** 378. — Regelmäßig genügt formlose Anstellung, wenn nicht gesetzlich anderes vorgeschrieben ist: RG. **15** 244.

⁴ Gleichgültig ist auch, ob der Betreffende festes Gehalt oder nur Gebühren bezieht: R. **2** 108; RG. **39** 232.

⁵ Eidliche Verpflichtung ist also kein notwendiges Erfordernis (so auch RG. **39** 95), falls sie stattgefunden aber immerhin ein unzweideutiger Berufungsakt, wenn die übertragene Beschäftigung nach den Normen des öffentlichen Rechts nur Ausfluß eines öffentlichen Amtes sein kann: RG. **35** 325. — Ist jedoch die Beeidigung gesetzlich vorgeschrieben, so genügt die unterschriftliche Vollziehung einer vorgedruckten Eidesformel nicht, vielmehr ist körperlicher Eid notwendig: RG. **12** 270.

⁶ Auch nicht: Hofbedienstete als solche: RG. **21** 381; städtische Polizeiorgane in Preußen, es sei denn, daß sie staatlich

bestätigt sind: RG. 22 39; Geschworene und Schöffen (trotz ihres Amtes); der in einem Privatrechtsverhältnis zum Gefängnis stehende daselbst funktionierende Arzt: RG. 33 29; der Vormund eines Minderjährigen: RG. 39 204.

Neunundzwanzigster Abschnitt.
Übertretungen.

Auf die Übertretungen finden die Vorschriften des Allgemeinen Teiles des StGB. ebenso Anwendung, wie auf Verbrechen und Vergehen, sofern nicht eine jener Vorschriften ausdrücklich nur für Verbrechen und Vergehen gegeben ist, vgl. z. B. §§ 43 und 48, wonach Versuch und Beihilfe bei Übertretungen straflos sind.

Betreffend die Zuständigkeit vgl. auch StPO. § 211 Abs. 2.

360. (SchG.) Mit Geldstrafe bis zu einhundertfünfzig Mark oder mit Haft wird bestraft:

1. wer ohne besondere Erlaubnis Risse von Festungen oder einzelnen Festungswerken[1] aufnimmt oder veröffentlicht;
2. wer außerhalb seines Gewerbebetriebes heimlich oder wider das Verbot der Behörde[2] Vorräte[3] von Waffen[4] oder Schießbedarf aufsammelt;[5]
3. wer als beurlaubter Reservist oder Wehrmann[6] der Land- oder Seewehr ohne Erlaubnis auswandert,[7] ebenso wer als Ersatzreservist erster Klasse auswandert,[7] ohne von seiner bevorstehenden Auswanderung der Militärbehörde Anzeige erstattet zu haben;[8,9]
4.[10] wer ohne schriftlichen Auftrag einer Behörde[11] Stempel, Siegel, Stiche, Platten oder andere Formen, welche zur Anfertigung von Metall- oder Papiergeld, oder von solchen Papieren, welche nach § 149

dem Papiergelde gleich geachtet werden, oder von Stempelpapier,[12] Stempelmarken,[13] Stempelblanketten, Stempelabdrücken, Post- oder Telegraphenwertzeichen, öffentlichen Bescheinigungen oder Beglaubigungen dienen können, anfertigt oder an einen anderen als die Behörde verabfolgt;

5. wer ohne schriftlichen Auftrag einer Behörde[11] den Abdruck der in Nr. 4 genannten Stempel, Siegel, Stiche, Platten oder Formen, oder einen Druck von Formularen zu den daselbst bezeichneten öffentlichen Papieren, Beglaubigungen oder Bescheinigungen unternimmt,[14] oder Abdrücke an einen anderen als die Behörde verabfolgt;

6. wer Waren-Empfehlungskarten, Ankündigungen oder andere Drucksachen oder Abbildungen, welche in der Form oder Verzierung dem Papiergelde oder den dem Papiergelde nach § 149 gleich geachteten Papieren ähnlich sind,[15] anfertigt oder verbreitet, oder wer Stempel, Stiche, Platten oder andere Formen, welche zur Anfertigung von solchen Drucksachen oder Abbildungen dienen können, anfertigt;

7. wer unbefugt die Abbildung des Kaiserlichen Wappens[16] oder von Wappen eines Bundesfürsten oder von Landeswappen[17] gebraucht;

8. wer unbefugt eine Uniform,[18] eine Amtskleidung, ein Amtszeichen, einen Orden[19] oder ein Ehrenzeichen trägt, oder Titel, Würden[20] oder Adelsprädikate[21] annimmt; ingleichen wer sich eines ihm nicht zukommenden Namens[22] einem zuständigen[23] Beamten[24] gegenüber bedient;[25]

9. wer gesetzlichen Bestimmungen zuwider ohne Genehmigung der Staatsbehörde[26] Aussteuer-, Sterbe-

oder Witwenkassen, Versicherungsanstalten[27] oder andere dergleichen Gesellschaften oder Anstalten errichtet, welche bestimmt sind, gegen Zahlung eines Einkaufsgeldes oder gegen Leistung von Geldbeiträgen beim Eintritte gewisser Bedingungen oder Fristen, Zahlungen an Kapital oder Rente zu leisten;

10. wer bei Unglücksfällen oder gemeiner Gefahr oder Not von der Polizeibehörde oder deren Stellvertreter zur Hilfe aufgefordert, keine Folge leistet,[28] obgleich er der Aufforderung ohne erhebliche eigene Gefahr genügen konnte;

11. wer ungebührlicherweise ruhestörenden Lärm erregt oder wer groben Unfug[29] verübt;

12. wer als Pfandleiher oder Rückkaufshändler bei Ausübung seines Gewerbes den darüber erlassenen Anordnungen[30] zuwiderhandelt, insbesondere den durch Landesgesetz oder Anordnung der zuständigen Behörde bestimmten Zinsfuß überschreitet;

13. wer öffentlich[31] oder in Ärgernis erregender Weise[32] Tiere boshaft[33] quält oder roh mißhandelt;

14.[34] wer unbefugt auf einem öffentlichen[35] Wege, einer Straße, einem öffentlichen Platze oder in einem öffentlichen Versammlungsorte Glücksspiele[36] hält.

In den Fällen der Nummern 1, 2, 4, 5, 6 und 14 kann neben der Geldstrafe oder der Haft auf Einziehung der Risse von Festungen oder Festungswerken, der Vorräte[2] von Waffen oder Schießbedarf, der Stempel, Siegel, Stiche, Platten oder anderen Formen, der Abdrücke oder Abbildungen, oder der auf dem Spieltische oder in der Bank befindlichen Gelder erkannt werden, ohne Unterschied, ob sie dem Verurteilten gehören oder nicht.

[1] Inländischen. [2] Vgl. § 114 Anm. 4.

[3] Vgl. § 308 Anm. 4.

[4] Im technischen Sinn. Vgl. § 84 Anm. 5.

[5] Zum Zwecke des Gebrauchs.

[6] Vgl. § 140 Ziff. 2, RMG. § 56 Ziff. 1.

[7] Vgl. § 140 Anm. 11.

[8] Entspricht dem gegenwärtigen Rechtszustand nicht mehr. Einmal gehören auch die Ersatzreservisten jetzt zu den Mannschaften des Beurlaubtenstandes, welche Auswanderungs**erlaubnis** bedürfen (Art. II §§ 11, 20 d. G. v. Febr. 11. 1888); dann scheiden Wehrmänner 2. Aufgebots für die Regel aus. (Vgl. G. v. 11. Febr. 1888 Art. II § 4 Ziff. 3, §§ 20, 21.) Diese haben von der bevorstehenden Auswanderung nur Anzeige zu erstatten. — Die frühere Einteilung in Ersatzreserve 1. und 2. Aufgebots ist aufgehoben: RMG. Art. II § 19. — Ziff. 3 ist demnach so zu behandeln, als wenn sie lautete: wer als beurlaubter Reservist, Ersatzreservist oder Wehrmann der Land- oder Seewehr (1. Aufgebots) ohne Erlaubnis auswandert, ebenso wer als eine Person der Land- oder Seewehr 2. Aufgebots auswandert, ohne usw. Über das Verfahren ist zu vgl. StPO. §§ 470 ff.

[9] Über **Verjährung** vgl. § 140 Anm. 6.

[10] Vgl. §§ 151, 275, 276.

[11] Vgl. § 114 Anm. 4.

[12] Vgl. § 275 Anm. 3.

[13] Vgl. § 275 Anm. 4.

[14] Vgl. § 105 Anm. 1.

[15] So daß eine Täuschung möglich wird.

[16] Der kaiserliche Adler kann von allen deutschen Fabrikanten, jedoch nicht in der Form eines Wappenschildes, zur Bezeichnung von Waren oder auf Etiketten gebraucht werden; vgl. Kaiserl. Erlaß v. 16. März und Bekanntmachung des Reichskanzlers v. 11. April 1872.

[17] Inländische: RG. **34** 26 (32). Vgl. Pr. Kabinetts-Order v. 16. Okt. 1831.

[18] Bestritten, ob auch ausländische. Bejahend: Binding, Frank.

[19] Auch ausländische.

[20] Vgl. § 33 Anm. 4.

[21] Die Berechtigung zur Führung entscheidet der Strafrichter: v. Liszt. A. A.: RG. **43** 33 (im Gebiete des ALR.: Heroldsamt).

[22] Vor- und Zunamen. Alles andere fällt nicht darunter. RG. **22** 60; **30** 230.

[23] D. i. nicht ein Briefträger: RG. **17** 224; wohl aber z. B. der Wahlvorsteher: RG. **40** 201.

[24] Vgl. § 359.

[25] Gebraucht.

[26] Vgl. § 114 Anm. 4.

[27] Hierzu vgl. § 108 des Gesetzes über die privaten Versicherungsunternehmungen v. 12. Mai 1901.

[28] Vgl. PostG. § 21; StrandungsO. v. 17. Mai 1874 § 9.

[29] Hierher gehört nicht schon jedes beliebige grob ungebührliche Verhalten, welches Beunruhigung oder Belästigung des Publikums zur unmittelbaren Folge hat oder haben kann; es muß hinzutreten, daß die Handlungsweise sich als Störung oder Gefährdung des *äußeren* Bestandes der öffentlichen Ordnung charakterisiert: RG. **19** 294; **32** 100; **34** 425. Somit kann grober Unfug auch durch die Presse begangen werden, wenn das Gefühl der Beunruhigung im Publikum durch sie so weit getrieben wird, daß der äußere Bestand der öffentlichen Ordnung gefährdet ist: RG. **36** 213. Dagegen kommt dieser Gesichtspunkt nicht zum Ausdruck in RG. **34** 364, nach der zum groben Unfug genügen auch *Angriffe* gegen einzelne Personen auf der Straße, wenn nach den Tatumständen die *Möglichkeit* der Wahrnehmung durch andere gegeben und der Angriff so geartet war, daß er infolge der Wahrnehmung eine Belästigung oder Beunruhigung des Publikums als solches bedingt hätte. In diesem Sinne auch die herrschende Lehre. A. A.: v. Liszt (s. unten). Noch weitergehend sah RG. **27** 292 in der öffentlichen Aufforderung durch Flugblätter zum Boykott, trotz der bloß rein *psychischen* Beunruhigung des Publikums, groben Unfug. Diese Praxis scheint aber aufgegeben. Die zuerst genannten Entscheidungen entsprechen der heutigen Auffassung des höchsten Gerichts. Immerhin bleibt der Begriff höchst bestritten. Während nach der Auffassung des RG. also auch die Gefährdung der öffentlichen Ordnung genügt, verlangen andere in jedem einzelnen Falle tatsächliche Störung und Belästigung. (v. Liszt.)

[30] Vgl. GewO. §§ 34, 38, 53; ergänzend GewO. § 148 Abs. 1 Ziff. 4a. [31] Vgl. § 85 Anm. 2.
[32] Vgl. § 183 Anm. 3. [33] Vgl. § 223a Anm. 19.
[34] Vgl. §§ 284 ff. [35] Wie § 116 Anm. 1.
[36] Vgl. § 284 Anm. 2.

361. (SchG.) Mit Haft wird bestraft:

1. wer, nachdem er unter Polizeiaufsicht gestellt worden ist, den infolge derselben ihm auferlegten Beschränkungen zuwiderhandelt;
2. wer, nachdem er des Bundesgebietes[1] oder des Gebietes eines Bundesstaats[2] verwiesen ist, ohne Erlaubnis zurückkehrt;
3. wer als Landstreicher[3] umherzieht;
4. wer bettelt[4] oder Kinder[5] zum Betteln anleitet oder ausschickt,[6] oder Personen, welche seiner Gewalt und Aufsicht untergeben sind und zu seiner Hausgenossenschaft gehören, vom Betteln abzuhalten unterläßt;
5. wer sich dem Spiel, Trunk oder Müßiggang dergestalt hingibt, daß er in einen Zustand gerät, in welchem zu seinem Unterhalte oder zum Unterhalte derjenigen, zu deren Ernährung er verpflichtet ist, durch Vermittelung der Behörde fremde Hilfe in Anspruch genommen werden muß;
6. eine Weibsperson, welche wegen gewerbsmäßiger[7] Unzucht[8] einer polizeilichen Aufsicht[9] unterstellt ist, wenn sie den in dieser Hinsicht zur Sicherung der Gesundheit, der öffentlichen Ordnung und des öffentlichen Anstandes erlassenen polizeilichen Vorschriften zuwiderhandelt, oder welche, ohne einer solchen Aufsicht unterstellt zu sein, gewerbsmäßig[7] Unzucht[8] treibt;
7. wer, wenn er aus öffentlichen Armenmitteln eine Unterstützung empfängt, sich aus Arbeitsscheu weigert,

die ihm von der Behörde[10] angewiesene, seinen Kräften angemessene Arbeit zu verrichten;

8. wer nach Verlust seines bisherigen Unterkommens[11] binnen der ihm von der zuständigen Behörde[10] bestimmten Frist sich kein anderweitiges Unterkommen[11] verschafft hat und auch nicht nachweisen kann, daß er solches der von ihm angewandten Bemühungen ungeachtet nicht vermocht habe;

9. wer Kinder[5] oder andere unter seiner Gewalt stehende Personen, welche seiner Aufsicht untergeben sind und zu seiner Hausgenossenschaft gehören, von der Begehung von Diebstählen[12] sowie von der Begehung strafbarer Verletzungen der Zoll- oder Steuergesetze, oder der Gesetze zum Schutze der Forsten, der Feldfrüchte, der Jagd oder der Fischerei abzuhalten unterläßt. Die Vorschriften dieser Gesetze über die Haftbarkeit für die den Täter treffenden Geldstrafen oder anderen Geldleistungen werden hierdurch nicht berührt;

10. wer, obschon er in der Lage ist, diejenigen, zu deren Ernährung er verpflichtet ist, zu unterhalten, sich der Unterhaltspflicht trotz der Aufforderung der zuständigen Behörde derart entzieht,[13] daß durch Vermittelung der Behörde fremde Hilfe in Anspruch genommen werden muß.

In den Fällen der Nr. 9 und 10 kann statt der Haft auf Geldstrafe bis zu einhundertfünfzig Mark erkannt werden.

[1] Bei gewerbsmäßigem Glücksspiel; dann an Stelle der Polizeiaufsicht oder der Überweisung an die Landespolizeibehörde (§ 284 Abs. 2; § 39 Ziff. 2; § 362 Abs. 3).

[2] Vgl. Freizügigkeitsges. v. 1. Nov. 1867 § 3 Abs. 2.

[3] D. h. mittel- und erwerbszwecklos umherzieht. Erstreben eines Erwerbes durch unerlaubte Handlungen (z. B. Lohnhurerei) schließt den Begriff nicht aus: RG. 30 438.

[4] „Das auf wirkliche oder angebliche Hilfsbedürftigkeit gestützte Anrufen fremder Mildtätigkeit für sich oder unterhaltsberechtigte Angehörige." Aber nicht, wenn die unter bestimmten Voraussetzungen in Aussicht gestellte Gabe beansprucht wird (v. Liszt). Also nicht die Bitte um die ortsüblichen Geschenke (RG. 20 434), namentlich nicht, wo moralische oder soziale Verbindlichkeiten oder andere Gründe für die Hergabe der Unterstützung sich geltend machen; auch nicht das Kollektieren: Binding, Frank, v. Liszt, Meyer. [5] Unter 12 Jahren.

[6] Ohne daß das Kind gebettelt hat. Sonst läge Anstiftung bzw. mittelbare Täterschaft vor. Dazu § 48 Anm. 8.

[7] Vgl. § 181a Anm. 2. [8] Vgl. § 180 Anm. 6.

[9] Vgl. RG. 11 286 über den Begriff.

[10] Vgl. § 114 Anm. 4.

[11] Einerlei, ob auf ehrliche Weise erworben oder nicht: RG. 36 59.

[12] Auch solche im Sinne von § 370 Ziff. 5, § 248a und Forstdiebstähle. [13] Seine Pflicht nicht erfüllt.

Geschärfte Haft und Nachhaft.

362.[1] Die nach Vorschrift des § 361 Nr. 3 bis 8 Verurteilten[2] können zu Arbeiten, welche ihren Fähigkeiten und Verhältnissen angemessen sind, innerhalb und, sofern sie von anderen freien Arbeitern getrennt gehalten werden, auch außerhalb der Strafanstalt angehalten werden.[3]

Bei der Verurteilung[2] zur Haft kann zugleich erkannt werden, daß die verurteilte Person nach verbüßter Strafe der Landespolizeibehörde zu überweisen sei. Im Falle des § 361 Nr. 4 ist dieses jedoch nur dann zulässig, wenn der Verurteilte in den letzten drei Jahren wegen dieser Übertretung mehrmals rechtskräftig verurteilt worden ist, oder wenn derselbe unter Drohungen[4] oder mit Waffen[5] gebettelt hat.[6]

Durch die Überweisung erhält die Landespolizeibehörde[7] die Befugnis, die verurteilte Person bis zu zwei Jahren entweder in ein Arbeitshaus unterzubringen oder zu gemeinnützigen Arbeiten zu verwenden.[8] Im Falle des § 361 Nr. 6 kann die Landespolizeibehörde die verurteilte Person statt in ein Arbeitshaus in eine Besserungs- oder Erziehungsanstalt oder in ein Asyl unterbringen; die Unterbringung in ein Arbeitshaus ist unzulässig, falls die verurteilte Person zur Zeit der Verurteilung das achtzehnte Lebensjahr noch nicht vollendet hat.[9]

Ist gegen einen Ausländer auf Überweisung an die Landespolizeibehörde erkannt, so kann neben[10] oder an Stelle der Unterbringung Verweisung aus dem Bundesgebiet eintreten.

[1] Fassung des ReichsG. v. 25. Juni 1900.

[2] Auch durch vollstreckbar gewordene polizeiliche Strafverfügungen: RG. 36 313.

[3] Sog. geschärfte Haft.

[4] Es ist nicht nötig, daß die Drohung als Mittel zur Almosenerlangung angewandt worden ist, sondern es genügt, wenn die Drohung in unmittelbarem — zeitlichem oder örtlichem — Zusammenhange mit dem Betteln ergeht: RG. 35 343.

[5] Im technischen Sinn. Vgl. § 84 Anm. 5. Es ist nicht erforderlich, daß von der Waffe Gebrauch gemacht wurde.

[6] Vgl. § 253 Anm. 10.

[7] Die höhere Landespolizeibehörde (vgl. § 38 Anm. 4); nicht die Lokal-Polizeibehörde. — Zuständig ist die Landespolizeibehörde desjenigen Bundesstaates, in welchem die Verurteilung erfolgt ist. Vgl. Bundesratsbeschluß v. 16. Juni 1872 u. v. 26. Juni 1889.

[8] Korrektionelle Nachhaft.

[9] Zusatz des G. v. 25. Juni 1900.

[10] Zusatz des G. v. 25. Juni 1900.

Fälschung von Legitimationspapieren.

363. (SchG.) Wer, um Behörden[1] oder Privatpersonen zum Zwecke[2] seines besseren Fortkommens[3] oder des besseren Fortkommens eines anderen zu täuschen, Pässe, Militärabschiede, Wanderbücher oder sonstige Legitimationspapiere,[4] Dienst- oder Arbeitsbücher oder sonstige auf Grund besonderer Vorschriften auszustellende Zeugnisse,[5] sowie Führungs- oder Fähigkeitszeugnisse[6] falsch anfertigt[7] oder verfälscht,[8] oder wissentlich von einer solchen falschen oder verfälschten Urkunde Gebrauch macht,[9] wird mit Haft oder mit Geldstrafe bis zu einhundertfünfzig Mark bestraft.

Gleiche Strafe trifft denjenigen, welcher zu demselben Zwecke von solchen für einen anderen ausgestellten echten Urkunden, als ob sie für ihn ausgestellt seien, Gebrauch macht,[9] oder welcher solche für ihn ausgestellte Urkunden einem anderen zu dem gedachten Zwecke überläßt.[10]

[1] Vgl. § 114 Anm. 4. [2] Vgl. § 59 Anm. 4.

[3] D. h. zur Erleichterung des Herumziehens, Bettelns, der Arbeitserlangung usw. im allgemeinen; nicht zur Erlangung eines bestimmten Vorteils auf den bei Echtheit der Legitimationspapiere ein Recht bestände, oder zwecks Gebrauch gegen konkrete (private oder öffentliche) Rechte. In den letzteren Fällen würde vielmehr Urkundenfälschung vorliegen. Vgl. RG. **26** 83; dann auch RG. **8** 37; **22** 225; **27** 56; **31** 296; **39** 75; **39** 77; **42** 249. R. **10** 333.

[4] Z. B. Taufschein: RG. **12** 385. Nicht Quittungskarten: RG. **42** 79. Nicht Wandergewerbescheine: RG. **42** 249.

[5] Nicht jedes Zeugnis, über dessen Ausstellung überhaupt besondere Vorschriften gegeben sind, sondern nur solche Zeugnisse, deren Ausstellung oder Vorlegung unter bestimmten Verhältnissen, unabhängig von der Willkür der Beteiligten, als notwendig vorgeschrieben ist: RG. **38** 145. Vgl. auch RG. **39** 77; **43** 271.

[6] Hier nicht Zeugnisse, deren Besitz konkrete Rechte oder Be-

fugnisse privat- oder öffentlichrechtlicher Natur garantieren: RG. **38** 145. Vgl. auch RG. **39** 77. [7] Vgl. § 267 Anm. 8.

[8] Vgl. § 267 Anm. 7. [9] Vgl. § 267 Anm. 10.

[10] § 363 schält aus der Urkundenfälschung (§§ 267ff.) (nicht aus dem Tatbestand des Betrugs; a. A.: Binding, Frank) einen speziellen Tatbestand heraus: RG. **23** 43. Vgl. auch § 267 Anm. 12.

Feilhalten verwendeter Stempelmarken usw.

364.[1] (SchG.) Mit Geldstrafe bis zu einhundertfünfzig Mark wird bestraft, wer wissentlich[2] schon einmal verwendetes Stempelpapier[3] nach gänzlicher oder teilweiser Entfernung der darauf gesetzten Schriftzeichen, oder schon einmal verwendete Stempelmarken,[4] Stempelblankette oder ausgeschnittene oder sonst abgetrennte Stempelabdrücke der im § 276 bezeichneten Art veräußert oder feilhält.[5]

Gleiche Strafe trifft denjenigen, welcher wissentlich schon einmal verwendete Post- oder Telegraphenwertzeichen nach gänzlicher oder teilweiser Entfernung des Entwertungszeichens[6] veräußert oder feilhält.[5]

[1] Vgl. § 276. [2] = vorsätzlich.
[3] Vgl. § 275 Anm. 3. [4] Vgl. § 275 Anm. 4.
[5] Vgl. § 184 Anm. 4. [6] Vgl. § 276 Anm. 4.

Übertretung der Polizeistunde.

365. (SchG.) Wer in einer Schankstube[1] oder an einem öffentlichen[2] Vergnügungsorte über die gebotene[3] Polizeistunde hinaus verweilt,[4] ungeachtet der Wirt,[5] sein Vertreter oder ein Polizeibeamter ihn zum Fortgehen aufgefordert[6] hat, wird mit Geldstrafe bis zu fünfzehn Mark bestraft.

Der Wirt,[5] welcher das Verweilen seiner Gäste über die gebotene Polizeistunde hinaus duldet, wird mit Geldstrafe bis zu sechzig Mark oder mit Haft bis zu vierzehn Tagen bestraft.

[1] Auch der Bahnhofswarteraum, wenn darin Schankwirtschaft getrieben wird, und er auch den Bedürfnissen des allgemeinen Publikums zu dienen bestimmt ist. (Hier gilt die Polizeistunde nur für das nichtreisende Publikum): RG. **37** 261.

[2] Vgl. § 116 Anm. 1.

[3] D. h. ein für allemal — nicht notwendig im Verordnungswege — festgesetzte oder darüber hinaus in concreto verlängerte Polizeistunde. [4] Als Schankgast.

[5] Vgl. § 285 Anm. 1.

[6] Allgemeine Aufforderung genügt.

366. (SchG.) Mit Geldstrafe bis zu sechzig Mark oder mit Haft bis zu vierzehn Tagen wird bestraft:

1. wer den gegen die Störung der Feier der Sonn- und Festtage[1] erlassenen Anordnungen[2] zuwiderhandelt;
2. wer in Städten oder Dörfern übermäßig schnell fährt oder reitet, oder auf öffentlichen[3] Straßen oder Plätzen der Städte oder Dörfer mit gemeiner Gefahr Pferde einfährt oder zureitet;
3. wer auf öffentlichen[3] Wegen, Straßen, Plätzen oder Wasserstraßen[4] das Vorbeifahren anderer mutwillig verhindert;
4. wer in Städten mit Schlitten ohne feste Deichsel oder ohne Geläute oder Schelle fährt;
5. wer Tiere in Städten oder Dörfern, auf öffentlichen[3] Wegen, Straßen oder Plätzen, oder an anderen Orten, wo sie durch Ausreißen, Schlagen oder auf andere Weise[5] Schaden anrichten können, mit Vernachlässigung der erforderlichen Sicherheitsmaßregeln stehen läßt oder führt;
6. wer Hunde auf Menschen hetzt;
7. wer Steine oder andere harte Körper oder Unrat auf[6] Menschen, auf Pferde oder andere Zug- oder Lasttiere,

gegen fremde[7] Häuser, Gebäude[8] oder Einschließungen, oder in Gärten oder eingeschlossene Räume[9] wirft;

8. wer nach einer öffentlichen[3] Straße oder Wasserstraße,[4] oder nach Orten hinaus, wo Menschen zu verkehren pflegen, Sachen, durch deren Umstürzen oder Herabfallen jemand beschädigt werden kann, ohne gehörige Befestigung aufstellt oder aufhängt, oder Sachen auf eine Weise ausgießt oder auswirft, daß dadurch jemand beschädigt oder verunreinigt werden kann;

9. wer auf öffentlichen[3] Wegen, Straßen, Plätzen oder Wasserstraßen[4] Gegenstände, durch welche der freie Verkehr gehindert wird, aufstellt, hinlegt oder liegen läßt;

10. wer die zur Erhaltung der Sicherheit, Bequemlichkeit, Reinlichkeit und Ruhe auf den öffentlichen[3] Wegen, Straßen, Plätzen oder Wasserstraßen[4] erlassenen Polizeiverordnungen[10] übertritt.

[1] D. h. gegen die Störung der äußeren Ordnung, der äußeren Heilighaltung der Sonn- und Festtage: RG. 20 81.

[2] Des Landesrechts. [3] Vgl. § 116 Anm. 1.

[4] Vgl. § 243 Anm. 16.

[5] Nicht aber durch Ansteckung. So: Frank.

[6] Wirkliches Treffen ist nicht nötig: RG. 3 306.

[7] Vgl. § 242 Anm. 1. [8] Vgl. § 243 Anm. 2.

[9] Vgl. dazu § 243 Anm. 4.

[10] Nur allgemein verbindliche Vorschriften fallen hierunter.

Übertretung der Uferschutzverordnungen.

366a. (SchG.) Wer die zum Schutze der Dünen und der Fluß- und Meeresufer, sowie der auf denselben vorhandenen Anpflanzungen und Anlagen erlassenen Polizeiverordnungen übertritt, wird mit Geldstrafe bis zu einhundertfünfzig Mark oder mit Haft bestraft.

367. (SchG.) Mit Geldstrafe bis zu einhundertfünfzig Mark oder mit Haft wird bestraft:

1.[1] wer ohne Vorwissen der Behörde[2] einen Leichnam beerdigt oder beiseite schafft,[3] oder wer unbefugt einen Teil einer Leiche aus dem Gewahrsam[4] der dazu berechtigten Personen wegnimmt;[5]

2. wer den polizeilichen Anordnungen über vorzeitige Beerdigungen entgegenhandelt;

3. wer ohne polizeiliche Erlaubnis Gift[6] oder Arzneien, soweit der Handel mit denselben nicht freigegeben ist,[7] zubereitet, feilhält,[8] verkauft[9] oder sonst an andere überläßt;

4. wer ohne die vorgeschriebene Erlaubnis Schießpulver oder andere explodierende Stoffe oder Feuerwerke zubereitet;[10]

5. wer bei der Aufbewahrung oder bei der Beförderung von Giftwaren,[6] Schießpulver oder Feuerwerken, oder bei der Aufbewahrung, Beförderung, Verausgabung oder Verwendung von Sprengstoffen oder anderen explodierenden Stoffen, oder bei Ausübung der Befugnis zur Zubereitung oder Feilhaltung[8] dieser Gegenstände, sowie der Arzneien die deshalb ergangenen Verordnungen nicht befolgt;[11]

5a. wer bei Versendung oder Beförderung von leicht entzündlichen oder ätzenden Gegenständen durch die Post die deshalb ergangenen Verordnungen nicht befolgt;[12]

6. wer Waren, Materialien oder andere Vorräte,[13] welche sich leicht von selbst entzünden oder leicht Feuer fangen, an Orten oder in Behältnissen[14] aufbewahrt,[15] wo ihre Entzündung gefährlich werden kann, oder wer Stoffe, die nicht ohne Gefahr einer Entzündung beieinander liegen können, ohne Absonderung aufbewahrt;[15]

7. wer verfälschte[16] oder verdorbene[17] Getränke oder Eßwaren, insbesondere trichinenhaltiges Fleisch feilhält[8] oder verkauft;[18]
8. wer ohne polizeiliche Erlaubnis an bewohnten oder von Menschen besuchten Orten Selbstgeschosse, Schlageisen oder Fußangeln legt, oder an solchen Orten mit Feuergewehr oder anderem Schießwerkzeuge schießt,[19] oder Feuerwerkskörper abbrennt;
9. wer einem gesetzlichen Verbot zuwider Stoß-, Hieb- oder Schußwaffen, welche in Stöcken oder Röhren oder in ähnlicher Weise verborgen sind, feilhält[8] oder mit sich führt;[20]
10.[21] wer bei einer Schlägerei,[22] in welche er nicht ohne sein Verschulden hineingezogen worden ist,[23] oder bei einem Angriff[24] sich einer Waffe,[25] insbesondere eines Messers oder eines anderen gefährlichen Werkzeuges[26] bedient;
11. wer ohne polizeiliche Erlaubnis gefährliche wilde Tiere hält, oder wilde oder bösartige Tiere frei umherlaufen läßt, oder in Ansehung ihrer die erforderlichen Vorsichtsmaßregeln zur Verhütung von Beschädigungen unterläßt;
12. wer auf öffentlichen[27] Straßen, Wegen oder Plätzen, auf Höfen, in Häusern und überhaupt an Orten, an welchen Menschen verkehren, Brunnen, Keller, Gruben, Öffnungen oder Abhänge dergestalt unverdeckt oder unverwahrt läßt, daß daraus Gefahr für andere entstehen kann;[28]
13.[29] wer trotz der polizeilichen Aufforderung es unterläßt, Gebäude,[30] welche den Einsturz drohen, auszubessern oder niederzureißen;

14.[29] wer Bauten oder Ausbesserungen von Gebäuden, Brunnen, Brücken, Schleusen oder anderen Bauwerken[31] vornimmt, ohne die von der Polizei angeordneten oder sonst erforderlichen Sicherungsmaßregeln zu treffen;[32]

15.[29] wer als Bauherr, Baumeister oder Bauhandwerker einen Bau oder eine Ausbesserung, wozu die polizeiliche Genehmigung erforderlich ist, ohne diese Genehmigung oder mit eigenmächtiger Abweichung von dem durch die Behörde genehmigten Bauplane ausführt oder ausführen läßt;[33]

16. wer den über das Abhalten von öffentlichen[27] Versteigerungen und über das Verabfolgen geistiger Getränke vor und bei öffentlichen Versteigerungen erlassenen polizeilichen Anordnungen zuwiderhandelt.[34]

In den Fällen der Nr. 7 bis 9 kann neben der Geldstrafe oder der Haft auf die Einziehung der verfälschten oder verdorbenen Getränke oder Eßwaren, ingleichen der Selbstgeschosse, Schlageisen oder Fußangeln sowie der verbotenen Waffen erkannt werden, ohne Unterschied, ob sie dem Verurteilten gehören oder nicht.

[1] Vgl. § 168. [2] Vgl. § 114 Anm. 4.
[3] Vgl. § 133 Anm. 8. [4] Vgl. § 242 Anm. 5.
[5] Vgl. § 242 Anm. 5 u. 6. [6] Vgl. § 229 Anm. 1.

[7] Vgl. GewO. §§ 6, 56 Ziff. 9, § 42a, dazu ebenda § 148 Abs. 1 Ziff. 5 und 7a, § 34; VO. v. 22. Okt. 1901, betr. den Verkehr mit Arzneimitteln, insbesondere § 1 und VO. v. 11. März 1911. — Über das Verhältnis von § 363 Ziff. 3 und GewO. § 148 Abs. 1 Ziff. 7a vgl. RG. **47** 20. [8] Vgl. § 184 Anm. 4.

[9] Auch der Gewerbegehilfe macht sich durch den Verkauf strafbar: RG. **27** 167.

[10] Vgl. GewO. §§ 16, 147 Ziff. 2; SprengstoffG. §§ 1, 9.

[11] Vgl. z. B. SprengstoffG. §§ 1, 9, auch § 8; Eisenbahn-Verkehrsordnung v. 23. Dezember 1908 § 29; die verschiedenen Postordnungen. — Für Preußen auch die Ministerialverordnung v. 22. Febr. 1906.

[12] Vgl. §§ 5ff. der Reichspostordnung v. 20. März 1900.

[13] Vgl. § 308 Anm. 4. [14] Vgl. § 243 Anm. 9 a. E.

[15] Bis zur Zeit der bestimmungsgemäßen Verwendung lagern: RG. **22** 435.

[16] Der Beschaffenheit nach verschlechterte; aber auch dem Anschein nach bessere: RG. **5** 179. Fälschung der Bezeichnung gehört nicht hierher, da die Beschaffenheit der Sache nicht berührt ist: RG. **4** 434.

[17] D. h. nach Herstellung oder schon im Entwicklungsstadium nachteilig verändert, wodurch Tauglichkeit und Verwertbarkeit aufgehoben oder gemindert wurden: RG. **26** 419.

[18] Ziff. 7 ist durch §§ 10ff. G. v. 14. Mai 1879 nicht aufgehoben (RG. **6** 34; **6** 268; **12** 301); sondern findet Anwendung, soweit nicht der Tatbestand der §§ 10, 11 gegeben ist: RG. **26** 419; — Polizeiverordnungen, welche eine Untersuchung des Fleisches bei Strafe vorschreiben, bleiben bestehen. Auch ohne solche Vorschriften bildet das Unterlassen der Untersuchung in der Regel eine Fahrlässigkeit. Vgl. RG. **6** 41.

[19] Nicht der Beamte, der zum Gebrauch der Schußwaffe amtlich ermächtigt ist: RG. **44** 353.

[20] Eine Einschränkung der Befugnis, Waffen zu tragen, ist der Polizeigesetzgebung nicht entzogen: RG. **36** 109. Vgl. auch RG. **42** 302. [21] Vgl. § 227.

[22] Vgl. § 227 Anm. 2. [23] Vgl. § 227 Anm. 6.

[24] Hier braucht der „Angriff" nicht von mehreren auszugehen: RG. **13** 3. [25] Vgl. § 223a Anm. 4.

[26] Vgl. § 223a Anm. 5. [27] Vgl. § 116 Anm. 1.

[28] Nicht immer haftet der Eigentümer des Brunnens usw., sondern unter Umständen auch ein Inhaber oder Verwalter: RG. **15** 58. [29] Vgl. § 330.

[30] Vgl. § 243 Anm. 2. [31] Vgl. § 305 Anm. 6.

[32] Strafbar sind Bauunternehmer und Baumeister.

[33] Die Verjährung beginnt mit dem Ende der Bautätigkeit. Es liegt ein Dauerdelikt vor. Vgl. auch RG. 37 79.

[34] Ergänzend GewO. § 148 Abs. 1 Ziff. 4a.

368. (SchG.) Mit Geldstrafe bis zu sechzig Mark oder mit Haft bis zu vierzehn Tagen wird bestraft:

1. wer den polizeilichen Anordnungen über die Schließung der Weinberge zuwiderhandelt;
2. wer das durch gesetzliche oder polizeiliche Anordnungen gebotene Raupen unterläßt;[1]
3. wer ohne polizeiliche Erlaubnis eine neue Feuerstätte[2] errichtet oder eine bereits vorhandene an einen anderen Ort verlegt;[3]
4. wer es unterläßt, dafür zu sorgen, daß die Feuerstätten[2] in seinem Hause in baulichem und brandsicherem Zustande unterhalten, oder daß die Schornsteine zur rechten Zeit gereinigt werden;
5. wer Scheunen, Ställe, Böden oder andere Räume, welche zur Aufbewahrung feuerfangender Sachen[4] dienen, mit unverwahrtem[5] Feuer oder Licht betritt,[6] oder sich denselben mit unverwahrtem Feuer oder Licht nähert;[6]
6. wer an gefährlichen Stellen in Wäldern oder Heiden oder in gefährlicher Nähe von Gebäuden[7] oder feuerfangenden Sachen[4] Feuer anzündet;
7. wer in gefährlicher Nähe von Gebäuden[7] oder feuerfangenden Sachen[4] mit Feuergewehr schießt oder Feuerwerke abbrennt;
8. wer die polizeilich vorgeschriebenen Feuerlöschgerätschaften überhaupt nicht oder nicht in brauchbarem Zustande hält oder andere feuerpolizeiliche Anordnungen nicht befolgt;

9. wer unbefugt über Gärten oder Weinberge oder vor beendeter Ernte über Wiesen oder bestellte Äcker[8] oder über solche Äcker, Wiesen, Weiden oder Schonungen, welche mit einer Einfriedigung versehen sind, oder deren Betreten durch Warnungszeichen untersagt ist, oder auf einem durch Warnungszeichen geschlossenen Privatwege geht, fährt, reitet oder Vieh treibt;[9]
10. wer ohne Genehmigung des Jagdberechtigten oder ohne sonstige Befugnis[10] auf einem fremden Jagdgebiete außerhalb des öffentlichen, zum gemeinen Gebrauche bestimmten Weges, wenn auch nicht jagend, doch zur Jagd ausgerüstet,[11] betroffen wird;[12.13]
11. wer unbefugt[14] Eier oder Junge von jagdbarem Federwild oder von Singvögeln[15] ausnimmt.[16]

[1] Ergänzend: Preuß. Feld- und Forstpolizeigesetz v. 1. April 1880 § 34. [2] Auch Schornsteine.

[3] Mit der Errichtung oder Verlegung beginnt die Verjährung (kein Dauerdelikt): RG. 22 435.

[4] Vgl. § 242 Anm. 3. Die Eigenschaft einer Sache als feuerfangender bleibt dadurch, daß sie in einem geschlossenen Gefäße aufbewahrt wird, unverändert: RG. 30 108 (113).

[5] Vgl. hierzu RG. 7 207.

[6] Auch im Raume entzündet: RG. 30 108 (115).

[7] Vgl. § 243 Anm. 2.

[8] Teil des Erdbodens, der zur Gewinnung von Bodenerzeugnissen bestimmt: RG. 36 395.

[9] Die besonderen Bestimmungen über Pfändungen sowie über Weidefrevel in den Feld-Polizei-Ordnungen bleiben bestehen. Vgl. EG. § 2 Abs. 2; PostG. §§ 17, 18; BGB. § 917.

[10] Vgl. § 64 Abs. 2 der Preuß. Jagdordnung v. 15. Juli 1907.

[11] Jener, welcher ein Jagdwerkzeug in solchem Zustande mit sich führt, daß davon sofort Gebrauch gemacht werden kann; sollte das Gewehr auch ungeladen sein: RG. 9 412.

[12] Förster in Ausübung des Forstschutzes, sind nicht strafbar: RG. **16** 197.

[13] Fahrlässige Übertretung dieser Vorschrift ist möglich nach RG. **38** 104, da sie als polizeiliche Vorschrift erscheint.

[14] Ergänzend: Preuß. Feld- und Forstpolizeigesetz § 33. — Vgl. hinsichtlich einschlagender Befugnisse die Pr. Jagdordnung v. 15. Juli 1907 §§ 30, 42.

[15] Auf diese findet das G. v. 22. März 1888, betr. den Schutz von Vögeln (jetzt G. v. 30. Mai 1908) Anwendung.

[16] § 368 Ziff. 11 erscheint gegenüber § 292 als das speziellere Gesetz: RG. **40** 239.

369. (SchG.) Mit Geldstrafe bis zu einhundert Mark oder mit Haft bis zu vier Wochen werden bestraft:

1. Personen,[1] welche ohne obrigkeitliche Anweisung oder ohne Genehmigung des Inhabers einer Wohnung Schlüssel zu Zimmern oder Behältnissen[2] in der letzteren anfertigen oder Schlösser an denselben öffnen, ohne Genehmigung des Hausbesitzers oder seines Stellvertreters einen Hausschlüssel anfertigen oder ohne Erlaubnis der Polizeibehörde Nachschlüssel[3] oder Dietriche verabfolgen;

(2.[4] Gewerbetreibende, bei denen zum Gebrauche in ihrem Gewerbe geeignete, mit dem gesetzlichen Eichungsstempel nicht versehene oder unrichtige Maße, Gewichte oder Wagen vorgefunden werden, oder welche sich einer anderen Verletzung der Vorschriften über die Maß- und Gewichtspolizei schuldig machen;[4])

3. Gewerbetreibende, welche in Feuer arbeiten, wenn sie die Vorschriften nicht befolgen, welche von der Polizeibehörde wegen Anlegung und Verwahrung ihrer Feuerstätten sowie wegen der Art und der Zeit, sich des Feuers zu bedienen, erlassen sind.

(Im Falle der Nr. 2 ist neben der Geldstrafe oder der Haft auf die Einziehung der vorschriftswidrigen Maße, Gewichte, Wagen oder sonstigen Meßwerkzeuge zu erkennen.[4])

[1] An Stelle von „Schlosser" eingesetzt durch G. v. 19. Juni 1912.

[2] Vgl. § 243 Anm. 9.

[3] Falsche Schlüssel.

[4] Ziffer 2 und Absatz 2 sind aufgehoben durch § 23 Abs. 3 der Maß- und Gewichtsordnung vom 30. Mai 1908 (in Kraft seit 1. April 1912). Vgl. jetzt § 22 der Maß- und GewichtsO.

370. Mit Geldstrafe bis zu einhundertfünfzig Mark oder mit Haft wird bestraft:

1.[1] wer unbefugt ein fremdes Grundstück, einen öffentlichen oder Privatweg oder einen Grenzrain durch Abgraben oder Abpflügen verringert;[2, 3]

2. wer unbefugt von[4] öffentlichen oder Privatwegen Erde, Steine oder Rasen oder aus[4] Grundstücken, welche einem anderen gehören, Erde, Lehm, Sand, Grand oder Mergel gräbt, Plaggen oder Bülten haut, Rasen, Steine, Mineralien, zu deren Gewinnung es einer Verleihung, einer Konzession oder einer Erlaubnis der Behörde nicht bedarf, oder ähnliche Gegenstände[4] wegnimmt;[5]

3. wer von einem zum Dienststande gehörenden Unteroffizier oder Gemeinen des Heeres oder der Marine ohne die schriftliche Erlaubnis des vorgesetzten Kommandeurs Montierungs- oder Armaturstücke kauft oder zum Pfande nimmt;[6]

4.[7] wer unberechtigt fischt[8] oder krebst;

5.[9] wer Nahrungs-[10] oder Genußmittel[11] oder andere Gegenstände des hauswirtschaftlichen Verbrauchs[12] in geringer Menge oder von unbedeutendem Werte[13] zum[14] alsbaldigen Verbrauch[15] entwendet oder unterschlägt.[16]

Wer die Tat gegen einen Verwandten absteigender Linie oder gegen seinen Ehegatten begeht, bleibt straflos;[17]

6. wer Getreide oder andere zur Fütterung des Viehes bestimmte oder geeignete Gegenstände wider Willen des Eigentümers wegnimmt,[18] um dessen Vieh damit zu füttern.[19]

In den Fällen der Nr. 5 und 6 tritt die Verfolgung nur auf Antrag ein. Die Zurücknahme des Antrages ist zulässig.

[1] Vgl. § 274 Ziff. 2.

[2] Ziff. 1 setzt nicht einen fremden Grenzrain voraus, vielmehr bezieht sie sich auch auf einen gemeinschaftlichen, wobei gemeinschaftliches Eigentum nicht erforderlich ist; es genügt gemeinschaftlicher Besitz (darauf beruhend z. B. Verletzung einer Dienstbarkeit): RG. 26 74.

[3] Vgl. § 274 Anm. 10.

[4] D. h. Bodenbestandteile, z. B. ungestochener Torf. Wegnahme von gestochenem Torf ist Diebstahl: RG. 21 30.

[5] Vgl. § 242 Anm. 5, 6.

[6] Die in dessen Eigentum stehen. Sonst Hehlerei.

[7] Vgl. § 296 nebst Anm. [8] Vgl. § 296 Anm. 3.

[9] Fassung des Ges. v. 19. Juni 1912 (Änderungen in Sperrdruck). — Lex specialis gegenüber den Bestimmungen über Diebstahl und Unterschlagung; aber nicht im Verhältnis zu § 350: RG. 46 376, Binding, v. Liszt. A. A. betr. § 350: Frank. Vgl. auch Anm. 16 unten; dann § 244 Anm. 2.

[10] Die zur Ernährung des menschlichen Körpers bestimmten Eßwaren und Getränke. Nicht: Viehfutter: R. 2 294; wohl aber Saatkartoffeln, solange sie noch genießbar sind: RG. 1 223.

[11] „Stoffe, die, von dem Körper aufgenommen, einen Reiz auf das Nervensystem auszuüben geeignet und bestimmt sind". (v. Liszt.) So: Tabak, Zigarren, Parfüms. Nicht: Blumen: RG. 4 72; nicht: Feuerungsmaterial (z. B. Torf): RG. 9 46.

[10.11] Tatbestand des Mundraubes.

[12] Alle Gegenstände, die im gewöhnlichen Leben zur Befriedigung eines hauswirtschaftlichen Bedürfnisses verbraucht zu werden pflegen, einerlei ob mit diesem Verbrauch ein unmittelbares Genießen des Menschen verbunden ist oder nicht: RG. **46** 247 (261) im Gegensatz zum Oberreichsanwalt (vgl. RG. **46** 258); z. B. Viehfutter: RG. **46** 379, **47** 247 (265). Nicht: Wäschestücke: RG. **46** 422.

[13] Vgl. §§ 247 Anm. 7; 248a Anm. 3. Bei mehreren Tätern entscheidet der Gesamtwert der Nahrungsmittel: RG. **8** 406. Ist der Vorsatz auf sukzessive Wegnahme größerer Mengen gerichtet, so liegt Diebstahl vor: RG. **17** 332.

[14] Absicht, vgl. § 59 Anm. 4.

[15] Auch dritter Personen: RG. **13** 371. — Welcher Art der Verbrauch, d. h. das Ausnutzen bis zum etwaigen völligen Verschwinden ist, das ist gleichgültig: RG. **47** 80.

[16] Ob die Entwendung unter erschwerenden Umständen (vgl. § 243) erfolgte, ist gleichgültig; dann ist nur § 370 Ziff. 5 anzuwenden: RG. **46** 376. So: v. Liszt, Meyer. A. A: Binding. Auch RG. **30** 67 nimmt an, daß § 370 Ziff. 5 und schwerer Diebstahl (§ 243) in einer Handlung rechtlich zusammentreffen können. Vgl. dazu auch § 243 Anm. 10. Dagegen bleibt § 370 Ziff. 5 ausgeschlossen, wenn die Tatbestände der §§ 249 oder 252 vorliegen: RG. **46** 376. Vgl. auch Anm. 9. — § 370 Ziff. 5 und § 133 Abs. 1 stehen u. U. in Idealkonkurrenz, dagegen nicht § 133 Abs. 2 und § 370 Ziff. 5: RG. **43** 175.

[17] § 247 Abs. 3 findet hier keine Anwendung.

[18] Vgl. § 242 Anm. 5, 6.

[19] Aneignung findet also nicht statt.

Anhang.

1. Gesetz, betr. die Einführung des Strafgesetzbuchs für das Deutsche Reich in Elsaß-Lothringen.

Vom 30. August 1871 (GBl. f. EL. S. 255).

I. Das anliegende Strafgesetzbuch für das Deutsche Reich tritt in Elsaß-Lothringen mit dem 1. Oktober 1871 in Kraft.

Die Bestimmungen dieses Gesetzbuches, in welchen von Bundesstaaten oder deren Beziehungen die Rede ist, finden auch auf Elsaß-Lothringen und dessen entsprechende Beziehungen Anwendung.

II. Mit dem 1. Oktober 1871 treten alle Strafbestimmungen, insoweit sie Materien[1] betreffen, welche Gegenstand des Strafgesetzbuchs für das Deutsche Reich sind, außer Kraft.

In Kraft bleiben die besonderen Vorschriften über die durch das Strafgesetzbuch nicht berührten Materien, namentlich über strafbare Verletzungen der Preßpolizei-,[2] Post-, Steuer-, Zoll-, Fischerei-, Jagd-, Forst- und Feldpolizei-Gesetze, über Mißbrauch des Vereins- und Versammlungsrechts,[3] über den Holz- (Forst-) Diebstahl und über Schulversäumnisse.

[1] Vgl. EGStGB. § 2 Anm. 2.

[2] Siehe jetzt das G. v. 8. Aug. 1898 über die Presse in Elsaß-Lothringen; hiernach gilt das Reichspreßgesetz in Elsaß-Lothringen mit Ausnahme der §§ 14, 23—29, 31; vgl. auch Ministerial-Bekanntmachung dazu v. 13. Aug. 1898.

[3] Vgl. hierzu EGStGB. § 2 Anm. 4.

III. Wenn in Landesgesetzen auf strafrechtliche Vorschriften, welche durch das Strafgesetzbuch für das Deutsche Reich außer Kraft gesetzt sind, verwiesen wird, so treten die entsprechenden Vorschriften des letzteren an die Stelle der ersteren.

IV. Die in den §§ 81, 88, 90, 307, 311, 312, 315, 322, 323 und 324 des Strafgesetzbuchs für das Deutsche Reich mit lebenslänglichem Zuchthause bedrohten Verbrechen sind mit dem Tode zu bestrafen, wenn sie in einem Teile des Reichs, welcher in Kriegszustand erklärt ist, oder während eines gegen das Reich ausgebrochenen Krieges auf dem Kriegsschauplatze begangen werden.

V. Vom 1. Oktober 1871 ab darf nur auf die im Strafgesetzbuche für das Deutsche Reich enthaltenen Strafarten erkannt werden.

Wenn in den Landesgesetzen Todesstrafe, travaux forcés, déportation oder réclusion angedroht sind, ist auf Zuchthaus, wenn détention angedroht ist, auf Festungshaft, wenn dégradation civique angedroht ist, auf Gefängnis mit oder ohne Aberkennung der bürgerlichen Ehrenrechte, wenn emprisonnement oder prison angedroht ist, auf Gefängnis, falls aber die angedrohte Strafe die Dauer von sechs Wochen nicht übersteigt, auf Haft zu erkennen.

Wenn in den Landesgesetzen anstatt der Gefängnis- oder Geldstrafe Forst- oder Gemeindearbeit angedroht oder nachgelassen ist, so behält es hierbei sein Bewenden.

An Stelle des Art. **VI**, der sich auf die Verjährung der Zivilklagen aus den strafbaren Handlungen bezieht, kommt in Zukunft das BGB. in Betracht.

Art. **VII** Ziff. 1 ist aufgehoben und ersetzt durch § 7 elsaß-lothring. EGHGB. v. 19. Juni 1872.

Art. **VII** Ziff. 2 und 3 und Art. **VIII** sind aufgehoben durch EGKO. § 4 Abs. 2. Vgl. auch EG. § 2 Abs. 3.

Art. **IX** ist durch das G. v. 6. Febr. 1875 § 69 in der Fassung des EGBGB. Art. 46 IV beseitigt bzw. ersetzt. Abweichend für Ziff. 1: Frank.

Art. **X** ist ersetzt durch § 68 des G. v. 6. Febr. 1875.

XI. Die in § 1 des Strafgesetzbuchs aufgestellte Einteilung der strafbaren Handlungen in Verbrechen, Vergehen, Übertretungen greift auch Platz für diejenigen strafbaren

Handlungen, auf welche andere Strafgesetze als das gegenwärtige Strafgesetzbuch anzuwenden sind. Ist die Strafe in diesen Gesetzen als eine willkürliche bezeichnet, so ist die Handlung eine Übertretung.

XII. (Abs. 1 und 2 sind ersetzt durch die Zuständigkeitsbestimmungen des GVG.).

Abs. 3. Ob ein Verweis mündlich oder schriftlich zu erteilen, bleibt dem richterlichen Ermessen überlassen.

XIII. Aufgehoben durch die StPO. bzw. EGStPO. § 6.

XIV. Hinsichtlich der Bestrafung der Schulversäumnisse bleibt es bei dem bestehenden Verfahren.

XV. Aufgehoben (wie Art. XIII).

XVI. Aufgehoben. Vgl. E.-L. G. v. 12. Juli 1873 (Kriegsgerichte) und v. 24. Jan. 1881, betr. Aufhebung des Kriegsgerichts in Straßburg.

---

2. Gewerbeordnung für das Deutsche Reich.

Vom 21. Juni 1869.

In der Fassung der Bek. v. 26. Juli 1900 (RGBl. S. 871).

§ 152. Alle Verbote und Strafbestimmungen gegen Gewerbetreibende, gewerbliche Gehilfen, Gesellen oder Fabrikarbeiter wegen Verabredungen und Vereinigungen zum Behufe der Erlangung günstiger Lohn- und Arbeitsbedingungen, insbesondere mittels Einstellung der Arbeit oder Entlassung der Arbeiter, werden aufgehoben.

Jedem Teilnehmer steht der Rücktritt von solchen Vereinigungen und Verabredungen frei, und es findet aus letzteren weder Klage noch Einrede statt.

§ 153. Wer andere durch Anwendung körperlichen Zwanges, durch Drohungen, durch Ehrverletzung oder durch Verrufserklärung bestimmt oder zu bestimmen versucht, an solchen Verabredungen (§ 152) teilzunehmen, oder ihnen Folge zu leisten, oder andere durch gleiche Mittel hindert oder zu hindern versucht, von solchen Verabredungen zurückzutreten, wird mit Gefängnis bis zu drei Monaten bestraft, sofern nach dem allgemeinen Strafgesetz nicht eine härtere Strafe eintritt.

3. Gesetz über die Presse.

Vom 7. Mai 1874 (RGBl. S. 65).

I. Einleitende Bestimmungen.

§ 1. Die Freiheit der Presse unterliegt nur denjenigen Beschränkungen, welche durch das gegenwärtige Gesetz vorgeschrieben oder zugelassen sind.

§ 2. Das gegenwärtige Gesetz findet Anwendung auf alle Erzeugnisse der Buchdruckerpresse, sowie auf alle anderen, durch mechanische oder chemische Mittel bewirkten, zur Verbreitung bestimmten Vervielfältigungen von Schriften und bildlichen Darstellungen mit oder ohne Schrift, und von Musikalien mit Text oder Erläuterungen.

Was im folgenden von „Druckschriften" verordnet ist, gilt für alle vorstehend bezeichneten Erzeugnisse.

§ 3. Als Verbreitung einer Druckschrift im Sinne dieses Gesetzes gilt auch das Anschlagen, Ausstellen oder Auslegen derselben an Orten, wo sie der Kenntnisnahme durch das Publikum zugänglich ist.

§ 4. Eine Entziehung der Befugnis zum selbständigen Betriebe irgendeines Preßgewerbes oder sonst zur Herausgabe und zum Vertriebe von Druckschriften kann weder im administrativen, noch im richterlichen Wege stattfinden.

Im übrigen sind für den Betrieb der Preßgewerbe die Bestimmungen der Gewerbeordnung maßgebend.

§ 5. Die nicht gewerbsmäßige öffentliche Verbreitung von Druckschriften kann durch die Ortspolizeibehörde denjenigen Personen verboten werden, welchen nach den Bestimmungen der §§ 57 Nr. 1, 2, 4, 57a, 57b Nr. 1 und 2 der Gewerbeordnung ein Legitimationsschein versagt werden darf.

Zuwiderhandlungen gegen ein solches Verbot werden nach § 148 der Gewerbeordnung bestraft.

II. Ordnung der Presse.

§ 6. Auf jeder im Geltungsbereich dieses Gesetzes erscheinenden Druckschrift muß der Name und Wohnort des Druckers und, wenn sie für den Buchhandel, oder sonst zur Verbreitung bestimmt ist, der Name und Wohnort des Verlegers, oder — beim Selbstvertriebe der Druckschrift — des Verfassers oder Herausgebers genannt sein. An Stelle des Namens des Druckers oder Verlegers genügt die Angabe der in das Handelsregister eingetragenen Firma.

Ausgenommen von dieser Vorschrift sind die nur zu den Zwecken des Gewerbes und Verkehrs, des häuslichen und geselligen Lebens dienenden Druckschriften, als: Formulare, Preiszettel, Visitenkarten und dergleichen, sowie Stimmzettel für öffentliche Wahlen, sofern sie nichts weiter als Zweck, Zeit und Ort der Wahl und die Bezeichnung der zu wählenden Personen enthalten.

§ 7. Zeitungen und Zeitschriften, welche in monatlichen oder kürzeren, wenn auch unregelmäßigen Fristen erscheinen (periodische Druckschriften im Sinne dieses Gesetzes), müssen außerdem auf jeder Nummer, jedem Stücke oder Hefte den Namen und Wohnort des verantwortlichen Redakteurs enthalten.

Die Benennung mehrerer Personen als verantwortliche Redakteure ist nur dann zulässig, wenn aus Form und Inhalt der Benennung mit Bestimmtheit zu ersehen ist, für welchen Teil der Druckschrift jede der benannten Personen die Redaktion besorgt.

§ 8. Verantwortliche Redakteure periodischer Druckschriften dürfen nur Personen sein, welche verfügungsfähig, im Besitze der bürgerlichen Ehrenrechte sind und im Deutschen Reiche ihren Wohnsitz oder gewöhnlichen Aufenthalt haben.

§ 9. Von jeder Nummer (Heft, Stück) einer periodischen Druckschrift muß der Verleger, sobald die Austeilung oder Versendung beginnt, ein Exemplar gegen eine ihm sofort zu erteilende Bescheinigung an die Polizeibehörde des Ausgabeorts unentgeltlich abliefern.

Diese Vorschrift findet keine Anwendung auf Druckschriften, welche ausschließlich Zwecken der Wissenschaft, der Kunst, des Gewerbes oder der Industrie dienen.

§ 10. Der verantwortliche Redakteur einer periodischen Druckschrift, welche Anzeigen aufnimmt, ist verpflichtet, die ihm von öffentlichen Behörden mitgeteilten amtlichen Bekanntmachungen auf deren Verlangen gegen Zahlung der üblichen Einrückungsgebühren in eine der beiden nächsten Nummern des Blattes aufzunehmen.

§ 11. Der verantwortliche Redakteur einer periodischen Druckschrift ist verpflichtet, eine Berichtigung der in letzterer mitgeteilten Tatsachen auf Verlangen einer beteiligten öffentlichen Behörde oder Privatperson ohne Einschaltungen oder Weglassungen aufzunehmen, sofern die Berichtigung von dem Einsender unterzeichnet ist, keinen strafbaren Inhalt hat und sich auf tatsächliche Angaben beschränkt.

Der Abdruck muß in der nach Empfang der Einsendung nächstfolgenden, für den Druck nicht bereits abgeschlossenen Nummer und zwar in demselben Teile der Druckschrift und mit derselben Schrift, wie der Abdruck des zu berichtigenden Artikels geschehen.

Die Aufnahme erfolgt kostenfrei, soweit nicht die Entgegnung den Raum der zu berichtigenden Mitteilung überschreitet; für die über dieses Maß hinausgehenden Zeilen sind die üblichen Einrückungsgebühren zu entrichten.

§ 12. Auf die von den deutschen Reichs-, Staats- und Gemeindebehörden, von dem Reichstage oder von der Landesvertretung eines deutschen Bundesstaats ausgehenden Druckschriften finden, soweit sich ihr Inhalt auf amtliche Mitteilungen beschränkt, die Vorschriften der §§ 6 bis 11 keine Anwendung.

§ 13. Die auf mechanischem oder chemischem Wege vervielfältigten periodischen Mitteilungen (lithographierte, autographierte, metallographierte, durchschriebene Korrespondenzen) unterliegen, sofern sie ausschließlich an Redaktionen verbreitet werden, den in diesem Gesetze für periodische Druckschriften getroffenen Bestimmungen nicht.

§ 14. Ist gegen eine Nummer (Stück, Heft) einer im Auslande erscheinenden periodischen Druckschrift binnen Jahresfrist zweimal eine Verurteilung auf Grund der §§ 41 und 42 des Strafgesetzbuchs erfolgt, so kann der Reichskanzler innerhalb zwei Monaten nach Eintritt der Rechtskraft des letzten Erkenntnisses das Verbot der ferneren Verbreitung dieser Druckschrift bis auf zwei Jahre durch öffentliche Bekanntmachung aussprechen.

Die in den einzelnen Bundesstaaten auf Grund der Landesgesetzgebung bisher erlassenen Verbote ausländischer periodischer Druckschriften treten außer Wirksamkeit.

§ 15. In Zeiten der Kriegsgefahr oder des Krieges können Veröffentlichungen über Truppenbewegungen oder Verteidigungsmittel durch den Reichskanzler mittels öffentlicher Bekanntmachung verboten werden.

§ 16. Öffentliche Aufforderungen mittels der Presse zur Aufbringung der wegen einer strafbaren Handlung erkannten Geldstrafen und Kosten, sowie öffentliche Bescheinigungen mittels der Presse über den Empfang der zu solchen Zwecken gezahlten Beiträge sind verboten.

Das zufolge solcher Aufforderungen Empfangene oder der Wert desselben ist der Armenkasse des Orts der Sammlung für verfallen zu erklären.

§ 17. Die Anklageschrift oder andere amtliche Schriftstücke eines Strafprozesses dürfen durch die Presse nicht eher veröffentlicht werden, als bis dieselben in öffentlicher Verhandlung kundgegeben worden sind oder das Verfahren sein Ende erreicht hat.

§ 18. Mit Geldstrafe bis zu eintausend Mark oder mit Haft oder mit Gefängnis bis zu sechs Monaten werden bestraft:

1. Zuwiderhandlungen gegen die in den §§ 14, 15, 16 und 17 enthaltenen Verbote;
2. Zuwiderhandlungen gegen die Bestimmungen der §§ 6, 7 und 8, welche durch falsche Angaben mit Kenntnis der Unrichtigkeit begangen werden.

Dieselbe Strafe trifft den Verleger einer periodischen Druckschrift auch dann, wenn er wissentlich geschehen läßt, daß auf derselben eine Person fälschlich als Redakteur benannt wird.

§ 19. Mit Geldstrafe bis zu einhundert und fünfzig Mark oder mit Haft werden bestraft:

1. Zuwiderhandlungen gegen die §§ 6, 7 und 8, welche nicht durch § 18 Ziffer 2 getroffen sind;
2. Zuwiderhandlungen gegen den § 9;
3. Zuwiderhandlungen gegen die §§ 10 und 11.

In den Fällen der Ziffer 3 tritt die Verfolgung nur auf Antrag ein, und hat das Strafurteil zugleich die Aufnahme des eingesandten Artikels in die nächstfolgende Nummer anzuordnen. Ist die unberechtigte Verweigerung im guten Glauben geschehen, so ist unter Freisprechung von Strafe und Kosten lediglich die nachträgliche Aufnahme anzuordnen.

III. Verantwortlichkeit für die durch die Presse begangenen strafbaren Handlungen.

§ 20. Die Verantwortlichkeit für Handlungen, deren Strafbarkeit durch den Inhalt einer Druckschrift begründet wird, bestimmt sich nach den bestehenden allgemeinen Strafgesetzen.

Ist die Druckschrift eine periodische, so ist der verantwortliche Redakteur als Täter zu bestrafen, wenn nicht durch besondere Umstände die Annahme seiner Täterschaft ausgeschlossen wird.

§ 21. Begründet der Inhalt einer Druckschrift den Tatbestand einer strafbaren Handlung, so sind

der verantwortliche Redakteur,
der Verleger,
der Drucker,
derjenige, welcher die Druckschrift gewerbsmäßig vertrieben oder sonst öffentlich verbreitet hat (Verbreiter),

soweit sie nicht nach § 20 als Täter oder Teilnehmer zu bestrafen sind, wegen Fahrlässigkeit mit Geldstrafe bis zu eintausend Mark oder mit Haft oder mit Festungshaft oder Gefängnis bis zu einem Jahre zu belegen, wenn sie nicht die Anwendung der pflichtgemäßen Sorgfalt oder Umstände nachweisen, welche diese Anwendung unmöglich gemacht haben.

Die Bestrafung bleibt jedoch für jede der benannten Personen ausgeschlossen, wenn sie als den Verfasser oder den Einsender, mit dessen Einwilligung die Veröffentlichung geschehen ist, oder, wenn es sich um eine nicht periodische Druckschrift handelt, als den Herausgeber derselben, oder als einen der in obiger Reihenfolge vor ihr Benannten eine Person bis zur Verkündigung des ersten Urteils nachweist, welche in dem Bereich der richterlichen Gewalt eines deutschen Bundesstaats sich befindet, oder falls sie verstorben ist, sich zur Zeit der Veröffentlichung befunden hat; hinsichtlich des Verbreiters ausländischer Druckschriften außerdem, wenn ihm dieselben im Wege des Buchhandels zugekommen sind.

IV. Verjährung.

§ 22. Die Strafverfolgung derjenigen Verbrechen und Vergehen, welche durch die Verbreitung von Druckschriften strafbaren Inhalts begangen werden, sowie derjenigen sonstigen Vergehen, welche in diesem Gesetze mit Strafe bedroht sind, verjährt in sechs Monaten.

V. Beschlagnahme.

§ 23. Eine Beschlagnahme von Druckschriften ohne richterliche Anordnung findet nur statt:

1. wenn eine Druckschrift den Vorschriften der §§ 6 und 7

nicht entspricht, oder den Vorschriften des § 14 zuwider verbreitet wird,

2. wenn durch eine Druckschrift einem auf Grund des § 15 dieses Gesetzes erlassenen Verbot zuwider gehandelt wird,

3. wenn der Inhalt einer Druckschrift den Tatbestand einer der in den §§ 85, 95, 111, 130 oder 184 des deutschen Strafgesetzbuchs mit Strafe bedrohten Handlungen begründet, in den Fällen der §§ 111 und 130 jedoch nur dann, wenn dringende Gefahr besteht, daß bei Verzögerung der Beschlagnahme die Aufforderung oder Anreizung ein Verbrechen oder Vergehen unmittelbar zur Folge haben werde.

§ 24. Über die Bestätigung oder Aufhebung der vorläufigen Beschlagnahme hat das zuständige Gericht zu entscheiden.

Diese Entscheidung muß von der Staatsanwaltschaft binnen vierundzwanzig Stunden nach Anordnung der Beschlagnahme beantragt und von dem Gericht binnen vierundzwanzig Stunden nach Empfang des Antrags erlassen werden.

Hat die Polizeibehörde die Beschlagnahme ohne Anordnung der Staatsanwaltschaft verfügt, so muß sie die Absendung der Verhandlungen an die letztere ohne Verzug und spätestens binnen zwölf Stunden bewirken. Die Staatsanwaltschaft hat entweder die Wiederaufhebung der Beschlagnahme mittels einer sofort vollstreckbaren Verfügung anzuordnen, oder die gerichtliche Bestätigung binnen zwölf Stunden nach Empfang der Verhandlungen zu beantragen.

Wenn nicht bis zum Ablaufe des fünften Tages nach Anordnung der Beschlagnahme der bestätigende Gerichtsbeschluß der Behörde, welche die Beschlagnahme angeordnet hat, zugegangen ist, erlischt die letztere und muß die Freigabe der einzelnen Stücke erfolgen.

§ 25. Gegen den Beschluß des Gerichts, welcher die vorläufige Beschlagnahme aufhebt, findet ein Rechtsmittel nicht statt.

§ 26. Die vom Gericht bestätigte, vorläufige Beschlagnahme ist wieder aufzuheben, wenn nicht binnen zwei Wochen nach der Bestätigung die Strafverfolgung in der Hauptsache eingeleitet worden ist.

§ 27. Die Beschlagnahme von Druckschriften trifft die Exemplare nur da, wo dergleichen zum Zwecke der Verbreitung sich befinden. Sie kann sich auf die zur Vervielfältigung dienenden Platten und Formen erstrecken; bei Druckschriften im engeren Sinne hat auf Antrag des Beteiligten statt Beschlagnahme des Satzes das Ablegen des letzteren zu geschehen.

Bei der Beschlagnahme sind die dieselbe veranlassenden Stellen der Schrift unter Anführung der verletzten Gesetze zu bezeichnen. Trennbare Teile der Druckschrift (Beilagen einer Zeitung usw.), welche nichts Strafbares enthalten, sind von der Beschlagnahme auszuschließen.

§ 28. Während der Dauer der Beschlagnahme ist die Verbreitung der von derselben betroffenen Druckschrift oder der Wiederabdruck der die Beschlagnahme veranlassenden Stellen unstatthaft.

Wer mit Kenntnis der verfügten Beschlagnahme dieser Bestimmung entgegenhandelt, wird mit Geldstrafe bis fünfhundert Mark oder mit Gefängnis bis zu sechs Monaten bestraft.

§ 29. Zur Entscheidung über die durch die Presse begangenen Übertretungen sind die Gerichte auch in denjenigen Bundesstaaten ausschließlich zuständig, wo zur Zeit noch deren Aburteilung den Verwaltungsbehörden zusteht.

Abs. 2 ist durch §§ 12, 13, 142 des GVG. gegenstandslos geworden.

VI. Schlußbestimmungen.

§ 30. Die für Zeiten der Kriegsgefahr, des Krieges, des erklärten Kriegs- (Belagerungs-) Zustandes oder innerer Unruhen (Aufruhrs) in bezug auf die Presse bestehenden besonderen gesetzlichen Bestimmungen bleiben auch diesem Gesetze gegenüber bis auf weiteres in Kraft.

Das Recht der Landesgesetzgebung, Vorschriften über das öffentliche Anschlagen, Anheften, Ausstellen, sowie die öffentliche, unentgeltliche Verteilung von Bekanntmachungen, Plakaten und Aufrufen zu erlassen, wird durch dieses Gesetz nicht berührt.

Dasselbe gilt von den Vorschriften der Landesgesetze über Abgabe von Freiexemplaren an Bibliotheken und öffentliche Sammlungen.

Vorbehaltlich der auf den Landesgesetzen beruhenden allgemeinen Gewerbesteuer findet eine besondere Besteuerung der Presse und der einzelnen Preßerzeugnisse (Zeitungs- und Kalenderstempel, Abgaben von Inseraten usw.) nicht statt.

§ 31. Dieses Gesetz tritt am 1. Juli 1874 in Kraft. Seine Einführung in Elsaß-Lothringen bleibt einem besonderen Gesetze vorbehalten.

---

4. Gesetz über die Beurkundung des Personenstandes und die Eheschließung.

Vom 6. Februar 1875 (RGBl. S. 23).

§ 67. Ein Geistlicher oder anderer Religionsdiener, welcher zu den religiösen Feierlichkeiten einer Eheschließung schreitet, bevor ihm nachgewiesen worden ist, daß die Ehe vor dem Standesbeamten geschlossen sei, wird mit Geldstrafe bis zu dreihundert Mark oder mit Gefängnis bis zu drei Monaten bestraft.

Eine strafbare Handlung ist nicht vorhanden, wenn der Geistliche oder der Religionsdiener im Falle einer lebensgefährlichen, einen Aufschub nicht gestattenden Erkrankung eines der Verlobten zu den religiösen Feierlichkeiten der Eheschließung schreitet.

§ 69. Ein Standesbeamter, welcher unter Außerachtlassung der in diesem Gesetze und in dem Bürgerlichen Gesetzbuche gegebenen Vorschriften eine Eheschließung vollzieht, wird mit Geldstrafe bis zu sechshundert Mark bestraft.

5. Konkursordnung.

Vom 10. Februar 1877.

In der Fassung des Gesetzes v. 17. Mai 1898 (RGBl. S. 612).

Drittes Buch.

Strafbestimmungen.

§§ 239—244. Abgedruckt oben S. 301 ff.

---

6. Gesetz, betreffend den Verkehr mit Nahrungsmitteln, Genußmitteln und Gebrauchsgegenständen.

Vom 14. Mai 1879 (RGBl. S. 145).

§ 1. Der Verkehr mit Nahrungs- und Genußmitteln, sowie mit Spielwaren, Tapeten, Farben, Eß-, Trink- und Kochgeschirr und mit Petroleum unterliegt der Beaufsichtigung nach Maßgabe dieses Gesetzes.

§ 2. Die Beamten der Polizei sind befugt, in die Räumlichkeiten, in welchen Gegenstände der in § 1 bezeichneten Art feilgehalten werden, während der üblichen Geschäftsstunden oder während die Räumlichkeiten dem Verkehr geöffnet sind, einzutreten.

Sie sind befugt, von den Gegenständen der in § 1 bezeichneten Art, welche in den angegebenen Räumlichkeiten sich befinden, oder welche an öffentlichen Orten, auf Märkten, Plätzen, Straßen oder im Umherziehen verkauft oder feilgehalten werden, nach ihrer Wahl Proben zum Zwecke der Untersuchung gegen Empfangsbescheinigung zu entnehmen. Auf Verlangen ist dem Besitzer ein Teil der Probe amtlich verschlossen oder versiegelt zurückzulassen. Für die entnommene Probe ist Entschädigung in Höhe des üblichen Kaufpreises zu leisten.

§ 3. Die Beamten der Polizei sind befugt, bei Personen, welche auf Grund der §§ 10, 12, 13 dieses Gesetzes zu einer Freiheitsstrafe verurteilt sind, in den Räumlichkeiten, in welchen Gegenstände der in § 1 bezeichneten Art feilgehalten werden, oder welche zur Aufbewahrung oder Herstellung solcher zum Verkaufe bestimmter Gegenstände dienen, während der in § 2 angegebenen Zeit Revisionen vorzunehmen.

Diese Befugnis beginnt mit der Rechtskraft des Urteils und erlischt mit dem Ablauf von drei Jahren von dem Tage an gerechnet, an welchem die Freiheitsstrafe verbüßt, verjährt oder erlassen ist.

§ 4. Die Zuständigkeit der Behörden und Beamten zu den in §§ 2 und 3 bezeichneten Maßnahmen richtet sich nach den einschlägigen landesrechtlichen Bestimmungen.

Landesrechtliche Bestimmungen, welche der Polizei weitergehende Befugnisse als die in §§ 2 und 3 bezeichneten geben, bleiben unberührt.

§ 5. Für das Reich können durch Kaiserliche Verordnung mit Zustimmung des Bundesrats zum Schutze der Gesundheit Vorschriften erlassen werden, welche verbieten:

1. bestimmte Arten der Herstellung, Aufbewahrung und Verpackung von Nahrungs- und Genußmitteln, die zum Verkaufe bestimmt sind;
2. das gewerbsmäßige Verkaufen und Feilhalten von Nahrungs- und Genußmitteln von einer bestimmten Beschaffenheit oder unter einer der wirklichen Beschaffenheit nicht entsprechenden Bezeichnung;
3. das Verkaufen und Feilhalten von Tieren, welche an bestimmten Krankheiten leiden, zum Zwecke des Schlachtens, sowie das Verkaufen und Feilhalten des Fleisches von Tieren, welche mit bestimmten Krankheiten behaftet waren;
4. die Verwendung bestimmter Stoffe und Farben zur Herstellung von Bekleidungsgegenständen, Spielwaren, Tapeten, Eß-, Trink- und Kochgeschirr, sowie das gewerbs-

mäßige Verkaufen und Feilhalten von Gegenständen, welche diesem Verbote zuwider hergestellt sind;

5. das gewerbsmäßige Verkaufen und Feilhalten von Petroleum von einer bestimmten Beschaffenheit.

§ 6. Für das Reich kann durch Kaiserliche Verordnung mit Zustimmung des Bundesrats das gewerbsmäßige Herstellen, Verkaufen und Feilhalten von Gegenständen, welche zur Fälschung von Nahrungs- oder Genußmitteln bestimmt sind, verboten oder beschränkt werden.

§ 7. Die auf Grund der §§ 5, 6 erlassenen Kaiserlichen Verordnungen sind dem Reichstag, sofern er versammelt ist, sofort, anderenfalls bei dessen nächstem Zusammentreten vorzulegen. Dieselben sind außer Kraft zu setzen, soweit der Reichstag dies verlangt.

§ 8. Wer den auf Grund der §§ 5, 6 erlassenen Verordnungen zuwiderhandelt, wird mit Geldstrafe bis zu einhundertfünfzig Mark oder mit Haft bestraft.

Landesrechtliche Vorschriften dürfen eine höhere Strafe nicht androhen.

§ 9. Wer den Vorschriften der §§ 2 bis 4 zuwider den Eintritt in die Räumlichkeiten, die Entnahme einer Probe oder die Revision verweigert, wird mit Geldstrafe von fünfzig bis zu einhundertfünfzig Mark oder mit Haft bestraft.

§ 10. Mit Gefängnis bis zu sechs Monaten und mit Geldstrafe bis zu eintausendfünfhundert Mark oder mit einer dieser Strafen wird bestraft:

1. wer zum Zwecke der Täuschung im Handel und Verkehr Nahrungs- oder Genußmittel nachmacht oder verfälscht;
2. wer wissentlich Nahrungs- oder Genußmittel, welche verdorben oder nachgemacht oder verfälscht sind, unter Verschweigung dieses Umstandes verkauft oder unter einer zur Täuschung geeigneten Bezeichnung feilhält.

§ 11. Ist die im § 10 Nr. 2 bezeichnete Handlung aus Fahrlässigkeit begangen worden, so tritt Geldstrafe bis zu einhundertfünfzig Mark oder Haft ein.

§ 12. Mit Gefängnis, neben welchem auf Verlust der bürgerlichen Ehrenrechte erkannt werden kann, wird bestraft:

1. wer vorsätzlich Gegenstände, welche bestimmt sind, anderen als Nahrungs- oder Genußmittel zu dienen, derart herstellt, daß der Genuß derselben die menschliche Gesundheit zu beschädigen geeignet ist, ingleichen wer wissentlich Gegenstände, deren Genuß die menschliche Gesundheit zu beschädigen geeignet ist, als Nahrungs- oder Genußmittel verkauft, feilhält oder sonst in Verkehr bringt;
2. wer vorsätzlich Bekleidungsgegenstände, Spielwaren, Tapeten, Eß-, Trink- oder Kochgeschirr oder Petroleum derart herstellt, daß der bestimmungsgemäße oder vorauszusehende Gebrauch dieser Gegenstände die menschliche Gesundheit zu beschädigen geeignet ist, ingleichen wer wissentlich solche Gegenstände verkauft, feilhält oder sonst in Verkehr bringt.

Der Versuch ist strafbar.

Ist durch die Handlung eine schwere Körperverletzung oder der Tod eines Menschen verursacht worden, so tritt Zuchthausstrafe bis zu fünf Jahren ein.

§ 13. War in den Fällen des § 12 der Genuß oder Gebrauch des Gegenstandes die menschliche Gesundheit zu zerstören geeignet und war diese Eigenschaft dem Täter bekannt, so tritt Zuchthausstrafe bis zu zehn Jahren, und wenn durch die Handlung der Tod eines Menschen verursacht worden ist, Zuchthausstrafe nicht unter zehn Jahren oder lebenslängliche Zuchthausstrafe ein.

Neben der Strafe kann auf Zulässigkeit von Polizeiaufsicht erkannt werden.

§ 14. Ist eine der in den §§ 12, 13 bezeichneten Handlungen aus Fahrlässigkeit begangen worden, so ist auf Geldstrafe bis zu eintausend Mark oder Gefängnisstrafe bis zu sechs Monaten und, wenn durch die Handlung ein Schaden an der Gesundheit eines Menschen verursacht worden ist, auf

Gefängnisstrafe bis zu einem Jahre, wenn aber der Tod eines Menschen verursacht worden ist, auf Gefängnisstrafe von einem Monat bis zu drei Jahren zu erkennen.

§ 15. In den Fällen der §§ 12—14 ist neben der Strafe auf Einziehung der Gegenstände zu erkennen, welche den bezeichneten Vorschriften zuwider hergestellt, verkauft, feilgehalten oder sonst in Verkehr gebracht sind, ohne Unterschied, ob sie dem Verurteilten gehören oder nicht; in den Fällen der §§ 8, 10, 11 kann auf die Einziehung erkannt werden.

Ist in den Fällen der §§ 12—14 die Verfolgung oder die Verurteilung einer bestimmten Person nicht ausführbar, so kann auf die Einziehung selbständig erkannt werden.

§ 16. In dem Urteil oder dem Strafbefehl kann angeordnet werden, daß die Verurteilung auf Kosten des Schuldigen öffentlich bekannt zu machen sei.

Auf Antrag des freigesprochenen Angeschuldigten hat das Gericht die öffentliche Bekanntmachung der Freisprechung anzuordnen; die Staatskasse trägt die Kosten, insofern dieselben nicht dem Anzeigenden auferlegt worden sind.

In der Anordnung ist die Art der Bekanntmachung zu bestimmen.

Sofern infolge polizeilicher Untersuchung von Gegenständen der im § 1 bezeichneten Art eine rechtskräftige strafrechtliche Verurteilung eintritt, fallen dem Verurteilten die durch die polizeiliche Untersuchung erwachsenen Kosten zur Last. Dieselben sind zugleich mit den Kosten des gerichtlichen Verfahrens festzusetzen und einzuziehen.

§ 17. Besteht für den Ort der Tat eine öffentliche Anstalt zur technischen Untersuchung von Nahrungs- und Genußmitteln, so fallen die auf Grund dieses Gesetzes auferlegten Geldstrafen, soweit dieselben dem Staate zustehen, der Kasse zu, welche die Kosten der Unterhaltung der Anstalt trägt.

7. Gesetz gegen den verbrecherischen und gemeingefährlichen Gebrauch von Sprengstoffen.

Vom 9. Juni 1884 (RGBl. S. 61).

§ 1. Die Herstellung, der Vertrieb und der Besitz von Sprengstoffen sowie die Einführung derselben aus dem Auslande ist unbeschadet der bestehenden sonstigen Beschränkungen nur mit polizeilicher Genehmigung zulässig.

Wer sich mit der Herstellung oder dem Vertriebe von Sprengstoffen befaßt, hat ein Register zu führen, aus welchem die Mengen der hergestellten, aus dem Auslande eingeführten oder sonst zum Zweck des Vertriebes angeschafften Sprengstoffe, sowie die Bezugsquellen und der Verbleib derselben ersichtlich sein müssen. Dieses Register ist der zuständigen Behörde auf Erfordern jederzeit vorzulegen.

Auf Sprengstoffe, welche vorzugsweise als Schießmittel gebraucht werden, finden vorbehaltlich abweichender landesrechtlicher Vorschriften die Bestimmungen des ersten und des zweiten Absatzes keine Anwendung. Die Bezeichnung dieser Stoffe erfolgt durch Beschluß des Bundesrats.

Insoweit Sprengstoffe zum eigenen Gebrauch durch Reichs- oder Landesbehörden von der zuständigen Verwaltung hergestellt, besessen, eingeführt oder vertrieben werden, bleiben die Vorschriften des ersten und zweiten Absatzes ebenfalls ausgeschlossen.

§ 2. Die Zentralbehörden der Bundesstaaten erlassen die zur Ausführung der Vorschriften in dem § 1 Absatz 1 und 2, sowie in dem § 15 erforderlichen näheren Anordnungen und bestimmen die Behörden, welche über die Gesuche um Gestattung der Herstellung, des Vertriebes, des Besitzes und der Einführung von Sprengstoffen Entscheidung zu treffen haben.

§ 3. Gegen die versagende Verfügung ist nur die Beschwerde an die Aufsichtsbehörde innerhalb 14 Tagen zulässig. Dieselbe hat keine aufschiebende Wirkung.

§ 4. Die Erteilung der nach § 1 Absatz 1 erforderlichen Erlaubnis erfolgt in widerruflicher Weise. Wegen der Beschwerde gegen die Zurücknahme gilt die Vorschrift des § 3 des gegenwärtigen Gesetzes.

§ 5. Wer vorsätzlich durch Anwendung von Sprengstoffen Gefahr für das Eigentum, die Gesundheit oder das Leben eines anderen herbeiführt, wird mit Zuchthaus bestraft.

Ist durch die Handlung eine schwere Körperverletzung verursacht worden, so tritt Zuchthausstrafe nicht unter fünf Jahren, und wenn der Tod eines Menschen verursacht worden ist, Zuchthausstrafe nicht unter zehn Jahren oder lebenslängliche Zuchthausstrafe ein.

Ist durch die Handlung der Tod eines Menschen herbeigeführt worden und hat der Täter einen solchen Erfolg voraussehen können, so ist auf Todesstrafe zu erkennen.

§ 6. Haben mehrere die Ausführung einer oder mehrerer nach § 5 zu ahndender strafbarer Handlungen verabredet oder sich zur fortgesetzten Begehung derartiger, wenn auch im einzelnen noch nicht bestimmter Handlungen verbunden, so werden dieselben, auch ohne daß der Entschluß der Verübung des Verbrechens durch Handlungen, welche einen Anfang der Ausführung enthalten, betätigt worden ist, mit Zuchthaus nicht unter fünf Jahren bestraft.

§ 7. Wer Sprengstoffe herstellt, anschafft, bestellt oder in seinem Besitze hat, in der Absicht, durch Anwendung derselben Gefahr für das Eigentum, die Gesundheit oder das Leben eines anderen entweder selbst herbeizuführen oder andere Personen zur Begehung dieses Verbrechens in den Stand zu setzen, wird mit Zuchthaus bis zu zehn Jahren bestraft.

Der gleichen Strafe verfällt, wer Sprengstoffe, wissend, daß dieselben zur Begehung eines in dem § 5 vorgesehenen Verbrechens bestimmt sind, an andere Personen überläßt.

§ 8. Wer Sprengstoffe herstellt, anschafft, bestellt, wissentlich in seinem Besitze hat oder an andere Personen überläßt unter Umständen, welche nicht erweisen, daß dies zu einem erlaubten Zweck geschieht, wird mit Zuchthausstrafe bis zu fünf Jahren oder mit Gefängnis nicht unter einem Jahre bestraft. Diese Bestimmung findet auf die gemäß § 1 Absatz 3 vom Bundesrat bezeichneten Stoffe nicht Anwendung.

§ 9. Wer der Vorschrift in dem ersten Absatz des § 1 zuwider es unternimmt, ohne polizeiliche Ermächtigung Sprengstoffe herzustellen, vom Auslande einzuführen, feilzuhalten, zu verkaufen oder sonst an andere zu überlassen, oder wer im Besitze derartiger Stoffe betroffen wird, ohne polizeiliche Erlaubnis hierzu nachweisen zu können, ist mit Gefängnis von drei Monaten bis zu zwei Jahren zu bestrafen.

Gleicher Strafe verfällt, wer die Vorschriften des § 1 Absatz 2, die von den Zentralbehörden in Gemäßheit des § 2 getroffenen Anordnungen oder die bereits bestehenden oder noch zu erlassenden sonstigen polizeilichen Bestimmungen über den Verkehr mit Sprengstoffen, auf welche § 1 Absatz 1 Anwendung findet, übertritt.

§ 10. Wer öffentlich vor einer Menschenmenge oder wer durch Verbreitung oder öffentlichen Anschlag oder öffentliche Ausstellung von Schriften oder anderen Darstellungen, oder wer in Schriften oder anderen Darstellungen zur Begehung einer der in den §§ 5 und 6 bezeichneten strafbaren Handlungen oder zur Teilnahme an denselben auffordert, wird mit Zuchthaus bestraft.

Gleiche Strafe trifft denjenigen, welcher auf die vorbezeichnete Weise zur Begehung der im Absatz 1 gedachten strafbaren Handlungen insbesondere dadurch anreizt oder verleitet, daß er dieselben anpreist oder als etwas Rühmliches darstellt.

§ 11. In den Fällen der §§ 5, 6, 7, 8 und 10 kann auf Zulässigkeit von Polizeiaufsicht erkannt werden. In den Fällen der §§ 5, 6, 7, 8 und in dem Falle einer Anwendung der Strafvorschriften des § 9 ist auf Einziehung der zur Zubereitung der Sprengstoffe gebrauchten oder bestimmten Gegenstände, sowie der im Besitze des Verurteilten vorgefundenen Vorräte von Sprengstoffen zu erkennen, ohne Unterschied, ob dieselben dem Verurteilten gehören oder nicht.

§ 12. Die Bestimmungen im § 4 Absatz 2 Nr. 1 des Strafgesetzbuchs für das Deutsche Reich finden auch auf die in den §§ 5, 6, 7, 8 und 10 dieses Gesetzes vorgesehenen Verbrechen Anwendung.

§ 13. Der in dem § 139 des Strafgesetzbuchs für das Deutsche Reich angedrohten Strafe verfällt, wer von dem Vorhaben eines im § 5 vorgesehenen Verbrechens oder von einer im § 6 vorgesehenen Verabredung oder von dem Tatbestande eines im § 7 des gegenwärtigen Gesetzes unter Strafe gestellten Verbrechens in glaubhafter Weise Kenntnis erhält und es unterläßt, der durch das Verbrechen bedrohten Person oder der Behörde rechtzeitig Anzeige zu machen.

§ 14. Die §§ 1, 2, 3, 4, 9 dieses Gesetzes treten drei Monate nach dessen Verkündigung, die übrigen Bestimmungen desselben mit dem Tage der Verkündigung in Kraft.

§ 15. . . . .

8a. Gesetz gegen den Verrat militärischer Geheimnisse.

Vom 3. Juli 1893 (RGBl. S. 205).

§ 1. Wer vorsätzlich Schriften, Zeichnungen oder andere Gegenstände, deren Geheimhaltung im Interesse der Landesverteidigung erforderlich ist, in den Besitz oder zur Kenntnis eines anderen gelangen läßt, wird, wenn er weiß, daß dadurch die Sicherheit des Deutschen Reichs gefährdet wird, mit Zuchthaus nicht unter zwei Jahren bestraft, neben welchem auf Geldstrafe bis zu fünfzehntausend Mark erkannt werden kann.

Sind mildernde Umstände vorhanden, so tritt Festungshaft nicht unter sechs Monaten ein, neben welcher auf Geldstrafe bis zu zehntausend Mark erkannt werden kann.

§ 2. Wer außer dem Falle des § 1 vorsätzlich und rechtswidrig Gegenstände der daselbst bezeichneten Art in den Besitz oder zur Kenntnis eines anderen gelangen läßt, wird mit Gefängnis oder mit Festungshaft bis zu fünf Jahren bestraft.

Neben der Freiheitsstrafe kann auf Geldstrafe bis zu fünftausend Mark erkannt werden.

Der Versuch ist strafbar.

§ 3. Wer vorsätzlich den Besitz oder die Kenntnis von Gegenständen der im § 1 bezeichneten Art in der Absicht sich verschafft, davon zu einer die Sicherheit des Deutschen Reichs gefährdenden Mitteilung an andere Gebrauch zu machen, wird mit Zuchthaus bis zu zehn Jahren bestraft, neben welchem auf Geldstrafe bis zu zehntausend Mark erkannt werden kann.

§ 4. Wer ohne die vorbezeichnete Absicht vorsätzlich und rechtswidrig den Besitz oder die Kenntnis von Gegenständen der im § 1 bezeichneten Art sich verschafft, wird mit Gefängnis bis zu drei Jahren oder mit Festungshaft von gleicher Dauer bestraft.

Neben der Freiheitsstrafe kann auf Geldstrafe bis zu fünftausend Mark erkannt werden.

Sind mildernde Umstände vorhanden, so kann ausschließlich auf die Geldstrafe erkannt werden.

Der Versuch ist strafbar.

§ 5. Haben mehrere ein Verbrechen der in den §§ 1, 3 bezeichneten Art verabredet, ohne daß es zur Ausführung oder zu einem strafbaren Versuch desselben gekommen ist, so tritt Gefängnis nicht unter drei Monaten ein.

Neben der Freiheitsstrafe kann auf Geldstrafe bis zu fünftausend Mark erkannt werden.

Straflos bleibt der an einer Verabredung der vorbezeichneten Art Beteiligte, wenn er von derselben zu einer Zeit, wo die Behörde nicht schon anderweit davon unterrichtet ist, in einer Weise Anzeige macht, daß die Verhütung des Verbrechens möglich ist.

§ 6. In den Fällen der §§ 1, 3, 5 kann neben Gefängnis auf Verlust der bekleideten öffentlichen Ämter und der aus öffentlichen Wahlen hervorgegangenen Rechte, neben jeder Freiheitsstrafe auf Zulässigkeit von Polizeiaufsicht erkannt werden.

§ 7. Wer aus Fahrlässigkeit Gegenstände der im § 1 bezeichneten Art, die ihm amtlich anvertraut oder kraft seines Amtes oder eines von amtlicher Seite erteilten Auftrages zugänglich sind, in einer die Sicherheit des Deutschen Reichs gefährdenden Weise in den Besitz oder zur Kenntnis eines anderen gelangen läßt, wird mit Gefängnis oder Festungshaft bis zu drei Jahren oder mit Geldstrafe bis zu dreitausend Mark bestraft.

Neben der Freiheitsstrafe kann auf Geldstrafe bis zu dreitausend Mark erkannt werden.

§ 8. Wer den von der Militärbehörde erlassenen, an Ort und Stelle erkennbar gemachten Anordnungen zuwider Befestigungsanlagen, Anstalten des Heeres oder der Marine, Kriegsschiffe, Kriegsfahrzeuge oder militärische Versuchs- oder Übungsplätze betritt, wird mit Geldstrafe bis zu einhundertfünfzig Mark oder mit Haft bestraft.

§ 9. Wer von dem Vorhaben eines der in den §§ 1 und 3 vorgesehenen Verbrechen zu einer Zeit, in welcher die Verhütung des Verbrechens möglich ist, glaubhafte Kenntnis erhält und es unterläßt, hiervon der Behörde zur rechten Zeit Anzeige zu machen, ist, wenn das Verbrechen oder ein strafbarer Versuch desselben begangen worden ist, mit Gefängnis zu bestrafen.

§ 10. Die Bestimmungen im § 4 Absatz 2 Nr. 2 des Strafgesetzbuchs für das Deutsche Reich finden auch auf die in den §§ 1, 3, 5 dieses Gesetzes vorgesehenen Verbrechen und Vergehen Anwendung.

§ 11. Die §§ 89, 90 des Strafgesetzbuchs erhalten folgende Fassung:

. . . .

§ 12. Für die Untersuchung und Entscheidung in erster und letzter Instanz in den Fällen der in den §§ 1, 3 vorgesehenen Verbrechen ist das Reichsgericht zuständig. Die Militärgerichtsbarkeit wird hierdurch nicht berührt.

8b. Entwurf eines Gesetzes gegen den Verrat militärischer Geheimnisse.

Dem Deutschen Reichstage zugegangen am 23. Mai 1913.

§ 1. Militärische Geheimnisse im Sinne dieses Gesetzes sind Schriften, Zeichnungen, andere Gegenstände und Nachrichten, deren Geheimhaltung im Interesse der Landesverteidigung erforderlich ist.

Im Sinne der §§ 3, 5 gelten als militärische Geheimnisse ohne weiteren Nachweis die Gegenstände und Nachrichten, deren Geheimhaltung die oberste militärische Behörde im Interesse der Landesverteidigung angeordnet hat.

§ 2. Wer vorsätzlich ein militärisches Geheimnis an einen anderen gelangen läßt und dadurch die Sicherheit des Reichs gefährdet, wird mit Zuchthaus nicht unter zwei Jahren, bei mildernden Umständen mit Gefängnis von einem bis zu zehn Jahren bestraft.

Hat der Verrat eine bedeutende Gefahr für die Sicherheit des Reichs zur Folge gehabt und konnte der Täter dies voraussehen, so kann auf lebenslanges Zuchthaus erkannt werden. Das gleiche gilt, wenn das Geheimnis dem Täter in seiner Eigenschaft als deutscher Beamter oder deutsche Militärperson zugänglich war.

§ 3. Wer ohne den Vorsatz, die Sicherheit des Reiches zu gefährden, vorsätzlich ein militärisches Geheimnis an einen anderen gelangen läßt, wird mit Gefängnis oder mit Festungshaft bis zu fünf Jahren bestraft.

Der Versuch ist strafbar.

§ 4. Wer sich ein militärisches Geheimnis in der Absicht verschafft, es zu einer die Sicherheit des Reiches gefährdenden Mitteilung zu gebrauchen, wird mit Zuchthaus bis zu zehn

Jahren, bei mildernden Umständen mit Gefängnis von sechs Monaten bis zu zehn Jahren bestraft.

War das Geheimnis dem Täter in seiner Eigenschaft als deutscher Beamter oder deutsche Militärperson zugänglich, so kann auf Zuchthaus bis zu fünfzehn Jahren erkannt werden.

§ 5. Wer sich vorsätzlich ein militärisches Geheimnis ohne die Absicht verschafft, es zu einer die Sicherheit des Reichs gefährdenden Mitteilung zu gebrauchen, wird mit Gefängnis oder Festungshaft bis zu drei Jahren bestraft. Bei mildernden Umständen kann auf Geldstrafe bis zu fünftausend Mark erkannt werden.

Der Versuch ist strafbar.

§ 6. Wer ein Verbrechen der in den §§ 2, 4 bezeichneten Art mit einem anderen verabredet oder es in anderer Weise vorbereitet, wird, wenn es nicht zur Vollendung oder zu einem strafbaren Versuche des Verbrechens gekommen ist, mit Zuchthaus bis zu fünf Jahren, bei mildernden Umständen mit Gefängnis nicht unter drei Monaten bestraft.

Der an einer Verabredung Beteiligte wird nicht bestraft, wenn er durch Anzeige bei der Behörde die Verhütung des Verbrechens ermöglicht.

§ 7. Wer mit einer Person, die im Interesse einer ausländischen Regierung tätig ist, Beziehungen anknüpft oder unterhält, welche die Mitteilung militärischer Geheimnisse zum Gegenstande haben, wird mit Gefängnis bestraft.

§ 8. Wer vorsätzlich in einer Festung, einem Reichskriegshafen oder einer anderen militärischen Anlage, auf einem Schiffe der Kaiserlichen Marine oder innerhalb der deutschen Hoheitsgewässer gegenüber einer Behörde, einem Beamten oder einer Militärperson eine unrichtige Angabe über seinen Namen, seinen Stand, sein Gewerbe, seinen Wohnort oder seine Staatsangehörigkeit macht, wird, wenn nicht nach den Umständen die Annahme ausgeschlossen ist, daß der Aufenthalt an dem Orte oder die unrichtige Angabe mit landesverräterischen Zwecken zusammenhängt, mit Gefängnis oder

Festungshaft bis zu einem Jahre oder mit Geldstrafe bis zu eintausend Mark bestraft.

Einer Festung, einem Reichskriegshafen oder einer anderen militärischen Anlage stehen gleich deren amtlich bekanntgemachte Sicherungsbereiche, sowie Plätze, wo Gegenstände für die Bedürfnisse der inländischen Kriegsmacht hergestellt, ausgebessert oder aufbewahrt werden.

Die Tat ist nur strafbar, wenn die Behörde, der Beamte oder die Militärperson zuständig war.

§ 9. Wer fahrlässig ein militärisches Geheimnis in die Öffentlichkeit gelangen läßt oder ein militärisches Geheimnis, das ihm kraft seines Amtes, Berufes oder Gewerbes oder eines von amtlicher Seite erteilten Auftrags zugänglich war, an einen anderen gelangen läßt und dadurch die Sicherheit des Reichs gefährdet, wird mit Gefängnis oder Festungshaft bis zu drei Jahren oder mit Geldstrafe bis zu fünftausend Mark bestraft.

§ 10. Wer von dem Vorhaben eines der in den §§ 2, 4, 6 vorgesehenen Verbrechen zu einer Zeit, in welcher die Verhütung des Verbrechens möglich ist, glaubhafte Kenntnis erhält und es unterläßt, hiervon der Behörde zur rechten Zeit Anzeige zu machen, wird, wenn das Verbrechen oder ein strafbarer Versuch desselben begangen worden ist, mit Gefängnis bestraft.

§ 11. Wer vorsätzlich während eines Krieges gegen das Reich oder bei drohendem Kriege Nachrichten über Truppen- oder Schiffsbewegungen oder über Verteidigungsmittel einem vom Reichskanzler erlassenen Verbote zuwider veröffentlicht, wird mit Gefängnis oder Festungshaft bis zu drei Jahren oder mit Geldstrafe bis zu fünftausend Mark bestraft.

§ 12. Wer über schwebende amtliche Ermittelungen wegen eines Verbrechens oder Vergehens gegen dieses Gesetz ohne Erlaubnis der die Ermittelungen leitenden Behörde Mitteilungen in die Öffentlichkeit bringt, wird mit Gefängnis oder Festungshaft bis zu einem Jahre oder mit Geldstrafe bis zu eintausend Mark bestraft.

Diese Vorschrift findet auf die Veröffentlichung von Mitteilungen, die nach der Eröffnung des gerichtlichen Hauptverfahrens, im militärgerichtlichen Verfahren nach Verfügung der Anklage erfolgt, keine Anwendung.

§ 13. Mit Haft oder Geldstrafe bis zu einhundertfünfzig Mark wird bestraft,

1. wer einem an Ort und Stelle erkennbar gemachten Verbote der Militärbehörde zuwider eine militärische Anlage oder ein Schiff der Kaiserlichen Marine betritt;
2. wer in einer Festung, einem Reichskriegshafen oder in deren amtlich bekanntgemachten Sicherungsbereichen die Vorschriften über Aufenthaltsmeldung übertritt;
3. wer von einem Festungswerk, einem Gebäude der Kaiserlichen Marine, in welchem Munition oder Minen gelagert werden, einer militärischen Luftfahrzeughalle oder einer militärischen Anlage für drahtlose Telegraphie ohne Erlaubnis der zuständigen Militärbehörde Aufnahmen macht oder veröffentlicht. Die Aufnahmen und Veröffentlichungen können eingezogen werden ohne Unterschied, ob sie dem Verurteilten gehören oder nicht.

§ 14. In den Fällen der §§ 2, 4, 6 kann neben der Freiheitsstrafe auf Geldstrafe bis zu fünfzigtausend Mark, bei mildernden Umständen bis zu fünfundzwanzigtausend Mark erkannt werden.

In den Fällen der §§ 3, 5, 7, 9 kann neben der Freiheitsstrafe auf Geldstrafe bis zu fünftausend Mark erkannt werden.

§ 15. In den Fällen der §§ 2, 4, 6, 7 kann neben Gefängnis auf Verlust der öffentlichen Ämter und der aus öffentlichen Wahlen hervorgegangenen Rechte, neben jeder Freiheitsstrafe auf Zulässigkeit von Polizeiaufsicht erkannt werden.

Ein Ausländer, der wegen eines Verbrechens oder eines vorsätzlichen Vergehens gegen dieses Gesetz zu einer Freiheitsstrafe verurteilt worden ist, kann nach Verbüßung der Strafe von der Landespolizeibehörde aus dem Reichsgebiet ausgewiesen werden.

§ 16. Hat der Täter für die Begehung eines Verbrechens oder Vergehens gegen dieses Gesetz Entgelt empfangen, so ist das Empfangene oder dessen Wert in dem Urteil für dem Staate verfallen zu erklären.

§ 17. Auf die Verbrechen gegen die §§ 2, 4, 6 findet die Vorschrift des § 4 Abs. 2 Nr. 1 des Strafgesetzbuchs, auf die Vergehen gegen die §§ 7 und 9 die Vorschrift des § 4 Abs. 2 Nr. 2 des Strafgesetzbuchs Anwendung.

§ 18. Soweit in Gesetzen oder Verordnungen auf Vorschriften verwiesen ist, die durch dieses Gesetz außer Kraft gesetzt werden, treten an deren Stelle die entsprechenden Vorschriften dieses Gesetzes.

§ 19. Bei Verbrechen gegen die §§ 2, 4, 6 ist das Reichsgericht für die Untersuchung und Entscheidung in erster und letzter Instanz ausschließlich zuständig. Die Militärgerichtsbarkeit wird hierdurch nicht berührt.

§ 20. Der § 360 Nr. 1 des Strafgesetzbuchs, der § 15 des Gesetzes über die Presse vom 7. Mai 1874 (Reichs-Gesetzbl. S. 65) und das Gesetz gegen den Verrat militärischer Geheimnisse vom 3. Juli 1893 (Reichs-Gesetzbl. S. 205) mit Ausnahme des § 11 treten außer Kraft. In dem Abs. 2 des § 360 des Strafgesetzbuchs kommen die Zahl „1", und die Worte „der Risse von Festungen und Festungswerken", in der Nr. 1 des § 18 des Gesetzes über die Presse die Zahl „15", in Wegfall.

---

9. Gesetz, betreffend die Bestrafung des Sklavenraubes und des Sklavenhandels.

Vom 28. Juli 1895 (RGBl. S. 425).

§ 1. Die vorsätzliche Mitwirkung an einem auf Sklavenraub gerichteten Unternehmen wird mit Zuchthaus bestraft. Die Veranstalter und Anführer des Unternehmens trifft Zuchthaus nicht unter drei Jahren.

Ist durch einen zum Zweck des Sklavenraubes unternommenen Streifzug der Tod einer der Personen, gegen welche der Streifzug gerichtet war, verursacht worden, so ist gegen die Veranstalter und Anführer auf Todesstrafe, gegen die übrigen Teilnehmer auf Zuchthaus nicht unter drei Jahren zu erkennen.

§ 2. Wer Sklavenhandel betreibt oder bei der diesem Handel dienenden Beförderung von Sklaven vorsätzlich mitwirkt, wird mit Zuchthaus bestraft. Sind mildernde Umstände vorhanden, so tritt Gefängnisstrafe nicht unter drei Monaten ein.

§ 3. In den Fällen der §§ 1 und 2 dieses Gesetzes ist neben der Freiheitsstrafe auf eine Geldstrafe bis einhunderttausend Mark zu erkennen. Neben der Freiheitsstrafe kann in diesen Fällen zugleich auf Zulässigkeit von Polizeiaufsicht erkannt werden. Auch kann auf die Einziehung aller zur Begehung des Verbrechens gebrauchten oder bestimmten Gegenstände erkannt werden, ohne Unterschied, ob sie dem Verurteilten gehören oder nicht. Ist die Verfolgung einer bestimmten Person nicht ausführbar, so kann auf die Einziehung selbständig erkannt werden.

§ 4. Wer den vom Kaiser mit Zustimmung des Bundesrats zur Verhütung des Sklavenraubes und des Sklavenhandels erlassenen Verordnungen zuwiderhandelt, wird mit Geldstrafe bis zu sechstausend Mark oder mit Gefängnis bestraft.

§ 5. Die Bestimmung im § 4 Abs. 2 Nr. 1 des Strafgesetzbuchs findet auch auf die in diesem Gesetze vorgesehenen strafbaren Handlungen Anwendung.

---

10. Gesetz, betreffend die Pflichten der Kaufleute bei Aufbewahrung fremder Wertpapiere.

Vom 5. Juli 1896 (RGBl. S. 183 und 194).

§ 9. Wenn ein Kaufmann über Wertpapiere der im § 1[1] bezeichneten Art, welche ihm zur Verwahrung oder als Pfand übergeben sind, oder welche er als Kommissionär für den Kommittenten in Besitz genommen hat, außer dem Falle des § 246 des Strafgesetzbuchs zum eigenen Nutzen oder zum Nutzen eines Dritten rechtswidrig verfügt, wird er mit Gefängnis bis zu einem Jahre und Geldstrafe bis zu dreitausend Mark oder mit einer dieser Strafen bestraft.

Der gleichen Strafe unterliegt, wer der Vorschrift des § 8[2] zum eigenen Nutzen oder zum Nutzen eines Dritten vorsätzlich zuwiderhandelt.

Ist der Täter ein Angehöriger (§ 52 Abs. 2 des Strafgesetzbuchs) des Verletzten, so tritt die Verfolgung nur auf Antrag ein. Die Zurücknahme des Antrags ist zulässig. Der § 247 Abs. 2 und 3 des Strafgesetzbuchs findet entsprechende Anwendung.

[1] § 1. Ein Kaufmann, welchem im Betriebe seines Handelsgewerbes Aktien, Kuxe, Interimsscheine, Erneuerungsscheine (Talons), auf den Inhaber lautende oder durch Indossament übertragbare Schuldverschreibungen, oder vertretbare andere Wertpapiere mit Ausnahme von Banknoten und Papiergeld unverschlossen zur Verwahrung oder als Pfand übergeben sind, ist verpflichtet:

1. diese Wertpapiere unter äußerlich erkennbarer Bezeichnung jedes Hinterlegers oder Verpfänders gesondert von seinen eigenen Beständen und von denen Dritter aufzubewahren,
2. ein Handelsbuch zu führen, in welches die Wertpapiere jedes Hinterlegers oder Verpfänders nach Gattung, Nennwert, Nummern oder sonstigen Unterscheidungsmerkmalen der Stücke einzutragen sind; der Eintragung steht die Bezugnahme auf Verzeichnisse gleich, welche neben dem Handelsbuche geführt werden. Die Eintragung kann unterbleiben, insoweit die Wertpapiere zurückgegeben sind, bevor die Eintragung bei ordnungsmäßigem Geschäftsgange erfolgen konnte.

Etwaige Rechte und Pflichten des Verwahrers oder Pfandgläubigers, im Interesse des Hinterlegers oder Verpfänders Verfügungen oder Verwaltungshandlungen vorzunehmen, werden durch die Bestimmung unter Ziffer 1 nicht berührt.

[2] § 8. Ein Kaufmann, welcher im Betriebe seines Handelsgewerbes fremde Wertpapiere der im § 1 (vgl. Anm. 1) bezeichneten Art einem Dritten zum Zweck der Aufbewahrung, der Veräußerung, des Umtausches oder des Bezuges von anderen Wertpapieren, Zins- oder Gewinnanteilscheinen ausantwortet, hat hierbei dem Dritten mitzuteilen, daß die Papiere fremde seien. Ebenso hat er in dem Falle, daß er einen ihm erteilten Auftrag zur Anschaffung solcher Wertpapiere an einen Dritten weitergibt,

diesem hierbei mitzuteilen, daß die Anschaffung für fremde Rechnung geschehe.

Der Dritte, welcher eine solche Mitteilung empfangen hat, kann an den übergebenen oder an den neu beschafften Papieren ein Pfandrecht oder ein Zurückbehaltungsrecht nur wegen solcher Forderungen an seinen Auftraggeber geltend machen, welche mit Bezug auf diese Papiere entstanden sind.

§ 10. Ein Kaufmann, welcher seine Zahlungen eingestellt hat oder über dessen Vermögen das Konkursverfahren eröffnet worden ist, wird mit Gefängnis bis zu zwei Jahren bestraft, wenn er den Vorschriften des § 1 Ziffer 1 oder 2[1] vorsätzlich zuwidergehandelt hat und dadurch der Berechtigte bezüglich des Anspruches auf Aussonderung der von jenem zu verwahrenden Wertpapiere benachteiligt wird, desgleichen wenn er als Kommissionär den Vorschriften der §§ 3[2] oder 5[3] vorsätzlich zuwidergehandelt hat und dadurch der Berechtigte bezüglich des Anspruchs auf Aussonderung der von jenem eingekauften, eingetauschten oder bezogenen Wertpapiere benachteiligt wird.

[1] Siehe § 9 Anm. 1.

[2] **§ 3.** Der Kommissionär (§§ 383, 406 des Handelsgesetzbuchs), welcher einen Auftrag zum Einkaufe von Wertpapieren der im § 1 (vgl. § 9 Anm. 1) bezeichneten Art ausführt, hat dem Kommittenten binnen drei Tagen ein Verzeichnis der Stücke mit Angabe der Gattung, des Nennwertes, der Nummern oder sonstiger Unterscheidungsmerkmale zu übersenden. Die Frist beginnt, falls der Kommissionär bei der Anzeige über die Ausführung des Auftrages einen Dritten als Verkäufer namhaft gemacht hat, mit dem Erwerbe der Stücke, andernfalls mit dem Ablaufe des Zeitraums, innerhalb dessen der Kommissionär nach der Erstattung der Ausführungsanzeige die Stücke bei ordnungsmäßigem Geschäftsgange ohne schuldhafte Verzögerung beziehen konnte.

Ein Verzicht des Kommittenten auf die Übersendung des Stückeverzeichnisses ist, falls der Kommittent nicht gewerbsmäßig Bank- oder Geldwechslergeschäfte betreibt, nur dann wirksam, wenn er bezüglich des einzelnen Auftrages ausdrücklich und schriftlich erklärt wird.

Soweit die Auslieferung der eingekauften Stücke an den Kommittenten erfolgt oder ein Auftrag des Kommittenten zur Wiederveräußerung ausgeführt ist, kann die Übersendung des Stückeverzeichnisses unterbleiben.

[3] **§ 5.** Der Kommissionär, welcher einen Auftrag zum Umtausche von Wertpapieren der im § 1 (vgl. § 9 Anm. 1) bezeichneten Art oder zur Geltendmachung eines Bezugsrechtes auf solche Wertpapiere ausführt, hat

binnen zwei Wochen nach dem Empfange der neuen Stücke dem Kommittenten ein Verzeichnis der Stücke mit den im § 3 Absatz 1 (vgl. § 10 Anm. 2) vorgeschriebenen Angaben zu übersenden, soweit er ihm die Stücke nicht innerhalb dieser Frist aushändigt.

§ 11. Ein Kaufmann, welcher seine Zahlungen eingestellt hat oder über dessen Vermögen das Konkursverfahren eröffnet worden ist, wird mit Zuchthaus bestraft, wenn er im Bewußtsein seiner Zahlungsunfähigkeit oder Überschuldung fremde Wertpapiere, welche er im Betriebe seines Handelsgewerbes als Verwahrer, Pfandgläubiger oder Kommissionär in Gewahrsam genommen, sich rechtswidrig zugeeignet hat.

Sind mildernde Umstände vorhanden, so tritt Gefängnisstrafe nicht unter drei Monaten ein.

§ 12. Die Strafvorschrift des § 9 findet gegen die Mitglieder des Vorstandes einer Aktiengesellschaft oder eingetragenen Genossenschaft, die Geschäftsführer einer Gesellschaft mit beschränkter Haftung, sowie gegen die Liquidatoren einer Handelsgesellschaft oder eingetragenen Genossenschaft Anwendung, wenn sie in Ansehung von Wertpapieren, die sich im Besitze der Gesellschaft oder Genossenschaft befinden oder von dieser einem Dritten ausgeantwortet sind, die mit Strafe bedrohte Handlung begangen haben.

Die vorbezeichneten Personen werden, wenn die Gesellschaft oder Genossenschaft ihre Zahlungen eingestellt hat, oder wenn über deren Vermögen das Konkursverfahren eröffnet worden ist, bestraft

1. gemäß § 10, wenn sie den Vorschriften des § 1 Ziffer 1 oder 2^1 oder den Vorschriften der §§ 3^2 oder 5^3 vorsätzlich zuwidergehandelt haben und dadurch der Berechtigte bezüglich des Anspruches auf Aussonderung der von der Gesellschaft oder Genossenschaft zu verwahrenden oder von ihr eingekauften, eingetauschten oder bezogenen Wertpapiere benachteiligt wird,
2. gemäß § 11, wenn sie im Bewußtsein der Zahlungsunfähigkeit oder Überschuldung der Gesellschaft oder Genossenschaft fremde Wertpapiere, welche von dieser als

Verwahrer, Pfandgläubiger oder Kommissionär in Gewahrsam genommen sind, sich rechtswidrig zugeeignet haben.

[1] Vgl. oben § 9 Anm. 1. [2] Vgl. § 10 Anm. 2.
[3] Vgl. § 10 Anm. 3.

---

11. Gesetz, betreffend die Bestrafung der Entziehung elektrischer Arbeit.

Vom 9. April 1900 (RGBl. S. 228).

§ 1. Wer einer elektrischen Anlage oder Einrichtung fremde elektrische Arbeit mittels eines Leiters entzieht, der zur ordnungsmäßigen Entnahme von Arbeit aus der Anlage oder Einrichtung nicht bestimmt ist, wird, wenn er die Handlung in der Absicht begeht, die elektrische Arbeit sich rechtswidrig zuzueignen, mit Gefängnis und mit Geldstrafe bis zu fünfzehnhundert Mark oder mit einer dieser Strafen bestraft.

Neben der Gefängnisstrafe kann auf Verlust der bürgerlichen Ehrenrechte erkannt werden.

Der Versuch ist strafbar.

§ 2. Wird die im § 1 bezeichnete Handlung in der Absicht begangen, einem anderen rechtswidrig Schaden zuzufügen, so ist auf Geldstrafe bis zu eintausend Mark oder auf Gefängnis bis zu zwei Jahren zu erkennen.

Die Verfolgung tritt nur auf Antrag ein.

---

12. Gesetz, betreffend die Bekämpfung gemeingefährlicher Krankheiten.

Vom 30. Juni 1900 (RGBl. S. 306).

Strafvorschriften.

§ 44. Mit Gefängnis bis zu drei Jahren wird bestraft:

1. wer wissentlich bewegliche Gegenstände, für welche eine Desinfektion polizeilich angeordnet war, vor Ausführung

der angeordneten Desinfektion in Gebrauch nimmt, an andere überläßt oder sonst in Verkehr bringt;

2. wer wissentlich Kleidungsstücke, Leibwäsche, Bettzeug oder sonstige bewegliche Gegenstände, welche von Personen, die an einer gemeingefährlichen Krankheit litten, während der Erkrankung gebraucht oder bei deren Behandlung oder Pflege benutzt worden sind, in Gebrauch nimmt, an andere überläßt oder sonst in Verkehr bringt, bevor sie den auf Grund des § 22[1] vom Bundesrate beschlossenen Bestimmungen entsprechend desinfiziert worden sind;

3. wer wissentlich Fahrzeuge oder sonstige Gerätschaften, welche zur Beförderung von Kranken oder Verstorbenen der in Nr. 2 bezeichneten Art gedient haben, vor Ausführung der polizeilich angeordneten Desinfektion benutzt oder anderen zur Benutzung überläßt.

Sind mildernde Umstände vorhanden, so kann auf Geldstrafe bis zu eintausendfünfhundert Mark erkannt werden.

[1] **§ 22.** Die Bestimmungen über die Ausführung der in den §§ 12 bis 21 vorgesehenen Schutzmaßregeln, insbesondere der Desinfektion, werden vom Bundesrat erlassen.

§ 45. Mit Geldstrafe von zehn bis einhundertfünfzig Mark oder mit Haft nicht unter einer Woche wird bestraft:

1. wer die ihm nach den §§ 2, 3[1] oder nach den auf Grund des § 5[2] vom Bundesrate beschlossenen Vorschriften obliegende Anzeige unterläßt oder länger als vierundzwanzig Stunden, nachdem er von der anzuzeigenden Tatsache Kenntnis erhalten hat, verzögert. Die Strafverfolgung tritt nicht ein, wenn die Anzeige, obwohl nicht von dem zunächst Verpflichteten, doch rechtzeitig gemacht worden ist;

2. wer im Falle des § 7[3] dem beamteten Arzte den Zutritt zu dem Kranken oder zur Leiche oder die Vornahme der erforderlichen Untersuchungen verweigert;

3. wer den Bestimmungen im § 7 Abs. 3[3] zuwider über die daselbst bezeichneten Umstände dem beamteten Arzte oder der zuständigen Behörde die Auskunft verweigert oder wissentlich unrichtige Angaben macht;

4. wer den auf Grund des § 13[4] erlassenen Anordnungen zuwiderhandelt.

[1] § 2. Zur Anzeige sind verpflichtet:

1. der zugezogene Arzt,
2. der Haushaltungsvorstand,
3. jede sonst mit der Behandlung oder Pflege des Erkrankten beschäftigte Person,
4. derjenige, in dessen Wohnung oder Behausung der Erkrankungs- oder Todesfall sich ereignet hat,
5. der Leichenschauer.

Die Verpflichtung der unter Nr. 2 bis 5 genannten Personen tritt nur dann ein, wenn ein früher genannter Verpflichteter nicht vorhanden ist.

[1] § 3. Für Krankheits- und Todesfälle, welche sich in öffentlichen Kranken-, Entbindungs-, Pflege-, Gefangenen- und ähnlichen Anstalten ereignen, ist der Vorsteher der Anstalt oder die von der zuständigen Stelle damit beauftragte Person ausschließlich zur Erstattung der Anzeige verpflichtet.

Auf Schiffen oder Flößen gilt als der zur Erstattung der Anzeige verpflichtete Haushaltungsvorstand der Schiffer oder Floßführer oder deren Stellvertreter. Der Bundesrat ist ermächtigt, Bestimmungen darüber zu erlassen, an wen bei Krankheits- und Todesfällen, welche auf Schiffen oder Flößen vorkommen, die Anzeige zu erstatten ist.

[2] § 5. Landesrechtliche Bestimmungen, welche eine weitergehende Anzeigepflicht begründen, werden durch dieses Gesetz nicht berührt.

Durch Beschluß des Bundesrats können die Vorschriften über die Anzeigepflicht (§§ 1 bis 4) auf andere als die im § 1 Abs. 1 genannten übertragbaren Krankheiten ausgedehnt werden.

[3] § 7. Dem beamteten Arzte ist, soweit er es zur Feststellung der Krankheit für erforderlich und ohne Schädigung des Kranken für zulässig hält, der Zutritt zu dem Kranken oder zur Leiche und die Vornahme der zu den Ermittelungen über die Krankheit erforderlichen Untersuchungen zu gestatten. Auch kann bei Cholera-, Gelbfieber- und Pestverdacht eine Öffnung der Leiche polizeilich angeordnet werden, insoweit der beamtete Arzt dies zur Feststellung der Krankheit für erforderlich hält.

Der behandelnde Arzt ist berechtigt, den Untersuchungen, insbesondere auch der Leichenöffnung beizuwohnen.

Die in §§ 2 und 3 (vgl. oben § 45 Anm. 1) aufgeführten Personen sind verpflichtet, über alle für die Entstehung und den Verlauf der Krankheit wichtigen Umstände dem beamteten Arzte und der zuständigen Behörde auf Befragen Auskunft zu erteilen.

[4] § 13. Die höhere Verwaltungsbehörde kann für den Umfang ihres Bezirkes oder für Teile desselben anordnen, daß zureisende Personen, sofern sie sich innerhalb einer zu bestimmenden Frist vor ihrer Ankunft in

Ortschaften oder Bezirken aufgehalten haben, in welchen eine gemeingefährliche Krankheit ausgebrochen ist, nach ihrer Ankunft der Ortspolizeibehörde zu melden sind.

§ 46. Mit Geldstrafe bis zu einhundertfünfzig Mark oder mit Haft wird, sofern nicht nach den bestehenden gesetzlichen Bestimmungen eine höhere Strafe verwirkt ist, bestraft:

1. wer den im Falle des § 9[1] von dem beamteten Arzte oder dem Vorsteher der Ortschaft getroffenen vorläufigen Anordnungen oder den auf Grund des § 10[2] von der zuständigen Behörde erlassenen Anordnungen zuwiderhandelt;
2. wer den auf Grund des § 12[3], des § 14 Abs. 5[4], der §§ 15[5], 17[6], 19—22[7] getroffenen polizeilichen Anordnungen zuwiderhandelt;
3. wer den auf Grund der §§ 24[8], 26[9], 27[10] erlassenen Vorschriften zuwiderhandelt.

[1] **§ 9.** Bei Gefahr im Verzuge kann der beamtete Arzt schon vor dem Einschreiten der Polizeibehörde die zur Verhütung der Verbreitung der Krankheit zunächst erforderlichen Maßregeln anordnen. Der Vorsteher der Ortschaft hat den von dem beamteten Arzte getroffenen Anordnungen Folge zu leisten. Von den Anordnungen hat der beamtete Arzt der Polizeibehörde sofort schriftliche Mitteilung zu machen; sie bleiben so lange in Kraft, bis von der zuständigen Behörde anderweite Verfügung getroffen wird.

[2] **§ 10.** Für Ortschaften und Bezirke, welche von einer gemeingefährlichen Krankheit befallen oder bedroht sind, kann durch die zuständige Behörde angeordnet werden, daß jede Leiche vor der Bestattung einer amtlichen Besichtigung (Leichenschau) zu unterwerfen ist.

[3] **§ 12.** Kranke und krankheits- oder ansteckungsverdächtige Personen können einer Beobachtung unterworfen werden. Eine Beschränkung in der Wahl des Aufenthalts oder der Arbeitsstätte ist zu diesem Zwecke nur bei Personen zulässig, welche obdachlos oder ohne festen Wohnsitz sind oder berufs- oder gewohnheitsmäßig umherziehen.

[4] **§ 14 Abs. 5.** Für das berufsmäßige Pflegepersonal können Verkehrsbeschränkungen angeordnet werden.

[5] **§ 15.** Die Landesbehörden sind befugt, für Ortschaften und Bezirke, welche von einer gemeingefährlichen Krankheit befallen oder bedroht sind,

1. hinsichtlich der gewerbsmäßigen Herstellung, Behandlung und Aufbewahrung sowie hinsichtlich des Vertriebs von Gegenständen, welche geeignet sind, die Krankheit zu verbreiten, eine gesundheitspolizeiliche Überwachung und die zur Verhütung der Verbreitung der Krankheit

erforderlichen Maßregeln anzuordnen; die Ausfuhr von Gegenständen der bezeichneten Art darf aber nur für Ortschaften verboten werden, in denen Cholera, Fleckfieber, Pest oder Pocken ausgebrochen sind,

2. Gegenstände der in Nr 1 bezeichneten Art vom Gewerbebetrieb im Umherziehen auszuschließen,
3. die Abhaltung von Märkten, Messen und anderen Veranstaltungen, welche eine Ansammlung größerer Menschenmengen mit sich bringen, zu verbieten oder zu beschränken,
4. die in der Schiffahrt, der Flößerei oder sonstigen Transportbetrieben beschäftigten Personen einer gesundheitspolizeilichen Überwachung zu unterwerfen und kranke, krankheits- oder ansteckungsverdächtige Personen sowie Gegenstände, von denen anzunehmen ist, daß sie mit dem Krankheitsstoffe behaftet sind, von der Beförderung auszuschließen,
5. den Schiffahrts- und Flößereiverkehr auf bestimmte Tageszeiten zu beschränken.

[6] **§ 17.** In Ortschaften, welche von Cholera, Fleckfieber, Pest oder Pocken befallen oder bedroht sind, sowie in deren Umgegend kann die Benutzung von Brunnen, Teichen, Seen, Wasserläufen, Wasserleitungen sowie der dem öffentlichen Gebrauche dienenden Bade-, Schwimm-, Wasch- und Bedürfnisanstalten verboten oder beschränkt werden.

[7] **§ 19.** Für Gegenstände und Räume, von denen anzunehmen ist, daß sie mit dem Krankheitsstoffe behaftet sind, kann eine Desinfektion angeordnet werden.

Für Reisegepäck und Handelswaren ist bei Aussatz, Cholera und Gelbfieber die Anordnung der Desinfektion nur dann zulässig, wenn die Annahme, daß die Gegenstände mit dem Krankheitsstoffe behaftet sind, durch besondere Umstände begründet ist.

Ist die Desinfektion nicht ausführbar oder im Verhältnisse zum Werte der Gegenstände zu kostspielig, so kann die Vernichtung angeordnet werden.

[7] **§ 20.** Zum Schutze gegen Pest können Maßregeln zur Vertilgung und Fernhaltung von Ratten, Mäusen und anderem Ungeziefer angeordnet werden.

[7] **§ 21.** Für die Aufbewahrung, Einsargung, Beförderung und Bestattung der Leichen von Personen, welche an einer gemeingefährlichen Krankheit gestorben sind, können besondere Vorsichtsmaßregeln angeordnet werden.

[7] **§ 22.** (Siehe Anm. 1 zu § 44.)

[8] **§ 24.** Zur Verhütung der Einschleppung der gemeingefährlichen Krankheiten aus dem Auslande kann der Einlaß der Seeschiffe von der Erfüllung gesundheitspolizeilicher Vorschriften abhängig gemacht sowie

1. der Einlaß anderer dem Personen- oder Frachtverkehre dienenden Fahrzeuge,
2. die Ein- und Durchfuhr von Waren und Gebrauchsgegenständen,
3. der Eintritt und die Beförderung von Personen, welche aus dem

von der Krankheit befallenen Lande kommen,
verboten oder beschränkt werden.

Der Bundesrat ist ermächtigt, Vorschriften über die hiernach zu treffenden Maßregeln zu beschließen. Soweit sich diese Vorschriften auf die gesundheitspolizeiliche Überwachung der Seeschiffe beziehen, können sie auf den Schiffsverkehr zwischen deutschen Häfen erstreckt werden.

[9] § 26. Der Bundesrat ist ermächtigt, Vorschriften über die Ausstellung von Gesundheitspässen für die aus deutschen Häfen ausgehenden Seeschiffe zu beschließen.

[10] § 27. Der Bundesrat ist ermächtigt, über die bei der Ausführung wissenschaftlicher Arbeiten mit Krankheitserregern zu beobachtenden Vorsichtsmaßregeln sowie über den Verkehr mit Krankheitserregern und deren Aufbewahrung Vorschriften zu erlassen.

---

13. Gesetz, betreffend das Urheberrecht an Werken der Literatur und der Tonkunst.

Vom 19. Juni 1901.

In der Fassung des Gesetzes vom 22. Mai 1910 (RGBl. 1901 S. 227; 1910 S. 793).

Vierter Abschnitt.

Rechtsverletzungen.

. . . .

§ 38. Mit Geldstrafe bis zu dreitausend Mark wird bestraft:

1. wer in anderen als den gesetzlich zugelassenen Fällen vorsätzlich ohne Einwilligung des Berechtigten ein Werk vervielfältigt oder gewerbsmäßig verbreitet;
2. wer in anderen als den gesetzlich zugelassenen Fällen vorsätzlich ohne Einwilligung des Berechtigten ein Bühnenwerk, ein Werk der Tonkunst oder eine dramatische Bearbeitung, die nach § 12[1] unzulässig ist, öffentlich aufführt oder eine bildliche Darstellung, die nach § 12[1] unzulässig ist, öffentlich vorführt oder ein Werk, bevor es erschienen ist, öffentlich vorträgt.

War die Einwilligung des Berechtigten nur deshalb erforderlich, weil an dem Werke selbst, an dessen Titel oder an der Bezeichnung des Urhebers Änderungen vorgekommen sind, so tritt Geldstrafe bis zu dreihundert Mark ein.

Soll eine nicht beizutreibende Geldstrafe in Gefängnisstrafe umgewandelt werden, so darf deren Dauer in den Fällen des Abs. 1 sechs Monate, in den Fällen des Abs. 2 einen Monat nicht übersteigen.

[1] **§ 12.** Die ausschließlichen Befugnisse, die dem Urheber nach § 11 in Ansehung des Werkes selbst zustehen, erstrecken sich auch auf die Bearbeitungen des Werkes.

Die Befugnisse des Urhebers erstrecken sich insbesondere auf:

1. die Übersetzung in eine andere Sprache oder in eine andere Mundart derselben Sprache, auch wenn die Übersetzung in gebundener Form abgefaßt ist;
2. die Rückübersetzung in die Sprache des Originalwerkes;
3. die Wiedergabe einer Erzählung in dramatischer Form oder eines Bühnenwerkes in der Form einer Erzählung;
4. die Herstellung von Auszügen aus Werken der Tonkunst sowie von Einrichtungen solcher Werke für einzelne oder mehrere Instrumente oder Stimmen;
5. die Übertragung des Werkes auf Vorrichtungen für Instrumente, die der mechanischen Wiedergabe für das Gehör dienen, insbesondere auf auswechselbare Scheiben, Platten, Walzen, Bänder und sonstige Zubehörstücke solcher Instrumente;
6. die Benutzung eines Schriftwerkes zu einer bildlichen Darstellung, welche das Originalwerk seinem Inhalt nach im Wege der Kinematographie oder eines ihr ähnlichen Verfahrens wiedergibt.

§ 39. Wer den wesentlichen Inhalt eines Werkes, bevor der Inhalt öffentlich mitgeteilt ist, vorsätzlich ohne Einwilligung des Berechtigten öffentlich mitteilt, wird mit Geldstrafe bis zu eintausendfünfhundert Mark bestraft. Soll eine nicht beizutreibende Geldstrafe in Gefängnisstrafe umgewandelt werden, so darf deren Dauer drei Monate nicht übersteigen.

§ 40. Auf Verlangen des Berechtigten kann neben der Strafe auf eine an ihn zu erlegende Buße bis zum Betrage von sechstausend Mark erkannt werden. Die zu dieser Buße Verurteilten haften als Gesamtschuldner.

Eine erkannte Buße schließt die Geltendmachung eines weiteren Anspruchs auf Schadensersatz aus.

§ 41. Die in den §§ 36—39[1] bezeichneten Handlungen sind auch dann rechtswidrig, wenn das Werk nur zu einem Teile vervielfältigt, verbreitet, öffentlich mitgeteilt, aufgeführt, vorgeführt oder vorgetragen wird.

[1] **§ 36.** Wer vorsätzlich oder fahrlässig unter Verletzung der ausschließlichen Befugnis des Urhebers ein Werk vervielfältigt, gewerbsmäßig verbreitet oder den wesentlichen Inhalt eines Werkes öffentlich mitteilt, ist dem Berechtigten zum Ersatze des daraus entstehenden Schadens verpflichtet.

§ 37. Wer vorsätzlich oder fahrlässig unter Verletzung der ausschließlichen Befugnis des Urhebers ein Werk öffentlich aufführt oder öffentlich vorträgt, ist dem Berechtigten zum Ersatze des daraus entstehenden Schadens verpflichtet. Die gleiche Verpflichtung trifft denjenigen, welcher vorsätzlich oder fahrlässig eine dramatische Bearbeitung, die nach § 12 (vgl. Anm. 1 zu § 38) unzulässig ist, öffentlich aufführt oder eine bildliche Darstellung, die nach § 12 (vgl. Anm. 1 zu § 38) unzulässig ist, öffentlich vorführt.

§ 42. Die widerrechtlich hergestellten oder verbreiteten Exemplare und die zur widerrechtlichen Vervielfältigung ausschließlich bestimmten Vorrichtungen, wie Formen, Platten, Steine, Stereotypen, unterliegen der Vernichtung. Ist nur ein Teil des Werkes widerrechtlich hergestellt oder verbreitet, so ist auf Vernichtung dieses Teiles und der entsprechenden Vorrichtungen zu erkennen.

Gegenstand der Vernichtung sind alle Exemplare und Vorrichtungen, welche sich im Eigentume der an der Herstellung oder der Verbreitung Beteiligten sowie der Erben dieser Personen befinden.

Auf die Vernichtung ist auch dann zu erkennen, wenn die Herstellung oder die Verbreitung weder vorsätzlich noch fahrlässig erfolgt. Das gleiche gilt, wenn die Herstellung noch nicht vollendet ist.

Die Vernichtung hat zu erfolgen, nachdem dem Eigentümer gegenüber rechtskräftig darauf erkannt ist. Soweit die Exemplare oder die Vorrichtungen in anderer Weise als durch Vernichtung unschädlich gemacht werden können, hat dies zu geschehen, falls der Eigentümer die Kosten übernimmt.

§ 43. Der Berechtigte kann statt der Vernichtung verlangen, daß ihm das Recht zuerkannt wird, die Exemplare und Vorrichtungen ganz oder teilweise gegen eine angemessene, höchstens dem Betrage der Herstellungskosten gleichkommende Vergütung zu übernehmen.

§ 44. Wer den Vorschriften des § 18 Abs. 1[1] oder des § 25[2] zuwider unterläßt, die benutzte Quelle anzugeben, wird mit Geldstrafe bis zu einhundertfünfzig Mark bestraft.

[1] **§ 18 Abs. 1.** Zulässig ist der Abdruck einzelner Artikel aus Zeitungen in anderen Zeitungen, soweit die Artikel nicht mit einem Vorbehalte der Rechte versehen sind; jedoch ist nur ein Abdruck gestattet, durch den der Sinn nicht entstellt wird. Bei dem Abdruck ist die Quelle deutlich anzugeben.

[2] **§ 25.** Wer ein fremdes Werk nach Maßgabe der §§ 19 bis 23 benutzt, hat die Quelle deutlich anzugeben.

§ 45. Die Strafverfolgung in den Fällen der §§ 38, 39, 44 tritt nur auf Antrag ein. Die Zurücknahme des Antrags ist zulässig.

§ 46. Die Vernichtung der widerrechtlich hergestellten oder verbreiteten Exemplare und der zur widerrechtlichen Vervielfältigung ausschließlich bestimmten Vorrichtungen kann im Wege des bürgerlichen Rechtsstreits oder im Strafverfahren verfolgt werden.

§ 47. Auf die Vernichtung von Exemplaren oder Vorrichtungen kann auch im Strafverfahren nur auf besonderen Antrag des Berechtigten erkannt werden. Die Zurücknahme des Antrags ist bis zur erfolgten Vernichtung zulässig.

Der Berechtigte kann die Vernichtung von Exemplaren oder Vorrichtungen selbständig verfolgen. In diesem Falle finden die §§ 477 bis 479 der Strafprozeßordnung mit der Maßgabe Anwendung, daß der Berechtigte als Privatkläger auftreten kann.

§ 48. Die §§ 46, 47 finden auf die Verfolgung des im § 43 bezeichneten Rechtes entsprechende Anwendung.

§ 50. Der Anspruch auf Schadensersatz und die Strafverfolgung wegen Nachdrucks verjähren in drei Jahren.

Die Verjährung beginnt mit dem Tage, an welchem die Verbreitung der Nachdruckexemplare zuerst stattgefunden hat.

§ 51. Der Anspruch auf Schadensersatz und die Strafverfolgung wegen widerrechtlicher Verbreitung oder Aufführung sowie wegen widerrechtlichen Vortrags verjähren in drei Jahren. Das gleiche gilt in den Fällen der §§ 36, 39.

Die Verjährung beginnt mit dem Tage, an welchem die widerrechtliche Handlung zuletzt stattgefunden hat.

§ 52. Der Antrag auf Vernichtung der widerrechtlich hergestellten oder verbreiteten Exemplare sowie der zur widerrechtlichen Vervielfältigung ausschließlich bestimmten Vorrichtungen ist so lange zulässig, als solche Exemplare oder Vorrichtungen vorhanden sind.

§ 53. Die Verjährung der nach dem § 44 strafbaren Handlung beginnt mit dem Tage, an welchem die erste Veröffentlichung stattgefunden hat.

---

14. Gesetz, betreffend das Urheberrecht an Werken der bildenden Künste und der Photographie.

Vom 9. Januar 1907.

In der Fassung des Gesetzes vom 22. Mai 1910 (RGBl. 1907 S. 7; 1910 S. 797).

Vierter Abschnitt.

Rechtsverletzungen.

. . . .

§ 32. Wer in anderen als den gesetzlich zugelassenen Fällen vorsätzlich ohne Einwilligung des Berechtigten ein Werk vervielfältigt, gewerbsmäßig verbreitet oder gewerbsmäßig mittels mechanischer oder optischer Einrichtungen vorführt, wird mit Geldstrafe bis zu dreitausend Mark bestraft. Der gewerbsmäßigen Vorführung steht, soweit die Kinematographie oder ein ihr ähnliches Verfahren angewendet wird, die öffentliche Vorführung gleich.

War die Einwilligung des Berechtigten nur deshalb erforderlich, weil an dem Werke selbst, an dessen Bezeichnung oder an der Bezeichnung des Urhebers Änderungen vorgenommen sind, so tritt Geldstrafe bis zu dreihundert Mark ein.

Soll eine nicht beizutreibende Geldstrafe in Gefängnisstrafe umgewandelt werden, so darf deren Dauer in den Fällen des Abs. 1 sechs Monate, in den Fällen des Abs. 2 einen Monat nicht übersteigen.

§ 33. Mit Geldstrafe bis zu eintausend Mark wird bestraft:

1. wer der Vorschrift des § 18 Abs. 3[1] zuwider vorsätzlich den Namen oder eine sonstige Bezeichnung des Urhebers des Werkes auf der Vervielfältigung anbringt;
2. wer den Vorschriften der §§ 22[2], 23[3] zuwider vorsätzlich ein Bildnis verbreitet oder öffentlich zur Schau stellt.

Soll eine nicht beizutreibende Geldstrafe in Gefängnisstrafe umgewandelt werden, so darf deren Dauer zwei Monate nicht übersteigen.

[1] **§ 18 Abs. 3.** Verboten ist es, den Namen oder eine sonstige Bezeichnung des Urhebers des Werkes in einer Weise auf der Vervielfältigung anzubringen, die zu Verwechselungen Anlaß geben kann.

[2] **§ 22.** Bildnisse dürfen nur mit Einwilligung des Abgebildeten verbreitet oder öffentlich zur Schau gestellt werden. Die Einwilligung gilt im Zweifel als erteilt, wenn der Abgebildete dafür, daß er sich abbilden ließ, eine Entlohnung erhielt. Nach dem Tode des Abgebildeten bedarf es bis zum Ablaufe von zehn Jahren der Einwilligung der Angehörigen des Abgebildeten. Angehörige im Sinne dieses Gesetzes sind der überlebende Ehegatte und die Kinder des Abgebildeten, und wenn weder ein Ehegatte noch Kinder vorhanden sind, die Eltern des Abgebildeten.

[3] **§ 23.** Ohne die nach § 22 erforderliche Einwilligung dürfen verbreitet und zur Schau gestellt werden:

1. Bildnisse aus dem Bereiche der Zeitgeschichte;
2. Bilder, auf denen die Personen nur als Beiwerk neben einer Landschaft oder sonstigen Örtlichkeit erscheinen;
3. Bilder von Versammlungen, Aufzügen und ähnlichen Vorgängen, an denen die dargestellten Personen teilgenommen haben;
4. Bildnisse, die nicht auf Bestellung angefertigt sind, sofern die Verbreitung oder Schaustellung einem höheren Interesse der Kunst dient.

Die Befugnis erstreckt sich jedoch nicht auf eine Verbreitung und Schaustellung, durch die ein berechtigtes Interesse des Abgebildeten oder, falls dieser verstorben ist, seiner Angehörigen verletzt wird.

§ 34. Wer der Vorschrift des § 13[1] zuwider vorsätzlich auf dem Werke den Namen oder den Namenszug des Urhebers anbringt, wird mit Geldstrafe bis zu dreihundert Mark bestraft.

Soll eine nicht beizutreibende Geldstrafe in Gefängnisstrafe umgewandelt werden, so darf deren Dauer einen Monat nicht übersteigen.

[1] § 13. Der Name oder der Namenszug des Urhebers darf auf dem Werke von einem anderen als dem Urheber selbst nur mit dessen Einwilligung angebracht werden.

§ 35. Auf Verlangen des Verletzten kann neben der Strafe auf eine an ihn zu erlegende Buße bis zum Betrage von sechstausend Mark erkannt werden. Die zu dieser Buße Verurteilten haften als Gesamtschuldner.

Eine erkannte Buße schließt die Geltendmachung eines weiteren Anspruchs auf Schadensersatz aus.

§ 36. Die in den §§ 31[1], 32 bezeichneten Handlungen sind auch dann rechtswidrig, wenn das Werk nur zu einem Teile vervielfältigt, verbreitet oder vorgeführt wird.

[1] § 31. Wer vorsätzlich oder fahrlässig unter Verletzung der ausschließlichen Befugnis des Urhebers ein Werk vervielfältigt, gewerbsmäßig verbreitet oder gewerbsmäßig mittels mechanischer oder optischer Einrichtungen vorführt, ist dem Berechtigten zum Ersatze des daraus entstehenden Schadens verpflichtet. Der gewerbsmäßigen Vorführung steht, soweit die Kinematographie oder ein ihr ähnliches Verfahren angewandt wird, die öffentliche Vorführung gleich.

§ 37. Die widerrechtlich hergestellten, verbreiteten oder vorgeführten Exemplare und die zur widerrechtlichen Vervielfältigung oder Vorführung ausschließlich bestimmten Vorrichtungen, wie Formen, Platten, Steine, unterliegen der Vernichtung. Das gleiche gilt von den widerrechtlich verbreiteten oder öffentlich zur Schau gestellten Bildnissen und den zu deren Vervielfältigung ausschließlich bestimmten Vorrichtungen. Ist nur ein Teil des Werkes widerrechtlich hergestellt, verbreitet oder vorgeführt, so ist auf Vernichtung dieses Teiles und der entsprechenden Vorrichtungen zu erkennen.

Gegenstand der Vernichtung sind alle Exemplare und Vorrichtungen, welche sich im Eigentume der an der Herstellung, der Verbreitung, der Vorführung oder der Schaustellung Beteiligten sowie der Erben dieser Personen befinden.

Auf die Vernichtung ist auch dann zu erkennen, wenn die Herstellung, die Verbreitung, die Vorführung oder die Schaustellung weder vorsätzlich noch fahrlässig erfolgt. Das gleiche gilt, wenn die Herstellung noch nicht vollendet ist.

Die Vernichtung hat zu erfolgen, nachdem dem Eigentümer gegenüber rechtskräftig darauf erkannt ist. Soweit die Exemplare oder die Vorrichtungen in anderer Weise als durch Vernichtung unschädlich gemacht werden können, hat dies zu geschehen, falls der Eigentümer die Kosten übernimmt.

Vorstehende Bestimmungen finden auf Bauwerke keine Anwendung.

§ 38. Der Verletzte kann statt der Vernichtung verlangen, daß ihm das Recht zuerkannt wird, die Exemplare und Vorrichtungen ganz oder teilweise gegen eine angemessene, höchstens dem Betrage der Herstellungskosten gleichkommende Vergütung zu übernehmen.

§ 39. Unterliegt auf Grund des § 37 Abs. 1 ein Sammelwerk oder eine sonstige, aus mehreren verbundenen Werken bestehende Sammlung nur zum Teil der Vernichtung, so kann der Eigentümer von Exemplaren, die Gegenstand der Vernichtung sein würden, beantragen, daß ihm die Befugnis zugesprochen werde, die Vernichtung durch Zahlung einer Vergütung an den Verletzten abzuwenden und die Exemplare gewerbsmäßig zu verbreiten. Der Antrag ist unzulässig, wenn der Eigentümer die ausschließliche Befugnis des Urhebers vorsätzlich oder fahrlässig verletzt hat.

Das Gericht kann dem Antrag entsprechen, sofern durch die Vernichtung dem Eigentümer ein unverhältnismäßiger Schaden entstehen würde. Den Betrag der Vergütung bestimmt das Gericht nach billigem Ermessen.

Auf die Vernichtung eines den Vorschriften der §§ 22 Abs. 1, 23 Abs. 1

zuwider verbreiteten oder zur Schau gestellten Bildnisses finden diese Vorschriften keine Anwendung.

[1] §§ 22, 23. Siehe Anm. 2, 3 zu § 33.

§ 40. Wer der Vorschrift des § 19 Abs. 2[1] zuwider unterläßt, die benutzte Quelle anzugeben, wird mit Geldstrafe bis zu einhundertfünfzig Mark bestraft.

[1] § 19 Abs. 2. Wer ein fremdes Werk in dieser Weise benutzt, hat die Quelle, sofern sie auf dem Werke genannt ist, deutlich anzugeben.

§ 41. Die Strafverfolgung in den Fällen der §§ 32, 33, 40 tritt nur auf Antrag ein. Die Zurücknahme des Antrags ist zulässig.

§ 42. Die Vernichtung der Exemplare und der Vorrichtungen kann im Wege des bürgerlichen Rechtsstreits oder im Strafverfahren verfolgt werden.

§ 43. Auf die Vernichtung von Exemplaren oder Vorrichtungen kann auch im Strafverfahren nur auf besonderen Antrag des Verletzten erkannt werden. Die Zurücknahme des Antrags ist bis zur erfolgten Vernichtung zulässig.

Der Verletzte kann die Vernichtung von Exemplaren oder Vorrichtungen selbständig verfolgen. In diesem Falle finden die §§ 477 bis 479 der Strafprozeßordnung mit der Maßgabe Anwendung, daß der Verletzte als Privatkläger auftreten kann.

§ 44. Die §§ 42, 43 finden auf die Verfolgung des im § 38 bezeichneten Rechtes entsprechende Anwendung.

§ 45. Der im § 39 bezeichnete Antrag ist, falls ein auf die Vernichtung gerichtetes Verfahren bereits anhängig ist, in diesem Verfahren zu stellen. Ist ein Verfahren noch nicht anhängig, so kann der Antrag nur im Wege des bürgerlichen Rechtsstreits bei dem Gericht angebracht werden, das für den Antrag auf Vernichtung der Exemplare zuständig ist.

Dem Eigentümer kann im Wege einer einstweiligen Anordnung gestattet werden, die Vernichtung durch Sicherheitsleistung abzuwenden und die Exemplare gewerbsmäßig zu verbreiten; soll die Anordnung im Wege des bürgerlichen Rechtsstreits getroffen werden, so finden die Vorschriften über die einstweiligen Verfügungen Anwendung.

Wird dem Eigentümer nicht die Befugnis zugesprochen, die Vernichtung durch Zahlung einer Vergütung an den Verletzten abzuwenden und die Exemplare gewerbsmäßig zu verbreiten, so hat er, soweit auf Grund der einstweiligen Anordnung Exemplare von ihm verbreitet worden sind, dem Verletzten eine Vergütung zu gewähren. Den Betrag der Vergütung bestimmt das Gericht nach billigem Ermessen.

§ 47. Der Anspruch auf Schadensersatz und die Strafverfolgung wegen widerrechtlicher Vervielfältigung verjähren in drei Jahren.

Die Verjährung beginnt mit dem Tage, an welchem die Vervielfältigung vollendet ist. Ist die Vervielfältigung zum Zwecke der Verbreitung bewirkt, so beginnt die Verjährung erst mit dem Tage, an welchem eine Verbreitung stattgefunden hat.

§ 48. Der Anspruch auf Schadensersatz und die Strafverfolgung wegen widerrechtlicher Verbreitung oder Vorführung eines Werkes sowie die Strafverfolgung wegen widerrechtlicher Verbreitung oder Schaustellung eines Bildnisses verjähren in drei Jahren.

Die Verjährung beginnt mit dem Tage, an welchem die widerrechtliche Handlung zuletzt stattgefunden hat.

§ 49. Die Verjährung der nach § 40 strafbaren Handlung beginnt mit dem Tage, an welchem die erste Verbreitung stattgefunden hat.

§ 50. Der Antrag auf Vernichtung der Exemplare und der Vorrichtungen ist so lange zulässig, als solche Exemplare oder Vorrichtungen vorhanden sind.

---

15. Gesetz, betreffend die Bestrafung der Majestätsbeleidigung.

Vom 17. Februar 1908 (RGBl. S. 25).

Abgedruckt vor § 94 StGB.; oben S. 120, 121.

---

16. Vereinsgesetz.

Vom 19. April 1908 (RGBl. S. 151).

§ 18. Mit Geldstrafe bis zu einhundertfünfzig Mark, an deren Stelle im Unvermögensfalle Haft tritt, wird bestraft:

1. wer als Vorstand oder als Mitglied des Vorstandes eines Vereins den Vorschriften über die Einreichung von Satzungen und Verzeichnissen (§ 3 Abs. 2 bis 4[1]) zuwiderhandelt;
2. wer eine Versammlung ohne die durch §§ 5[2], 6[3], 7[4], 8[5], 9[6] dieses Gesetzes vorgeschriebene Anzeige oder Bekanntmachung veranstaltet oder leitet;
3. wer als Veranstalter oder Leiter einer Versammlung den Beauftragten der Polizeibehörde die Einräumung eines angemessenen Platzes verweigert (§ 13 Abs. 2[7]);
4. wer sich nach Erklärung der Auflösung einer Versammlung nicht sofort entfernt (§ 16[8]);
5. wer als Vorstand oder als Mitglied des Vorstandes eines Vereins entgegen den Vorschriften des § 17[9] dieses Gesetzes Personen, die das achtzehnte Lebensjahr noch nicht vollendet haben, in dem Vereine duldet;
6. wer entgegen den Vorschriften des § 17[9] dieses Gesetzes in einer Versammlung anwesend ist.

[1] **§ 3 Abs. 2–4.** Der Vorstand ist verpflichtet, binnen einer Frist von zwei Wochen nach Gründung des Vereins die Satzung sowie das Verzeichnis der Mitglieder des Vorstandes der für den Sitz des Vereins zuständigen Polizeibehörde einzureichen. Über die erfolgte Einreichung ist eine kostenfreie Bescheinigung zu erteilen.

Ebenso ist jede Änderung der Satzung sowie jede Änderung in der Zusammensetzung des Vorstandes binnen einer Frist von zwei Wochen nach dem Eintritte der Änderung anzuzeigen.

Die Satzung sowie die Änderungen sind in deutscher Fassung einzureichen. Ausnahmen von dieser Vorschrift können von der höheren Verwaltungsbehörde zugelassen werden.

[2] **§ 5.** Wer eine öffentliche Versammlung zur Erörterung politischer Angelegenheiten (politische Versammlung) veranstalten will, hat hiervon mindestens vierundzwanzig Stunden vor dem Beginne der Versammlung unter Angabe des Ortes und der Zeit bei der Polizeibehörde Anzeige zu

erstatten. Über die Anzeige ist von der Polizeibehörde sofort eine kostenfreie Bescheinigung zu erteilen.

[3] § 6. Einer Anzeige bedarf es nicht für Versammlungen, die öffentlich bekannt gemacht worden sind; die Erfordernisse der Bekanntmachung bestimmt die Landeszentralbehörde.

Einer Anzeige bedarf es ferner nicht für Versammlungen der Wahlberechtigten zum Betriebe der Wahlen zu den auf Gesetz oder Anordnung von Behörden beruhenden öffentlichen Körperschaften vom Tage der amtlichen Bekanntmachung des Wahltags bis zur Beendigung der Wahlhandlung.

Das gleiche gilt für Versammlungen der Gewerbetreibenden, gewerblichen Gehilfen, Gesellen, Fabrikarbeiter, Besitzer und Arbeiter von Bergwerken, Salinen, Aufbereitungsanstalten und unterirdisch betriebenen Brüchen und Gruben zur Erörterung von Verabredungen und Vereinigungen zum Behufe der Erlangung günstiger Lohn- und Arbeitsbedingungen, insbesondere mittels Einstellung der Arbeit oder Entlassung der Arbeiter.

[4] § 7. Öffentliche Versammlungen unter freiem Himmel und Aufzüge auf öffentlichen Straßen oder Plätzen bedürfen der Genehmigung der Polizeibehörde.

Die Genehmigung ist von dem Veranstalter mindestens vierundzwanzig Stunden vor dem Beginne der Versammlung oder des Aufzugs unter Angabe des Ortes und der Zeit nachzusuchen. Sie ist schriftlich zu erteilen und darf nur versagt werden, wenn aus der Abhaltung der Versammlung oder der Veranstaltung des Aufzugs Gefahr für die öffentliche Sicherheit zu befürchten ist. Im Falle der Verweigerung ist dem Veranstalter sofort ein kostenfreier Bescheid mit Angabe der Gründe zu erteilen.

[5] § 8. Eine Versammlung, die in einem geschlossenen Raume veranstaltet wird, ist nicht schon deshalb als Versammlung unter freiem Himmel anzusehen, weil außerhalb des Versammlungsraums befindliche Personen an der Erörterung teilnehmen, oder weil die Versammlung in einen mit dem Versammlungsraume zusammenhängenden umfriedeten Hof oder Garten verlegt wird.

[6] § 9. Der Landeszentralbehörde bleibt es überlassen zu bestimmen, daß und unter welchen Voraussetzungen für Versammlungen unter freiem Himmel und Aufzüge die Genehmigung durch Anzeige oder öffentliche Bekanntmachung ersetzt wird.

Gewöhnliche Leichenbegängnisse sowie Züge der Hochzeitsgesellschaften, wo sie hergebracht sind, bedürfen der Anzeige oder Genehmigung nicht. Der Landeszentralbehörde bleibt es überlassen zu bestimmen, daß auch andere Aufzüge der Anzeige und Genehmigung nicht bedürfen, und daß Aufzüge, die durch mehrere Ortschaften führen, nur einer Polizeibehörde angezeigt und von ihr genehmigt zu werden brauchen.

[7] § 13 Abs. 2. Den Beauftragten muß ein angemessener Platz eingeräumt werden. Die Polizeibehörde darf nicht mehr als zwei Beauftragte entsenden.

* § 16. Sobald eine Versammlung für aufgelöst erklärt ist, sind alle Anwesenden verpflichtet, sich sofort zu entfernen.

* § 17. Personen, die das achtzehnte Lebensjahr noch nicht vollendet haben, dürfen nicht Mitglieder von politischen Vereinen sein und weder in den Versammlungen solcher Vereine, sofern es sich nicht um Veranstaltungen zu geselligen Zwecken handelt, noch in öffentlichen politischen Versammlungen anwesend sein.

§ 19. Mit Geldstrafe bis zu dreihundert Mark, an deren Stelle im Unvermögensfalle Haft tritt, oder mit Haft wird bestraft:

1. wer eine Versammlung unter freiem Himmel oder einen Aufzug ohne die vorgeschriebene Anzeige oder Genehmigung (§§ 7[1], 9[1]) veranstaltet oder leitet;
2. wer unbefugt in einer Versammlung oder in einem Aufzuge bewaffnet erscheint (§ 11[2]);
3. wer entgegen den Vorschriften des § 12[3] dieses Gesetzes eine öffentliche Versammlung veranstaltet, leitet oder in ihr als Redner auftritt.

[1] §§ 7, 9. Siehe Anm. 4 und 6 zu § 13.

[2] § 11. Niemand darf in einer öffentlichen Versammlung oder einem Aufzuge, der auf öffentlichen Straßen oder Plätzen stattfinden soll, bewaffnet erscheinen, es sei denn, daß er vermöge öffentlichen Berufs zum Waffentragen berechtigt oder zum Erscheinen mit Waffen behördlich ermächtigt ist.

[3] § 12. Die Verhandlungen in öffentlichen Versammlungen sind in deutscher Sprache zu führen.

Diese Vorschrift findet auf internationale Kongresse sowie auf Versammlungen der Wahlberechtigten zum Betriebe der Wahlen für den Reichstag und für die gesetzgebenden Versammlungen der Bundesstaaten und Elsaß-Lothringens vom Tage der amtlichen Bekanntmachung des Wahltags bis zur Beendigung der Wahlhandlung keine Anwendung.

Die Zulässigkeit weiterer Ausnahmen regelt die Landesgesetzgebung. Jedoch ist in Landesteilen, in denen zur Zeit des Inkrafttretens dieses Gesetzes alteingesessene Bevölkerungsteile nichtdeutscher Muttersprache vorhanden sind, sofern diese Bevölkerungsteile nach dem Ergebnisse der jeweilig letzten Volkszählung sechzig vom Hundert der Gesamtbevölkerung übersteigen, während der ersten zwanzig Jahre nach dem Inkrafttreten dieses Gesetzes der Mitgebrauch der nichtdeutschen Sprache gestattet, wenn der Veranstalter der öffentlichen Versammlung mindestens dreimal vierundzwanzig Stunden vor ihrem Beginne der Polizeibehörde die Anzeige erstattet hat, daß und in welcher nichtdeutschen Sprache die Verhandlungen geführt werden sollen. Über die Anzeige ist von der Polizeibehörde sofort eine kostenfreie Bescheinigung zu erteilen. Als Landesteile gelten die Bezirke der unteren Verwaltungsbehörden.

Ferner sind, soweit die Landesgesetzgebung abweichendes nicht bestimmt, Ausnahmen auch mit Genehmigung der Landeszentralbehörde zulässig.

---

17. Börsengesetz.

Vom 8. Mai 1908.

In der Fassung der Bekanntmachung vom 27. Mai 1908 (RGBl. S. 215).

VI. Straf- und Schlußbestimmungen.

§ 88. Wer in betrügerischer Absicht auf Täuschung berechnete Mittel anwendet, um auf den Börsen- oder Marktpreis von Waren oder Wertpapieren einzuwirken, wird mit Gefängnis und zugleich mit Geldstrafe bis zu fünfzehntausend Mark bestraft. Auch kann auf Verlust der bürgerlichen Ehrenrechte erkannt werden.

Sind mildernde Umstände vorhanden, so kann ausschließlich auf die Geldstrafe erkannt werden.

Die gleiche Strafe trifft denjenigen, welcher in betrügerischer Absicht wissentlich unrichtige Angaben in Prospekten (§ 38[1]) oder in öffentlichen Kundgebungen macht, durch welche die Zeichnung oder der Ankauf oder Verkauf von Wertpapieren herbeigeführt werden soll.

[1] § 38. Der Antrag auf Zulassung von Wertpapieren ist von der Zulassungsstelle unter Bezeichnung des Antragstellers, des Betrags sowie der Art der einzuführenden Wertpapiere zu veröffentlichen. Zwischen dieser Veröffentlichung und der Einführung an der Börse muß eine Frist von mindestens sechs Tagen liegen.

Vor der Einführung an der Börse ist ein Prospekt zu veröffentlichen, der die für die Beurteilung der einzuführenden Wertpapiere wesentlichen Angaben enthält. Das Gleiche gilt für Konvertierungen und Kapitalserhöhungen. Wird der Antrag gestellt, ein an einer deutschen Börse eingeführtes Wertpapier an einer anderen Börse zuzulassen, so kann die Landesregierung auf Antrag der Zulassungsstelle genehmigen, daß von der Veröffentlichung eines Prospekts abgesehen wird.

§ 89. Wer für Mitteilungen in der Presse, durch welche auf den Börsenpreis eingewirkt werden soll, Vorteile gewährt oder verspricht oder sich gewähren oder versprechen läßt, welche in auffälligem Mißverhältnisse zu der Leistung stehen, wird mit Gefängnis bis zu einem Jahre und zugleich mit Geldstrafe bis zu fünftausend Mark bestraft.

Die gleiche Strafe trifft denjenigen, der sich für die Unterlassung von Mitteilungen der bezeichneten Art Vorteile gewähren oder versprechen läßt.

Der Versuch ist strafbar.

Sind mildernde Umstände vorhanden, so kann ausschließlich auf die Geldstrafe erkannt werden.

§ 90. Wer wissentlich den Vorschriften der §§ 42[1], 43[2] oder des § 51 Abs. 2[3] zuwider Preislisten (Kurszettel) veröffentlicht oder in mechanisch hergestellter Vervielfältigung verbreitet, wird mit Geldstrafe bis zu eintausend Mark oder mit Haft oder mit Gefängnis bis zu sechs Monaten bestraft.

[1] **§ 42.** Für Wertpapiere, welche zur öffentlichen Zeichnung aufgelegt werden, darf vor beendeter Zuteilung an die Zeichner eine amtliche Feststellung des Preises nicht erfolgen. Vor diesem Zeitpunkte sind Geschäfte von der Benutzung der Börseneinrichtungen ausgeschlossen und dürfen von den Kursmaklern nicht notiert werden. Auch dürfen für solche Geschäfte Preislisten (Kurszettel) nicht veröffentlicht oder in mechanisch hergestellter Vervielfältigung verbreitet werden.

[2] **§ 43.** Für Wertpapiere, deren Zulassung zum Börsenhandel verweigert oder nicht nachgesucht ist, darf eine amtliche Feststellung des Preises nicht erfolgen. Geschäfte in solchen Wertpapieren sind von der Benutzung der Börseneinrichtungen ausgeschlossen und dürfen von den Kursmaklern nicht vermittelt werden. Auch dürfen für solche an der Börse abgeschlossenen Geschäfte Preislisten (Kurszettel) nicht veröffentlicht oder in mechanisch hergestellter Vervielfältigung verbreitet werden, soweit nicht die Börsenordnung für besondere Fälle Ausnahmen gestattet.

[3] **§ 51.** Soweit Börsentermingeschäfte in bestimmten Waren oder Wertpapieren verboten sind oder die Zulassung zum Börsenterminhandel endgültig verweigert oder zurückgenommen worden ist, ist der Börsenterminhandel von der Benutzung der Börseneinrichtungen und der Vermittelung durch die Kursmakler ausgeschlossen. Findet an einer Börse ein Börsenterminhandel nach Geschäftsbedingungen statt, die von den festgesetzten Geschäftsbedingungen (§ 50 Abs. 2) abweichen, oder findet ein Börsenterminhandel in solchen Waren oder Wertpapieren statt, die zum Börsenterminhandel nicht zugelassen sind, so ist er durch Anordnung des Börsenvorstandes von der Benutzung der Börseneinrichtungen und der

Vermittelung durch die Kursmakler auszuschließen. Der Börsenvorstand kann den Erlaß der Anordnung aussetzen, wenn Verhandlungen wegen Zulassung der Waren oder Wertpapiere zum Börsenterminhandel schweben. Die Aussetzung darf höchstens auf ein Jahr erfolgen.

Soweit der Börsenterminhandel auf Grund des Abs. 1 von der Benutzung der Börseneinrichtungen und der Vermittelung durch die Kursmakler ausgeschlossen ist, dürfen für Börsentermingeschäfte, sofern sie im Inland abgeschlossen sind, Preislisten (Kurszettel) nicht veröffentlicht oder in mechanisch hergestellter Vervielfältigung verbreitet werden.

§ 91. Mit Gefängnis und mit Geldstrafe bis zu zehntausend Mark wird bestraft, wer aus dem Abschlusse von verbotenen Börsentermingeschäften in Getreide oder Erzeugnissen der Getreidemüllerei ein Gewerbe macht, nachdem er auf Grund des § 71[1] rechtskräftig zur Zahlung einer Ordnungsstrafe verurteilt worden ist, darauf abermals ein verbotenes Börsentermingeschäft in Getreide oder Erzeugnissen der Getreidemüllerei abgeschlossen hat und deshalb rechtskräftig verurteilt worden ist.

[1] **§ 71.** Wer ein verbotenes Börsentermingeschäft in Getreide oder Erzeugnissen der Getreidemüllerei schließt, hat, wenn die Zuwiderhandlung vorsätzlich begangen ist, eine Ordnungsstrafe bis zu zehntausend Mark verwirkt.

§ 92. Mit Gefängnis und mit Geldstrafe bis zu zehntausend Mark wird bestraft, wer in gewinnsüchtiger Absicht, um den Preis von Getreide oder Erzeugnissen der Getreidemüllerei im Widerspruche mit der durch die allgemeine Marktlage gegebenen Entwicklung zu beeinflussen, verbotene Börsentermingeschäfte oder Geschäfte schließt, die unter die Begriffsbestimmung des § 68[1] fallen. Sind mildernde Umstände vorhanden, so kann allein auf die Geldstrafe erkannt werden.

[1] **§ 68.** Wird ein auf Lieferung von Getreide oder Erzeugnissen der Getreidemüllerei lautender Vertrag in der Absicht geschlossen, daß der Unterschied zwischen dem vereinbarten Preise und dem Börsen- oder Marktpreise der Lieferungszeit von dem verlierenden Teile an den gewinnenden gezahlt werden soll, so finden die Vorschriften des § 66 auch dann Anwendung, wenn es sich nicht um ein verbotenes Börsentermingeschäft handelt. Dies gilt auch dann, wenn nur die Absicht des einen Teiles auf die Zahlung des Unterschieds gerichtet ist, der andere Teil aber diese Absicht kennt oder kennen muß.

Die Vorschriften der §§ 762, 764 des Bürgerlichen Gesetzbuchs bleiben bei einem auf die Lieferung von Getreide oder Erzeugnissen der Getreidemüllerei lautenden Vertrag außer Anwendung.

§ 93. Auf Personen, die der Begehung der im § 92 bezeichneten strafbaren Handlung verdächtig sind, finden die Vorschriften des § 78 Abs. 3[1] und des § 82 Abs. 3[2] Anwendung.

[1] **§ 78 Abs. 3.** Personen, die der Begehung einer durch dieses Gesetz mit Ordnungsstrafe bedrohten Handlung verdächtig sind, ist auf Antrag des Staatskommissars oder von Amts wegen durch Anordnung des Vorsitzenden die Vorlegung eines Verzeichnisses aufzugeben, in welchem die von ihnen über Getreide oder Erzeugnisse der Getreidemüllerei abgeschlossenen Geschäfte, insoweit sie der unter Tarifnummer 4b des Reichsstempelgesetzes vom 3. Juni 1906 (Reichs-Gesetzbl. S. 695) angeordneten Abgabe unterliegen, aufzuführen sind. Die Zeit, auf welche das Verzeichnis sich zu erstrecken hat, bestimmt der Vorsitzende. Dem Verzeichnisse sind die aus Anlaß der Geschäfte abgesandten und empfangenen Handelsbriefe in Abschrift oder Urschrift sowie die Schlußnoten (§ 12 des Reichsstempelgesetzes — jetzt § 21; Fassung 3. Juli 1913 —) beizufügen.

[2] **§ 82 Abs. 2 und 3.** Der Beschuldigte kann zur Befolgung der Anordnung durch Ordnungsstrafen angehalten werden; die einzelne Strafe darf den Betrag von eintausend Mark nicht übersteigen. Gegen Entscheidungen über die Festsetzung von Ordnungsstrafen findet die Beschwerde statt. Über die Beschwerde entscheidet der Vorsitzende der Berufungskommission.

Die Vorschrift des Abs. 2 findet auch Anwendung, wenn der im § 78 Abs. 3 bezeichneten Anordnung nicht entsprochen wird.

§ 94. Wer gewohnheitsmäßig in gewinnsüchtiger Absicht andere unter Ausbeutung ihrer Unerfahrenheit oder ihres Leichtsinns zu Börsenspekulationsgeschäften verleitet, welche nicht zu ihrem Gewerbebetriebe gehören, wird mit Gefängnis und zugleich mit Geldstrafe bis zu fünfzehntausend Mark bestraft. Auch kann auf Verlust der bürgerlichen Ehrenrechte erkannt werden.

§ 95. Ein Kommissionär, welcher, um sich oder einem Dritten einen Vermögensvorteil zu verschaffen,

1. das Vermögen des Kommittenten dadurch beschädigt, daß er hinsichtlich eines abzuschließenden Geschäfts wider besseres Wissen unrichtigen Rat oder unrichtige Auskunft erteilt, oder
2. bei der Ausführung eines Auftrags oder bei der Abwicklung eines Geschäfts absichtlich zum Nachteile des Kommittenten handelt,

wird mit Gefängnis bestraft. Neben der Gefängnisstrafe kann auf Geldstrafe bis zu dreitausend Mark sowie auf Verlust der bürgerlichen Ehrenrechte erkannt werden.

Sind mildernde Umstände vorhanden, so kann ausschließlich auf die Geldstrafe erkannt werden.

Der Versuch ist strafbar in den Fällen der Ziffer 1.

§ 96. Die in dem II. und IV. Abschnitte sowie im § 88 bezüglich der Wertpapiere getroffenen Bestimmungen gelten auch für Wechsel und ausländische Geldsorten.

---

18. Gesetz über den Verkehr mit Kraftfahrzeugen.

Vom 3. Mai 1909 (RGBl. S. 437).

III. Strafvorschriften.

§ 21. Wer den zur Erhaltung der Ordnung und Sicherheit auf den öffentlichen Wegen oder Plätzen erlassenen polizeilichen Anordnungen über den Verkehr mit Kraftfahrzeugen zuwiderhandelt, wird mit Geldstrafe bis zu einhundertfünfzig Mark oder mit Haft bestraft.

§ 22. Der Führer eines Kraftfahrzeugs, der nach einem Unfalle (§ 7[1]) es unternimmt, sich der Feststellung des Fahrzeugs und seiner Person durch die Flucht zu entziehen, wird mit Geldstrafe bis zu dreihundert Mark oder mit Gefängnis bis zu zwei Monaten bestraft. Er bleibt jedoch straflos, wenn er spätestens am nächstfolgenden Tage nach dem Unfall Anzeige bei einer inländischen Polizeibehörde erstattet und die Feststellung des Fahrzeugs und seiner Person bewirkt.

Verläßt der Führer des Kraftfahrzeugs eine bei dem Unfalle verletzte Person vorsätzlich in hilfloser Lage, so wird er mit Gefängnis bis zu sechs Monaten bestraft. Sind mildernde Umstände vorhanden, so kann auf Geldstrafe bis zu dreihundert Mark erkannt werden.

[1] **§ 7.** Wird bei dem Betrieb eines Kraftfahrzeugs ein Mensch getötet, der Körper oder die Gesundheit eines Menschen verletzt oder eine Sache

beschädigt, so ist der Halter des Fahrzeugs verpflichtet, dem Verletzten den daraus entstehenden Schaden zu ersetzen.

Die Ersatzpflicht ist ausgeschlossen, wenn der Unfall durch ein unabwendbares Ereignis verursacht wird, das weder auf einem Fehler in der Beschaffenheit des Fahrzeugs noch auf einem Versagen seiner Verrichtungen beruht. Als unabwendbar gilt ein Ereignis insbesondere dann, wenn es auf das Verhalten des Verletzten oder eines nicht bei dem Betriebe beschäftigten Dritten oder eines Tieres zurückzuführen ist und sowohl der Halter als der Führer des Fahrzeugs jede nach den Umständen des Falles gebotene Sorgfalt beobachtet hat.

Wird das Fahrzeug ohne Wissen und Willen des Fahrzeughalters von einem anderen in Betrieb gesetzt, so ist dieser an Stelle des Halters zum Ersatze des Schadens verpflichtet.

§ 23. Mit Geldstrafe bis zu dreihundert Mark oder mit Gefängnis bis zu zwei Monaten wird bestraft, wer auf öffentlichen Wegen oder Plätzen ein Kraftfahrzeug führt, das nicht von der zuständigen Behörde zum Verkehre zugelassen ist.

Die gleiche Strafe trifft den Halter eines nicht zum Verkehre zugelassenen Kraftfahrzeugs, wenn er vorsätzlich oder fahrlässig dessen Gebrauch auf öffentlichen Wegen oder Plätzen gestattet.

§ 24. Mit Geldstrafe bis zu dreihundert Mark oder mit Gefängnis bis zu zwei Monaten wird bestraft:

1. wer ein Kraftfahrzeug führt, ohne einen Führerschein zu besitzen;
2. wer ein Kraftfahrzeug führt, obwohl ihm die Fahrerlaubnis entzogen ist;
3. wer nicht seinen Führerschein der Behörde, die ihm die Fahrerlaubnis entzogen hat, auf ihr Verlangen abliefert.

Die gleiche Strafe trifft den Halter des Kraftfahrzeugs, wenn er vorsätzlich oder fahrlässig eine Person zur Führung des Fahrzeugs bestellt oder ermächtigt, die sich nicht durch einen Führerschein ausweisen kann oder der die Fahrerlaubnis entzogen ist.

§ 25. Wer in rechtswidriger Absicht

1. ein Kraftfahrzeug, für welches von der Polizeibehörde ein Kennzeichen nicht ausgegeben oder zugelassen worden ist, mit einem Zeichen versieht, welches geeignet ist, den

Anschein der polizeilich angeordneten oder zugelassenen Kennzeichnung hervorzurufen,

2. ein Kraftfahrzeug mit einer anderen als der polizeilich für das Fahrzeug ausgegebenen oder zugelassenen Kennzeichnung versieht,
3. das an einem Kraftfahrzeuge gemäß polizeilicher Anordnung angebrachte Kennzeichen verändert, beseitigt, verdeckt oder sonst in seiner Erkennbarkeit beeinträchtigt,

wird, sofern nicht nach den Vorschriften des Strafgesetzbuchs eine höhere Strafe verwirkt ist, mit Geldstrafe bis zu fünfhundert Mark oder mit Gefängnis bis zu drei Monaten bestraft.

Die gleiche Strafe trifft Personen, welche auf öffentlichen Wegen oder Plätzen von einem Kraftfahrzeuge Gebrauch machen, von dem sie wissen, daß die Kennzeichnung in der im Abs. 1 unter Nr. 1 bis 3 bezeichneten Art gefälscht, verfälscht oder unterdrückt worden ist.

§ 26. . . . .

19. Gesetz über die Sicherung der Bauforderungen.

Vom 1. Juni 1909 (RGBl. S. 449).

§ 5. Baugeldempfänger, welche ihre Zahlungen eingestellt haben oder über deren Vermögen das Konkursverfahren eröffnet worden ist und deren im § 1 Abs. 1[1] bezeichnete Gläubiger zur Zeit der Zahlungseinstellung oder der Konkurseröffnung benachteiligt sind, werden mit Gefängnis nicht unter einem Monate bestraft, wenn sie vorsätzlich zum Nachteile der bezeichneten Gläubiger den Vorschriften des § 1[1] zuwidergehandelt haben. Sind mildernde Umstände vorhanden, so kann die Strafe bis auf einen Tag Gefängnis ermäßigt oder auf Geldstrafe bis zu dreitausend Mark erkannt werden.

[1] **§ 1.** Der Empfänger von Baugeld ist verpflichtet, das Baugeld zur Befriedigung solcher Personen, die an der Herstellung des Baues auf Grund

eines Werk-, Dienst- oder Lieferungsvertrags beteiligt sind, zu verwenden. Eine anderweitige Verwendung des Baugeldes ist bis zu dem Betrage statthaft, in welchem der Empfänger aus anderen Mitteln Gläubiger der bezeichneten Art bereits befriedigt hat.

Ist der Empfänger selbst an der Herstellung beteiligt, so darf er das Baugeld in Höhe der Hälfte des angemessenen Wertes der von ihm in den Bau verwendeten Leistung, oder, wenn die Leistung von ihm noch nicht in den Bau verwendet worden ist, der von ihm geleisteten Arbeit und der von ihm gemachten Auslagen für sich behalten.

Baugeld sind Geldbeträge, die zum Zwecke der Bestreitung der Kosten eines Baues in der Weise gewährt werden, daß zur Sicherung der Ansprüche des Geldgebers eine Hypothek oder Grundschuld an dem zu bebauenden Grundstücke dient oder die Übertragung des Eigentums an dem Grundstück erst nach gänzlicher oder teilweiser Herstellung des Baues erfolgen soll. Als Geldbeträge, die zum Zwecke der Bestreitung der Kosten eines Baues gewährt werden, gelten insbesondere:

1. solche, deren Auszahlung ohne nähere Bestimmung des Zweckes der Verwendung nach Maßgabe des Fortschreitens des Baues erfolgen soll,
2. solche, die gegen eine als Baugeldhypothek bezeichnete Hypothek (§ 33) gewährt werden.

§ 6. Zur Führung eines Baubuchs verpflichtete Personen, welche ihre Zahlungen eingestellt haben oder über deren Vermögen das Konkursverfahren eröffnet worden ist und deren im § 2 Abs. 3 Ziffer 1[1] bezeichnete Gläubiger zur Zeit der Zahlungseinstellung oder der Konkurseröffnung benachteiligt sind, werden mit Gefängnis bis zu einem Jahre oder mit Geldstrafe bis zu dreitausend Mark bestraft, wenn sie das vorgeschriebene Baubuch zu führen unterlassen oder es verheimlicht, vernichtet oder so unordentlich geführt haben, daß es keine genügende Übersicht, insbesondere über die Verwendung der zur Bestreitung der Baukosten zugesicherten Mittel, gewährt.

[1] **§ 2 Abs. 3.** Aus dem Baubuche müssen sich ergeben:
1. die Personen, mit denen ein Werk-, Dienst- oder Lieferungsvertrag abgeschlossen ist, die Art der diesen Personen übertragenen Arbeiten und die vereinbarte Vergütung;
2. . . . .

§ 7. Mit Geldstrafe bis zu einhundertfünfzig Mark und im Unvermögensfalle mit Haft bis zu vier Wochen wird bestraft, wer den Vorschriften des § 4[1] zuwiderhandelt.

[1] § 4. Bei Neubauten ist der Bauleiter verpflichtet, an leicht sichtbarer Stelle einen Anschlag anzubringen, welcher den Stand, den Familiennamen und wenigstens einen ausgeschriebenen Vornamen sowie den Wohnort des Eigentümers, und, falls dieser die Herstellung des Gebäudes oder eines einzelnen Teiles des Gebäudes einem Unternehmer übertragen hat, des Unternehmers in deutlich lesbarer und unverwischbarer Schrift enthalten muß. Wird der Bau von einer Firma als Eigentümer oder Unternehmr ausgeführt, so ist diese und deren Niederlassungsort anzugeben.

---

20. Gesetz gegen den unlauteren Wettbewerb.

Vom 7. Juni 1909 (RGBl. S. 499).

§ 1. Wer im geschäftlichen Verkehre zu Zwecken des Wettbewerbes Handlungen vornimmt, die gegen die guten Sitten verstoßen, kann auf Unterlassung und Schadensersatz in Anspruch genommen werden.

§ 2. Unter Waren im Sinne dieses Gesetzes sind auch landwirtschaftliche Erzeugnisse, unter gewerblichen Leistungen und Interessen auch landwirtschaftliche zu verstehen.

§ 3. Wer in öffentlichen Bekanntmachungen oder in Mitteilungen, die für einen größeren Kreis von Personen bestimmt sind, über geschäftliche Verhältnisse, insbesondere über die Beschaffenheit, den Ursprung, die Herstellungsart oder die Preisbemessung von Waren oder gewerblichen Leistungen, über die Art des Bezugs oder die Bezugsquelle von Waren, über den Besitz von Auszeichnungen, über den Anlaß oder den Zweck des Verkaufs oder über die Menge der Vorräte unrichtige Angaben macht, die geeignet sind, den Anschein eines besonders günstigen Angebots hervorzurufen, kann auf Unterlassung der unrichtigen Angaben in Anspruch genommen werden.

§ 4. Wer in der Absicht, den Anschein eines besonders günstigen Angebots hervorzurufen, in öffentlichen Bekanntmachungen oder in Mitteilungen, die für einen größeren Kreis von Personen bestimmt sind, über geschäftliche Verhältnisse, insbesondere über die Beschaffenheit, den Ursprung, die Herstellungsart oder die Preisbemessung von Waren oder gewerblichen Leistungen, über die Art des Bezugs oder die Bezugsquelle von Waren, über den Besitz von Auszeichnungen, über den Anlaß oder den Zweck des Verkaufs oder über die Menge der Vorräte wissentlich unwahre und zur Irreführung geeignete Angaben macht, wird mit Gefängnis bis zu einem Jahre und mit Geldstrafe bis zu fünftausend Mark oder mit einer dieser Strafen bestraft.

Werden die im Abs. 1 bezeichneten unrichtigen Angaben in einem geschäftlichen Betriebe von einem Angestellten oder Beauftragten gemacht, so ist der Inhaber oder Leiter des Betriebs neben dem Angestellten oder Beauftragten strafbar, wenn die Handlung mit seinem Wissen geschah.

§ 5. Die Verwendung von Namen, die im geschäftlichen Verkehre zur Benennung gewisser Waren oder gewerblicher Leistungen dienen, ohne deren Herkunft bezeichnen zu sollen, fällt nicht unter die Vorschriften der §§ 3, 4.

Im Sinne der Vorschriften der §§ 3, 4 sind den dort bezeichneten Angaben bildliche Darstellungen und sonstige Veranstaltungen gleich zu achten, die darauf berechnet und geeignet sind, solche Angaben zu ersetzen.

§ 6. Wird in öffentlichen Bekanntmachungen oder in Mitteilungen, die für einen größeren Kreis von Personen bestimmt sind, der Verkauf von Waren angekündigt, die aus einer Konkursmasse stammen, aber nicht mehr zum Bestande der Konkursmasse gehören, so ist dabei jede Bezugnahme auf die Herkunft der Waren aus einer Konkursmasse verboten.

Zuwiderhandlungen gegen diese Vorschrift werden mit Geldstrafe bis zu einhundertfünfzig Mark oder mit Haft bestraft.

§ 7. Wer in öffentlichen Bekanntmachungen oder in Mitteilungen, die für einen größeren Kreis von Personen bestimmt sind, den Verkauf von Waren unter der Bezeichnung eines Ausverkaufs ankündigt, ist gehalten, in der Ankündigung den Grund anzugeben, der zu dem Ausverkauf Anlaß gegeben hat.

Durch die höhere Verwaltungsbehörde kann nach Anhörung der zuständigen gesetzlichen Gewerbe- und Handelsvertretungen für die Ankündigung bestimmter Arten von Ausverkäufen angeordnet werden, daß zuvor bei der von ihr zu bezeichnenden Stelle Anzeige über den Grund des Ausverkaufs und den Zeitpunkt seines Beginns zu erstatten sowie ein Verzeichnis der auszuverkaufenden Waren einzureichen ist. Die Einsicht der Verzeichnisse ist jedem gestattet.

§ 8. Mit Gefängnis bis zu einem Jahre und mit Geldstrafe bis zu fünftausend Mark oder mit einer dieser Strafen wird bestraft, wer im Falle der Ankündigung eines Ausverkaufs Waren zum Verkaufe stellt, die nur für den Zweck des Ausverkaufs herbeigeschafft worden sind (sogenanntes Vorschieben oder Nachschieben von Waren).

§ 9. Der Ankündigung eines Ausverkaufs im Sinne des § 7 Abs. 2 und des § 8 steht jede sonstige Ankündigung gleich, welche den Verkauf von Waren wegen Beendigung des Geschäftsbetriebs, Aufgabe einer einzelnen Warengattung oder Räumung eines bestimmten Warenvorrats aus dem vorhandenen Bestande betrifft.

Auf Saison- und Inventurausverkäufe, die in der Ankündigung als solche bezeichnet werden und im ordentlichen Geschäftsverkehr üblich sind, finden die Vorschriften der §§ 7 und 8 keine Anwendung. Über Zahl, Zeit und Dauer der üblichen Saison- und Inventurausverkäufe kann die höhere Verwaltungsbehörde nach Anhörung der zuständigen gesetzlichen Gewerbe- und Handelsvertretungen Bestimmungen treffen.

§ 10. Mit Geldstrafe bis zu einhundertfünfzig Mark oder mit Haft wird bestraft:

1. wer der Vorschrift des § 7 Abs. 1 zuwider es unterläßt, in der Ankündigung eines Ausverkaufs den Grund anzugeben, der zu dem Ausverkauf Anlaß gegeben hat;

2. wer den auf Grund des § 7 Abs. 2 erlassenen Anordnungen zuwiderhandelt oder bei Befolgung dieser Anordnungen unrichtige Angaben macht;
3. wer den von der höheren Verwaltungsbehörde auf Grund des § 9 Abs. 2 Satz 2 getroffenen Bestimmungen zuwiderhandelt.

§ 11. Durch Beschluß des Bundesrats kann festgesetzt werden, daß bestimmte Waren im Einzelverkehre nur in vorgeschriebenen Einheiten der Zahl, des Maßes oder des Gewichts oder mit einer auf der Ware oder ihrer Aufmachung anzubringenden Angabe über Zahl, Maß, Gewicht, über den Ort der Erzeugung oder den Ort der Herkunft der Ware gewerbsmäßig verkauft oder feilgehalten werden dürfen.

Für den Einzelverkehr mit Bier in Flaschen oder Krügen kann die Angabe des Inhalts unter Festsetzung angemessener Fehlergrenzen vorgeschrieben werden.

Die durch Beschluß des Bundesrats getroffenen Bestimmungen sind durch das Reichs-Gesetzblatt zu veröffentlichen und dem Reichstage sogleich oder bei seinem nächsten Zusammentritte vorzulegen.

Zuwiderhandlungen gegen die Bestimmungen des Bundesrats werden mit Geldstrafe bis zu einhundertfünfzig Mark oder mit Haft bestraft.

§ 12. Mit Gefängnis bis zu einem Jahre und mit Geldstrafe bis zu fünftausend Mark oder mit einer dieser Strafen wird, soweit nicht nach anderen Bestimmungen eine schwerere Strafe verwirkt wird, bestraft, wer im geschäftlichen Verkehre zu Zwecken des Wettbewerbes dem Angestellten oder Beauftragten eines geschäftlichen Betriebs Geschenke oder andere Vorteile anbietet, verspricht oder gewährt, um durch unlauteres Verhalten des Angestellten oder Beauftragten bei dem Bezuge von Waren oder gewerblichen Leistungen eine Bevorzugung für sich oder einen Dritten zu erlangen.

Die gleiche Strafe trifft den Angestellten oder Beauftragten eines geschäftlichen Betriebs, der im geschäftlichen Verkehre

Geschenke oder andere Vorteile fordert, sich versprechen läßt oder annimmt, damit er durch unlauteres Verhalten einem anderen bei dem Bezuge von Waren oder gewerblichen Leistungen im Wettbewerb eine Bevorzugung verschaffe.

Im Urteil ist zu erklären, daß das Empfangene oder sein Wert dem Staate verfallen sei.

§ 13. In den Fällen der §§ 1, 3 kann der Anspruch auf Unterlassung von jedem Gewerbetreibenden, der Waren oder Leistungen gleicher oder verwandter Art herstellt oder in den geschäftlichen Verkehr bringt, oder von Verbänden zur Förderung gewerblicher Interessen geltend gemacht werden, soweit die Verbände als solche in bürgerlichen Rechtsstreitigkeiten klagen können. Auch können diese Gewerbetreibenden und Verbände denjenigen, welcher den §§ 6, 8, 10, 11, 12 zuwiderhandelt, auf Unterlassung in Anspruch nehmen.

Zum Ersatze des durch die Zuwiderhandlung entstehenden Schadens ist verpflichtet:

1. wer im Falle des § 3 die Unrichtigkeit der von ihm gemachten Angaben kannte oder kennen mußte. Gegen Redakteure, Verleger, Drucker oder Verbreiter von periodischen Druckschriften kann der Anspruch auf Schadensersatz nur geltend gemacht werden, wenn sie die Unrichtigkeit der Angaben kannten;
2. wer gegen die §§ 6, 8, 10, 11, 12 vorsätzlich oder fahrlässig verstößt.

Werden in einem geschäftlichen Betriebe Handlungen, die nach §§ 1, 3, 6, 8, 10, 11, 12 unzulässig sind, von einem Angestellten oder Beauftragten vorgenommen, so ist der Unterlassungsanspruch auch gegen den Inhaber des Betriebs begründet.

§ 14. Wer zu Zwecken des Wettbewerbs über das Erwerbsgeschäft eines anderen, über die Person des Inhabers oder Leiters des Geschäfts, über die Waren oder gewerblichen Leistungen eines anderen Tatsachen behauptet oder verbreitet, die geeignet sind, den Betrieb des Geschäfts oder den Kredit des Inhabers zu schädigen, ist, sofern die Tatsachen nicht erweislich wahr sind, dem Verletzten zum Ersatze des entstandenen Schadens verpflichtet. Der Verletzte kann auch den Anspruch geltend machen, daß die Behauptung oder Verbreitung der Tatsachen unterbleibe.

Handelt es sich um vertrauliche Mitteilungen und hat der Mitteilende oder der Empfänger der Mitteilung an ihr ein berechtigtes Interesse, so ist der Anspruch auf Unterlassung nur zulässig, wenn die Tatsachen der Wahrheit zuwider behauptet oder verbreitet sind. Der Anspruch auf Schadensersatz kann nur geltend gemacht werden, wenn der Mitteilende die Unrichtigkeit der Tatsachen kannte oder kennen mußte.

Die Vorschrift des § 13 Abs. 3 findet entsprechende Anwendung.

§ 15. Wer wider besseres Wissen über das Erwerbsgeschäft eines anderen, über die Person des Inhabers oder Leiters des Geschäfts, über die Waren oder gewerblichen Leistungen eines anderen Tatsachen der Wahrheit zuwider behauptet oder verbreitet, die geeignet sind, den Betrieb des Geschäfts zu schädigen, wird mit Gefängnis bis zu einem Jahre und mit Geldstrafe bis zu fünftausend Mark oder mit einer dieser Strafen bestraft.

Werden die im Abs. 1 bezeichneten Tatsachen in einem geschäftlichen Betriebe von einem Angestellten oder Beauftragten behauptet oder verbreitet, so ist der Inhaber des Betriebs neben dem Angestellten oder Beauftragten strafbar, wenn die Handlung mit seinem Wissen geschah.

§ 16. Wer im geschäftlichen Verkehr einen Namen, eine Firma oder die besondere Bezeichnung eines Erwerbsgeschäfts, eines gewerblichen Unternehmens oder einer Druckschrift in einer Weise benutzt, welche geeignet ist, Verwechselungen mit dem Namen, der Firma oder der besonderen Bezeichnung hervorzurufen, deren sich ein anderer befugterweise bedient, kann von diesem auf Unterlassung der Benutzung in Anspruch genommen werden.

Der Benutzende ist dem Verletzten zum Ersatze des Schadens verpflichtet, wenn er wußte oder wissen mußte, daß die mißbräuchliche Art der Benutzung geeignet war, Verwechselungen hervorzurufen.

Der besonderen Bezeichnung eines Erwerbsgeschäfts stehen solche Geschäftsabzeichen und sonstigen zur Unterscheidung des Geschäfts von anderen Geschäften bestimmten Einrichtungen gleich, welche innerhalb beteiligter Verkehrskreise als Kennzeichen des Erwerbsgeschäfts gelten. Auf den Schutz von Warenzeichen und Ausstattungen (§§ 1, 15 des Gesetzes zum Schutze der Warenbezeichnungen vom 12. Mai 1894, Reichs-Gesetzbl. S. 441) finden diese Vorschriften keine Anwendung.

Die Vorschrift des § 13 Abs. 3 findet entsprechende Anwendung.

§ 17. Mit Gefängnis bis zu einem Jahre und mit Geldstrafe bis zu fünftausend Mark oder mit einer dieser Strafen wird bestraft, wer als Angestellter, Arbeiter oder Lehrling eines Geschäftsbetriebs Geschäfts- oder Betriebsgeheimnisse, die ihm vermöge des Dienstverhältnisses anvertraut oder sonst zugänglich geworden sind, während der Geltungsdauer des Dienstverhältnisses unbefugt an andere zu Zwecken des Wettbewerbes oder in der Absicht, dem Inhaber des Geschäftsbetriebs Schaden zuzufügen, mitteilt.

Gleiche Strafe trifft denjenigen, welcher Geschäfts- oder Betriebsgeheimnisse, deren Kenntnis er durch eine der im Abs. 1 bezeichneten Mitteilungen oder durch eine gegen das Gesetz oder die guten Sitten verstoßende eigene Handlung erlangt hat, zu Zwecken des Wettbewerbes unbefugt verwertet oder an andere mitteilt.

§ 18. Mit Gefängnis bis zu einem Jahre und mit Geldstrafe bis zu fünftausend Mark oder mit einer dieser Strafen wird bestraft, wer die ihm im geschäftlichen Verkehr anvertrauten Vorlagen oder Vorschriften technischer Art, insbesondere Zeichnungen, Modelle, Schablonen, Schnitte, Rezepte, zu Zwecken des Wettbewerbes unbefugt verwertet oder an andere mitteilt.

§ 19. Zuwiderhandlungen gegen die Vorschriften der §§ 17, 18 verpflichten außerdem zum Ersatze des entstandenen Schadens. Mehrere Verpflichtete haften als Gesamtschuldner.

§ 20. Wer zu Zwecken des Wettbewerbes es unternimmt, einen anderen zu einer Zuwiderhandlung gegen die Vorschriften des § 17 Abs. 1, § 18 zu bestimmen, wird mit Gefängnis bis zu neun Monaten und mit Geldstrafe bis zu zweitausend Mark oder mit einer dieser Strafen bestraft.

§ 21. Die in diesem Gesetze bezeichneten Ansprüche auf Unterlassung oder Schadensersatz verjähren in sechs Monaten von dem Zeitpunkt an, in welchem der Anspruchsberechtigte von der Handlung und von der Person des Verpflichteten Kenntnis erlangt, ohne Rücksicht auf diese Kenntnis in drei Jahren von der Begehung der Handlung an.

Für die Ansprüche auf Schadensersatz beginnt der Lauf der Verjährung nicht vor dem Zeitpunkt, in welchem ein Schaden entstanden ist.

§ 22. Die Strafverfolgung tritt mit Ausnahme der in den §§ 6, 10, 11 bezeichneten Fälle nur auf Antrag ein. In den Fällen der §§ 4, 8, 12 hat das Recht, den Strafantrag zu stellen, jeder der im § 13 Abs. 1 bezeichneten Gewerbetreibenden und Verbände.

Die Zurücknahme des Antrags ist zulässig.

Strafbare Handlungen, deren Verfolgung nur auf Antrag eintritt, können von den zum Strafantrage Berechtigten im Wege der Privatklage verfolgt werden, ohne daß es einer vorgängigen Anrufung der Staatsanwaltschaft bedarf. Die öffentliche Klage wird von der Staatsanwaltschaft nur dann erhoben, wenn dies im öffentlichen Interesse liegt.

Geschieht die Verfolgung im Wege der Privatklage, so sind die Schöffengerichte zuständig.

§ 23. Wird in den Fällen der §§ 4, 6, 8, 12 auf Strafe erkannt, so kann angeordnet werden, daß die Verurteilung auf Kosten des Schuldigen öffentlich bekannt zu machen sei.

Wird in den Fällen des § 15 auf Strafe erkannt, so ist zugleich dem Verletzten die Befugnis zuzusprechen, die Verurteilung innerhalb bestimmter Frist auf Kosten des Verurteilten öffentlich bekannt zu machen.

Auf Antrag des freigesprochenen Angeschuldigten kann das Gericht die öffentliche Bekanntmachung der Freisprechung anordnen; die Staatskasse trägt die Kosten, insofern sie nicht dem Anzeigenden oder dem Privatkläger auferlegt worden sind.

Ist auf Grund einer der Vorschriften dieses Gesetzes auf Unterlassung Klage erhoben, so kann in dem Urteile der obsiegenden Partei die Befugnis zugesprochen werden, den verfügenden Teil des Urteils innerhalb bestimmter Frist auf Kosten der unterliegenden Partei öffentlich bekannt zu machen.

Die Art der Bekanntmachung ist im Urteil zu bestimmen.

§ 24. Für Klagen auf Grund dieses Gesetzes ist ausschließlich zuständig das Gericht, in dessen Bezirke der Beklagte seine gewerbliche Niederlassung oder in Ermangelung einer solchen seinen Wohnsitz hat. Für Personen, die im Inlande weder eine gewerbliche Niederlassung noch einen Wohnsitz haben, ist ausschließlich zuständig das Gericht des inländischen Aufenthaltsorts, oder wenn ein solcher nicht bekannt ist, das Gericht, in dessen Bezirke die Handlung begangen ist.

§ 25. Zur Sicherung der in diesem Gesetze bezeichneten Ansprüche auf Unterlassung können einstweilige Verfügungen erlassen werden, auch wenn die in den §§ 935, 940 der Zivilprozeßordnung bezeichneten Voraussetzungen nicht zutreffen. Zuständig ist auch das Amtsgericht, in dessen Bezirke die den Anspruch begründende Handlung begangen ist; im übrigen finden die Vorschriften des § 942 der Zivilprozeßordnung Anwendung.

§ 26. Neben einer nach Maßgabe dieses Gesetzes verhängten Strafe kann auf Verlangen des Verletzten auf eine an ihn zu erlegende Buße bis zum Betrage von zehntausend Mark erkannt werden. Für diese Buße haften die dazu Verurteilten als Gesamtschuldner. Eine erkannte Buße schließt die Geltendmachung eines weiteren Entschädigungsanspruchs aus.

§ 27. Bürgerliche Rechtsstreitigkeiten, in welchen durch die Klage ein Anspruch auf Grund dieses Gesetzes geltend gemacht wird, gehören, sofern in erster Instanz die Landgerichte zuständig sind, vor die Kammern für Handelssachen.

In bürgerlichen Rechtsstreitigkeiten, in welchen durch Klage oder Widerklage ein Anspruch auf Grund dieses Gesetzes geltend gemacht ist, wird die Verhandlung und Entscheidung letzter Instanz im Sinne des § 8 des Einführungsgesetzes zum Gerichtsverfassungsgesetze dem Reichsgerichte zugewiesen.

§ 28. Wer im Inland eine Hauptniederlassung nicht besitzt, hat auf den Schutz dieses Gesetzes nur insoweit Anspruch, als in dem Staate, in welchem seine Hauptniederlassung sich befindet, nach einer im Reichs-Gesetzblatt enthaltenen Bekanntmachung deutsche Gewerbetreibende einen entsprechenden Schutz genießen.

§ 29. Welche Behörden in jedem Bundesstaat unter der Bezeichnung höhere Verwaltungsbehörde im Sinne dieses Gesetzes zu verstehen sind, wird von der Zentralbehörde des Bundesstaats bestimmt.

§ 30. Dieses Gesetz tritt am 1. Oktober 1909 in Kraft.

Mit diesem Zeitpunkte tritt das Gesetz zur Bekämpfung des unlauteren Wettbewerbes vom 27. Mai 1896 (Reichs-Gesetzbl. S. 145) außer Kraft.

Sachregister

zum Strafgesetzbuch und zu dessen Einführungsgesetz.

Die Zahlen ohne Zusatz bezeichnen die §§ des StGB., die kleingedruckten die Nummern derselben. (S. = Seite.)

N.

P.

S.

T.

U.

Herrosé & Ziemsen, G. m. b. H., Wittenberg.

Guttentagsche Sammlung

Deutscher Reichsgesetze.

Text-Ausgaben mit Anmerkungen. Taschenformat.

---

1. **Verfassung des Deutschen Reichs.** Von Dr. **L. von Rönne. 10. Aufl.** von Landrat **P. von Rönne** und Regierungsassessor **von Dobbeler.** 1912. 2 M. 60 Pf.

2. **Strafgesetzbuch** für das Deutsche Reich. Von Prof. Dr. **Franz v. Liszt** und Dr. **Ernst Delaquis. 24. Aufl.** 1914. 3 M.

3. **Militärstrafgerichtsordnung** nebst Einführungsgesetz. Von Wirkl. Geheimen Kriegsrat Dr. **jur. A. Romen** und Kriegsgerichtsrat Dr. jur. **Carl Rissom.** 1910. 6 M.

4. **Handelsgesetzbuch vom 10. Mai 1897** unter Ausschluß des Seerechts. **14. Aufl.** Herausgegeben von Geh. Justizrat Prof. Dr. **A. Mosse.** 8°. 1911. 5 M.

5. **Wechselordnung vom 3. Juni 1908.** Kommentar von Justizrat Dr. **J. Stranz** und Rechtsanwalt Dr. **M. Stranz,** und das **Wechselstempelgesetz vom 15. Juli 1909** von Geh. Regierungsrat **P. Loeck. 11. Aufl.** 1913. 4 M.

5 a. **Wechselstempelgesetz** apart. **11. Aufl.** 1913. 1 M. 50 Pf.

6. **Reichsgewerbeordnung** nebst Ausführungsbestimmungen. Von **Berger** und **Wilhelmi. 18. Auflage** von Stadtrat Dr. **Karl Flesch** in Verbindung mit Dr. **Friedr. Hiller** und Dr. **Herm. Luppe.** Mit Nachtrag, enthaltend die Änderungen bis 31. 3. 1912. 4 M.

7. **Post- und Telegraphen-Gesetzgebung.** Nebst Weltpostvertrag und internationalem Telegraphenvertrag. **6. Aufl.** von Geh. Ober-Postrat Dr. **M. König.** 1908. 4 M.

8. Die Reichsgesetze **über den Unterstützungswohnsitz, die Freizügigkeit, den Erwerb und Verlust der Bundes- und Staatsangehörigkeit.** Von Geheimrat Dr. **J. Krech,** Mitglied des Bundesamtes für das Heimatwesen. **8. Aufl.** 1913. 3 M. 60 Pf.

9. Sammlung **kleinerer strafrechtlicher Reichsgesetze.** Von Dr. **R. H. Kriegsmann,** Privatdozent in Kiel. **3. Aufl.** 1910. 4 M.

10. Das **Reichsbeamtengesetz** von **J. Pieper. 2. Aufl.** 1901. 4 M. 50 Pf.

Reichsbeamtengesetz von 1907 siehe Nr. 82.

11. **Zivilprozeßordnung mit Gerichtsverfassungsgesetz.** Von **R. Sydow.** Fortgeführt von **L. Busch,** Reichsgerichtsrat, jetzt zugleich mit **A. Busch,** Gerichtsassessor. **14. Aufl.** 8°. 1913. 8 M.

12. **Strafprozeßordnung und Gerichtsverfassungsgesetz** nebst den Gesetzen, betr. die Entschädigung der im Wiederaufnahmeverfahren freigesprochenen Personen und die **Entschädigung für unschuldig erlittene** Untersuchungshaft. Von Dr. **A. Hellweg,** Reichsgerichtsrat. **16. Aufl.** von Professor Dr. **Kohlrausch.** 1912. 3 M.

13. **Konkursordnung und Anfechtungsgesetz.** Von **R. Sydow.** Fortgeführt von **L. Busch. 11. Aufl.** 1911. 2 M 80 Pf.

14. **Gerichtsverfassungsgesetz** mit Einführungsgesetz. Herausgegeben von **R. Sydow.** Fortgeführt von **L. Busch. 9. Aufl.** 1905. Mit Nachtrag, enthaltend die Novelle vom 1. Juni 1909. 1 M. 50 Pf.

15. **Das Deutsche Gerichtskostengesetz** nebst den Gebührenordnungen für Gerichtsvollzieher, Zeugen und Sachverständige. Von **R. Sydow.** Weiter bearbeitet von Reichsgerichtsrat **L. Busch** und Gerichtsassessor **Arno Busch. 9. Aufl.** 1912. 2 M. 60 Pf.

16. **Rechtsanwaltsordnung.** Von **R. Sydow. 5. Aufl.** von Justizrat **M. Jacobsohn.** 1907. Mit Nachtrag, enthaltend die Bestimmungen vom 22. Mai 1910. 1 M. 20 Pf.

17. Die **Deutsche Gebührenordnung für Rechtsanwälte und das Preußische Gebührengesetz** vom 27. September/6. Oktober 1899. Von **R. Sydow.** Fortgeführt von **L. Busch. 11. Aufl.** 1914. Im Druck.

18. **Reichsstempelgesetz** vom 3. Juli 1913. (Börsen-, Lotterie- [Spiel und Wette], Frachturkunden-, Fahrkarten-, Kraftfahrzeug-, Tantieme-, Scheck- und Grundstücksübertragungssteuer.) Mit den gesamten Ausführungsbestimmungen. **12. Aufl.** von Geh. Regierungsrat **P. Loeck.** 1914. 8°. Im Druck.

19. Die **Seegesetzgebung.** Von Dr. **W. E. Knitschky. 5. Aufl.** bearbeitet von Oberlandesgerichtsrat **Otto Rudorff** in Hamburg. 1913. 8 M.

20. **Krankenversicherungsgesetz.** Von weil. Dr. **E. von Woedtke.** Siehe Bd. 107.

21. Die **Konsulargesetzgebung.** Von Professor Dr. **Ph. Zorn. 8. Aufl.** bearbeitet von Reg.-Assessor Dr. **A. Zorn.** 1911. 4 M. 50 Pf.

22. **Patentgesetz.** Nebst **Ausführungsbestimmungen,** völkerrechtlichen Verträgen und der Patentanwalts-Ordnung. **7. Aufl.** bearbeitet von **R. Lutter,** Geh. Reg.-Rat im Kaiserl. Patentamt. 1908. 2 M. 80 Pf.

23. **Gewerbe-Unfallversicherungsgesetz.** Von weil. Dr. **E. von Woedtke.** Siehe Bd. 108.

24. **Aktiengesellschaft und Kommanditgesellschaften auf Aktien.** Von Kammergerichtsrat Dr. **H. Keyßner** und Justizrat Dr. **H. Veit Simon. 6. Aufl.** von Amtsrichter **L. Keyßner.** 1911. 3 M.

25. **Brausteuergesetz.** vom 15. Juli 1909. Von **A. Düffe,** Oberzollrevisor. **2. Aufl.** 1910. 3 M.

26. Die Reichsgesetzgebung über **Münz- und Notenbankwesen.** Papiergeld, Prämienpapiere und Reichsschulden. Von Dr. jur **R. Koch,** Präsident des Reichsbankdirektoriums, **6. Aufl.** 1910. 4 M.

27. Die Gesetzgebung, betr. das **Gesundheitswesen** im Deutschen Reich. Von Dr. jur. **C. Goesch** und Dr. med. **J. Karsten.** 1888. 1 M. 60 Pf.

28. **Bau-Unfallversicherungsgesetz.** Vom 30. Juni 1900. Von **R. Chrzescinski.** Siehe Bd. 108.

29. **Erwerbs- und Wirtschaftsgenossenschaften.** Von **L. Parisius** und Dr. **H. Crüger. 14. neu bearb. Aufl.** von Dr. **H. Crüger.** 1912. 1 M. 80 Pf.

30. **Invalidenversicherungsgesetz** vom 13. Juli 1899. Von weil. Dr. **E. von Woedtke.** Siehe Bd. 109.

31. **Gewerbegerichtsgesetz.** Von Stadtrat **L. Mugdan. 7. Aufl.** bearbeitet von **W. Cuno**, Oberbürgermeister zu Hagen i. W. 1911. 2 M. 50 Pf.

32. Reichsgesetz, betr. die **Gesellschaften mit beschränkter Haftung.** Von **L. Parisius** und Dr. **H. Crüger. 13. Aufl.** von Dr. **H. Crüger.** 1914. 2 M.

33. **Vereins- und Versammlungsrecht.** Von Dr. **E. Ball. 2. Aufl.** von Dr. **F. Friedenthal.** 1907. 2 M. 50 Pf.

Reichs-Vereinsgesetz vom 19. April 1908 siehe Nr. 88.

34. Die **Abzahlungsgeschäfte.** Gesetz vom 16. Mai 1894. **3. vermehrte Aufl.** besorgt von Dr. **E. Wilke**, Landgerichtsrat. 1910. 1 M. 25 Pf.

35. Die **Reichs-Eisenbahngesetzgebung.** Von **W. Coermann**, Kaiserl. Amtsrichter. 1895. 2 M. 25 Pf. S. auch Bd. 66.

36. Gesetze, betr. die **privatrechtlichen Verhältnisse der Binnenschiffahrt und der Flößerei.** Von **E. Löwe**, Landgerichtsrat. **4. Aufl.** 1909. 3 M.

37. Gesetz gegen den **unlauteren Wettbewerb.** Von Justizrat **A. Pinner. 6. Aufl.** 1912. 1 M. 50 Pf.

38/39. **Bürgerliches Gesetzbuch nebst Einführungsgesetz** von Dr. **A. Achilles.** In Verbindung mit Professor Dr. **André**, Kammergerichtsrat **Ritgen**, Reichsgerichtsrat Dr. **Strecker**, Senatspräsident Dr. **v. Unzner** herausgegeben von Wirkl. Geh. Ober-Justizrat u. Oberlandesgerichtspräsident **Greiff. 7. Aufl.** 8°. 1912. 7 M.

40. Gesetz, betr. die **Pflichten der Kaufleute bei Aufbewahrung fremder Wertpapiere (Depotgesetz).** Mit Erläuterungen. Von **F. Lusensky,** Geh. Ober-Regierungsrat. **2. Aufl.** 1905. 1 M.

41. **Börsengesetz.** Von Wirkl. Geh. Ober-Regierungsrat **Th. Hemptenmacher.** Neue Aufl. im Druck.

42. **Grundbuchordnung** nebst den preußischen Ausführungsbestimmungen. Mit Einleitung. Von Prof. Dr. **O. Fischer. 6. Aufl.** 1912. 2 M.

43. **Zwangsvollstreckung in das unbewegliche Vermögen** im Reiche und in Preußen. Mit Einleitung, **Kosten-** und Gebührentabellen. Von Dr. **J. Krech** u. Dr. **O. Fischer. 7. Aufl.** bearbeitet von Professor Dr. **O. Fischer** u. Landrichter Dr. **F. Krech.** 1914 etwa 3 M.

44. Das Reichsgesetz **über das Auswanderungswesen** vom 9. Juni 1897. **Von Professor Dr. Felix Stoerk.** 1899. 2 M. 25 Pf.

45. **Das Entmündigungsrecht** unter Berücksichtigung der für Preußen geltenden Vorschriften nebst der preußischen Justiz-Ministerial-Verfügung vom 28. November 1899. **Von Landgerichtsrat Dr. P. Koll in Cöln.** 1900. 1 M. 50 Pf.

46. Die Gesetze des Reiches und Preußens über die **freiwillige Gerichtsbarkeit.** Von **Herm. Jastrow,** Amtsgerichtsrat. **5. Aufl.** 1911. 3 M. 60 Pf.

47. Das **deutsche Vormundschaftsrecht** und das preuß. Gesetz über die Fürsorgeerziehung Minderjähriger nebst den dazu gehörigen preußischen Nebengesetzen. Von Oberverwaltungsgerichtsrat **Max Schultzenstein** und Amtsgerichtsrat Dr. **Paul Köhne. 2. Aufl.** 1901. 3 M.

48. Gesetze und Verordnungen, betr. den **Drogen-, Gift- und Farbenhandel** außerhalb der Apotheken. Von Dr. **F. Broh**, Rechtsanwalt. 1899. 1 M. 25 Pf.

49. Deutsche **Kolonialgesetzgebung.** Von Geh. Justizrat Professor Dr. **Philipp Zorn.** 2. Aufl. von Gerichtsassessor Dr. **Sassen.** 1913. 7 M. 50 Pf.

50. Der **Viehkauf** (Viehgewährschaft) nach dem Bürgerlichen Gesetzbuche unter Berücksichtigung des ausländischem Rechts. Verordnung betr. die Hauptmängel und Gewährsfristen beim Viehhandel. Von Rechtsanwalt Dr. **H. Stölzle** und Königlichem Regierungs- und Veterinärrat **H. Weiskopf. 5. Aufl.** 1913. 6 M.

51. **Hypothekenbankgesetz** vom 13. Juli 1899. Von Dr. **H. Göppert. 2. Aufl.** Bearbeitet von Geh. Reg.-Rat Dr. **Seidel.** 1911. 2 M. 40 Pf.

52. Gesetz, betreffend die gemeinsamen **Rechte der Besitzer von Schuldverschreibungen.** Von Dr. **Heinrich Göppert.** 1900. 2 M.

53. **Reichspreßgesetz** vom 7. Mai 1874. Mit **Kommentar** von Erstem Bürgermeister **A. Born.** 1911. **2. Aufl.** 2 M.

54. Die Reichsgesetzgebung über den **Verkehr** mit **Nahrungsmitteln, Genußmitteln** und **Gebrauchsgegenständen.** Von Dr. **Georg Lebbin,** Nahrungsmittelchemiker in Berlin. 1900. 2 M. 25 Pf.

55. Das Recht der **Beschlagnahme von Lohn- und Gehaltsforderungen.** Von Justizrat **Georg Meyer. 5. Aufl.** 1914. Im Druck.

56. Gesetz, betr. die **Bekämpfung gemeingefährlicher Krankheiten.** Nebst Ausführungsbestimmungen. Von Dr. **Bruno Burkhardt**, Regierungsrat, Mitglied des Kaiserl. Gesundheitsamts. 1900. 1 M. 40 Pf.

57. **See-Unfallversicherungsgesetz.** Von Dr. **Max Mittelstein**, Oberlandesgerichtsrat in Hamburg. Siehe Bd. 108.

58. **Das Recht der unehelichen Kinder** nach dem BGB. Von **Hermann Jastrow**, Amtsgerichtsrat. 1901. 1 M. 80 Pf.

59. Reichsgesetz über die **Beurkundung des Personenstandes und die Eheschließung.** Von Dr. **F. Fidler**, Amtsgerichtsrat. 1912. **2. Aufl.** 2 M. 50 Pf.

60. Gesetz, betreffend das **Urheberrecht an Werken der Literatur und der Tonkunst.** Von Geh. Justizrat **Otto Lindemann. 3. Aufl.** 1910. 1 M. 60 Pf.

61. Gesetz über das **Verlagsrecht.** Von Justizrat **E. Heinitz. 2. Aufl.** Bearbeitet von Rechtsanwalt Dr. **Br. Marwitz.** 1911. 1 M. 80 Pf.

62. Gesetz über **private Versicherungsunternehmungen.** Von **H. Könige**, Reichsgerichtsrat. **2. Aufl.** 1910. 4 M. 20 Pf.

63. **Gesetzestafel des Deutschen Reichsrechts.** Systematisch geordnete Nachweisung des z. Z. geltenden Reichsrechts. Von **Hugo Bruhns**, Bürgermeister. 1913. 8°. **2. Aufl.** 3 M. 50 Pf.

64. Gesetzsammlung betr. den **Handel mit Drogen und Giften** Reichsgesetzliche Bestimmungen und Anhang mit den landesgesetzlichen Verordnungen sämtlicher Bundesstaaten. Von Rechtsanwalt **H. Sonnenfeld**, Syndikus der Berliner Drogisten-Innung. **2. Aufl.** 1912. 4 M.

65. Das **Weingesetz** in der Fassung von 1909. Mit Ausführungsbestimmungen von Dr. **Georg Lebbin**, Nahrungsmittelchemiker. **2. Aufl.** 1909. 2 M. 50 Pf.

66. Die **Eisenbahn-Gesetzgebung.** Von **W. Pietsch**, Rechnungsrat im Reichs-Eisenbahn-Amt. **2. Aufl.** 1913. 3 M. 60 Pf.

67. **Militär-Strafgesetzbuch für das Deutsche Reich** mit der Novelle vom 8. 8. 1913. Von Wirklichem Geheimen Kriegsrat Dr. **A. Romen** und Kriegsgerichtsrat Dr. **C. Rissom.** 1912. 6 M.

68. Das **Fleischbeschaugesetz.** Vom 3. Juni 1900. Von Dr. **Georg Lebbin**, Nahrungsmittelchemiker und Rechtsanwalt Dr. **Georg Baum.** 1903. 4 M.

69. Reichsgesetz über die **Naturalleistungen der bewaffneten Macht im Frieden** nebst den in Preußen geltenden Bestimmungen. Von Landrat Dr. **Walter v. Hippel.** 1903. 1 M. 25 Pf.

70. Das **Reichs-Haftpflichtgesetz**, vom 7. Juni 1871. Von Regierungsrat Dr. **G. Eger.** 1903. 3 M.

71. **Kinderarbeit in gewerblichen Betrieben**, vom 30. März 1903. Von **H. Spangenberg**, Oberverwaltungsgerichtsrat. **2. Aufl.** 1904. 1 M. 60 Pf.

72. **Unfallversicherungsgesetz für Land- und Forstwirtschaft** von weil. Dr. **E. von Woedtke.** Siehe Band 108.

73. **Entschädigung für unschuldig erlittene Verhaftung und Bestrafung.** Nebst Anhang, enthaltend die dazu gehörigen Nebengesetze über Schadensersatz. Von Dr. jur. **A. Romen**, Wirklichem Geheimen **Kriegsrat.** 1904. 2 M.

74. Die **Kaufmannsgerichte** nebst den preuß. Ausführungsbestimmungen. Von Professor Dr. **Max Apt. 3. Aufl.** 1905. 2 M.

75. Reichsgesetz über die **Konsulargerichtsbarkeit.** Von Dr. jur. **A. F. Vorwerk,** Rechtsanwalt in Schanghai. 2. Ausgabe, mit dem Schutzgebietsgesetz und der Ausführungsverordnung, betr. die Rechtsverhältnisse in den Schutzgebieten. 1908. 2 M.

76. **Die Rechtshilfe im Verkehr mit den ordentlichen Gerichten nach deutschem Reichsrecht.** Von Landrichter Dr. **A. Friedländer.** 1906. 1 M. 80 Pf.

77. **Das Reichserbschaftssteuergesetz.** Vom 3. Juni 1906. **Von Ulrich Hoffmann,** Rechnungsrat im Königl. Preuß. Finanzministerium. **2. Aufl.** mit Nachtrag, enth. die Bestimmungen v. 3. Juli 1913. 1911. 5 M.

78. **Zigarettensteuergesetz.** Vom 15. Juli 1909. Von Dr. **Cuno,** Regierungsassessor. **2. Aufl.** in Vorbereitung.

79. **Die Militärpensionsgesetze** vom 31. Mai 1906 nebst Ausführungsbestimmungen. Zum Gebrauch für Heer, Marine und Schutztruppe von Dr. jur. **A. Romen,** Wirklicher Geheimer Kriegsrat.
   a) I. Teil: Offizierpensionsgesetz. 1907. 3 M. 50 Pf.
   b) II. Teil: Mannschaftsversorgungsgesetz. 1908. 3 M. 50 Pf.

80. Reichsgesetzgebung über **gerichtliche Registerführung.** Von **Otto Lindemann,** Geh. Justizrat. 1906. 3 M.

81. Gesetz, betr. **Urheberrecht an Werken der bildenden Künste und der Photographie.** Von Dr. **Ludwig Fuld,** Rechtsanwalt. 1907. 1 M.

82. **Reichsbeamtengesetz** in der Fassung vom 18. Mai 1907 und seine Ergänzungen von Geheimrat Professor Dr. **Adolf Arndt.** 1908. 3 M.

83. Reichsgesetz über **den Versicherungsvertrag** nebst Einführungsgesetz. Von Dr. **Paul Hager** und Dr. **E. Bruck. 3. vermehrte und verbesserte Auflage.** 1913. 6 M.

84. **Sammlung kleinerer privatrechtlicher Reichsgesetze** von Oberlandesgerichtsrat **Georg Müller.** 1908. 6 M. 50 Pf.

85. **Scheckgesetz** mit Einleitung usw. Von Prof. Dr. **Max Apt. 5. Aufl.** Mit Postscheckordnung vom 6. Nov. 1908 und im Anhang „Besteuerung des Schecks". 1909. 2 M.

86. **Die Auslieferungsverträge des Deutschen Reiches** von Landrichter **A. Cohn.** 1908. 4 M.

87. Gesetz zum **Schutz der Warenbezeichnungen.** Von Geh. Reg.-Rat, Mitglied des Patentamts Dr. **Freund** und Rechtsanwalt **Magnus. 5. Aufl.** 1909. 3 M. 50 Pf.

88. **Vereinsgesetz** vom 19. April 1908. Von Dr. jur. **A. Romen,** Wirkl. Geh. Kriegsrat. **3. Aufl.** 1912. 2 M. 50 Pf.

89. **Vogelschutzgesetz** vom 30. Mai 1908 nebst den das Flugwild betr. Bestimmungen der Preußischen Jagdordnung von Dr. jur. **Leo von Boxberger.** 1908. 1 M.

90. Die Haager Abkommen über das **Internationale Privatrecht.** Von Dr. **G. A. E. Bogeng.** 1908. 2 M. 20 Pf.

91. **Eisenbahn-Verkehrsordnung** vom 23. Dez. 1908. Mit Ausführungsbestimmungen. Von Regierungsrat Dr. **Ernst Blume.** 1909. 2 M. 50 Pf.

92. Gesetz, betr. den **Verkehr mit Kraftfahrzeugen.** Von Amtsrichter **R. Kirchner. 2. Ausgabe** ergänzt durch die Bundesratsverordnung vom 3. Febr. 1910 und das Internationale Uebereinkommen vom 11. Okt. 1909. 1910. 3 M.

93. Gesetz über die **Sicherung der Bauforderungen** von Justizrat Dr. **E. Harnier. 3. Aufl.** 1912. 1 M. 60 Pf.

94. **Haftpflicht der Reichs- und Staats-Beamten** von Dr. **H. Delius. 2. Aufl.** 1909. Mit Nachtrag, enth. das Gesetz über die Haftung des Reichs für seine Beamten vom 22. Mai 1910. 3 M. 50 Pf.

95. Die Berner Uebereinkunft über **internationales Urheberrecht** von Geh. Ob.-Reg.-Rat Dr. **Herm. Dungs.** 1910. 1 M.

96. **Branntweinsteuergesetz** vom 15. Juli 1909. Unter Berücksichtigung der für das Reich erlassenen Ausführungsbestimmungen. Von Geh. Reg.-Rat **Johs. Nay,** vortrag. Rat im Reichsschatzamt. 1910. 3 M. 50 Pf.

97. **Schutzgebietsgesetz** nebst Verord. betr. die Rechtsverhältnisse in den Schutzgebieten, dem Gesetz über die Konsulargerichtsbarkeit sowie den Ausführungsbest. Von **Johs. Gerstmeyer,** Wirkl. Legationsrat und vortrag. Rat im Reichskolonialamt. 1910. 3 M.

98. **Sechs Haager Abkommen** über **Internationales Privatrecht.** Von Geh. Ob.-Reg.-Rat Dr. **Herm. Dungs.** 1910 1 M. 50 Pf.

99. **Die Abkommen der Haager Friedenskonferenz.** Von Dr. jur. **Hans Wehberg.** 1910. 3 M.

100. Gesetz über den **Absatz von Kalisalzen.** Von Geh. Bergrat **Carl Voelkel.** 1910. 2 M. 40 Pf.

101. **Zuwachssteuergesetz** vom 14. Februar 1911. Von Dr. **W. Cuno,** Geheimer Regierungsrat im Reichsschatzamt. 1911. 3 M. 60 Pf.

102. **Urheberrecht an Mustern und Modellen** u. Ges. betr. Schutz v. Gebrauchsmustern von Reg.-Rat **Johs. Neuberg,** Mitgl. d. **K.** Patentamts. 1911. 2 M. 40 Pf.

103. **Reichs-Viehseuchengesetz** vom 26. Juni 1909 nebst Ausführungsvorschriften u. dem preuß. Ausführungsgesetz. Von Landrat Dr. **Walter v. Hippel. 2. Aufl.** 1912. 4 M. 50 Pf.

104. **Versicherungsgesetz** für Angestellte vom 20. Dez. 1911. Von Rechtsanwalt **O. Bernstein** und Dr. **J. Kupferberg. 2. Aufl.** 1912 3 M. 50 Pf.

105. **Das Geldwesen in den deutschen Schutzgebieten.** Von **W. Hintze,** Geheimer exped. Sekretär im Reichskolonialamt. 1912. 2 M.

106—109. **Reichs-Versicherungsordnung nebst Einführungsgesetz:** Herausgegeben unter Mitwirkung von Dr. **F. Caspar,** Wirkl. Geh. Rat, Direktor im Reichsamt d. Innern und **A. Spielhagen,** Geh. Ob.-Reg.-Rat, vortr. Rat im Reichsamt d. Innern. 4 Bände.

106. Erstes, fünftes und sechstes Buch. **Gemeinsame Vorschriften. — Beziehungen der Versicherungsträger zu einander und zu anderen Verpflichteten. — Verfahren.** Bearbeitet von Dr. **K. Lippmann,** Reg.-Rat im Reichsversicherungsamt, Professor, Geh. Reg.-Rat Dr. **L. Laß** und Geh. Reg.-Rat **H. Siefart,** vortrag. Räte im Reichsamt **des Innern.** 1913. 6 M.

107. Zweites Buch. **Krankenversicherung.** Von Geh. Reg.-Rat **H. Siefart**, vortrag. Rat im Reichsamt des Innern. Im Druck.

108. Drittes Buch. **Unfallversicherung.** Von Geh. Reg.-Rat **A. Radtke**, Senatsvorsitzender im Reichsversicherungsamt. 1913. 8 M.

109. Viertes Buch. **Invaliden- und Hinterbliebenenversicherung.** Bearbeitet von Geh. Ober-Regierungs-Rat **B. Jaup**, vortragender Rat im Reichsamt des Innern und **H. Follmann**, Geh. Reg.-Rat im Reichsversicherungsamt. 1912. 4 M.

110. **Wehrbeitragsgesetz** mit Ausführungsbestimmungen. Von Geheimem Ober-Finanzrat **A. Fernow. 2. Aufl.** 1913. 2 M.

111. **Reichs- und Staatsangehörigkeitsgesetz.** Vom 22. Juli 1913. Von Dr. **R. Romen**, Wirklichem Geheimen Kriegsrat. 1913. 2 M. 20 Pf.

112. **Kaufmannsgerichtsgesetz** und die anzuwendenden Bestimmungen des Gewerbegerichtsgesetzes unter besonderer Berücksichtigung der Literatur und Rechtsprechung. Von Magistratsrat Dr **H. Depène**, Vorsitzender des Kaufmannsgerichts Berlin 1914. 2 M. 60 Pf.

113. **Postscheckgesetz.** Von Oberpostinspektor **J. Weiland.** 1914. 1 M. 50 Pf

In Vorbereitung:

Besitzsteuergesetz (Vermögenszuwachssteuergesetz). Von Geheimem Ober-Finanzrat **A. Fernow.**

Guttentagsche Sammlung

Preußischer Gesetze.

Textausgaben mit Anmerkungen. Taschenformat.

---

1. Die **Verfassungs-Urkunde** für den Preußischen Staat. Mit Einleitung, vollständigem **Kommentar**. Von Prof. Dr. **Adolf Arndt. 7. Aufl.** 1911. 4 M.

2. Preußische **Beamten-Gesetzgebung.** Enthaltend die wichtigsten Beamtengesetze in Preußen. Von **C. Pfafferoth. 4., neubearb. Aufl.** 1905. Mit Anhang: Abänderung vom 27. Mai 1907. 2 M.

3. **Die Aufnahme des Nottestaments** durch die bestellten Urkundspersonen. Anweisung mit Musterbeispielen und Abriß des Erbrechts von Amtsgerichtsrat **C. Kurtz.** 1904. 1 M. 50 Pf.

4. **Gebührenordnung** für **Notare** vom 25. Juli 1910. **4. Aufl.** bearbeitet von Justizrat **Rausnitz.** 1910. 2 M. 20 Pf.

5. Gesetz vom **24. April 1854 (betr. die außerehel. Schwängerung).** Von Dr. **Schulze.** 1873. 75 Pf.
   Gültiges Recht siehe: Reichsgesetze Nr. 58.

6. Die Preuß. **Ausführungsgesetze und Verordnungen zu den Reichs-Justizgesetzen.** Von **R. Sydow.** Siehe Seite 24, Busch-Eylau, Ausführungsgesetze.

7. Allg. **Gerichtsordnung** und Preuß. **Konkursordnung.** Von **F. Vierhaus.** Vergriffen.

8. **Vormundschaftsordnung.** Von **F. Schultzenstein.**
   Gültiges Recht siehe: Reichsgesetze Nr. 47.

9. Die Preußische **Grundbuchgesetzgebung.** Von Prof. Dr. **Fischer.** Vergriffen. Siehe: Reichsgesetze Nr. 42.

10. **Einkommensteuergesetz.** Von **A. Fernow,** Geh. Ober-Finanzrat. 8. **Aufl.** 1913. 5 M.

11. **Gewerbesteuergesetz.** Von **A. Fernow,** Geh. Ober-Finanzrat. **5., vermehrte Aufl.** 1910. 3 M.

12. **Allgemeines Berggesetz.** Mit seinen Novellen und Nebengesetzen. 3. **Aufl.,** bearbeitet von den Oberbergräten **Schlüter** und **Hense.** 1913. 7 M. 50 Pf.

13. **Ergänzungssteuergesetz** (Vermögenssteuergesetz). Von **A. Fernow,** Geh. Ober-Finanzrat. 4. **Aufl.** 1907. 2 M. 40 Pf.

14 **Kommunalabgabengesetz.** Vom 14. Juli 1893 und Gesetz wegen Aufhebung direkter Staatssteuern. Von Dr. **F. Adickes,** Oberbürgermeister. 5. **Aufl.** Bearbeitet von Stadtrat Dr. **Woell.** 1911. 2 M. 40 Pf.

15. Die **Kreisordnungen** für den Preußischen Staat. Von **O. Kolisch,** Landgerichtsrat. 1894. 4 M.

16. **Konzessionierung gewerblicher Anlagen.** Preuß. Ausführungs-Anweisung zu §§ 16 u. ff. der Gewerbe-Ordnung. Von Dr. **W. v. Rüdiger,** Geh. Regierungs- u. Gewerberat. 2. **Aufl.** 1901. 2 M.

17. **Preußisches Gerichtskostengesetz.** Vom 25. Juli 1910. Mit **Kostentabellen.** Von Dr. **P. Siméon, Kammergerichtsrat.** 7. **Aufl.** 1913. 4 M.

18. **Preußisches Stempelsteuergesetz** vom 30. Juni 1909. Mit sämtlichen Ausführungsbestimmungen. Von **P. Loeck**, Geh. Regierungsrat. **7. Aufl.** 8°. 1911. 7 M.

19. Das **Jagdscheingesetz.** Von **F. Kunze**, Wirklichem Geh. Ober-Regierungsrat. **2. Aufl.** 1899. 2 M.

20. Die **preußischen Erbschaftssteuergesetze.** Von **U. Hoffmann**, Rechnungsrat im Königl. preuß. Finanzministerium. 1905. 4 M.

(**Reichs**-Erbschaftssteuergesetz s. Reichsgesetze Nr. 77).

21. Gesetz **über die Handelskammern.** Von **F. Lusensky**, Geh. Regierungsrat. **2. Aufl.** 1909. 3 M.

22. Gesetz, betr. **Anstellung und Versorgung der Kommunalbeamten.** Von Dr. **W. Ledermann. 2. Auflage.** 1914. Bearbeitet von Dr. **Ludwig Brühl.** 2 M. 20 Pf.

23. **Ausführungsgesetz zum Bürgerlichen Gesetzbuche.** Von Kammergerichtsrat Dr. **P. Siméon. 3. Aufl.** 1914. 2,20 M.

24. Die **Hinterlegungsordnung nebst** Ausführungsbestimmungen. Von Regierungsrat Dr. **Georg Bartels. 2. Aufl.** 1908. 2 M.

—, Gesetz vom 21. April 1913 s. Nr. 53.

25. **Preußische Kommunalbeamtengesetzgebung.** Von Magistrats-Assessor Dr. **Fr. Kremski**, Berlin. 1901. 3 M.

26. **Gesetze über das Diensteinkommen der Lehrer und Lehrerinnen, Ruhegehalt und Fürsorge für Hinterbliebene.** Tabelle zur Berechnung der Ruhegehalts-, Witwen- und Waisenbezüge. Von Dr. **Ed. Cremer**, Beigeordneter. 1900. 2 M. 40 Pf.

27. Gesetz, betreffend die **Warenhaussteuer.** Von Geh. Ober-Finanzrat Dr. **G. Strutz.** 1900. 1 M. 20 Pf.

28. Gesetz über die **Fürsorgeerziehung Minderjähriger.** Von Landgerichtsdirektor Dr. **P. F. Aschrott. 2. umgearbeitete Aufl.** 1907. 2 M. 80 Pf.

29. Gesetz, betr. **die ärztlichen Ehrengerichte, das Umlagerecht und die Kassen der Aerztekammern.** Von Amtsgerichtsrat Dr. **F. Fidler.** 1901. 1 M. 50 Pf.

30. Das **Preußische Staatsschuldbuch** und **Reichsschuldbuch.** Von Wirkl. Geh. Ober-Finanzrat **J. Mücke.** 1902. 2 M.

31a. **Die geltenden Preußischen Gesindeordnungen.** Herausgegeben in zwei Bänden von **Stephan Gerhard,** Rechtsanwalt in Berlin.

Band I: Gesindeordnung für die altpreußischen Provinzen vom 8. Nov. 1810, bearbeitet mit ausführlichen Erläuterungen unter Berücksichtigung der Ergänzungsgesetze, der Rechtsverhältnisse der Stellenvermittler und der Reichsversicherungsordnung, sowie die Gesindeordnungen für Neuvorpommern und Rügen und für

31b. **Band II:** Gesindeordnungen für Hannover, Schleswig-Holstein, Hessen-Nassau und den Regierungsbezirk Hohenzollern. 2 M. 50 Pf.

Siehe auch Seite 25: Ratgeber von **G r i e b e n.**

die Rheinprovinz. 2. Aufl. 1914. 3 M.

32. **Die Städteordnung für die sechs östlichen Provinzen** Preußens vom 30. Mai 1853. Von Stadtrat Dr. **Walter Ledermann** u. Magistratsrat Dr. **Ludwig Brühl. 2. Aufl.** 1913. 7 M. 50 Pf.

33. **Rentenguts- und Anerbenrechts-Gesetzgebung in Preußen.** Von Landgerichtsrat **M. Peltasohn** und Rechtsanwalt **Bruno Peltasohn.** 1903. 3 M.

34. Sammlung der wichtigsten **preußischen Strafgesetze** nebst Anhang: Gesetz betr. polizeiliche Strafverfügungen vom 23. April 1883. Von **Otto Lindemann**, Geheimen Justizrat. 1912. **2. Aufl.** 3 M. 50 Pf.

35. **Geschäftsordnung für Gerichtsvollzieher.** Von **Emil Exner.** 1904. 3 M. 50 Pf.

36. **Polizeiverordnungen in Preußen.** Von **Otto Lindemann**, Geheimen Justizrat. 1912. **2. Aufl.** 2 M. 50 Pf.

37. Gesetz über die **Enteignung von Grundeigentum** vom 11. Juni 1874. Von Oberlandesgerichtsrat **O. Meyer. 2. Aufl.** 1911. 2 M. 25 Pf.

38. **Kreis- und Provinzial-Abgabengesetz.** Vom 23. April 1906. Von **Fr. Schmidt**, Gemeindevorsteher. 1906. 1 M. 25 Pf.

39. Gesetz, betr. die **Unterhaltung der öffentl. Volksschulen.** Von Dr. **A. Marcks**, Regierungsrat. 1906. 2 M.

40. **Verwaltungsstrafverfahren** bei Zuwiderhandlungen gegen die Zollgesetze und indirekte Reichs- und Landesabgaben. Von Dr. **Richard Katzenstein.** 1907. 3 M. 60 Pf.

41. Die **preußischen Jagdpolizeigesetze.** Von **Fr. Kunze**, Wirkl. Geh. Oberregierungsrat und **R. Kühnemann**, Rechtsanwalt. **2. Aufl.** 1907. 3 M. 60 Pf.

42. Die Gesetzgebung über die **Allgemeine Landesverwaltung** und über die **Zuständigkeit der Verwaltungs- und Verwaltungsgerichtsbehörden.** Von Rechtsanwalt Dr. **Karl Friedrichs.** 1908. 3 M.

43. Gesetz betr. die **Zulassung einer Verschuldungsgrenze** für land- und forstwirtschaftlich benutzte Grundstücke. Von Dr. jur. **R. Leweck**, Syndikus. 1908. 2 M. 40 Pf.

44. **Quellenschutzgesetz** nebst den Ausführungsbestimmungen von **Carl Voelkel**, Geheimer Bergrat. 1909. 1 M.

45. **Rechtsverhältnisse der Juden in Preußen** von Dr. jur. **Max Kollenscher**, Rechtsanwalt. 1910. 2 M. 40 Pf.

46. **Austritt aus der Landeskirche** vom 14. Mai 1873. Von Gerichtsassessor **Hrch. Chr. Caro.** 1911. 2 M. 40 Pf.

47. Gesetz, betr. die **Feuerbestattung** von Amtsgerichtsrat Dr. **W. Lohmann.** 1911. 1 M. 50 Pf.

48. **Zweckverbandsgesetz für Groß Berlin** vom 19. Juli 1911 nebst Abdruck des allgemeinen Zweckverbandsgesetzes. Von Magistratsräten Dr. **Ludw. Brühl**, Dr. **Kurt Gordan** und Stadtrat Dr. **Walter Ledermann** in Berlin. 1912. 4 M.

49. **Gesetze gegen die Verunstaltung landschaftlich hervorragender Gegenden** mit Ausführungsanweisungen. Von Regierungsrat **Otto Goldschmidt.** 1912. 2 M. 50 Pf.

50. **Gesetz, betr. die Anlegung und Veränderung von Straßen und Plätzen in Städten und ländlichen Ortschaften** von Oberlandesgerichtsrat **O. Meyer.** 1912. 3 M.

[51. **Das preußische Disziplinargesetz für die nichtrichterlichen Beamten** nebst dem Disziplinargesetze für die Privatdozenten. Von Regierungsrat Dr. **Eugen v. Dultzig.** Im Druck.

52. **Preußisches Wassergesetz** v. 7. April 1913 von Rechtsanwalt **Georg Wulff** und Rechtsanwalt **Ferd. Herold.** 1913. 5 M

53 **Hinterlegungsordnung** v. 21. April 1913. Von **Hagemann**, Landrichter. 2 M 25 Pf.

54. Gesetz, betr. die **Anlegung von Sparkassenbeständen in Inhaberpapieren** nebst Ausführungsverordnung vom 8. Mai 1913. Kommentar von Rechtsanwalt **Herbert Döhring.** 2 M.

Guttentagsche Sammlung von Textausgaben mit Sachregister ohne Anmerkungen.

Taschenformat, elegant in Leinen gebunden.

Zivilprozeßordnung mit **Gerichtsverfassungsgesetz** und **Einführungsgesetzen.** Neue Fassung. Mit der Novelle vom 22. Mai 1910. 2 M.

Konkursordnung mit **Einführungsgesetz.** 80 Pf.

Bürgerliches Gesetzbuch nebst **Einführungsgesetz.** 10. Abdruck. 2 M. 50 Pf.

Handelsgesetzbuch nebst **Einführungsgesetz** und **Seerecht.** 8. Abdruck. 1910. 1 M. 80 Pf.

Reichsversicherungsordnung von 1911 (Kranken-, Unfall-, Invaliden- u. Hinterbliebenenversicher.). 20—30 Tausend. 2 M.

Militärstrafgerichtsordnung nebst **Einführungsgesetz** u. Gesetzen, betr. Dienstvergehen der richterlichen Militärjustizbeamten und unfreiwillige Versetzung derselben usw. mit **Militär-Strafgesetzbuch.***) **2. Aufl.** 1 M. 50 Pf.

*) Ist auch einzeln zu haben. Preis 1 M.

Wechselordnung mit Anhang: **Wechselprozeß und Ausführungsanweisung.** 1908. 1 M.

Die Preußischen Ausführungsgesetze zum Bürgerlichen Gesetzbuche und Nebengesetze. 5. Aufl. 1 M. 80 Pf.

Reichsfinanzgesetze von 1909 einschließlich der **Reichsstempelgesetze** und des **Erbschaftssteuergesetzes.** 1909. 2 M.

Zuwachssteuergesetz vom 14. Februar 1911. 80 Pf. **Ausführungsbestimmungen** dazu 60 Pf.

Versicherungsgesetz für Angestellte vom 20. Dez. 1911. 1 M. 25 Pf.

Strafgesetzbuch. Mit ausführl. Sachregister. 1912. 1 M. 20 Pf.

Wehrbeitrag und Besitzsteuer. Mit ausführl. Sachregister. 1913. 1 M.

Struckmann-Koch, Zivilprozeßordnung für das Deutsche Reich nebst den auf den Zivilprozeß bezüglichen Bestimmungen des Gerichtsverfassungsgesetzes und den Einführungsgesetzen. In den neuen Fassungen mit der Novelle von 1910. Kommentar. Herausgegeben unter Mitwirkung von **R. Rasch**, Landgerichtspräsident in Altona, Dr. **P. Koll**, Senatspräsident beim Oberlandesgericht in Cöln, Dr. **Flechtheim**, Rechtsanwalt beim Oberlandesgericht in Cöln. **9., umgearbeitete Auflage.** 1910. Lex.-8°. 24 M., geb. 26 M.

Pinner, Kommentar zum Gesetz **gegen den unlauteren Wettbewerb** vom 7. Juni 1909. **2. Aufl.** Herausgegeben von Justizrat **Albert Pinner** und Rechtsanwalt Dr. **Erich Eyck.** 1910. Gr.-8°. 5 M. 50 Pf., geb. 6 M. 50 Pf.

Das preußische Warenhaussteuergesetz vom 18. Juli 1900, in Verbindung mit den anderen deutschen Warenhaussteuergesetzen. Erläutert von Dr. **J. Wernicke,** Syndikus. 1913. Preis 4 M. 50 Pf., gebunden 5 M.

Die Stempelsteuerpflicht bei Grundstücksübertragungen. Ein Hilfsbuch zur Berechnung und Einziehung des Immobiliarstempels. Zusammengestellt und bearbeitet von **J. Brachvogel,** Amtsgerichtsrat. 1912 Gr.-8°. Preis 6 M., geb. 7 M.

Patentgesetz und Gesetz, betr. den **Schutz von Gebrauchsmustern.** Von Justizrat Dr. **A. Seligsohn. 4., neubearbeitete Auflage.** 1909. Gr.-8°. 12 M., geb. in Leinen 13 M.

Die Invaliden- und Hinterbliebenenversicherung nach der **Reichsversicherungsordnung.** Eine systemat. Zusammenstellung der gesetzl. Bestimmungen von Dr. **Richard Freund,** Vorsitzendem der Landes-Versicherungsanstalt Berlin. 1911. 2 M., geb. 3 M.

Wie leitet man eine Versammlung? Geschäftlicher Handweiser für Vorsitzende. Von einem Mitgliede des deutschen Reichstages und des preußischen Abgeordnetenhauses. 2. Aufl. 1908. kart. 1 M.

Praktischer Ratgeber für Dienstherrschaften nach dem Preuß. Gesinderecht unter Berücksichtigung der neueren Entscheidungen bearbeitet von **H. Grieben,** Verwaltungsdirektor a. D. und Bürgermeister. 1908. 1 M.

Das Recht der Handlungsgehilfen und Handlungslehrlinge. Von Rechtsanwalt **Hugo Horrwitz.** 2. Aufl. Geb. 3 M.

Die Registratur. Von **Hermann Kollrack.** 2. Aufl. 1906. 8°. Kart. 1 M. 40 Pf.

Die Pflichten des Waisenrates. Ein praktischer Leitfaden für Waisenräte und Verwaltungsbeamte. Von **F. Baum,** Geh. Justizrat und Vormundschaftsrichter. 8. **vermehrte und verbesserte Auflage.** 1906. 8°. 60 Pf.

Der Vormund, Gegenvormund, Pfleger und Familienrat. Nach dem Bürgerlichen Gesetzbuch, dem Reichsgesetz über die Angelegenheiten der freiwilligen Gerichtsbarkeit und dem Ausführungsgesetz zum BGB. Ein praktischer Leitfaden. Von **F. Baum,** Geh. Justizrat und Vormundschaftsrichter. 1899. 8°. 50 Pf.

Schlagwort-Register.

R. = Nummer der Sammlung Deutscher Reichsgesetze.
P. = Nummer der Sammlung Preußischer Gesetze.
S. = Seite.

Schlagwort-Register. (R. = Reichsgesetz, P. = preuß. Gesetz.)

Schlagwort-Register. (R. = Reichsgesetz, P. = preuß. Gesetz.)

Schlagwort-Register. (R. = Reichsgesetz, P. = preuß. Gesetz.)

Schlagwort-Register. (R. = Reichsgesetz, P. = preuß. Gesetz.)

 Nr. 6. IV. 1914. 32 000.